L'Idée coloniale en France
de 1871 à 1962

Collection *Pluriel*, fondée par Georges Liébert
et dirigée par Pierre Vallaud

RAOUL GIRARDET
Professeur à l'Institut d'Études politiques de Paris

L'Idée coloniale en France

de 1871 à 1962

LA TABLE RONDE

Raoul Girardet est agrégé d'histoire et docteur ès lettres. Professeur à l'Institut d'Etudes politiques de Paris, il y enseigne l'histoire des idées politiques et y dirige le Cycle d'études d'Histoire du XXe siècle.

Les études et les ouvrages qu'il a publiés relèvent de deux centres principaux d'intérêt et de réflexion : l'histoire de la société militaire à laquelle il a consacré ses premiers travaux ; l'histoire des mentalités politiques, et plus particulièrement celle de l'idée nationale, à laquelle il se trouve aujourd'hui principalement attaché.

Raoul Girardet a notamment publié La Société militaire dans la France contemporaine *(Plon, 1953),* La Crise militaire française *(A. Colin, 1964),* Le Nationalisme français 1871-1914 *(A. Colin, 1966),* L'Idée coloniale en France 1871-1962 *(La Table Ronde, 1972).*

Ce dernier ouvrage a reçu le Grand Prix Goubert de l'Académie française pour l'année 1972. Raoul Girardet est membre de l'Académie des Sciences d'Outre-Mer, il enseigne également à l'Ecole supérieure de Guerre.

Sommaire

TROISIÈME PARTIE

LES TEMPÊTES DU REFLUX

Note liminaire à la présente édition

Dans son intégrité et dans son intégralité, c'est le texte d'une première édition, publiée en 1972, qui se trouve repris dans ce volume.

Cette fidélité au texte originel provient d'abord du fait (qu'il convient de regretter) qu'aucune étude, qu'aucune recherche nouvelle n'est venue, au cours de ces six dernières années, corriger, infléchir ou sérieusement remettre en cause le contenu de nos analyses. A l'exception de certains passages de la conclusion, rédigée bien avant que le nouvel ordre politique établi aux lendemains immédiats de la décolonisation ne se trouve profondément ébranlé, les chapitres de cet ouvrage, écrits aujourd'hui par nous seraient tels qu'ils l'ont été en leur temps.

Mais la fidélité au texte originel participe également d'une volonté très délibérée de laisser à cet ouvrage la marque des années où il fut rédigé et publié. Œuvre d'historien, il entendait se situer très au-delà des polémiques et des affrontements qui, durant un siècle, n'ont cessé d'entourer le sujet qu'il s'était donné pour but de traiter. Nous ne pensons pas qu'il ait manqué à cette vocation essentielle. Mais aucun ouvrage d'histoire ne peut prétendre avoir valeur d'intemporalité. Le thème de cette étude sera, sans nul doute, repris par d'autres, situé dans d'au-

tres perspectives, appréhendé en fonction d'autres préoccupations et d'autres méthodes. Premier jalon d'une historiographie dont nous ne pouvons prévoir le déroulement, il est bon que celui-ci reste daté. L'historien doit se résigner au destin qui veut qu'il devienne un jour, à son tour, témoin et objet d'histoire.

Il se peut d'ailleurs que, sept ans après sa première publication, cet ouvrage reçoive un accueil différent de celui qui a d'abord été le sien. Accueil fort bienveillant aussi bien de la part de la critique universitaire que de la critique journalistique. Mais accueil, nous semble-t-il, qui témoignait également d'une certaine gêne ou d'une certaine contrainte. Les débats engagés autour des grands drames de la décolonisation étaient encore trop proches et ils avaient été trop passionnés. Comme il est d'usage en pareil cas, deux systèmes opposés de références historiques, d'images et de symboles avaient eu, de part et d'autre, tendance à se constituer. La publication de cet ouvrage semble avoir dans les deux camps, et non seulement chez les militants, dérangé les certitudes acquises et les habitudes prises. Aussi est-il apparu, au regard de certains, comme relevant d'un dessein bien arrêté de démystification. On le sait : ce genre de dessein n'est guère accepté sans désagrément que lorsqu'il participe et s'intègre à une nouvelle entreprise de construction mythique. Puisse cette nouvelle édition permettre enfin à ce livre de n'être lu — et jugé — qu'en fonction de ce qu'il veut être : une contribution à l'histoire des idées et des sensibilités dans la France contemporaine. Que cette contribution puisse conduire à une réflexion plus large sur le destin de l'idée nationale française, nous l'acceptons volontiers. Mais c'est au lecteur seul qu'il appartient de la conduire.

R. G.
Novembre 1978.

Avant-propos

UNE honnête coutume veut que l'auteur d'un ouvrage d'histoire s'efface devant les pages qu'il vient d'écrire comme l'homme de science se retire devant les résultats, estimés concluants, d'une longue série d'expériences. A cette règle, l'auteur de ce livre est tout prêt à se conformer. Encore se croit-il en droit de souhaiter qu'on ne se méprenne ni sur la nature de ses intentions, ni sur la portée de ses ambitions.

Afin d'éviter tout malentendu, il ne lui paraît donc pas inutile de préciser que l'étude qu'il soumet au jugement du lecteur ne relève en aucune façon des préoccupations habituelles de ce qu'il était autrefois convenu d'appeler l'histoire coloniale. Ce ne sont pas, en d'autres termes, les faits d'ordre politique, institutionnel ou économique liés à la conquête, à la possession et à la gestion par la France de la Troisième et de la Quatrième République d'un immense domaine impérial qui se trouvent au centre de ses recherches et de ses réflexions. Celles-ci se situent sur un autre plan, qui est celui de l'histoire collective des idées, des sentiments et croyances. Tandis que l'impérialisme français s'inscrivait dans les actes diplomatiques, dans les textes administratifs ou dans les courbes des statistiques commerciales, il avait aussi son reflet, en métropole même, dans les esprits et dans les cœurs. C'est ce reflet que prétend saisir cet ouvrage. Comment s'est développée, aux lendemains des défaites de 1870, une volonté relativement cohérente d'expansion coloniale ? Comment cette volonté s'est-elle affirmée, quels échos a-t-elle rencontrés et dans quels milieux les a-t-elle rencontrés ? Autour de quels thèmes la vision impériale française s'est-elle progressivement définie ? A quelles résistances s'est-elle heurtée et comment celles-ci se sont-elles exprimées ? Quelle place en somme, de l'époque où se consommait le partage du monde jusqu'aux derniers sursauts de la décolonisation, le fait colonial — et le débat colonial — ont-ils occupée dans la conscience nationale française ? Telles sont fondamentalement les questions que nous avons entendu poser.

Essentiellement histoire d'une idée, cet essai reste cependant dominé par une double exigence, ou si l'on préfère un double parti-pris. La volonté tout d'abord de ne pas réduire sa démarche à l'étude d'un « mouvement de pensée », c'est-à-dire de ne pas la limiter à la seule exégèse des textes des doctrinaires et des controverses des théoriciens. Il s'est agi pour nous de pénétrer plus avant dans l'épaisseur sociale des mentalités collectives, de tenter d'atteindre, dans la mesure du possible, un certain niveau qui est celui du vécu quotidien, des mythes et des stéréotypes, de l'affectif et de l'imaginaire, des croyances élémentaires et des fidélités passionnelles : telle page de roman-feuilleton, tel récit d'aventures à l'usage de la jeunesse, tel texte de littérature polémique peuvent à cet égard être considérés comme plus révélateurs de certains types d'attitude ou de comportement que les déclarations d'un homme d'Etat ou les spéculations d'un philosophe politique... Il s'est agi, d'autre part, de tenter d'embrasser dans une même vision une histoire qui s'étend sur une dimension de près d'un siècle : c'est en effet des premières années de la Troisième République aux premières années de la Cinquième, de la naissance d'un Empire à son effacement des cartes du monde, des pionniers de l'idée coloniale aux derniers défenseurs de la cause de l'Algérie française, des « anticolonistes » de l'époque de Ferry aux formes les plus immédiatement contemporaines de l'anticolonialisme que nous avons entendu suivre l'évolution de certains thèmes, leurs mutations, leur épanouissement ou leur rétraction. Sans doute n'est-il en aucune façon question de nier le rôle et l'importance de l'événement, de dissimuler ou d'atténuer les différences entre les temps et entre les périodes. Notre dessein ne nous a pas moins conduit à dépasser les coupures chronologiques habituelles, à franchir la succession des générations et à considérer comme un ensemble cohérent une durée temporelle que d'autres formes d'analyse tendent, et fort légitimement, à fragmenter et à morceler.

Très évidemment ce second parti pris ne peut manquer, plus encore que le premier, de susciter suspicions, réticences et réserves. Pour faire œuvre valable de synthèse à long terme, n'est-il pas nécessaire de disposer au préalable d'un nombre suffisant d'analyses à court terme ? Pour suivre une évolution, pour en dessiner la courbe, ne faut-il pas que soient d'abord mises en place, en toute précision et en toute certitude, une série de jalons, une succession de points de repère ? Or, si ces points de repère existent dans une certaine mesure pour la toute première période, celle des débuts de la Troisième République, ils semblent déplorablement manquer pour les années postérieures. En dehors d'un très suggestif et très intelligent petit livre de M. Henri Brunschwig, intitulé *Mythes et réalités de l'impérialisme colonial français* et publié en 1960 (mais il ne s'agit là encore que d'un essai, et ses investigations s'arrêtent en 1914), en dehors de quelques monographies isolées ou de quelques articles dispersés, l'historiographie française et étrangère se montre sur notre sujet d'une remarquable pauvreté. Pour la seule période de l'entre-deux-guerres ni la presse, ni la littérature coloniale n'ont été sérieusement étudiées ; l'action des « lobbies » coloniaux reste encore ignorée ; l'administration d'Outre-Mer attend toujours son historien ; l'incertitude demeure en ce qui concerne l'attitude des partis en matière de politique et de doctrine coloniales... Bref, et sur un certain nombre de points essentiels, le travail élémentaire de défrichement ne semble même pas avoir été entamé. N'est-ce pas à ce travail qu'il aurait d'abord fallu se consacrer ? Faute de pouvoir s'appuyer sur ses premiers résultats est-il possible, partant d'indications nécessairement fragmentaires, de dominer avec une rigueur suffisante une matière historique d'une telle ampleur ? Le risque n'est-il pas inévitable des généralisations trop rapides et des schématisations arbitraires ?

Que ce risque existe, il ne saurait être question de le contester. Que cette étude puisse être considérée comme exhaustive, qu'elle ne doive pas, sur de très nombreux points, être complétée, précisée ou nuancée, il serait absurde d'en suggérer même la prétention. Nous ne croyons pas cependant que le dessein auquel elle répond, que les préoccupations qui l'animent puissent être *a priori* condamnés ou rejetés. Vu d'une certaine altitude, un paysage ne se réduit pas à la seule juxtaposition de ses fragments observés à hauteur d'homme. Il se reconstruit selon d'autres structures. De grandes lignes directrices se dessinent, de vastes perspectives se dégagent tandis que se réduisent ou se remodèlent l'accidentel, l'accessoire ou le particulier. Ainsi le changement d'échelle chronologique conduit-il l'historien à une autre forme de lecture. Lecture qui se situe sur un tout autre plan que celui du résumé récapitulatif. Qui possède sa propre autonomie, obéit à ses propres lois, contient sa propre problématique. Et sans doute les dangers qu'elle recèle ne sont-ils pas négligeables. Mais comment, à l'inverse, ne pas constater qu'enfermer dans des limites trop étroites d'analyse certaines des données de l'histoire idéologique de notre temps risque également, et d'une façon peut-être plus grave encore, d'en altérer ou d'en amputer l'intelligence ? Dans le cadre même de notre sujet est-il possible par exemple de comprendre l'attitude des défenseurs de la souveraineté française face aux mouvements de décolonisation sans se référer à l'héritage moral du vieux civisme républicain, élaboré et défini un demi-siècle auparavant ? De même les réactions que nous désignons aujourd'hui du terme de « cartiéristes » sont-elles séparables d'une certaine forme de nationalisme de repli hexagonal qui avait déjà fourni, à l'époque de Ferry, les arguments majeurs de l'opposition anticoloniale ?

Faute d'autre mérite, la lecture à relativement long terme présente en tout cas l'intérêt non méprisable de mettre très opportunément en lumière quelques-unes des interrogations essentielles auxquelles ne cesse de se heurter, dans ses tentatives d'analyse, l'histoire encore balbutiante des idéologies politiques. Non seulement elle conduit, — et ce n'est pas à nos yeux un médiocre avantage, — à relativiser, il faudrait presque dire à désacraliser, l'obsédante opposition « droite-gauche » dans laquelle toute une école a eu de plus en plus tendance à enfermer, dans son ensemble et dans tous ses aspects, l'histoire morale de la France contemporaine. (En ce qui concerne tout au moins notre sujet, le recours systématique à ces notions ne serait, en vérité, que d'une bien faible signification, le débat colonial s'étant presque toujours situé en dehors de la dialectique élémentaire de l'« ordre » et du « mouvement », de l'affrontement considéré comme fondamentalement déterminant des valeurs d'héritage et des valeurs de changement, des valeurs de conservation et des valeurs de progrès)... Mais surtout elle ne peut manquer de fixer l'attention sur d'autres problèmes, et notamment sur ceux que pose l'existence des phénomènes de permanence et des phénomènes de rupture, des structures de continuité et des facteurs de discontinuité. L'histoire de l'idée coloniale permet à cet égard d'apercevoir avec une relative netteté comment la persistance de certains thèmes idéologiques demeure inséparable du rôle joué par certains milieux, foyers d'élaboration des traditions politiques, intellectuelles ou morales dont ils restent les dépositaires et les mainteneurs. Elle témoigne très concrètement de l'importance de la succession des générations comme élément de renouvellement des modes de pensée et des façons de sentir. Elle montre enfin comment peuvent se produire, à l'occasion de certains événements privilégiés ou de certaines situations historiques déterminées, un bouleversement des systèmes idéologiques existants et leur restructuration à l'intérieur de nouvelles configurations et autour de nouveaux centres de cristallisation. Ces notions, souvent évoquées mais toujours indécises, de milieu et de tradition, de crise et de génération, ce livre n'aura peut-être pas été inutile s'il permet de les cerner et de les préciser.

L'auteur est au demeurant pleinement conscient des incertitudes de son entreprise. Il sait que beaucoup des points de vue qu'il s'est cru en droit de développer ne sont nullement à l'abri de toute réserve et de toute discussion. Il sait également que, si certaines de ces pages témoignent peut-être d'une excessive témérité, d'autres au contraire risquent d'apparaître d'un apport assez peu original au regard du lecteur averti. Il sait enfin que son étude souffre d'un évident déséquilibre, la dernière partie consacrée aux débats de la décolonisation n'ayant pu manquer de se trouver, — faute de recul dans le temps, faute aussi d'éléments d'information suffisamment élaborés et suffisamment dominés, — dans une situation de porte à faux par rapport aux deux premières. Du moins croit-il pouvoir attester qu'il a tenu à rester fidèle à une certaine exigence, celle-là même qui semble avoir fait le plus dramatiquement défaut au cours de toutes les phases de l'histoire qu'il s'est efforcé de retracer : le respect de l'Autre et la volonté de le comprendre.

Raoul GIRARDET.

Les règles les plus élémentaires de la reconnaissance et de la fidélité nous font un devoir d'indiquer que le premier lecteur de cet ouvrage fut Jean Touchard, secrétaire général de la Fondation nationale des Sciences politiques, enlevé par la mort à notre affection le 1er juillet 1971. A l'inépuisable amitié de Jean Touchard, à ses conseils et à ses critiques, ce livre doit beaucoup. C'est à sa mémoire qu'il doit être tout naturellement dédié.

PREMIÈRE PARTIE

D'UN EMPIRE A UN IMPÉRIALISME

CHAPITRE PREMIER

Un mince point de départ

La capitulation de Sedan, l'écroulement des orgueilleuses certitudes qu'avait un moment incarnées le régime du Second Empire vont marquer l'heure d'une réflexion sur la France et sur son destin. Pour s'interroger sur les causes d'une défaite, pour s'interroger aussi sur les conditions d'une renaissance, d'innombrables voix vont s'élever. De toutes parts un bilan va tenter d'être dressé : celui des ruines, des illusions mortes, celui également des espérances encore intactes, des forces encore disponibles, des promesses toujours vivantes.

« S'il est vrai, écrit Renan dans les dernières pages de *La réforme intellectuelle et morale*, que c'est le patriotisme français qui, à la fin du siècle dernier, a réveillé le patriotisme allemand, il sera peut-être vrai de dire que le patriotisme allemand aura réveillé le patriotisme français... »

Au cours de ce tragique automne de l'année 1870, dans ce pays envahi où s'enfoncent de plus en plus profondément les armées étrangères, qui prend cependant conscience que la puissance de la France, mesurée à l'échelle du globe, ne se limite pas aux frontières continentales de l'hexagone métropolitain ?

Dans l'héritage qu'elle vient de prendre en charge, la nouvelle République a recueilli le legs d'un domaine colonial déjà considérable : un million de kilomètres carrés, répartis sur quatre continents et peuplés de plus de cinq millions d'hommes. Aux « vieilles colonies », débris d'un premier empire d'Outre-Mer constitué sous l'Ancien Régime, sont venus s'ajouter, tout au long du XIXe siècle, l'Algérie et le Sénégal, les comptoirs de la côte occidentale d'Afrique, divers points d'appui aux débouchés de la mer Rouge et de l'océan Indien, Tahiti et la Nouvelle-Calédonie, la Cochinchine et le protectorat sur le Cambodge. Mais ces terres lointaines, ces peuples dispersés, ainsi placés sous la suzeraineté du pavillon national, quelle place leur a-t-elle été jusqu'alors réservée dans les préoccupations et l'imagination des Français ? Qui se montre prêt à tourner vers eux son regard, à placer en eux ses espoirs ? Quel rôle semble-t-il pouvoir leur être assigné dans l'histoire de demain ? Dans quelle mesure la notion de leur présence est-elle susceptible de se trouver intégrée dans ce vaste « retour aux questions nationales » annoncé et attendu par Renan ? L'idée coloniale a tenu une trop grande place dans l'histoire affective et morale de la France contemporaine pour qu'il ne soit pas tenté de répondre d'abord à ces questions [1].

---

1. Les notes et références ont été regroupées en fin de volume.

Un climat d'indifférence

« COLONIES (nos) : s'affliger quand on en parle. » La formule est de Flaubert, dans le *Dictionnaire des idées reçues,* et elle semble bien exprimer une attitude générale qui est, à la fin du Second Empire, celle de la grande majorité des Français. Sans doute, pour sonder, à un siècle de distance, les réactions profondes de ce qu'il est convenu d'appeler l'opinion, l'historien ne dispose-t-il d'aucun instrument réellement satisfaisant d'analyse et d'enquête. Trop de témoignages peuvent cependant être recueillis qui tous s'accordent pour constater, à l'égard du fait colonial, une absence d'intérêt, voire une ignorance très largement partagées, pour que beaucoup de doutes puissent subsister à ce sujet. L'indifférence, le dédain de ses compatriotes à l'égard des entreprises d'Outre-Mer, c'est ce qui frappe Francis Garnier au retour du long et glorieux voyage d'exploration qui l'a conduit jusqu'aux sources du Mékong.

« Quand on revient en France, écrit Garnier, après de longues années de séjour en pays lointain, pendant lesquelles on s'est trouvé plus ou moins directement mêlé à toutes les luttes, à toutes les entreprises, à tous les efforts tentés en vue du pavillon ou de l'intérêt du pays, on reste singulièrement impressionné de la profonde indifférence de l'opinion pour tout ce qui se rattache à ce côté de la grandeur nationale. Il semble qu'il n'y ait aucun lien apparent entre ces intérêts lointains que l'on vient de défendre et cette puissante métropole qui, repliée sur elle-même, paraît ne pas songer à chercher au dehors un aliment à l'activité inquiète qui la dévore [2]. »

Dix ans exactement plus tard, le géographe Coffin, jetant un regard rétrospectif sur l'état d'esprit qui régnait en France à la fin du Second Empire, écrira de son côté :

« Pendant longtemps, nous avons considéré les bribes qui nous restaient de notre ancien empire colonial comme des objets de luxe ; nous les possédions comme on possède chez soi, sur une étagère, des bibelots curieux qui coûtent fort cher et ne rapportent rien ; nos navires y trouvaient un port, des vivres frais, de l'eau ; mais le public ignorait leur existence. Qui de nous, après avoir terminé ses études et obtenu le diplôme de bachelier, était bien sûr de pouvoir énumérer toutes les colonies françaises [3] ? »

Ces affirmations sont très évidemment de caractère trop général pour ne pas appeler des réserves et des nuances. D'innombrables autres textes viennent pourtant les confirmer : l'absence, dans la masse de l'opinion, de ce qu'on appellera plus tard une « conscience coloniale » est un fait qu'il est difficile de ne pas tenir pour acquis.

De ce fait il existe sans doute une première explication : l'absence parallèle, de la part des différents régimes qui se sont succédé au pouvoir depuis le début du XIXe siècle, de véritable politique d'expansion coloniale. L'affirmation peut surprendre dans la mesure où il n'est aucun de ces régimes, du gouvernement de la Restauration à celui du Second Empire, qui n'ait à son tour et selon les circonstances contribué à accroître le domaine extérieur de la France. Elle répond cependant à une évidente constatation : s'il est vrai en effet que, de 1815 à 1870, la souveraineté française n'a cessé de s'étendre en Afrique, en Asie et dans le Pacifique, il n'est pas moins vrai que cette extension ne peut être considérée comme le résultat d'ensemble d'une volonté systématique, consciente et délibérée de ce que l'on peut tenir pour un impérialisme authentique. L'idée serait, en d'autres termes, parfaitement illusoire d'un grand dessein colonial reconnu et accepté pour tel et auquel, sous des formes diverses, les gouvernements successifs de la

France n'auraient cessé d'être fidèles. Pas plus sous le Second Empire que durant la période de la Monarchie constitutionnelle, l'expansion Outre-Mer ne s'inscrit dans le cadre d'une action globale, reposant sur des principes généraux solidement définis, menée avec cohérence, logique et continuité. Il s'agit, bien au contraire, d'initiatives multiples et dispersées, ne s'intégrant dans aucun système général de doctrine ou de pensée, répondant à des préoccupations momentanées, liées elles-mêmes aux modalités les plus diverses de la conjoncture extérieure et intérieure... En prenant la décision de s'emparer d'Alger, on sait que le gouvernement de Charles X n'avait en aucune façon l'intention de s'engager dans la conquête d'un vaste empire nord-africain : il n'était question que d'une opération limitée, fondamentalement destinée à rehausser le prestige de la monarchie restaurée au regard de l'étranger et au regard de l'opinion nationale. Le régime de Juillet ne s'est résigné qu'après de longues années d'hésitations à procéder à l'occupation totale du territoire algérien. L'impossibilité de revenir en arrière, d'abandonner les positions conquises, la nécessité de nouvelles extensions pour protéger, garantir et consolider ce qui avait été précédemment acquis ont joué en l'occurrence un rôle décisif [4].

Le même engrenage des circonstances, le même et irréversible enchaînement se retrouvent dans la politique d'expansion outre-mer du Second Empire, notamment en Extrême-Orient, comme se retrouvent aussi les préoccupations de prestige, le souci déterminant de ne pas se laisser distancer par les autres et comme se retrouvent encore certains calculs de politique intérieure. Extrêmement divers ont été en fait les prétextes invoqués par les gouvernements pour légitimer chacune de leurs entreprises coloniales : lutte contre la piraterie barbaresque, défense du pavillon national, nécessité d'assurer à la flotte des points d'appui et de ravitaillement, protection de la foi chrétienne dans le monde. Extrêmement divers ont été également les principaux thèmes des débats coloniaux portés devant l'opinion : problème de l'esclavage, problème de la production sucrière dans les « vieilles colonies », problème de l'occupation et du régime administratif de l'Algérie, problème de la liberté de commerce et de navigation, etc. D'où, pour cette opinion, un morcellement considérable de l'attention, de la curiosité et de l'intérêt. Il serait entièrement inexact de soutenir que les questions coloniales ont été laissées à l'écart des grandes controverses politiques de la Monarchie constitutionnelle, de la Seconde République ou du régime impérial : en 1869 même une campagne extrêmement vive est menée, dans la presse et au parlement, par l'opposition libérale et républicaine, contre l'administration militaire en Algérie et pour la défense des droits politiques des colons. Il n'en reste pas moins qu'au défaut, de la part des gouvernements, d'un grand dessein colonial continu et délibéré correspond, au niveau de l'esprit public, une absence indiscutable d'images-forces, ou si l'on préfère d'une vision globale, d'une finalité clairement conçue et clairement perçue.

Il convient d'ajouter, d'autre part, l'hostilité de principe à l'égard de la colonisation liée aux *credo* essentiels du libéralisme économique dont restent imprégnés la plupart des milieux dirigeants de l'époque [5]. Père de l'économie libérale, Adam Smith avait en son temps fermement condamné les conquêtes coloniales. Cette condamnation ne cesse d'être renouvelée, dans la Grande-Bretagne du XIXe siècle, par Cobden et tous les théoriciens de l'école de Manchester alors à l'apogée de son influence. Elle se retrouve en France aussi bien chez Frédéric Bastiat, traducteur de Cobden, que précédemment chez Jean-Baptiste Say dont le *Traité d'économie politique,* publié en 1826 mais constamment réédité, continue de servir de base essentielle de référence à tout le système dominant de pensée économique. L'argumentation est simple : la possession de colonies ne profite qu'à une petite minorité d'individus, soldats, fonctionnaires, quelques négociants ; elle impose en revanche de lourdes charges militaires et administratives au budget de la métropole ; augmentant ainsi le poids de la fiscalité, elle constitue une entrave au développement général de l'activité industrielle et commerciale.

« Il est impossible, enseigne le *Traité* de Jean-Baptiste Say, que les peuples d'Europe ne comprennent pas bientôt combien leurs colonies sont à leur charge. Ils supportent une partie des frais de leur administration militaire, civile et judiciaire, une partie de l'entretien de leurs établissements publics, et notamment de leurs fortifications ; ils tiennent sur pied pour leur conservation une marine dispendieuse... »

A quoi bon ces charges alors que l'expérience montre que les échanges les plus fructueux se font entre peuples indépendants laissant à tous la libre initiative de l'activité commerciale ?

« Les vraies colonies d'un peuple commerçant, poursuit Jean-Baptiste Say, ce sont les peuples indépendants de toutes les parties du monde. Tout peuple commerçant doit désirer qu'ils soient tous indépendants pour qu'ils deviennent tous plus industrieux et plus riches, car plus ils sont nombreux et productifs, plus ils présentent d'occasions et de facilités pour les échanges... Un temps viendra où l'on sera honteux de tant de sottises et où les colonies n'auront plus d'autres défenseurs que ceux à qui elles offrent des places lucratives à donner et à recevoir, le tout aux dépens des peuples... »

Cobden ne dit pas autre chose lorsqu'il affirme, en 1850, que « le système colonial a toujours été funeste au peuple anglais » et qu'il précise :

« Comme s'il n'était pas infiniment plus profitable

d'avoir un marché ouvert où tout le monde puisse venir [6]... »

Sans doute cette condamnation sans équivoque peut-elle parfois se trouver corrigée et nuancée, tout en demeurant sur le plan d'un même utilitarisme fondamental, par certaines considérations d'ordre démographique. La colonisation, affirme une opinion assez fréquemment répandue, peut servir d'exutoire au trop-plein de la population européenne ; elle débarrasse les métropoles d'une partie de leurs éléments troubles ou asociaux ; réduisant la pression des « classes dangereuses » à l'intérieur du corps social, elle contribue ainsi à l'établissement d'un meilleur équilibre économique et moral. L'argument reste pourtant de faible portée pour un pays comme la France, à la natalité en constante diminution et qui n'alimente qu'un très médiocre courant d'émigration. Et comment, en contrepartie, les milieux « éclairés » n'auraient-ils pas été sensibles à l'exemple même de la Grande-Bretagne où l'hostilité de principe à l'égard de la domination coloniale semble rencontrer une adhésion de plus en plus large et où, bien plus que la volonté d'accroître le patrimoine existant, s'accuse le désir de se débarrasser de ce que Disraeli nomme alors « les poids morts coloniaux » ? Comment surtout n'auraient-ils pas été frappés par une évidente constatation : celle de la très faible rentabilité, pour ne pas dire de la non-rentabilité, de nos possessions d'Outre-Mer ?...

« L'objet des colonies, avait écrit Montesquieu dans *L'Esprit des lois,* est de faire le commerce dans de meilleures conditions qu'on ne le fait avec les peuples voisins avec lesquels les avantages sont réciproques. »

Montesquieu se référait à la conception mercantiliste de la colonisation qui était celle des hommes du XVIIIe siècle : les colonies devaient fournir à la métropole les produits qui lui faisaient défaut, la métropole leur vendant des objets manufacturés et les échanges mutuels se faisaient sous le privilège exclusif du pavillon national. Or, si le système mercantiliste avait été maintenu par le régime de la Restauration, il n'avait cessé depuis lors de se dégrader en même temps que les principes du libre-échange s'étaient victorieusement imposés. En fait, malgré la permanence de divers tarifs préférentiels entre la France et ses colonies, il n'était plus en 1870 qu'un lointain souvenir : en supprimant le privilège du pavillon national et en établissant que les territoires coloniaux pourraient désormais librement commercer avec les pays étrangers, la loi du 31 juillet 1861 semblait avoir définitivement consacré son abandon. Pourquoi dans ces conditions investir des sommes considérables dans la conquête, l'administration et la mise en valeur des possessions coloniales, alors que nos rivaux commerciaux étrangers, n'ayant pas à supporter ces charges, risquaient d'en tirer le profit le plus immédiat et le plus facile ? « Des millions jetés dans un gouffre qui les dévore sans profit » : cette opinion, exprimée en 1862 à propos de l'Algérie par l'économiste Louis Reybaud dans l'amusante satire qu'est *Jérôme Paturot à la recherche de la meilleure des Républiques,* semble très généralement partagée.

Au niveau le plus large de la conscience collective, comment au demeurant ne pas tenir compte de l'extrême précarité des liens, autres que les liens institutionnels, existant entre la France métropolitaine et ses dépendances extérieures ? Non seulement les communications demeurent encore lentes, coûteuses et difficiles. Mais surtout on ne peut oublier qu'en dehors de l'Algérie et dans une faible mesure des Antilles, les colonies françaises ne sont en aucune façon des territoires de peuplement. En Algérie même, seul foyer réel d'immigration, la population de provenance européenne dépasse à peine, en 1870, le chiffre de

200 000 habitants, dont la moitié environ est constituée par des éléments d'origine étrangère, espagnols, italiens ou maltais. Il ne reste donc qu'une centaine de milliers de « colons » de souche spécifiquement française : le nombre est faible par rapport à la masse de la population métropolitaine, très insuffisant en tout cas pour que s'établisse entre les deux rives de la Méditerranée un courant important d'échanges, de correspondances, de rapports sociaux, amicaux ou familiaux. (Encore faut-il préciser que, tels les 20 000 ouvriers parisiens déportés en Algérie par la Seconde République, beaucoup de ces « colons » se sont primitivement recrutés parmi les éléments considérés comme asociaux, les sans-travail, les révoltés, les déracinés des faubourgs pour lesquels le conformisme de l'époque n'avait guère tendance à manifester sa sympathie...). En fait bien peu de Français, à la fin du Second Empire, ont franchi la mer, vu de leurs propres yeux, connu de leur propre expérience les terres sur lesquelles flotte le drapeau de leur pays. Les récits d'un ancien soldat ayant fait campagne en Afrique, quelques images stéréotypées (des palmiers, des bêtes féroces, des hommes d'étrange apparence), tels sont les éléments essentiels qui composent, pour la plupart, au fond des villages et au fond des bourgs de province, la vision du monde colonial. Monde encore aux trois quarts légendaire, enveloppé de périls et de mystères, somme toute plus inquiétant qu'attirant au regard d'une population toujours paysanne dans sa grande majorité, enfermée dans ses habitudes, ses traditions et ses horizons familiers et qu'aucun impératif majeur ne pousse vers la grande épreuve de l'expatriation. Ces pays inconnus et hostiles, pourquoi, au nom de quels mobiles, aller y chercher d'inutiles et coûteuses aventures ? A partir de quelles solidarités, sous la pression de quelles nécessités ou de quelles contraintes immédiatement perceptibles et aisément reconnues, une volonté

commune d'expansion pourrait-elle se développer vers l'Outre-Mer ?...

De quelques milieux et de quelques traditions

Contrastant avec une ignorance, une indifférence ou une méfiance que l'on peut croire très généralement répandues, il existe pourtant dans la France des dernières années du Second Empire un certain nombre de foyers où l'idée coloniale se trouve activement, ardemment entretenue. Foyers circonscrits à quelques milieux strictement délimités, mais où la ferveur des convictions mobilise les énergies, entretient la flamme du prosélytisme. Foyers souvent faibles par leur importance numérique, mais à partir desquels des appels sont lancés, des mots d'ordre diffusés et d'authentiques forces de pression mises en mouvement.

L'exemple le plus fréquemment évoqué est très évidemment celui de ces milieux de négociants ou d'armateurs des grands ports méditerranéens et atlantiques, Marseille, Bordeaux, Nantes, où malgré sa déchéance par rapport au siècle précédent, le commerce colonial continue à faire fructifier quelques solides intérêts. C'est à plusieurs reprises que l'on en aperçoit la présence, — et l'influence, — dans la politique d'expansion du Second Empire. La maison des frères Regis de Marseille [7], dont la prospérité repose sur la pratique de « la troque » avec les Etats côtiers d'Afrique, installe de nouveaux comptoirs le long du golfe de Guinée. La Chambre de commerce de Bordeaux subventionne certaines missions d'exploration en Afrique ; elle intervient auprès des pouvoirs publics, aux environs de 1860, pour leur demander de renforcer militairement les installations françaises de Saint-Louis du Sénégal et de les défendre plus énergiquement contre les attaques et les incursions des pillards maures venant du Nord. Le premier ministre de la Marine de Napoléon III, immédiatement après le coup d'Etat, Théodore Ducos, était d'ailleurs député de Bordeaux et ancien négociant. Armateur bordelais également le baron Portal qui, durant six années, de 1815 à 1821, avait été le premier ministre de la Marine de la Restauration. Il y a indiscutablement toute une tradition bordelaise liée intimement à la chronique de l'expansion coloniale française au XIXe siècle, et dont on ne peut négliger l'importance. Mais à côté de ces centres anciens d'intérêt, héritiers d'une histoire dont la grandeur se trouve déjà depuis longtemps révolue, parallèlement à eux, d'autres forces exercent leur influence. Plus neuves, apparemment moins connues mais peut-être plus réellement et plus efficacement agissantes.

Au premier rang de ces forces nouvelles, il faut sans doute placer les militaires, ou plutôt certaines catégories de militaires, essentiellement les marins et les hommes de l' « armée d'Afrique ». Cette primauté, les institutions elles-mêmes semblent la consacrer, puisqu'il n'existe pas en 1870 de ministère des Colonies : l'administration de la plus grande partie des possessions françaises d'Outre-Mer relève d'une simple « direction des Colonies », service parmi d'autres dépendant du ministère de la Marine ; quant à l'Algérie elle continue à être placée sous l'autorité du ministère de la Guerre. Or, pour les marins, l'expansion hors d'Europe constitue toujours une sorte d'impératif moral, pieusement maintenu depuis 1815 en même temps qu'une volonté tenace de revanche, tout au moins de compétition active, à l'égard de la Grande-Bretagne. Mémoire nostalgique des grandes épopées navales du siècle précédent ; désir d'effacer et de réparer les humiliations et les défaites de la période révolutionnaire et impériale ; souvenir douloureux et constamment entretenu de la perte de l'île de France, passée sous dénomination britannique et rebaptisée île Maurice, point d'appui considéré comme essentiel dans l'océan Indien, symbole de la déchéance et de l'abaissement de notre pavillon dans les mers orientales... Autant d'éléments qui dans un milieu clos, jalousement replié sur lui-même et sur son système particulier de valeurs professionnelles, viennent stimuler les imaginations, entretenir un climat de constante émulation. Sous la monarchie de Juillet les amiraux et les bureaux de la Marine avaient, à titre de « compensation », beaucoup rêvé de Madagascar. La prudence de Guizot avait, sur ce point, coupé court à certaines initiatives passablement aventureuses. Mais, sous le Second Empire, c'est vers la péninsule indochinoise que les milieux de la marine semblent avoir reporté l'essentiel de leurs espérances : leur pression fut sans doute déterminante dans la décision finale, prise par un gouvernement longtemps hésitant, de maintenir la Cochinchine sous la domination directe de la France. Gouvernée par des amiraux, administrée par des officiers de marine, c'est une sorte de fief réservé que constitue d'ailleurs la nouvelle colonie. Déjà se développe, chez ceux qui l'ont conquise et revendiquent la charge de sa conservation, un sentiment de responsabilité, de fidélité orgueilleuse, il faudrait presque dire d'appropriation personnelle [8].

Ce sentiment on le retrouve, assez semblable dans sa formulation, mais cette fois à propos de l'Algérie, chez les généraux et les officiers de l'armée d'Afrique. Sur la terre algérienne, en effet, c'est un nouveau type de soldat qui est né. Depuis 1830 et tout au long de l'histoire de la conquête, l'Afrique a permis à un certain nombre d'officiers d'échapper au morne enlisement des garnisons provinciales, aux murs gris de la caserne et à la tristesse des arrière-salles de cabaret. Elle les a mis en contact avec d'autres mœurs, d'autres usages, d'autres langues. Elle leur a fait connaître l'âpre dépaysement des grands horizons désolés. Elle leur a donné une vie plus pleine et plus large, un surcroît d'initiative, d'autorité et de responsabilité. Elle leur a fourni aussi l'occasion, si éperdument recherchée dans une armée où le système de l'avancement reste essentiellement déterminé par les règles de l'ancienneté, d'une promotion plus rapide, d'une carrière plus facile et plus brillante. L'état d'esprit qui règne chez les « africains » est très différent de celui des régiments de la métropole : la discipline y est moins lourde et moins compassée, les liens de subordination hiérarchique moins rigoureux, les comportements plus libres, les personnalités plus fortes et plus accusées. Au demeurant la longue et difficile « pacification » du territoire algérien a conduit à une interpénétration, une confusion constante des tâches militaires et des tâches administratives. D'où, chez certains, un élargissement considérable de la conception traditionnelle du métier des armes : l'officier colonial dont commence à s'esquisser l'image (telle que Bugeaud l'avait déjà définie et telle que l'illustre parfaitement, sous le Second Empire même, l'action de Faidherbe au Sénégal), n'entend pas rester enfermé dans le cadre des impératifs habituels de sa vocation. Il se veut certes toujours un combattant, mais aussi un tuteur, un négociateur, un administrateur, un bâtisseur. Sa mission, telle qu'il la conçoit, est d'arbitrer et de gérer, de rendre la justice, d'ouvrir des routes, de fonder des marchés, de créer de nouvelles sources de richesses. Pour qui a choisi de donner ce sens à son destin, ce n'est plus dans les étroites limites de l'hexagone métropolitain qu'il peut en rechercher l'accomplissement.

Fait important dans l'histoire militaire française que l'apparition de ce type social nouveau que représente l'officier colonial. Mais fait important aussi, au niveau de l'histoire des mentalités, que la confusion qui tend simultanément à s'établir dans la masse de l'opinion entre ce qu'on peut appeler le légendaire colonial et le légendaire militaire. Dans la comédie de mœurs, le feuilleton populaire, la littérature enfantine, le colonial lorsqu'il apparaît, porte presque toujours l'uniforme. Plus généralement il semble permis d'affirmer que c'est principalement en tant qu'aventure guerrière qu'au regard du plus grand nombre l'aventure coloniale se trouve représentée et appréhendée. Une étude exhaustive de l'iconographie, et plus spécialement de l'imagerie populaire, serait sans doute à cet égard particulièrement éclairante : la défense héroïque du marabout de Sidi-Brahim, les cavaliers du duc d'Aumale chargeant parmi les tentes de la smalah d'Abd El-Kader, les colonnes d'attaque montant à l'assaut du ravin de Constantine, c'est avant tout par ces scènes, mille fois reproduites, que l'Algérie a pris sa place dans l'univers affectif et moral des Français [9]. Images héroïques auxquelles il convient d'ajouter celle, de plus en plus populaire, du combattant « indigène » servant sous nos drapeaux : le zouave, le tirailleur, les fameux « turcos ». En Crimée, en Italie, les régiments de recrutement nord-africain ont joué un rôle important dans toutes les campagnes du Second Empire. Ils vont s'illustrer sur les champs de bataille français de la guerre de 1870. Leur courage, leurs charges furieuses, leur dévouement au drapeau, « leur fidélité » alimentent déjà toute une littérature épique. Le public des revues les acclame. Leurs silhouettes pittoresques ont désormais leur place définitive, à côté du grenadier, du voltigeur, du hussard ou du cuirassier, dans les traditions, les chansons, les images, les souvenirs de l'ensemble du folklore militaire français. En bref le phénomène est double, — et parfaitement original dans l'histoire de l'expansion européenne au XIXe siècle : en même temps qu'une fraction de l'armée française se « colonialise », c'est pour une grande partie de l'opinion l'idée coloniale elle-même qui se « militarise ».

Il y a les soldats, marins et hommes de l'armée

d'Afrique, et il y a aussi les missionnaires. On ne peut en effet oublier que le XIXe siècle voit reprendre par les Eglises chrétiennes le vaste mouvement d'expansion et d'évangélisation, sinon interrompu du moins très sensiblement ralenti au cours du siècle précédent. On ne peut également oublier que, dans cet intense renouveau de l'élan apostolique, l'Eglise catholique de France tient une place primordiale [10]. Vingt-deux nouvelles congrégations missionnaires sont fondées en France entre 1816 et 1870 : la *Société de Marie* et les *Oblats de Marie Immaculée* en 1816, la *Congrégation des Pères des Sacrés Cœurs de Jésus et Marie* en 1825, la *Congrégation des Pères du Saint Cœur de Marie* en 1841, les *Missions africaines* de Lyon en 1854, la *Société des Missionnaires d'Afrique* ou Pères Blancs en 1868, etc. (Ces congrégations venant s'ajouter aux trois congrégations missionnaires de date plus ancienne, les *Missions étrangères*, les *Lazaristes* et la *Congrégation du Saint-Esprit*, un moment supprimés, rétablis en 1815 et dont l'activité ne cesse depuis lors de s'étendre et de se développer.) Parallèlement les congrégations religieuses féminines, appelées à la même vocation, se multiplient en nombre plus considérable encore : *Sœurs de Notre-Dame des Apôtres, Sœurs de l'Immaculée Conception, Filles de la Charité de Saint-Vincent de Paul, Sœurs de la Providence de Pontieux, Dominicaines de la Présentation de Tours, Sœurs du Carmel de Saint-Joseph, Sœurs de Saint-Joseph de Cluny*, etc. Des œuvres laïques enfin prennent leur essor, dont le but est d'aider matériellement et moralement l'action d'évangélisation menée sur les terres lointaines : parmi les plus importantes, l'*Œuvre de la Propagation de la Foi*, fondée en 1822 par un groupe de catholiques lyonnais, se propose de recueillir les fonds nécessaires au développement de l'activité missionnaire, tandis que l'*Œuvre de la Sainte-Enfance*, créée en 1843, par Mgr de Forbin-Janson, évêque de Nancy, se donne pour tâche le rachat et l'éducation des enfants « indigènes » esclaves ou abandonnés. Le rayonnement de ces associations est très loin d'être négligeable. Ouvroirs, collectes, ventes de charité, sermons prêchés par un missionnaire de passage en métropole, entretiennent dans d'innombrables paroisses un courant d'intérêt ou de ferveur pour ces terres lointaines où, dans l'ignorance du Christ, des peuples immenses demeurent encore « assis à l'ombre de la mort ». Déjà en 1830 les *Annales de la Propagation de la Foi*, premier organe de la société lyonnaise, tiraient à 16 000 exemplaires, chiffre considérable pour l'époque. En 1868 les *Annales* sont remplacées par un journal hebdomadaire, *Les Missions catholiques*, dont la diffusion ne va cesser de s'élargir. Les correspondances envoyées de toutes les régions du monde par les pères missionnaires constituent l'essentiel du contenu des *Missions catholiques*. Récits de leurs tribulations, de leurs travaux, de leurs victoires, récits surtout de leurs souffrances, des persécutions qu'ils doivent subir, « du glorieux martyre » de beaucoup de leurs compagnons, c'est grâce à eux et par leur intermédiaire toute une rumeur d'épopée triomphale et sanglante à la fois, tout un souffle de conquête héroïque qui viennent émouvoir la sensibilité du catholicisme français.

On ne saurait trop insister au demeurant sur l'étroite interpénétration qui se trouve établie, dans le contexte moral de l'époque, entre l'idéal missionnaire et une certaine forme d'idéal colonial ou colonisateur. Nous sommes très loin alors (et la constatation pose un problème sur lequel il conviendrait de revenir) des débats et des déchirements qu'avait provoqués dans la conscience chrétienne, au cours du XVIe siècle, l'établissement des premiers empires européens. C'est une opinion communément admise et qui ne paraît guère avoir suscité des contradictions ou même des réserves, que celui qui porte la Croix du Christ sur les terres lointaines y porte en même temps, explicitement ou implicitement, le drapeau de son pays. Il paraît inversement aller de soi que le pavillon national se doit de couvrir et de protéger l'œuvre d'apostolat et d'évangélisation. A plusieurs reprises, sous la monarchie de Juillet comme sous le Second Empire, c'est l'action missionnaire qui a ouvert la voie à la prise de possession coloniale. Le plus souvent, c'est, au cours de la même période, l'établissement de la domination coloniale qui a permis le développement du champ d'action de la mission. Cette solidarité des desseins et des intérêts est reconnue sans gêne ni réticence, réclamée même parfois avec une certaine impatience par l'ensemble de la littérature missionnaire. Voici par exemple comment Mgr Miché, vicaire apostolique à Saigon commente, dans *Les Missions catholiques* du 9 avril 1869, le développement de sa mission, longtemps menacé par les activités de rebelles qui « confondent dans une commune haine le nom chrétien et le nom français » :

« Les rebelles ont arrêté longtemps l'essor des conversions. Mais l'autorité française ayant enfin tiré une vengeance terrible de ces révoltes, tous les villages qui avaient trempé de près ou de loin dans la rébellion ayant été frappés de lourdes amendes, la paix se rétablit maintenant peu à peu, la confiance renaît et avec elle le mouvement religieux. »

Deux ans plus tôt, Mgr Lavigerie quittant l'évêché de Nancy pour le siège d'Alger s'était exprimé en termes évidemment moins directs, mais riches en fin de compte d'une semblable signification :

« Je vous quitte, disait son mandement d'adieu, pour porter, si je le puis, mon concours à la grande œuvre de civilisation chrétienne qui doit faire surgir des désordres et des ténèbres d'une antique barbarie une France nouvelle. »

En 1870, Lavigerie, archevêque d'Alger, qui vient de fonder l'ordre des Pères Blancs et qui s'apprête à le lancer à la conquête des âmes africaines, apparaît déjà au regard de beaucoup comme le représentant le plus éminent, presque le chef de file de l'Eglise missionnaire française : tout indique, dans ses paroles comme dans ses actes, qu'il entend rester fidèle au mot d'ordre qu'il s'était assigné.

Ce n'est pas en vain cependant si, dans son premier numéro du 26 juin 1868, le journal des *Missions catholiques*, présentant ses rédacteurs missionnaires comme « les plus sérieux des explorateurs », déclare vouloir attirer sur leurs publications « l'attention du monde savant ». Dans l'histoire morale du XIXe siècle français, un autre mouvement répond, sur un plan différent, au renouveau de l'expansion missionnaire : le mouvement d'exploration et de découverte, l'élan vers les terres inconnues, la passion de la connaissance du globe, de ses climats, de ses paysages, des peuples qui l'habitent. Aux négociants, aux marins, aux soldats d'Afrique et aux missionnaires, il convient donc d'ajouter les voyageurs et les géographes. Date décisive à cet égard : la fondation à Paris en 1821 (un an avant celle de l'*Œuvre de la Propagation de la Foi*) de la *Société de Géographie de France.* Sans doute ses effectifs sont-ils loin d'être imposants : la *Société de Géographie* ne groupe que 300 membres en 1860 et n'en comptera encore que 780 en 1873. Ces chiffres ne donnent guère cependant la mesure de son activité : entretenant en France et à l'étranger un réseau relativement dense de correspondants, dressant régulièrement, dans ses *Bulletins*, le bilan de ses réunions et celui des travaux des voyageurs et des explorateurs, encourageant, stimulant, récompensant et souvent subventionnant des expéditions nouvelles, la *Société de Géographie* se situe en fait au point de jonction de tout ce qui intéresse la découverte et la connaissance de la Terre. Cette activité s'intensifie d'ailleurs dans les dernières années du Second Empire, en partie peut-être grâce à l'esprit singulièrement entreprenant de son nouveau secrétaire général, un fonctionnaire du ministère de la Guerre du nom de Charles Maunoir, installé dans ses fonctions en 1867 et qui y demeurera jusqu'en 1896. (C'est à Charles Maunoir que l'on doit notamment l'initiative de réunir chaque vendredi, à l'issue de la réunion hebdomadaire de la société, dans l'arrière-salle d'une crèmerie de la rue Mazarine, *La Petite Vache*, les explorateurs français et étrangers de passage à Paris. Duveyrier, Francis Garnier, puis plus tard Brazza, Mizon, Crampel, Ballay, fréquenteront régulièrement, mêlés à des journalistes et à des littérateurs, les dîners de *La Petite Vache*[11].) Les leçons des géographes, les récits des « découvreurs » ne pouvaient au reste que trouver un accueil de plus en plus favorable auprès d'un public où ne cesse de s'affirmer un intérêt grandissant pour toutes les formes de la littérature de voyage : c'est à partir de 1866 que paraissent les premiers romans de Jules Verne ; surtout le développement de la presse illustrée, *L'Illustration, Le Monde illustré, Le Tour du monde* au titre significatif et dont la publication commence en 1860, vient stimuler le goût de l'exotisme et du dépaysement, tourner vers les terres inconnues et lointaines toutes les puissances du rêve et de l'imagination.

Dernière tradition enfin et dernière force qui s'exerce en faveur de l'expansion colonisatrice : celle de certains économistes ou de certains doctrinaires sociaux de formation socialiste ou saint-simonienne. Sans que l'on puisse à proprement parler trouver chez eux une doctrine systématique de l'expansion outre-mer, Fourier, Cabet, la plupart des premiers socialistes français s'étaient montrés favorables aux principes généraux d'une colonisation nouvelle, — « conquête de l'univers inculte par l'humanité » selon la formule même de Cabet, productrice d'un surcroît de richesses et susceptible de favoriser l'établissement de formes neuves d'organisation sociale [12]. Leurs enseignements avaient pénétré dans certains milieux de l'armée de l'Afrique et avaient inspiré, sur la terre algérienne, diverses expériences de type phalanstérien ou coopératif. Quant aux saint-simoniens, contrairement aux leçons premières de leur maître (qui avait affirmé en son temps que tout l'argent dépensé par la France pour récupérer la ville de Pondichéry eût été beaucoup plus utilement employé à la mise en valeur du territoire métropolitain), ils avaient compté, en 1830 et dans les années suivantes, parmi les partisans les plus convaincus de la conquête et de l'occupation de l'Algérie. Leur conception d'une Union mystique de l'Occident et de l'Orient, leur notion d'une nécessaire et rationnelle exploitation de toutes les richesses du globe, leur rêve d'un aménagement volontaire de l'espace terrestre, devaient obligatoirement les associer à toutes les formes de l'expansion européenne. Le nom de beaucoup d'entre eux se retrouve au détour d'innombrables pages de l'histoire coloniale de l'Algérie. En 1840, Enfantin lui-même visite longuement la nouvelle conquête et en revient avec la proposition d'un vaste programme de colonisation. Lamoricière, d'assez nombreux officiers étaient saint-simoniens. Les capitaux investis par les Talabot ont, sous le Second Empire, très largement contribué au développement de l'infrastructure économique du pays. En 1860 enfin, lorsque Napoléon III se rend en Algérie, c'est un des premiers disciples de l'église saint-simonienne qui l'accompagne et lui sert de guide et d'interprète : Ismaïl Urbain, pittoresque personnage qui s'était plus ou moins converti à l'islamisme et avait un moment joué un certain rôle dans l'entourage d'Abd-el-Kader. Ismaïl Urbain a indiscutablement beaucoup contribué à la définition de la politique dite du « royaume arabe » préconisée alors par l'empereur.

En ces années où s'achève la percée du canal de

Suez, où se fondent les grandes compagnies de navigation transatlantique et où se multiplient les missions d'exploration au cœur des continents africain et asiatique, économistes d'inspiration saint-simonienne et géographes se rejoignent d'ailleurs dans une même conception qui est celle de la disponibilité du globe. Le monde entier leur apparaît comme un immense jardin en friche, riche de prodigieuses ressources encore inexploitées, ouvert à tous les travaux et à toutes les initiatives de l'intelligence organisatrice de l'homme. La quasi vacuité de la planète, l'insignifiance du peuplement humain par rapport à l'étendue des espaces demeurés vierges sont présentées comme des faits d'observation courante légitimant, pour les générations futures, un incommensurable espoir d'expansion pacifique et d'activité féconde.

« Sur les 12 milliards d'hectares cultivables, affirme à l'article « Colonisation » le *Dictionnaire général de la politique* de Maurice Block publié en 1863, il n'y a guère que 1 milliard 200 000 habitants, soit une densité de 1 habitant pour 12 hectares. Le simple degré de colonisation normale demandant 1 habitant pour deux hectares, on voit que les cinq sixièmes du globe sont encore en-dessous de cet état et qu'ainsi l'humanité a devant elle au moins l'équivalent de 10 milliards à peu près disponibles pour recevoir cinq milliards de colons [13]. »

Il reste donc à l'homme à prendre réellement possession du domaine qui lui est réservé. Il lui reste à achever de l'explorer, à dissiper ce qu'il conserve encore d'ombre et de mystère. Il lui reste surtout à l'aménager, à le faire fructifier et à répartir ses richesses pour le mieux-être de tous : l'ère qui s'ouvre sera celle de l'organisation de la Terre.

Vers une doctrine militante de la colonisation

Le fait est décisif pour l'histoire française de l'idée coloniale, encore que sa portée n'ait été que trop rarement soulignée : de cette rencontre dans une vision et dans une foi communes des préoccupations des géographes et des aspirations des économistes soucieux d'une meilleure organisation du travail humain, va naître une doctrine militante de la colonisation, — doctrine qui commence à se définir avec force dans les dernières années du Second Empire. A cet égard un nom au moins ne peut manquer d'être cité : celui de Jules Duval [14]... Curieuse et attachante figure, et qui illustre de façon exemplaire tout un aspect du XIXe siècle français, que celle de ce magistrat aveyronnais sensible dans sa jeunesse aux leçons de Saint-Simon et de Fourier dont son destin comme sa pensée ne cesseront de porter la marque. Il quitte en 1847 son poste de substitut au tribunal de Rodez pour fonder en Algérie, dans la plaine du Sig, une vaste entreprise agricole régie selon les règles de l'association du capital et du travail. Membre du conseil général d'Oran, rédacteur en chef de *L'Echo d'Oran,* il milite avec ardeur pour la défense des droits de la colonisation européenne contre l'administration militaire et contre la politique impériale du « royaume arabe ». Revenu en métropole, on le trouve à l'origine de la création, en 1862, de *L'Economiste français,* « organe des colonies, de la colonisation et de la réforme par l'association et l'amélioration du sort des classes pauvres ». (« Libre et harmonique essor des forces », telle est la formule qui figure en exergue de *L'Economiste français.*) Vice-président de la *Société de Géographie,* il va multiplier jusqu'à sa mort, survenue accidentellement en 1870, les articles et les ouvrages d'économie politique et de vulgarisation géographique consacrés à l'étude des phénomènes conjoints de la colonisation et des grandes migrations humaines.

« Jules Duval était convaincu, écrit l'économiste Levasseur dans la notice nécrologique qu'il lui a consacrée, que la terre est le domaine de l'homme ; que, par l'extension de la race humaine, la terre peut être transformée ; que la richesse et le bien-être doivent, grâce au travail bien organisé, remplacer peu à peu la misère et la stérilité sur tous les points du globe. »

Economiste, géographe, philanthrope, réformateur social, fondateur d'entreprise, c'est en effet dans la formulation d'une théorie générale de la colonisation que Jules Duval établit le point de rencontre de ses multiples vocations. Le fait colonial étant fondamentalement défini par lui comme « la fondation de sociétés et de cités nouvelles », le grand dessein auquel il entend se vouer est de construire, à partir de cette définition, une « doctrine certaine et lumineuse », « guide des peuples à qui échoit cette noble part de l'œuvre terrestre de l'humanité ».

« La colonisation, écrit Jules Duval, constitue l'une des faces les plus brillantes de l'humanité. Elle est le rayonnement extérieur des familles humaines ; elle est l'exploitation, le peuplement et le défrichement du globe. »

On ne saurait donc excessivement s'attarder sur les conflits entre les peuples, les affrontements entre les civilisations qui restent inséparables de toute entreprise d'expansion coloniale : ce ne sont que des « épisodes », des aspects malencontreux mais secondaires d'une œuvre grandiose dont l'essentiel demeure « la lutte contre la nature », cette nature que les colons abordent « sauvage et indomptée » et « qu'ils assouplissent aux règles d'une production régulière ».

« Bientôt, écrit encore Jules Duval, où régnait la solitude

une population humaine s'épanouit ; où fleurissait la ronce, la récolte mûrit ; où les bêtes féroces creusaient leur tanière, s'élèvent les demeures d'un peuple civilisé. Dans les flancs d'un sol inerte, l'émigration a jeté les germes d'une société vivante qui, au soleil de la liberté ou de la discipline, suivant les temps, en travaillant grandit, qui en grandissant prospère, qui à son tour multiplie et envoie ses essaims : voilà la colonisation, un des plus nobles spectacles dont il soit donné à l'homme d'être à la fois l'agent et le témoin [15]. »

Dans leur optimisme lyrique, par la foi ardente qu'elles expriment dans les valeurs d'Organisation et de Progrès, ces lignes témoignent avec évidence des préoccupations essentielles qui animent la pensée de leur auteur. Ces préoccupations sont de dimension planétaire et de caractère fondamentalement humanitaire : le but fixé à l'œuvre d'expansion coloniale est de réaliser « l'unité économique du globe », condition nécessaire à l'avènement de « l'harmonie sociale » de « relier dans un système combiné d'intérêts, de sentiments et d'actes les diverses fractions de l'humanité disséminées sur les continents et séparées par les mers ». Sans les ignorer totalement, les thèses développées par Jules Duval relèguent ainsi à une place secondaire les considérations de grandeur.

Il n'en est en aucune façon de même d'un autre appel qui retentit à peu près simultanément en faveur de l'expansion coloniale et qui est celui que lance Prévost-Paradol dans un livre voué à un large rayonnement, *La France nouvelle*, publié en 1868 [16]. Auréolé alors de tous les prestiges du succès littéraire et mondain, Prévost-Paradol appartient à une tout autre famille de pensée que celle dont relève Jules Duval. Porte-parole, dans les milieux intellectuels, d'une opposition au régime impérial brillante, incisive et sèche, et qui se veut fidèle à la grande tradition du libéralisme français, héritier de la lignée des Benjamin Constant et des Paul-Louis Courier, les rêves de l'utopie saint-simonienne ou fouriériste lui ont toujours été étrangers. *La France nouvelle* n'en est pas moins un livre grave dans la mesure où il se présente essentiellement comme une méditation sur une décadence : la carte du monde est en train de se modifier ; qu'il s'agisse de la Prusse ou des Etats-Unis, de nouvelles puissances s'élèvent, de nouveaux empires s'ébauchent, tandis que ne cesse de s'amenuiser la grandeur historique de la France.

« Que la France reste ce qu'elle est et elle cessera d'être », affirme Prévost-Paradol. Et il interroge : « Quel moyen nous reste-t-il pour ménager dans ce monde ainsi renouvelé autre chose qu'un souvenir honorable et que les égards dus à notre passé, c'est-à-dire une place matérielle et physique digne de notre légitime orgueil, capable d'imposer encore quelque considération aux peuples de la terre et d'entourer d'un respect suffisant le nom glorieux de la vieille France ? »

La réponse est simple : accroître le poids de la France dans le monde, c'est-à-dire augmenter le nombre de ses citoyens, en même temps que l'étendue de son territoire, par la fondation d'un puissant empire méditerranéen dont l'Algérie serait le pivot et qui serait destiné à s'étendre sur toute l'Afrique du Nord.

« L'Afrique, écrit Prévost-Paradol dans les dernières pages de *La France nouvelle*, ne doit pas être pour nous un comptoir comme l'Inde, ni seulement un camp dans un champ d'exercice pour notre armée, encore moins un champ d'expérience pour nos philanthropes ; c'est une terre française qui doit être *le plus tôt possible*, peuplée, possédée et cultivée par des Français, si nous voulons qu'elle puisse un jour peser de notre côté dans l'arrangement des affaires humaines.

Car il n'y a que deux façons de concevoir la destinée future de la France ; ou bien nous resterons ce que nous sommes, nous consumant sur place dans une agitation intermittente et impuissante, au milieu de la rapide transformation de tout ce qui nous entoure, et nous tomberons dans une honteuse insignifiance, sur ce globe occupé par la postérité de nos anciens rivaux, parlant leur langue, dominé par leurs usages et rempli de leurs affaires, soit qu'ils vivent unis pour exploiter en commun le reste de la race humaine, soit qu'ils se jalousent et se combattent au-dessus de nos têtes ; ou bien de quatre-vingts à cent millions de Français, fortement établis sur les deux rives de la Méditerranée, au cœur de l'ancien continent, maintiendront à travers le temps, le nom, la langue et la légitime considération de la France. Qu'on en soit pourtant bien persuadé : ce n'est pas à un moindre prix, ni avec de moindres forces, qu'on pourra être compté pour quelque chose et suffisamment respecté dans ce monde nouveau, que nous ne verrons pas, mais qui s'approche assez pour projeter déjà sur nous son ombre [17]. »

La déchéance française mesurée à l'échelle des nouvelles transformations du monde, la fondation d'un puissant empire extra-européen présentée comme « la dernière ressource de notre grandeur », il est difficile de mesurer avec précision la résonance immédiate de ces thèmes.

« Pendant que la race anglo-saxonne prenait possession du globe habitable, avait encore écrit Prévost-Paradol dès 1865, nous nous sommes consumés sur place dans les guerres civiles, dans la guerre étrangère, piétinant dans les boues de la vieille Europe et dans notre propre sang. »

Il y a là une invitation explicite à changer l'axe même des destinées nationales qui sans doute ne pouvait guère trouver d'échos dans la société française des années 1860. Le mot d' « empire » reste cependant prononcé et il est significatif de le retrouver, chargé d'une signification assez voisine, au détour d'un texte du marquis de Chasseloup-Laubat, ministre de la Marine de 1859 à 1867 :

« Il ne s'agit pas, écrit Chasseloup-Laubat à propos

des premiers établissements français d'Indochine, de fonder une colonie telle que nos pères l'entendaient avec des colons d'Europe, des institutions, des réglementations, des privilèges. Non, c'est un véritable empire qu'il faut créer, une sorte de suzeraineté, de souveraineté, avec un commerce accessible à tous, et aussi un établissement formidable d'où notre civilisation chrétienne rayonnera sur ces contrées où tant de mœurs cruelles subsistent encore. »

Significatifs également les termes utilisés par Francis Garnier, le futur conquérant du Tonkin alors jeune lieutenant de vaisseau, dans une brochure publiée en 1864 et qui constitue un ardent plaidoyer en faveur du maintien de l'occupation française en Cochinchine. Pour légitimer cette occupation Francis Garnier invoque d'abord un certain nombre d'arguments d'ordre économique. Mais il ajoute aussitôt, reprenant le vieux thème, hérité d'une certaine tradition jacobine et déjà développé par certains dans les dernières années de la Monarchie constitutionnelle, des devoirs de civilisation qui se trouvent imposés par son destin même à une France éternellement « porteuse de lumière » :

« D'ailleurs en considérant la question d'un point de vue plus élevé, un pays comme la France, quand il pose le pied sur une terre étrangère et barbare, doit-il se proposer exclusivement pour but l'extension de son commerce et se contenter de ce mobile unique, l'appât du gain ? Cette nation généreuse dont l'opinion régit l'Europe civilisée et dont les idées ont conquis le monde, a reçu de la Providence une plus haute mission, celle de l'émancipation, de l'appel à la lumière et à la liberté des races et des peuples encore esclaves de l'ignorance et du despotisme. Eteindra-t-elle en ses mains le flambeau de la civilisation vis-à-vis des ténèbres profondes de l'Annam ? Fermera-t-elle ses yeux devant cette misère immense ? Renoncera-t-elle à la plus belle partie de son œuvre ?... [18] »

Chasseloup-Laubat et Francis Garnier mettent l'accent sur la mission civilisatrice de la France. Prévost-Paradol se réfère à la vision d'une nation décadente et vieillie, tragiquement menacée par la montée des nouveaux périls extérieurs. Jules Duval exprime sa foi dans une humanité réconciliée dans l'aménagement pacifique du Globe. Voix encore faibles. Voix dispersées surtout et qui s'expriment sur des registres différents, invoquent des arguments souvent contradictoires. Voix porteuses cependant d'un message décisif qui va bientôt être repris, amplifié et entendu.

CHAPITRE II

Naissance d'un impérialisme français

Les dix premières années de la Troisième République constituent une sorte de parenthèse dans l'histoire de l'expansion coloniale française. Selon la formule d'usage, « La France se recueille. » La liquidation des séquelles de la guerre, la reconstitution de sa puissance militaire lui imposent de lourdes charges financières. La fragilité des nouvelles frontières, la présence vigilante de l'Allemagne victorieuse, l'absence d'alliance contraignent ses gouvernements à la plus grande circonspection sur le plan international. Douloureusement marquée par le souvenir tout proche de l'invasion et des semaines sanglantes de la Commune, très profondément touchée par l'amputation du territoire, l'opinion ne semble guère disposée, par ailleurs, à céder à l'attrait de nouvelles et incertaines aventures. L'heure est aux vertus de prudence, de patience et d'attente. C'est sur le continent européen que vient de se jouer le destin national ; c'est donc également sur le continent européen que tout semble inviter les Français à placer désormais leurs espérances et à rassembler leurs efforts. Sans doute est-ce au cours de ces années que Savorgnan de Brazza, partant de la côte du Gabon et atteignant le bassin du Congo, jette les bases de la domination française en Afrique centrale. Entreprise isolée, plus officieuse qu'officielle, dont les frais ont été en grande partie assurés par Brazza lui-même et dont on n'aperçoit guère sur le moment les conséquences. En revanche la pénétration vers le Sahara est arrêtée, les comptoirs et les points d'appui de la côte de Guinée et du Dahomey évacués. L'initiative de Francis Garnier s'emparant d'Hanoi en 1873 et amorçant la conquête du Tonkin, est désavouée dès les premières difficultés, les territoires momentanément occupés abandonnés.

Paradoxalement pourtant, période de vide dans l'histoire de l'extension de la souveraineté française, période de rétraction ou de stagnation, ce sont précisément ces dix années qui apparaissent comme décisives sur le plan de l'élaboration de l'idéologie coloniale. C'est alors que certaines conceptions se précisent, que certains systèmes de pensée achèvent de se définir. C'est alors que certains thèmes encore à peine ébauchés se présentent dans leur formulation définitive, celle qu'il garderont à peu près inchangée jusqu'au milieu du siècle suivant. C'est alors, en fin de compte, que se construit véritablement ce que l'on peut à bon droit appeler une doctrine cohérente de l'impérialisme français [1].

ÉCONOMISTES, PROFESSEURS ET PUBLICISTES

Publié en 1874, un livre de format massif, de titre austère mais promis à une destinée exceptionnelle, semble marquer à cet égard un tournant décisif : *De la colonisation chez les peuples modernes*, de Paul Leroy-Beaulieu. L'auteur n'est alors âgé que de trente et un ans [2]. Il est issu d'une famille de grands bourgeois parlementaires, de tradition orléaniste ; il se trouve être d'autre part, — et le fait vaut d'être indiqué, — le gendre de l'économiste saint-simonien Michel Chevalier auquel il succédera en 1879 dans la chaire des « sciences morales et politiques » du Collège de France. Représentant d'une nouvelle génération d'économistes, fidèles pour l'essentiel aux grands principes de l'école libérale, mais soucieux de préoccupations sociales et imprégnés d'un certain industrialisme d'origine saint-simonienne, il avait déjà publié un certain nombre d'études sur les salaires ouvriers, l'administration locale en France et en Angleterre et le « travail des femmes employées dans les travaux d'industrie ». Répondant à un sujet de concours proposé par l'Institut, il avait, d'autre part, rédigé dès le début de l'année 1870 un assez long mémoire consacré à l'étude du « système colonial des peuples modernes ». Mémoire qui s'ouvrait sur cette formule : « La fondation des colonies est la meilleure affaire dans laquelle on puisse engager les capitaux d'un vieux et riche pays. » Ce sont les idées essentielles du mémoire de 1870 que *De la colonisation chez les peuples modernes* reprend, développe et précise. Partant de la constatation que la colonisation constitue un fait social d'une importance considérable, posant en principe qu'il s'agit « d'une des fonctions les plus élevées des sociétés parvenues à un état avancé de civilisation », Leroy-Beaulieu entend analyser les aspects originaux du phénomène tels que ceux-ci se présentent à l'observation contemporaine, dégager ce qu'il appelle « le plan de conduite », le corps de préceptes qui se trouvent à la base de toutes les actions colonisatrices menées par les grandes nations modernes.

Dans ces perspectives, l'ouvrage se divise en deux parties bien distinctes. La première dresse un tableau d'ensemble des divers systèmes coloniaux mis en œuvre à l'époque moderne et contemporaine, l'analyse de ces systèmes coloniaux étant successivement menée sur les plans politique, administratif, économique et social. Quant à la deuxième partie, la plus neuve sans doute et celle qui va retenir le plus l'attention, c'est une théorie générale de la colonisation qu'elle s'efforce de construire. Est-il profitable pour une nation moderne d'acquérir et de posséder des colonies ? Celles-ci constituent-elles un élément positif de prospérité et de développement ? En réponse à ces questions, Leroy-Beaulieu se trouve amené à distinguer ce qu'il considère comme les deux formes essentielles de la colonisation contemporaine : ce qu'il appelle « l'émigration des personnes » et ce qu'il appelle « l'émigration des capitaux », c'est-à-dire la fondation de colonies de « peuplement » et la fondation de colonies « d'exploitation ». En ce qui concerne « l'émigration » des personnes, il ne porte qu'un jugement réservé et nuancé. Contrairement à certains théoriciens qui avaient parfois représenté la fondation de colonies de peuplement comme le moyen privilégié de remédier à la surpopulation européenne et par là même de lutter contre le fléau du paupérisme, Leroy-Beaulieu ne considère pas « l'émigration des personnes » comme un facteur satisfaisant d'équilibre démographique et social. Elle ne saurait constituer à ses yeux ni un régulateur valable de la vie économique, ni un remède assuré contre le chômage et la misère. Tout juste concède-t-il qu'en délivrant la mère patrie de certains éléments perturbateurs, elle peut contribuer au maintien de la stabilité politique et permettre de résoudre plus aisément divers problèmes d'ordre économique et social. En revanche l'« émigration des capitaux » lui apparaît, pour les sociétés contemporaines, comme un élément primordial de progrès économique, social, intellectuel et moral. Elle apporte aux peuples industrialisés la certitude de l'ouverture de nouveaux débouchés, d'une augmentation de la production et de la création de nouvelles entreprises, bref d'« un accroissement général de profits, de salaires et de jouissances ». Mais, en permettant la mise en valeur de richesses latentes et encore inexplorées, elle se révèle aussi globalement bénéfique à l'humanité tout entière. C'est par un véritable acte de foi dans l'action colonisatrice, manifestation d'activité féconde, symbole de l'expansion de toute une civilisation, que se termine l'ouvrage de Paul Leroy-Beaulieu. Le texte est capital et il doit être cité dans toute l'ampleur de son développement.

« Nous sommes arrivés au terme de cette longue étude ; nous n'avons pas l'intention de la clore par un dithyrambe. Il est des faits trop évidents aux yeux de tout homme de sens pour qu'il soit nécessaire de les formuler dans de résonnantes périodes. La colonisation est la force expansive d'un peuple, c'est sa puissance de reproduction, c'est sa dilatation et sa multiplication à travers les espaces ; c'est la soumission de l'univers ou d'une vaste partie à sa langue, à ses mœurs, à ses idées et à ses lois. Un peuple qui colonise c'est un peuple qui jette les assises de sa grandeur dans l'avenir et de sa suprématie future. Toutes les forces vives de la nation colonisatrice sont accrues par ce débordement au-dehors de cette exubérante activité. Au point de vue matériel le nombre des individus qui forment la race s'augmente dans une proportion sans limite ; la quantité des ressources nouvelles, des nouveaux produits, des équivalents en échange jusqu'alors inconnus, qui se trouvent solliciter l'industrie métropolitaine, est incommensurable ; le champ d'emploi des capitaux de la métropole et le domaine exploitable ouvert à l'activité de ses citoyens, sont infinis. Au point de vue moral et intellectuel, cet accroissement du nombre des forces et des intelligences humaines, ces conditions diverses où toutes ces intelligences et ces forces se trouvent placées, modifient et diversifient la production intellectuelle. Qui peut nier que la littérature, les arts, les sciences d'une race ainsi amplifiée n'acquièrent un ressort que l'on ne trouve pas chez les peuples d'une nature plus passive et sédentaire ? Il se produit aussi dans ce domaine intellectuel un phénomène analogue à celui que nous avons noté dans le domaine de l'industrie. Quand le personnel des arts libéraux se recrute parmi les citoyens d'une même race, qui ont peuplé de vastes contrées des autres parties du monde, n'est-il pas naturel que les œuvres intellectuelles soient plus nombreuses et plus remarquables ? D'un autre côté, quand un écrivain sait qu'il s'adresse dans sa propre langue à des milliers de lecteurs situés à des milliers de lieues, quel encouragement n'est-ce pas, quel appui et en même temps quel frein ? Si ces effets bienfaisants ne se font pas sentir avec une grande intensité dans la première période des établissements coloniaux, c'est qu'alors toutes les forces vives y sont tournées vers la poursuite de la richesse ; mais un temps arrive bientôt où l'intelligence dans ces contrées neuves se porte à des spéculations plus sereines et où elle s'élance dans le monde des idées au lieu de se renfermer comme au berceau dans le monde des faits [...]

A quelque point de vue que l'on se place, que l'on se renferme dans la considération de la prospérité et de la puissance matérielle, de l'autorité et de l'influence politique, ou que l'on s'élève à la contemplation de la grandeur intellectuelle, voici un mot d'une incontestable vérité : le peuple qui colonise le plus est le premier peuple ; s'il ne l'est pas aujourd'hui il le sera demain [3]. »

On retrouve à travers ces lignes la foi, héritée de l'optimisme du siècle des Lumières, dans le progrès indéfini de la production et de l'accroissement des richesses, en même temps que la conviction que le perfectionnement intellectuel et moral demeure indissolublement lié au développement de l'essor économique. On y retrouve aussi, implicite mais constant, le sentiment alors unanimement partagé de l'indiscutable supériorité des formes occidentales de la civilisation, rationalistes, scientifiques et techniciennes [4]. Mais on y décèle aussi des préoccupations plus pressantes : la proximité de la défaite, la présence de la grande meurtrissure de 1871. Lorsqu'il aborde le chapitre de l'expansion coloniale française et de ses vicissitudes passées, Leroy-Beaulieu ne ménage pas ses critiques à l'égard des principes et des méthodes qui, par rapport surtout à l'exemple britannique, lui paraissent erronées et condamnables. Mais c'est très formellement qu'il indique que les fautes du passé peuvent et doivent être surmontées et corrigées ; c'est très clairement qu'il invite le peuple français à retrouver dans l'action et dans l'expansion colonisatrices les conditions d'une grandeur nouvelle : « Le peuple qui colonise le plus est le premier peuple ; s'il ne l'est pas aujourd'hui, il le sera demain... »

Etude d'un « fait social », œuvre d'homme de science, c'est par là surtout que l'influence du livre de Paul Leroy-Beaulieu va très largement dépasser le cercle étroit des spécialistes auxquels il semblait essentiellement destiné. Car à l'appel qu'il contient d'autres appels répondent, plus précis, plus directement engagés. L'ampleur de l'ouvrage, l'autorité de son auteur, ne font que venir donner plus de force à un courant déjà considérable et qui ne cesse de se développer. Sur ce point les témoignages abondent, si nombreux que l'historien des idées ne peut que citer quelques textes, que mentionner quelques noms.

Voici d'abord un journaliste : Gabriel Charmes, collaborateur de *La Revue des Deux Mondes* et du *Journal des Débats*, où son frère Francis, futur membre de l'Institut, exerce alors une influence prédominante. Politiquement on peut le situer à la droite du parti républicain. Ses débuts ont été protégés par Thiers, mais il prendra parti contre Mac-Mahon lors de la crise du 16 mai. C'est surtout un voyageur qui, jusqu'à sa mort survenue prématurément en 1886, a accompli de longs périples autour de la Méditerranée, séjourné en Turquie, en Egypte, au Maroc. Reprenant les vues développées par Prévost-Paradol dans *La France nouvelle*, c'est vers la constitution d'un grand empire méditerranéen qu'il ne cesse d'appeler la politique française à diriger son action. Tel est notamment le thème d'une série d'articles publiés dans le *Journal des Débats* d'août à octobre 1880 et intitulés « Cinq mois au Caire » : dans l'âpre compétition qui se livre pour le contrôle d'une mer devenue le centre des ambitions européennes, il importe avant tout que la France ne se laisse pas distancer. Sans doute le souvenir des provinces perdues d'Alsace et de Lorraine, « cette blessure saignante », doit-il rester présent dans le cœur et la mémoire des Français. « Mais, précise

Gabriel Charmes, il ne faut pas oublier que la France a d'autres frontières que les Vosges. Les événements qui peuvent très prochainement survenir en Méditerranée sont susceptibles de causer à notre pays un dommage plus grave encore que l'amputation des provinces de l'Est... » Il y a là une invitation explicite à ne pas laisser la France s'enfermer dans les limites d'une politique exclusivement continentale, à détourner vers d'autres objectifs ses espoirs et ses rêves. Invitation qu'il reprend deux ans plus tard dans un article de la *Revue des Deux Mondes.*

« J'ai toujours pensé, écrit Gabriel Charmes, que la France tomberait assez rapidement au rang de puissance secondaire, si elle demeurait indifférente à la grande lutte qui se poursuit actuellement pour la domination non plus de l'Europe, mais du Monde. Le temps presse car ses rivaux sont nombreux et sont animés d'une très vive ardeur. Ils nous observent, ils sont jaloux de nous, ils cherchent à nous distancer. Heureusement notre avance est grande, il dépend de nous de ne pas nous laisser distancer par ces rivaux et de créer pour nous-mêmes, soit en Asie, soit en Afrique, un aussi beau domaine colonial que celui dont nous étions maîtres et que nous avons laissé si déplorablement détruire [5]... »

Voici maintenant un professeur : Paul Gaffarel, qui enseigne l'histoire à la Faculté des Lettres de Dijon et qui est un membre actif de la *Société de Géographie de Paris.* Il publie en 1875 une *Histoire de la Floride française,* en 1878 une *Histoire du Brésil français au XVI*e siècle, en 1880 enfin un ouvrage général sur les *Colonies françaises.* Essentiellement l'œuvre de Paul Gaffarel, œuvre d'historien, se présente comme un essai de réhabilitation de l'ancien passé colonial de la France, généralement méconnu et souvent assez sévèrement jugé. De ce passé colonial, Gaffarel s'efforce de montrer la grandeur, de tirer de l'oubli la mémoire de ceux qui l'ont illustré, de rappeler la valeur exemplaire de leurs luttes et de leurs travaux. Mais c'est en toute clarté que, dans l'ouvrage de 1880, s'exprime l'apologie du fait colonial mêlée à celle du génie colonisateur de la France :

« C'est grâce à la colonisation, écrit Gaffarel, que l'homme prend possession de son domaine, qu'il dompte et assouplit la nature, qu'il répand la civilisation. Il n'y a pas de spectacle plus noble que celui-ci. »

La France doit donc reprendre la grande tradition de l'expansion outre-mer. Et il ne s'agit pas seulement pour elle de rester fidèle aux leçons de son passé. Il s'agit bien davantage encore de recourir au seul moyen qui semble lui rester d'éviter une irrémédiable déchéance.

« Les divers partis qui nous divisent, tout en s'étonnant de ce que la France n'exerce plus en Europe son influence d'autrefois, écrit Paul Gaffarel dans son livre sur *Les colonies françaises*, aiment à rejeter les uns sur les autres la responsabilité de notre décadence. Peut-être ont-ils tous également raison, car nous avons tous bien des fautes à nous reprocher ; mais ce qu'aucun de ces partis ne semble soupçonner, c'est que cette décadence tient pour beaucoup à la ruine de notre empire colonial. Personne en effet ne peut contester que non seulement nous n'occupons plus le premier rang parmi les peuples qui possèdent des colonies, mais encore que nous sommes presque les derniers parmi les peuples qui colonisent. Si nous ne considérons que les principaux éléments qui mesurent l'importance politique et économique, tels que l'étendue et la population, nous ne venons qu'après l'Angleterre, la Hollande, l'Espagne et même le Portugal [...].

[...] Une objection se présente : est-il vrai de dire que la population d'un pays peut s'augmenter à la faveur d'une émigration considérable sortie de ce pays ? Assurément et nous allons essayer de le prouver. L'Angleterre a peuplé l'Amérique du Nord et l'Australie ; elle a envoyé aux Indes et en Afrique des milliers d'émigrants et néanmoins sa population a triplé depuis un siècle. La Russie s'étend silencieusement sur la moitié de l'Asie, de l'Oural au Pacifique, de l'Océan Glacial au Plateau Central et le tsar a maintenant plus de 80 millions de sujets tandis que son grand-oncle Alexandre Ier n'en avait que 40. L'Allemagne n'a pas de colonies directes, mais ses habitants émigrent facilement et en grand nombre aux Etats-Unis, à La Plata, en Orient, partout jusqu'au Japon ; pourtant malgré cet exode continuel, la population de l'Allemagne double tous les 43 ans, c'est-à-dire que nous sommes comme débordés par le flot toujours montant des populations voisines, et que si nous ne prenons pas de mesures énergiques, si en un mot nous ne nous efforçons pas de rétablir l'équilibre rompu à nos dépens, nous cessons de compter parmi les plus grandes nations. Il n'y a qu'un moyen de rétablir cet équilibre : coloniser de nouveau [6]. »

Voici enfin, un publiciste catholique : l'abbé Raboisson, auteur en 1877 d'une *Etude sur les colonies et la colonisation au regard de la France* [7]. Sur un autre ton, ce sont les mêmes thèmes, les mêmes développements, la même affirmation que c'est à sa capacité colonisatrice que se mesurent essentiellement la grandeur et la puissance d'un peuple. (Inversement c'est, selon Raboisson qui multiplie à ce sujet les exemples historiques, ceux de l'Egypte, de la Perse, de Rome, de l'Espagne, de Venise, la ruine des empires coloniaux qui entraîne celle des mères patries.) L'ouvrage reste pourtant original par l'insistance particulière mise à dépasser l'argumentation économique et historique pour se situer sur le plan de la justification philosophique et morale. Car la colonisation ne saurait être légitimée, au regard de Raboisson — et il se sépare par là et très véhémentement de Leroy-Beaulieu —, par des considérations d'ordre essentiellement économique, du point de vue prioritaire de l'accroissement des richesses. Elle répond à un devoir de nature plus élevée : celui pour la métropole de transformer à son image des peuples sur lesquels elle a étendu sa suzeraineté, de leur « communiquer son esprit, son cœur et sa foi ». C'est là, affirme Raboisson, « la véritable colonisation, celle qui apporte à la métropole les richesses si l'on veut, mais surtout la grandeur et la force ». Par la colonisation ainsi comprise en effet, la nation s'élargit bien au-delà de ses premières limites géographiques, elle accroît l'étendue de son territoire, mais surtout le nombre de ses citoyens. Dispersées sur le globe entier, de « nouvelles France » peuvent naître, « une France africaine, une France orientale, une France polaire », qui viendront prolonger la mère patrie, l'amplifier, stimuler la puissance de son rayonnement.

« Prenez l'histoire, écrit Raboisson, et vous verrez que le génie français est admirablement doué pour exercer cette action ; considérez le temps présent et vous verrez que même aujourd'hui, il n'a point perdu ses premières qualités. Partout où le Français a mis le pied, ne fût-ce qu'un instant, il a rendu français le sol qu'il a foulé ; partout il a laissé des sympathies obstinées qui ont résisté à toutes les destructions, celles des révolutions et celles du temps. Voyez Maurice, Trinidad, la Louisiane, le Canada ! La violence seule a pu les séparer de la mère patrie, et seule aussi la force qui les retient, les peut empêcher de se réunir à nouveau à cette mère aimée, en dépit de tous ses malheurs, de toutes ses erreurs et de tous ses défauts !

[...] L'Alsace elle-même n'est-elle pas une colonie, et plus récente assurément que l'Irlande ou que l'Ecosse ? Or qu'y a-t-il en France de plus français, nous dirions volontiers d'aussi français qu'elle ? Son attachement invincible à la commune patrie prouve que l'action française s'est continuée chez elle même en notre malheureux siècle et que le génie français n'a pas dégénéré. Que l'on compare l'attachement de l'Alsace à la France à l'antipathie de l'Irlandais et même de l'Ecossais pour l'Angleterre, du Rhénan pour la Prusse, du Tchèque et du Magyar pour l'Autriche, et l'on conclura une fois de plus que les Français sont les plus vrais et les plus puissants colonisateurs de tous les peuples modernes [8]. »

Géographes et missionnaires

Tandis que se multiplient ainsi les appels à l'expansion outre-mer, d'autres pressions s'exercent sur l'opinion, au premier rang desquelles il faut encore une fois mentionner l'action de ce groupe ardent, cohérent et relativement bien organisé qui est celui des voyageurs et des géographes [9]. Poursuivant son essor des dernières années du Second Empire, la vieille *Société de Géographie,* installée à Paris depuis 1821, étend son influence et développe ses activités : le nombre de ses membres passe de 780 en 1873 à 2 000 en 1880. Mais des sociétés du même type apparaissent maintenant en province : la première est fondée à Lyon en 1873 (Lyon ville d'ancienne vocation missionnaire, siège de l'œuvre de la *Propagation de la Foi* et foyer de la société des *Missions africaines...*), la seconde à Bordeaux en 1874, la troisième à Marseille, puis à Montpellier, Nancy, Valenciennes, etc. De 1871 à 1881 c'est en tout onze nouvelles sociétés de géographie qui ont été fondées en France métropolitaine, auxquelles viennent s'ajouter les deux sociétés fondées en Algérie. A Paris même, une seconde société, la *Société de géographie commerciale,* naît en 1876, avec l'appui de la Chambre de commerce, du développement d'une « commission de géographie commerciale » instituée dans les années précédentes au sein de la société mère. En 1881 l'ensemble des sociétés françaises groupe 9 500 membres sur les 30 000 que compte la totalité des sociétés de géographie réparties dans le monde. La tenue à Paris de l'imposant Congrès international de géographie de 1875 semble consacrer cet effort privilégié. En présence du maréchal de Mac-Mahon, président de la République, c'est par une allocution solennelle que l'amiral La Roncière le Noury ouvre ses assises :

« Messieurs, déclare-t-il, la Providence nous a dicté l'obligation de connaître la terre et d'en faire la conquête. Ce suprême commandement est l'un des devoirs impérieux, inscrits dans notre intelligence et dans notre activité. La géographie, cette science qui inspire un si beau dévouement et au nom de laquelle tant de victimes ont été sacrifiées, est devenue la philosophie de la terre. »

L'important est sans doute que toute cette activité se situe maintenant au centre d'un réseau de plus en plus large de contacts, d'amitiés et d'influences. Les sociétés de géographie disposent directement d'une presse que l'on peut qualifier de spécialisée : les *Bulletins* où chacune d'elles rend compte de ses activités, *L'Année géographique,* « revue annuelle de voyages », *La Revue géographique,* fondée en 1817 et *L'Explorateur,* « journal — l'expression mérite d'être soulignée — de la conquête de la civilisation sur tous les points du globe ». Leur influence s'exerce de façon très sensible sur trois organes qui bénéficient d'une incontestable autorité : *L'Economiste français,* qui reparaît en 1873 sous la direction de Paul Leroy-Beaulieu, *Le Journal des Débats* et *La Revue des Deux Mondes* [10], publications où l'on retrouve souvent les mêmes collaborateurs et toujours la même ligne d'inspiration. Des liens plus ou moins étroits existent d'autre part, par le relais de telle ou telle personnalité, avec de nombreux autres journaux, qu'il s'agisse de la *République française,* porte-parole de l'opinion républicaine, ou du *Monde,* quotidien légitimiste et catholique dont le rédacteur spécialisé dans les questions d'outre-mer est l'abbé Durand, ancien missionnaire et membre du bureau de la *Société de Géographie.* Parallèlement, l'engouement pour la littérature de voyage ne cesse de s'accuser. Tandis que se multiplient les romans d'aventure qui promènent l'imagination de leurs lecteurs dans les brousses africaines ou dans les cités fabuleuses de l'Extrême-Orient, c'est en 1877 que le *Journal des Voyages*, destiné à un public d'adolescents et promis à un long succès, commence sa publication. Sur un autre plan c'est en 1873 que paraissent, édités par la librairie Hachette, les trois tomes de la magnifique édition du *Voyage d'exploration en Indochine* de Francis Garnier. Sur un autre plan enfin c'est au cours de ces années que l'ingénieur Duponchel soutient devant la *Société de géographie* de Lyon un premier projet de chemin de fer transsaharien et qu'un autre ingénieur, Rondaire, présente dans la *Revue des Deux Mondes* un projet de création d'une « mer intérieure » dans le sud algérien et le sud tunisien par l'utilisation de la dépression des chotts [11]. L'ère des explorateurs est aussi celle des inventeurs et des ingénieurs, des constructeurs de ponts, de machines, de voies ferrées et de barrages. Le succès grandissant de l'œuvre de Jules Verne est là pour le confirmer.

Au demeurant, pas plus les géographes que les « découvreurs » ne prétendent poursuivre leurs entreprises au nom des seuls impératifs d'une science désintéressée.

« La science abstraite ne suffit pas à l'humanité, déclare encore l'amiral La Roncière le Noury, président de la *Société de Géographie* de Paris. La science n'est vraiment féconde que si elle est un instrument de progrès et de production. Ce n'est pas seulement dans un intérêt de curiosité que l'on a fait successivement des explorations et des découvertes géographiques. La découverte de l'Amérique, les explorations persévérantes dans l'intérieur de l'Afrique, la recherche d'un passage par le pôle nord ont eu, outre un but scientifique, un but politique. »

Les mêmes affirmations se retrouvent exprimées au sein des sociétés provinciales : c'est la société de Nancy qui déclare « vouloir travailler pour le progrès, le patriotisme et l'humanité », comme c'est la société de Lyon qui se propose « de développer de façon plus complète l'enseignement de la géographie afin d'appliquer ses résultats à toutes les branches d'activités sociales, commerciales, religieuses, industrielles et militaires ». Ainsi les préoccupations économiques se confondent-elles avec les préoccupations nationales, sans d'ailleurs se dissocier d'une profonde conviction d'ordre humanitaire : les progrès de la connaissance de la terre permettent d'intensifier les échanges, d'accroître la production ; ils doivent en même temps assurer à la France plus de puissance, plus de grandeur et plus de rayonnement. Pour un pays mutilé la voie de l'expansion outre-mer est clairement indiquée comme l'un des chemins les plus sûrs de son redressement :

> « La France obligée en Europe à une très grande réserve, doit se tourner vers ses colonies, déclare sans équivoque en 1881, le secrétaire de la Société de Valenciennes. Là les forces vives de la Nation, qui commencent à se trouver comprimées dans les étroites limites du traité de Francfort, seront capables d'accomplir une complète expansion sans qu'on soit en mesure de prévoir, une fois réalisés les événements que nous souhaitons, où notre pavillon s'arrêtera un jour. Pour rester une grande nation, pour en devenir une, un peuple doit coloniser... »

Mais période d'essor de la curiosité géographique, période où la passion de la découverte du globe et de sa mise en valeur ne cesse de s'élargir et de trouver de nouveaux adeptes, les dix années qui suivent la guerre de 1870 constituent également une période privilégiée de l'activité missionnaire [12]. En métropole même, deux congrégations nouvelles vouées à l'évangélisation, les *Oblats de Saint-François de Sales* de Troyes, fondés en 1871 et les *Prêtres du Sacré-Cœur* de Saint-Quentin, fondés en 1877, font encore leur apparition, tandis que les offrandes recueillies par la *Propagation de la Foi* voient leur volume s'accroître, atteignant pour la période 1872-1882 la somme considérable de plus de quarante millions. D'outre-mer surtout, deux puissants centres d'impulsion viennent de plus en plus fortement stimuler l'élan missionnaire : le Tonkin et l'Algérie. Du Tonkin où les premières communautés chrétiennes se trouvent en butte à d'incessantes et sanglantes persécutions, les appels se multiplient en direction de l'opinion métropolitaine : appels de fonds pour le rachat de jeunes chrétiens enlevés par les « pirates » et les « brigands » ; appels aussi, et de plus en plus pressants, en faveur de l'intervention directe de la France. C'est en ces termes par exemple que s'exprime Mgr Croc, coadjuteur de Mgr Gauthier, vicaire apostolique du Tonkin méridional :

« Du reste dans ce beau pays d'Annam, le drapeau français a une vertu merveilleuse, à sa vue les mandarins les plus farouches deviennent doux comme des agneaux. Puisse-t-il paraître plus souvent sur nos côtes ou plutôt s'y fixer pour toujours ! Après la terrible épreuve qui renouvellera notre France, espérons qu'elle redeviendra encore l'instrument des miséricordes de Dieu dans le monde [13]... »

En Afrique du Nord, c'est l'impétueuse et impérieuse personnalité de Mgr Lavigerie, archevêque d'Alger, on le sait, depuis 1867, dont l'éloquence, le sens de la mise en scène, l'ardeur créatrice et les initiatives toujours renouvelées ne peuvent manquer, dans la métropole même, de fortement impressionner l'opinion catholique [14]. Pour marquer la vocation chrétienne d'une terre qu'il rêve de conquérir à la foi du Christ, celui-ci multiplie alors les gestes spectaculaires : c'est en 1872, sur les hauteurs d'Alger, la consécration de la basilique de Notre-Dame d'Afrique d'où, chaque dimanche, l'absoute est solennellement donnée au-dessus des flots de la Méditerranée ; c'est en 1873, à l'occasion du premier concile provincial de l'Eglise d'Afrique, la procession triomphale qui offre à la piété des fidèles la vue des reliques de sainte Monique, mère de saint Augustin, et les écrits des Pères africains ; c'est en 1875 enfin, la prise en charge et la remise entre les mains des Pères Blancs de la chapelle consacrée au souvenir de saint Louis et édifiée sur les hauteurs de Carthage (« Je pense, écrit-il, que nulle part la prière des cœurs français ne sera plus pressante auprès de Dieu, pour le salut de la France, qu'en ces lieux sanctifiés par les vertus héroïques et par la mort d'un prince qui sacrifia la vie à la conscience et au devoir. ») En même temps l'imagination du prélat s'exalte à l'idée d'une immense croisade dont la France serait le soldat et qui, au-delà du Sahara, ouvrirait à l'Evangile le continent africain tout entier. *Visum pro martyrio,* vu pour le martyr, avait-il écrit sur le *celebret* d'un des premiers Pères blancs. En 1874, il lance vers le Sahara une première caravane : les trois prêtres qui la composent sont massacrés. Mais en 1878, c'est une seconde expédition qui, par le Zanzibar, est dirigée vers l'Afrique centrale, aussitôt suivie en 1879 d'une troisième mission. Quatre ans auparavant, s'adressant aux fidèles d'Alger et plus spécialement aux officiers de la garnison, Mgr Lavigerie avait rappelé le devoir, pour les hommes de son pays, de franchir le désert et de pénétrer les terres inconnues de la barbarie africaine : « C'est vous qui ouvrirez les portes de ce monde immense et les clés de ce sépulcre sont ici dans vos mains. » *Gesta Dei per Francos,* jamais sans doute la vieille formule ne fut aussi souvent répétée.

Parmi les innombrables manifestations de l'inlassable activité de Mgr Lavigerie, une initiative mérite d'ailleurs d'être particulièrement soulignée : l'appel lancé en 1871 aux réfugiés d'Alsace-Lorraine, fuyant l'annexion allemande, les invitant à venir fonder en Algérie de nouveaux villages de colonisation. Déjà en pleine année terrible Lavigerie avait écrit au gouvernement de Tours afin de réclamer des terres pour « établir des colons et des colons pour peupler les terres ». Quelques mois plus tard, la défaite consommée, c'est directement qu'il s'adresse, pour leur offrir l'accueil de la « France africaine », à tous ceux qui « ne peuvent se résigner à voir assujettir à l'étranger » la terre « qui a été leur berceau et qui garde les cendres de leurs pères ». Il existe, leur affirme-t-il, au-delà de la Méditerranée, une « autre France », une France nouvelle « aussi française que celle que vous perdez et qui est prête à vous accueillir et à vous aimer davantage, à proportion de vos malheurs ». Le développement de cette « France africaine », de cette « France nouvelle » est susceptible de compenser, d'équilibrer pour la mère patrie, la perte de ses provinces de l'Est : au-delà des très évidentes préoccupations d'ordre philanthropique et d'ordre apostolique, l'idée est sous-jacente dans l'esprit et dans le texte du prélat :

« Chrétiennes populations de l'Alsace et de la Lorraine, écrit Lavigerie, qui errez en ce moment sur les routes de la France, de la Suisse et de la Belgique, fuyant vos maisons incendiées, vos champs dévastés, l'Algérie, la France africaine, par ma voix d'évêque, vous ouvre ses portes et vous tend ses bras. Ici vous trouverez pour vous, pour vos enfants, pour vos familles, des terres plus abondantes et plus fertiles que celles que vous avez laissées entre les mains de l'envahisseur.

[...] Venez donc dans notre France nouvelle, plus riche encore que la première et qui ne demande que des bras pour développer une vie qui doublera celle de la mère patrie. Venez, nous sommes tous prêts à vous accueillir comme des frères, à vous faciliter vos travaux, à vous consoler de vos douleurs. Venez en contribuant à établir sur ce sol encore infidèle, une population laborieuse, morale, chrétienne, vous en serez les vrais apôtres, devant Dieu et devant la patrie [15]. »

UN DOUBLE STIMULANT

Parmi tous ces appels, parmi toutes ces voix, une analyse plus approfondie ferait sans doute apparaître bon nombre de nuances d'une importance non négligeable. Qu'il s'agisse des missionnaires, des géographes ou de certains cercles économiques, nous restons en présence de « groupes de pression » nettement différenciés, dont les préoccupations et les motivations premières ne sont en aucune façon totalement assimilables les unes aux autres : il est assez peu probable que la vision grandiose, entretenue par Lavigerie, d'une France soldat de l'Evangile, vouée au triomphe universel de la foi du Christ et de l'Eglise de Pierre, ait été admise et partagée par les nombreux rationalistes, au scientisme solidement assuré, dont on aperçoit la présence au sein des sociétés de géographie. Sans doute également aucune des forces, qui tendent ainsi à pousser la France des premières années de la République dans la voie de l'expansion outre-mer, n'est-elle à proprement parler nouvelle : comme celle des marins, l'action des géographes, celle des missionnaires, celle de certains négociants s'étaient déjà manifestées sous les régimes précédents. De tous les thèmes qui se trouvent alors si fréquemment développés, il n'en est guère même que l'on puisse considérer comme véritablement original. Les idées exprimées par Leroy-Beaulieu dans *De la colonisation chez les peuples modernes*, publié en 1874, sont déjà présentes, pour l'essentiel, dans le mémoire couronné par l'Institut au début de l'année 1870 et celui-ci porte très visiblement la marque d'une certaine pensée économique élaborée bien avant la chute du Second Empire. Gabriel Charmes a lu Prévost-Paradol et certaines formules de Jules Duval se retrouvent sous la plume de Paul Gaffarel.

Mais, au-delà de la persistance de certaines divergences d'ordre idéologique ou politique, au niveau de l'action pratique, les interférences entre les pressions exercées par les différents groupes tendent maintenant à se multiplier. Dans une minutieuse étude, consacrée à l'expédition de Francis Garnier au Tonkin de 1873 et publiée dans la *Revue d'Histoire moderne et contemporaine*, un jeune historien, M. Jacques Valette [16] a mis en lumière cette rencontre, au service d'une même politique d'expansion, d'un certain nombre de forces apparemment disparates. Pour soutenir contre des pouvoirs publics plus que réticents l'initiative de Francis Garnier, pour défendre ensuite sa mémoire et son œuvre contre les désaveux officiels, c'est une étrange coalition qui se forme où l'on retrouve, unis dans une même action, les très pieux collaborateurs des *Missions catholiques* et les anticléricaux de *La République française*, les bureaux de la Marine, les sociétés de géographie et les rédacteurs de *L'Economiste français*... Parallèlement, et le fait mérite davantage encore de retenir l'attention, ce sont les thèmes essentiels de la propagande coloniale, des théories « colonistes » pour utiliser le vocabulaire de l'époque, thèmes jusqu'alors le plus souvent développés de façon fragmentaire et dispersée, que l'on voit désormais se rejoindre, s'interpénétrer, se fondre dans un même corps de doctrine, dans un ensemble conceptuel cohérent et complet. Au regard de la masse de l'opinion tout au moins, les oppositions qu'ils pouvaient présenter tendent à s'effacer. Un système commun d'argumentation finit par se construire, solidement structuré sur un triple plan : celui de la théorie économique, celui de la réflexion politique et celui de la conscience morale. Au service d'un même but, dans une même volonté de convaincre, en fonction d'un même programme, ce sont des considérations également convergentes, relevant d'une même logique démonstrative, qui se trouvent invoquées. La colonisation avait eu ses doctrinaires, l'impérialisme français a maintenant sa doctrine.

Toute la question serait évidemment de pouvoir apprécier à son exacte mesure le rayonnement de cette doctrine, son audience, sa portée, son degré de pénétration dans les multiples secteurs de l'opinion. Interrogation majeure, mais à laquelle, faute de pouvoir disposer d'un matériel suffisant d'enquêtes et de recherches, aucune réponse réellement précise ne semble pouvoir être donnée. En fait il faut sans doute se garder de l'illusion que pourrait faire naître l'abondance de certains textes, et se garder plus encore de juger de leur audience à l'importance de l'intérêt qu'ils peuvent rétrospectivement présenter au regard de l'histoire générale des idées : il est très probable que l'état d'esprit qu'ils expriment reste encore limité, au cours de ces années, à certains milieux relativement restreints et toujours assez nettement circonscrits de la bourgeoisie parisienne et provinciale, à certains cercles d'intellectuels, d'universitaires, de fonctionnaires, d'hommes d'affaires et d'hommes politiques. Il faut toutefois constater que ces milieux s'élargissent, que ces cercles s'étendent. Il faut constater surtout que le courant de pensée qu'ils animent, les mots d'ordre auxquels ils se réfèrent ne peuvent manquer de trouver, dans la situation qui est celle de la France au lendemain de la guerre et de la défaite, dans l'état général des esprits et les préoccupations dominantes du moment, un climat particulièrement favorable à leur développement. Replacée dans son contexte historique, c'est en effet à une double — et lourde — inquiétude que semble venir très explicitement répondre l'affirmation doctrinale d'un nouvel impérialisme français : une inquiétude, dont les manifestations sont sensibles mais dont l'expression demeure limitée, et qui est d'ordre économique ; une inquiétude plus profonde, plus largement et plus hautement exprimée et qui est d'ordre moral, ou si l'on préfère d'ordre national.

Inquiétude d'ordre économique, dans la mesure où la France, après avoir connu durant une vingtaine d'années un puissant mouvement d'expansion, se trouve atteinte à partir de 1873-1874, comme d'ailleurs toutes les sociétés industrialisées d'Europe occidentale, par une phase dépressive qui va se prolonger jusqu'à la fin du siècle. Les marchés se resserrent, le mouvement des affaires se ralentit, la concurrence étrangère se fait plus durement sentir. D'où, dans certains milieux d'affaires, une disponibilité nouvelle à accueillir une politique d'expansion, présentée comme apportant la promesse de l'ouverture de vastes débouchés et d'une relance générale de l'activité économique. Sans doute subsiste-t-il toujours, chez la plupart, les réactions d'élémentaire prudence que vient appuyer la constatation assez décevante de la réalité présente, c'est-à-dire de la constante insignifiance du commerce colonial de la France et de l'évidente non-rentabilité de ses possessions d'Outre-Mer. Mais il y a, pour les combattre, les affirmations, inlassablement reprises, de tous ceux qui invitent les négociants et les manufacturiers à porter leur regard sur l'étendue des marchés non encore exploités, qui font état des possibilités immenses que leur conquête serait susceptible d'ouvrir. C'est dans ces perspectives que doit être replacé l'intérêt suscité par le livre de Leroy-Beaulieu auprès de ses premiers lecteurs. C'est dans ces perspectives qu'il faut situer aussi la campagne menée par certains journaux, tels que *Le Dix-neuvième siècle* ou *L'Economiste français*, pour soutenir, en 1873-1874, la politique d'expansion au Tonkin : par le Tonkin c'est une voie d'accès directe qui permettra d'atteindre l' « énorme marché » chinois ; le commerce français pourra rayonner sur toute l'Asie du Sud-Est et détourner à son profit les bénéfices considérables dont les Britanniques se sont, affirme-t-on, assuré le quasi-monopole.

« Nous pourrions créer en Chine, écrit *Le Dix-neuvième siècle*, un immense débouché pour les soieries de luxe que l'industrie indigène ne saurait produire et qui plaisent singulièrement aux Chinois des hautes classes... Outre le thé et la soie, la Chine peut nous fournir une rare variété de fret de retour, le coton, le sucre, les bois fins, les métaux. »

« Le fleuve Song-Koï, affirme de son côté *L'Economiste français* après avoir dressé un tableau particulièrement encourageant des ressources de la Chine méridionale, est le meilleur ou plutôt l'unique moyen de mettre en communication les provinces de la Chine occidentale avec la mer, et nous autres Français ne devons pas perdre de vue cette circonstance que, de son embouchure jusqu'en Chine, ce cours d'eau coule dans un pays placé sous notre protectorat, c'est-à-dire le royaume d'Annam [17]. »

Présentée comme une réponse à la récession économique, la doctrine de l'expansion coloniale ne peut très évidemment manquer de cristalliser autour d'elle un certain nombre de nouvelles espérances.

Mais inquiétude d'ordre national surtout, dans la mesure où la défaite, l'amputation du territoire, l'apaisement présent de la France constituent pour les théoriciens de l'expansion Outre-Mer le thème majeur, celui auquel ils ne cessent de se référer. Lorsque, quelques années auparavant, Prévost-Paradol évoquait la déchéance française, il parlait en solitaire. Dans un climat moral dominant de certitude satisfaite, celui du régime impérial à son apogée, les âpres considérations de *La France nouvelle* ne pouvaient être accueillies, par la plupart, que comme les paradoxes amers d'un esprit brillant, mais prématurément désabusé. Mais, dans la France d'après 1871, c'est toute la littérature politique qui prend l'aspect d'une méditation sur la décadence. C'est de toutes parts que l'on s'interroge : pourquoi autrefois tant de grandeur et pourquoi aujourd'hui un tel effondrement ? Comment réparer les ruines ? Comment retrouver les conditions d'une puissance restaurée ? La définition doctrinale d'un nouvel impérialisme français est directement liée à l'expression de cette angoisse, à la poursuite de cette quête anxieuse. « Rester une grande nation », « en redevenir une », ce n'est pas en vain si ces formules se retrouvent sous la plume de tous ses interprètes. Réparer, effacer l'humiliation de la défaite, telle est la légitimation essentielle de la politique qu'ils préconisent. Chez tous on retrouve la hantise d'une grandeur perdue, la nostalgie d'un grand destin collectif à la mesure d'un immense passé de gloire. Lorsque Raboisson écrit que « la colonisation élève les Etats les plus faibles par l'exiguïté de leur territoire au point de les rendre plus puissants que les Empires les plus vastes », c'est à la France affaiblie et mutilée qu'il songe très visiblement et qu'avec lui songent tous ses lecteurs. Engager la nation dans la voie de l'expansion, c'est, — quelle que soit la forme sous laquelle on envisage cette expansion, — l'arracher à une immédiate déchéance ; c'est se refuser à la fatalité du déclin, échapper à la résignation et à la médiocrité, retrouver les grands desseins et les vastes perspectives. L'amiral Dupré, gouverneur de la Cochinchine qui a encouragé et administrativement « couvert » l'expédition de Francis Garnier, l'affirme, en termes modérés, à propos de l'Extrême-Orient :

« Parce que nous avons été odieusement mutilés, est-ce une raison pour nous croiser les bras et ne faire aucun effort pour compenser, même à un plus faible degré, la perte douloureuse que nous avons faite. »

Et Lavigerie, plus superbement, à propos de l'Afrique :

« En France tout semble fini ; dans l'immense Afrique au contraire tout commence. »

CHAPITRE III

Le grand débat

CONTRAIREMENT à une opinion assez largement répandue, la formulation, dans les premières années de la Troisième République, d'une véritable doctrine de l'impérialisme colonial français ne constitue le monopole exclusif d'aucun groupe, d'aucune famille politique. On retrouve chez ses principaux interprètes des hommes de tradition orléaniste aussi bien que de fidélité légitimiste ou de conviction républicaine. Leur argumentation se développe, leur prosélytisme se poursuit en dehors des grandes controverses institutionnelles ou religieuses qui opposent les partis et divisent le pays. C'est un député d'extrême gauche qui, en 1874, demande à l'Assemblée nationale de rendre un solennel hommage à la mémoire de Francis Garnier, mais le jeune héros disparu appartenait lui-même à un milieu familial de stricte obédience monarchiste.

S'il est vrai cependant que les thèses « colonistes » se trouvent défendues avec ardeur par certains organes « juste milieu » comme *Le Journal des Débats*, ou de pure orthodoxie légitimiste comme *Le Monde*, il n'en reste pas moins que ces thèses demeurent totalement marginales par rapport à l'attitude politique générale des milieux modérés et conservateurs. Dans la mesure où elle se définit au niveau des partis, au niveau de la représentation parlementaire ou au niveau des instances gouvernementales, la droite dans son ensemble les ignore ou ne les accueille qu'avec réserve ou hostilité. Or il n'en est en aucune façon de même avec les hommes du parti républicain. Déjà, dans les dernières années du Second Empire, quelques-uns des principaux chefs de file de l'opposition républicaine s'étaient faits les porte-parole convaincus de la cause coloniale et des intérêts coloniaux [1]. Mais dès 1872, à Angers, le 7 avril, c'est la grande voix de Gambetta qui s'élève :

« Pour reprendre véritablement le rang qui lui appartient dans le monde », la France, affirme-t-il, se doit de ne pas accepter le repliement sur elle-même : « c'est par l'expansion, par le rayonnement dans la vie du dehors, par la place qu'on prend dans la vie générale de l'humanité que les nations persistent et qu'elles durent ; si cette vie s'arrêtait, c'en serait fait de la France. »

Ces thèmes sont incessamment repris, au cours des années suivantes, dans les colonnes de *La République Française*, porte-parole fidèle de la pensée gambettiste. Célébrée comme une « action que l'on peut compter parmi les plus héroïques de nos fastes nationaux », l'aventure tonkinoise de Francis Garnier y est ardemment défendue. L'annexion de l'Annam et du Tonkin s'y trouve vigoureusement réclamée.

« L'Annam et le Tonkin nous sont réservés, écrit *La République française* dès le mois d'avril 1873 ; laisserons-nous péricliter nos droits ; ce serait un empire colonial, une autre Inde française que nous perdrions ». Et quelques mois plus tard : « L'œuvre de M. Garnier, sa conquête doit nous rester. Le Song-Koï, que bien des renseignements tendaient à représenter navigable jusqu'à la Chine, peut être sillonné par nos canonnières et nos transports légers : Hanoï, qui nous donne tout le Tonkin, doit être occupé de nouveau, ouvert à notre commerce, à celui des autres nations [2]. »

C'est forts de ces convictions, animés de la très apparente résolution de mettre fin à la politique du repliement et du recueillement, que les Républicains vont arriver au pouvoir et s'y installer définitivement après 1872. Pour la première fois dans l'histoire politique française du XIXe siècle une volonté cohérente, délibérée d'expansion coloniale se trouve véritablement affirmée à la tête de l'Etat. Mais simultanément — et la concordance chronologique est d'importance capitale — c'est l'Europe presque tout entière qui se met en marche pour une nouvelle étape de la conquête du globe. Sous l'impulsion de Disraëli, la Grande-Bretagne avait commencé, dès 1874, à répudier l'attitude de rétraction et de semi-dégagement qui avait été celle de ses milieux dirigeants durant une grande partie du siècle. Dans les années qui suivent, le mouvement s'étend et se précipite : la jeune nation italienne tourne vers les rivages de la mer Rouge ses premières ambitions impériales ; la Russie cherche en Asie centrale des compensations à ses déboires balkaniques ; le roi des Belges Léopold II fonde l'Association internationale du Congo et prend possession du bassin du fleuve ; bientôt, après 1884, l'Allemagne va à son tour entrer en lice, tandis que le marché chinois et ses possibles voies d'accès font l'objet d'âpres compétitions. La Conférence de Berlin, qui se tient du mois de novembre 1884 au mois de février 1885, consacre le principe du partage du continent africain entre les puissances européennes. Dans cette « course au clocher » dont le rythme va de plus en plus s'accélérer, dans cet « immense steeple-chase sur la route de l'inconnu », pour reprendre les formules mêmes qu'utilisera plus tard Jules Ferry, le souci de ne pas se laisser distancer, de devancer par ses propres initiatives celles de ses rivaux et ses concurrents, joue un rôle essentiel. C'est un tout puissant processus d'escalade qui s'engage, tandis que la notion même de politique d'expansion coloniale tend de plus en plus à s'intégrer à une sorte de vision stratégique de dimension mondiale où chaque place encore libre de l'échiquier du globe est censée devoir être occupée avant qu'un autre ne s'assure de sa possession. Si même le pouvoir était resté en France entre les mains des partisans de la politique du repli et du recueillement, ceux-ci auraient-ils pu résister longtemps aux mécanismes de l'engrenage ? N'auraient-ils pas dû eux aussi céder tôt ou tard à la dynamique de l'entraînement, entrer à leur tour dans la compétition ?

Fidèles aux principes qu'ils n'avaient cessé d'affirmer, les Républicains étaient prêts, en tout cas, à précipiter l'entreprise. Dès 1880, avec le premier ministère Ferry, sont prises les initiatives décisives qui devaient aboutir l'année suivante à l'établissement du protectorat sur la Tunisie. Trois et quatre ans plus tard le second ministère Ferry voit la France instaurer définitivement sa suzeraineté sur l'Annam, conquérir le Tonkin, étendre sa domination au nord du Congo, intervenir à Madagascar. En quinze ans, de 1880 à 1895, l'étendue des possessions françaises va passer de un million à 9 500 000 kilomètres carrés et leur population de cinq à cinquante millions d'habitants. De l'ère des spéculations et des formulations doctrinales qui était celle des années précédentes, l'on est ainsi entré dans celle des réalités politiques. Aspiration de quelques théoriciens sans responsabilités majeures, l'impérialisme français est devenu pratique de l'expansion coloniale. Mais, par là-même, engageant maintenant immédiatement et directement le destin national, les débats qu'il suscite, les problèmes qu'il soulève ne peuvent manquer de prendre une tout autre dimension. Ils atteignent désormais la masse de l'opinion ; ils mettent en cause la politique et l'équilibre des partis ; ils mobilisent les passions et les ferveurs. Autour des options qu'ils commandent, dans l'adhésion ou dans le refus vont se multiplier les heurts, s'accroître les divisions, s'approfondir les déchirements.

« Rayonner sans agir, c'est abdiquer »

De l'impérialisme de la République triomphante, l'homme qui fut, sur le plan de l'action, le grand metteur en œuvre, Jules Ferry, demeure aussi, sur le plan des principes, le premier doctrinaire [3]. Sans doute le praticien semble-t-il, dans son cas, avoir assez largement précédé le théoricien :

« Dans cet ordre d'idées, reconnaît-il lui-même en 1884, dans cet ordre d'affaires, les événements nous conduisent bien plus que nous les conduisons, et nous pourrions trouver dans notre histoire récente bien des preuves, bien des exemples de résolutions qu'il a fallu précipiter parce que les événements le commandaient et que nous aurions peut-être ajournées si nous avions été maîtres du temps. »

La constatation se trouve confirmée par le fait que c'est après avoir été chassé du pouvoir, et pour répondre à ses adversaires et à ses détracteurs, que Ferry a donné — notamment dans le grand discours prononcé à la Chambre le 28 juillet 1885 et dans la préface écrite en 1890 pour un ouvrage intitulé *Le Tonkin et la Mère Patrie* — la définition la plus complète et la plus cohérente de sa politique. L'homme d'Etat prend de la hauteur à l'égard des événements. Il dépasse la confusion des circonstances, des décisions prises sous la pression de la conjoncture. Il organise en un grand dessein logique et rigoureusement structuré des initiatives qui n'ont souvent été commandées que par la seule opportunité. Par là même il est amené à puiser dans l'arsenal d'arguments, dans le corps de doctrine élaboré, au cours des années précédentes, par les divers propagandistes de l'idéal colonial. Mais ce corps de doctrine se trouve désormais condensé, clarifié et synthétisé par une intelligence d'une très remarquable fermeté. Il se trouve surtout officialisé, présenté comme la référence fondamentale d'une grande tâche historique que la République entend prendre en charge et conduire à son terme.

Le premier argument présenté par Ferry, celui du moins qui restera le plus abondamment développé, est d'ordre économique. Sa formulation est simple : l'expansion coloniale doit permettre d'assurer à l'industrie française le contrôle de certaines sources essentielles de matières premières ; elle doit surtout lui permettre de trouver pour ses produits les débouchés qu'exige son développement et que menace de plus en plus la concurrence des autres nations manufacturières. La colonisation apparaît à cet égard comme « la manifestation impérieuse, la loi fatale d'un état économique commun à l'Europe tout entière ». Sa nécessité est inséparable de l'évolution même du monde contemporain, c'est-à-dire de l'accroissement des investissements, de l'extension de l'industrialisation, de l'essor continu de la production et de la compétition toujours plus acharnée que suppose l'ouverture de nouveaux marchés.

« La politique coloniale, déclare Ferry, est fille de la politique industrielle. Pour les Etats riches, où les capitaux abondent et s'accumulent rapidement, où le régime manufacturier est en voie de croissance continue, attirant à lui la partie sinon la plus nombreuse, du moins la plus éveillée et la plus remuante de la population qui vit du travail de ses bras — où la culture de la terre elle-même est condamnée pour se soutenir à s'industrialiser —, l'exportation est un facteur essentiel de la prospérité publique, et le champ d'emploi des capitaux, comme la demande du travail, se mesure à l'étendue du marché étranger. S'il avait pu s'établir entre les nations manufacturières quelque chose comme une division du travail industriel, une répartition méthodique et rationnelle des industries, selon les aptitudes, les conditions économiques, naturelles et sociales des différents pays producteurs, cantonnant ici l'industrie cotonnière et là la métallurgie, réservant à l'un les alcools et les sucres, à l'autre les lainages et les soieries, l'Europe eût pu ne pas chercher en dehors de ses propres limites les débouchés de sa production. C'est à cet idéal que tendaient les traités de 1860. Mais tout le monde aujourd'hui veut filer et tisser, forger et distiller. Toute l'Europe fabrique le sucre à outrance et prétend l'exporter. L'entrée en scène des derniers venus de la grande industrie, les Etats-Unis d'une part, l'Allemagne, de l'autre, l'avènement des petits Etats, des peuples endormis ou épuisés, de l'Italie régénérée, de l'Espagne enrichie par les capitaux français, de la Suisse si entreprenante et si avisée, à la vie industrielle sous toutes ses formes, ont engagé l'Occident tout entier, en attendant la Russie, qui s'apprête et qui grandit, sur une pente que l'on ne remontera pas [4]. »

Second élément de la doctrine ferryste : l'argument d'ordre humanitaire. « Les races supérieures », affirme Ferry, c'est-à-dire les sociétés occidentales parvenues à un haut degré de développement technique, scientifique et moral, ont à la fois des droits et des devoirs à l'égard des « races inférieures », c'est-à-dire des peuples non encore engagés sur la voie du Progrès. Ces droits et ces devoirs sont ceux de la civilisation à l'égard de la barbarie. Partout doivent se répandre les bienfaits de la Science, de la Raison, de la Liberté. Partout doivent reculer les antiques puissances de l'ignorance, de la superstition, de la peur, de l'oppression de l'homme par l'homme. Ainsi l'action colonisatrice est-elle fondamentalement définie comme une œuvre d'émancipation : par elle et à travers elle se poursuit la lutte, entreprise depuis plus d'un siècle au nom de l'esprit de Lumière, contre l'injustice, l'esclavage, la soumission aux Ténèbres. Comment la France, patrie des Droits de l'Homme, annonciatrice de la grande espérance de 1789, pourrait-elle se dérober devant les exigences de cette nouvelle croisade libératrice ?

« Est-ce que vous pouvez nier, s'écrie Ferry, est-ce que quelqu'un peut nier qu'il y a plus de justice, plus d'ordre matériel et moral, plus d'équité, plus de vertus sociales, dans l'Afrique du Nord depuis que la France a fait sa conquête ? Quand nous sommes allés à Alger pour détruire la piraterie et assurer la liberté du commerce dans la Méditerranée, est-ce que nous faisions œuvre de forbans, de conquérants, de dévastateurs ? Est-il possible de nier que dans l'Inde, et malgré les épisodes douloureux qui se rencontrent dans l'histoire de cette conquête, il y a aujourd'hui infiniment plus de justice, plus de lumière, d'ordre, de vertus publiques et privées depuis la conquête anglaise qu'auparavant ?

Est-ce qu'il est possible de nier que ce soit une bonne fortune pour ces malheureuses populations de l'Afrique équatoriale de tomber sous le protectorat de la nation française ou de la nation anglaise ? Est-ce que notre premier devoir, la première règle que la France s'est imposée, que l'Angleterre a fait pénétrer dans le droit coutumier des nations européennes, et que la conférence de Berlin vient de traduire en droit positif, en obligation sanctionnée par la signature de tous les gouvernements, n'est pas de combattre la traite des nègres, cet horrible trafic, et l'esclavage, cette infamie ? [5] »

Troisième ordre enfin de considérations : les nécessités de nature politique, le devoir qui s'impose à ceux qui ont en charge la responsabilité du gouvernement de la France de ne pas trahir certains impératifs de grandeur et de puissance liés « à la gestion même et à la défense du patrimoine national ». La France, affirme Ferry, ne saurait se résigner à ne plus jouer dans le monde que le rôle d'une nation de second ordre. Or ce serait pour elle renoncer définitivement au rang de grande puissance, s'engager irrémédiablement dans la voie de la décadence que de se refuser à suivre l'ensemble des nations européennes dans la course inflexible qui les entraîne vers la conquête du globe. Alors qu'un nouvel équilibre des forces internationales est en train de s'instaurer, alors que tout pousse les « peuples civilisés » à « transporter sur le terrain plus large et plus fécond des entreprises lointaines leurs anciennes rivalités », la « politique du coin du feu », l'immobilité, l'étroit repliement sur soi-même n'auraient d'autre signification que celle d'une abdication. La place laissée vacante par la France ne manquerait pas en effet d'être occupée par ses rivaux et ses concurrents : « que le drapeau français par exemple se retire du Tonkin et l'Allemagne ou l'Espagne nous y remplaceront sur l'heure ». Le maintien d'une puissance navale suppose, d'autre part, dispersé sur toutes les mers, un vaste réseau de points d'appui et de bases d'approvisionnement : « c'est pour cela qu'il nous fallait Saigon et la Cochinchine ; c'est pour cela qu'il nous faut Madagascar.. » Refuser de reconnaître ces nécessités, se dérober devant elles, équivaudrait pour notre pays à renier son passé et à compromettre à jamais ses chances d'avenir :

« Messieurs, dans l'Europe telle qu'elle est faite, dans cette concurrence de tant de rivaux que nous voyons grandir autour de nous, les uns par les perfectionnements militaires ou maritimes, les autres par le développement prodigieux d'une population incessamment croissante ; dans une Europe, ou plutôt dans un univers ainsi fait, la politique de recueillement ou d'abstention, c'est tout simplement le grand chemin de la décadence ! Les nations, au temps où nous sommes, ne sont grandes que par l'activité qu'elles développent.

Rayonner sans agir, sans se mêler aux affaires du monde, en se tenant à l'écart de toutes les combinaisons européennes, en regardant comme un piège, comme une aventure, toute expansion vers l'Afrique et vers l'Orient, vivre de cette sorte, pour une grande nation, croyez-le bien, c'est abdiquer, et dans un temps plus court que vous ne pouvez le croire, c'est descendre du premier rang au troisième et au quatrième.

Le parti républicain a montré qu'il comprenait bien qu'on ne pouvait pas proposer à la France un idéal politique conforme à celui des nations comme la libre Belgique et comme la Suisse républicaine ; qu'il faut autre chose à la France : qu'elle ne peut pas être seulement un pays libre ; qu'elle doit être aussi un grand pays, exerçant sur les destinées de l'Europe toute l'influence qui lui appartient, qu'elle doit répandre cette influence sur le monde, et porter partout où elle le peut sa langue, ses mœurs, son drapeau, ses armes, son génie [6]. »

Se présentant ainsi comme solidement articulée autour de quelques principes essentiels, la doctrine définie par Ferry est d'une parfaite clarté dans sa formulation. Au-delà de la simple analyse des textes et pour qui tente de la replacer dans un système plus vaste d'explication historique, elle ne vas pas cependant sans soulever un difficile problème d'interprétation. Elle ne va pas non plus sans comporter une marge relativement étendue de discussion. L'une mettant l'accent sur les facteurs d'ordre économique, l'autre sur les facteurs d'ordre plus spécifiquement idéologique, deux thèses semblent à cet égard s'affronter. Selon le premier point de vue, l'impérialisme colonial de Ferry doit être essentiellement considéré comme l'une des expressions d'un phénomène beaucoup plus large et que l'on peut désigner du terme de « néo-mercantilisme ». « Le fond de la pensée de Ferry, la trame de son système sont, affirme-t-on, d'ordre économique » [7] ; c'est dans le développement, dans les contradictions et dans les crises de la « politique industrielle » qu'il faut en rechercher l'origine. Elle reste dominée par un fait majeur qui est celui de la concurrence des grandes puissances capitalistes engagées dans la lutte pour la conquête des marchés et il convient, pour en comprendre pleinement la signification, de le rapprocher de cet autre fait : l'abandon progressif par la plupart des nations industrielles des principes du libre-échange et leur retour, précisément à la même époque, à une législation douanière de caractère protectionniste... Arguments d'un schématisme par trop élémentaire, réplique notamment Henri Brunschwig, dans le petit livre incisif, brillant et assez volontairement provocant, intitulé *Mythes et réalités de l'impérialisme français*. La politique expansionniste de Ferry, qui s'affirme dès 1880, est chronologiquement très antérieure à l'adoption par la France d'une législation protectionniste, qui ne date que de 1892, et les débats qu'elle a suscités, aussi bien au Parlement que dans l'opinion, continuent à se situer dans les perspectives essentiellement libre-échangistes. De surcroît, aucune concordance significative ne peut être relevée entre la courbe du commerce extérieur et le développement de la politique de conquête coloniale : « l'expédition de Tunisie eut lieu en 1881 au moment où le commerce général atteignit les chiffres les plus élevés depuis 1871 » ; plus tard la conquête de Madagascar de 1895, les interventions au Maroc après 1905 « se situèrent à des moments où le commerce était en pleine expansion ». Dans la pensée de Ferry et des hommes de son école, les considérations politiques, les préoccupations de rang et de puissance, doivent donc être considérées comme prioritaires. En l'occurrence ce n'est pas l'argumentation patriotique qui doit être considérée comme l'alibi des impératifs économiques, mais bien davantage la théorisation économique qui sert à légitimer les desseins nationalistes.

Enfermé dans cette alternative, le débat ne risque-t-il pas cependant d'amputer et de déformer une réalité historique d'une singulière complexité ? Plutôt que de s'opposer, les deux interprétations ne sont-elles pas assez étroitement complémentaires ? Un texte (dont il est permis de s'étonner qu'il soit resté ignoré ou négligé de la quasi totalité des commentaires) peut apparaître à cet égard comme particulièrement éclairant. Texte qui tire toute sa valeur de la personnalité même de son auteur : l'historien Alfred Rambaud, grand nom de la jeune université républicaine, futur biographe de Jules Ferry, mais plus encore l'un des plus proches dans l'intimité et dans la pensée de l'homme d'Etat...

Préfaçant en 1885 la traduction du livre de l'auteur britannique J. R. Seeley, *L'expansion de l'Angleterre*, ardent plaidoyer en faveur de la création d'une « plus grande Bretagne », Rambaud voit dans la constitution de l'Empire britannique un exemple majeur à proposer aux Français de son temps. En lui permettant de « sortir des petites questions », l'entreprise coloniale offre à la France le moyen privilégié d'une régénération morale : « Il n'est rien de tel, affirme l'historien, que le sentiment de certaines responsabilités pour atténuer les haines, modérer les impatiences, faire justice des utopies ». L'expansion outre-mer constitue également pour notre pays un gage inappréciable de paix intérieure : dans l'impossibilité présente de remettre en cause l'ordre des choses établi en Europe, le peuple français risque, si on ne lui propose aucun exutoire, aucun grand dessein de dimension internationale, de « s'exaspérer dans son impuissance », de voir « ses instincts guerriers se tourner en querelles intestines, en intrigues sanglantes, en haines de classes, peut-être en guerres civiles ». Mais l'œuvre de conquête coloniale doit surtout être considérée comme un remède essentiel contre « la crise industrielle et commerciale que nous subissons actuellement et qui non seulement aggrave dans de grandes proportions les souffrances des classes laborieuses et la gêne des classes moyennes, mais en portant le trouble dans nos budgets, menace de désorganiser les services publics ». De cette crise, née de la fermeture de nos débouchés européens traditionnels et de la concurrence des nouvelles puissances industrielles, les conséquences ne sont pas seulement d'ordre matériel. En un temps où la compétition commerciale tend à se substituer aux vieux affrontements militaires, elles sont aussi d'ordre politique : c'est la place même de la France dans le monde de demain qui se trouve mise en jeu.

« Le *struggle for life*, écrit Rambaud, qui, aux siècles précédents, s'est poursuivi dans l'ancien monde pour l'existence politique, se poursuit aujourd'hui dans les nouveaux mondes pour l'existence économique et, là aussi, ceux qui renoncent à la lutte doivent se résigner à la destruction [...]. Il faut que, là où le commerce doit frayer par la force la voie aux échanges pacifiques, la France puisse dominer le monde noir ou le monde jaune de l'autorité que lui assurent de grandes possessions, une armée coloniale et des escadres en croisière. Le jour où son pavillon s'éclipsera devant le pavillon britannique, allemand ou américain, où les traités conclus par elle manqueraient d'une sanction effective, où sa langue cesserait de compter comme langue de trafic et de commandement, c'en serait fait à la fois de sa richesse et de son prestige. Elle ne peut renoncer à sa situation militaire sans renoncer à ses ressources d'existence. La ruine économique est inséparable de l'humiliation politique [8]. »

Dans la pensée d'Alfred Rambaud les préoccupations économiques apparaissent donc comme très réelles et très pressantes, mais tout en demeurant inséparables des considérations de puissance. La politique d'expansion coloniale est bien légitimée par les nécessités de l'expansion industrielle et de l'expansion commerciale ; mais ces nécessités sont elles-mêmes essentiellement appréhendées du point de vue prioritaire d'une grandeur française à défendre et à maintenir. Renoncer aux conquêtes outre-mer serait renoncer à suivre les lois de la compétition économique ; mais renoncer à la compétition économique serait se résigner définitivement à la déchéance : « comme importance politique, avec nos quarante ou cinquante millions de congénères nous aurions celle qu'a aujourd'hui la Belgique ; [...] parmi les générations positives que nous pouvons apercevoir, qui donc alors se donnerait la peine d'apprendre à lire dans le texte Corneille, Voltaire ou Victor Hugo ? ». Les deux notions de « richesse » et de « prestige » sont présentées comme indissolublement liées. Dans la définition de l'impérialisme ferryste il est vain sans doute de considérer le nationalisme et le « néo-mercantilisme » comme relevant de deux catégories distinctes. Le nationalisme n'exclut pas le « néo-mercantilisme » ; il fait plus que le justifier : il l'absorbe, il l'intègre à ses propres finalités.

« L'OR ET LE SANG DE LA FRANCE »

Au demeurant on ne peut oublier que la formulation de l'impérialisme ferryste s'inscrit dans un climat très lourdement chargé de contestation et de controverses. Doctrinaire de l'expansion coloniale, Ferry ne s'exprime pas comme le ferait un homme d'Etat au pouvoir solidement assuré, dessinant sereinement les lignes directrices du grand dessein auquel il entend s'appliquer. Son langage est celui d'un chef de gouvernement parlementaire à la majorité fragile et qui doit incessamment faire face aux attaques qui l'assaillent, puis, après sa chute, le 11 avril 1885, celui d'un homme politique vaincu qui défend les principes de son action passée. Face à la politique qu'il illustre et qu'il incarne, une puissante force d'opposition existe en effet, qui groupe, coalisés autour des mêmes thèmes, autour des mêmes mots d'ordre, hommes de droite et hommes de gauche, conservateurs et radicaux. Dès 1880, c'est-à-dire dès les débuts de l'intervention française en Tunisie, les attaques se trouvent conjuguées, venant des deux côtés de l'horizon politique. Les péripéties de la conquête du Tonkin leur permettront cinq ans plus tard de l'emporter, chassant définitivement du pouvoir celui que la foule parisienne, rassemblée pour le huer, ne désigne plus alors que d'un sobriquet dérisoire : le « Tonkinois »... Et sans doute, doit-on tenir compte, du côté des opposants, de certaines considérations très étroitement liées aux vicissitudes de la seule politique intérieure française. A droite notamment, il est très probable que la violence de certaines campagnes a trouvé un stimulant particulièrement actif dans la haine inexpiable portée au législateur scolaire, au « persécuteur » des Congrégations, l' « Antéchrist » des feuilles religieuses de province : le revirement de certains journaux conservateurs, *Le Monde* par exemple, longtemps favorables aux thèses « colonistes », semble constituer à cet égard un indice difficilement contestable. Au-delà des préoccupations tactiques des partis et des groupes, au-delà des arrière-pensées électorales et des manœuvres parlementaires, il reste pourtant que c'est dans son ensemble, en lui-même et pour lui-même que, durant cette période, le problème a été abordé et posé devant la conscience nationale. Il reste que, devant une opinion indécise et inquiète et pour refuser les appels à l'aventure impériale, des arguments particulièrement dignes d'attention se sont trouvés présentés et développés. Il reste surtout, au regard de l'historien des idées, que, face au système cohérent de pensée et d'action exprimé par Ferry, un autre système a été opposé, non moins cohérent et non moins rigoureux.

Telle que Jules Ferry avait achevé de la codifier, c'est autour d'une triple argumentation, d'ordre humanitaire, d'ordre économique et d'ordre politique que s'était trouvée définie la doctrine officielle de l'impérialisme colonial français. C'est également sur ces trois plans que la thèse des anticoloniaux va essentiellement porter et développer ses attaques. En vérité, il faut bien reconnaître que des trois points fondamentaux de la doctrine ferryste, c'est l'argument humanitaire qui semble être resté le moins âprement contesté. Sans doute certains des termes utilisés par Ferry, sa référence notamment aux devoirs qui incombent aux « races supérieures » à l'égard des « races inférieures », ne manquent-ils pas de susciter certaines protestations :

« Races supérieures, races supérieures, c'est bientôt dit, s'écrie Clemenceau. Pour ma part, j'en rabats singulièrement depuis que j'ai vu des savants allemands démontrer scientifiquement que la France devait être vaincue dans la guerre franco-allemande parce que le Français est d'une race inférieure à l'Allemand. Depuis ce temps, je l'avoue, j'y regarde à deux fois avant de me retourner vers un homme et vers une civilisation et de prononcer : homme ou race inférieure [9]. »

Sans doute quelques autres voix s'élèvent-elles encore pour faire remarquer que la France trahit en fait les impératifs des Droits de l'Homme et de la Démocratie, en imposant par les armes sa domination à des peuples qui la refusent : Rochefort, notamment, ironisera pendant longtemps encore sur ce thème dans les colonnes de *L'Intransigeant*. Il ne s'agit là cependant que de critiques secondaires, pratiquement limitées à certains milieux de la gauche ou de l'extrême gauche radicale. Leur expression reste faible en tout cas à côté de l'ampleur de la controverse engagée sur les deux autres plans : le plan économique et le plan politique.

Sur le plan économique, — alors que Ferry s'était essentiellement appuyé sur la pensée de Leroy-Beaulieu, — ce sont les thèmes traditionnels de la stricte orthodoxie libérale, c'est le langage même de Jean-Baptiste Say et de Cobden, que reprennent inlassablement les tenants de l'argumentation anticoloniale. En d'autres termes, c'est un refus irréductible qu'ils opposent à l'affirmation selon laquelle la politique d'expansion coloniale apporte à la France une promesse d'enrichissement, représente pour elle un facteur décisif de développement industriel et commercial. Cette politique, bien au contraire, doit être condamnée comme ne constituant dans l'immédiat qu'une scandaleuse dilapidation de la richesse nationale et n'ouvrant pour l'avenir aucune perspective réelle de profit. La conquête en effet coûte cher. Aux frais considérables qu'elle représente viendront s'ajouter, une fois qu'elle sera achevée, les frais, bien plus considérables encore, qu'entraîneront l'administration et l'aménagement des territoires nouvellement occupés. Pour faire face à ces dépenses, les pouvoirs publics seront dans l'obligation d'aggraver la fiscalité. Mais, par là-même, les produits manufacturés français se trouveront grevés de charges de plus en plus lourdes ; leur prix de revient augmentant, ils seront de moins en moins compétitifs sur le marché international. Ainsi, quand bien même les territoires coloniaux seraient un jour susceptibles de constituer un marché d'exportation digne d'intérêt, ce ne seront ni les industriels, ni les commerçants français qui en tireront bénéfice, mais leurs concurrents étrangers à qui aura été épargné de payer et le coût de la conquête et celui de la mise en valeur. La France aura englouti, pour le seul profit des manufacturiers anglais et allemands, des capitaux immenses qu'il aurait été infiniment plus fructueux d'investir en métropole pour les propres besoins de son développement. A gauche comme à droite, la démonstration ne cesse d'être renouvelée à la tribune du Parlement au cours du grand débat de juillet 1885 :

« C'est en augmentant incessamment les charges du budget, explique après bien d'autres Georges Clemenceau reprenant l'argumentation de l'opposition antiferryste, que vous prétendez vous ouvrir des débouchés, alors qu'il y a d'autres nations à côté de nous qui, n'ayant pas fait la dépense de ces expéditions coloniales, entrent en lutte avec nous sur le terrain même que nous avons choisi. Comme elles ont des budgets qui ne sont pas grevés des frais de ces expéditions, elles nous font une concurrence redoutable et nous enlèvent le commerce jusque dans nos propres marchés. Nous faisons la police pour elles et nous montons la garde pour qu'elles puissent commercer en toute sécurité et gagner de l'argent à nos dépens. Lors donc que, pour vous créer des débouchés, vous allez guerroyer au bout du monde, lorsque vous dépensez des centaines de millions, lorsque vous faites tuer des milliers de Français pour ce résultat, vous allez directement contre votre but : autant d'hommes tués, autant de millions dépensés, autant de charges nouvelles pour le travail, autant de débouchés qui se ferment [10]. »

A ces arguments majeurs, — obstinément fidèles, on le voit, et jusque dans leur formulation même, aux enseignements de la vieille école libérale, — viennent parfois s'ajouter certaines considérations d'ordre démographique : un pays comme la France, à la natalité déclinante, ne dispose pas d'un surcroît suffisant de population pour alimenter un véritable courant d'émigration ; faute d'hommes à « exporter », l'entreprise coloniale ne peut être qu'illusoire ou dangereuse.

« Pour faire de la politique coloniale, déclare notamment à la tribune du Parlement le député Raoul Duval, il faut avant tout un premier article d'exportation, c'est l'article humain. Il faut des hommes qui aient le désir et le besoin d'aller chercher sous toutes les latitudes le placement de leur activité. Or n'oubliez pas qu'en 1871 nous avions 300 000 étrangers en France et qu'actuellement nous en comptons plus d'un million. L'invasion pacifique de notre pays se fait lentement et nous n'avons donc pas de Français à envoyer à l'extérieur. Si nous avions des cadets de famille à exporter, si nous avions une population irlandaise qui va partout où l'Européen peut travailler, nous pourrions coloniser certaines régions ou exploiter d'autres races humaines [11]. »

Mais l'évocation de la faiblesse démographique de la France (d'ailleurs assez rarement soulignée, et l'on est sans doute en droit de s'en étonner) ne fait en l'occurrence que rejoindre le grief essentiel : celui d'un absurde gaspillage du capital national... « Sans fruit, sans profit, sans résultat », la portion « la plus précieuse de nos épargnes », « la partie la plus vigoureuse de la nation » vont aller se perdre « sous le soleil des tropiques » ; c'est « l'or et c'est le sang de la France » qui se trouvent vainement, stupidement sacrifiés. Telle est l'accusation primordiale que résume avec une parfaite netteté, toujours au cours des débats parlementaires de juillet 1885, l'intervention de l'économiste Frédéric Passy qui siège à gauche de l'Assemblée :

« Je crois, déclare Frédéric Passy, que nous sommes, nous les adversaires de ces aventures lointaines, de meilleurs ménagers de la force expansive de la nation, de plus vrais représentants de l'esprit national, et du patriotisme national lorsque nous nous refusons à sacrifier en pure perte des choses précieuses, *l'or et le sang de la France,* lorsque nous voulons que nos forces soient réservées pour les périls inévitables, pour les épreuves nécessaires, pour les éventualités redoutables auxquels il n'est pas possible de ne pas songer quand on a le plus grand désir de les voir s'éloigner et de les éviter. Je crois que la France a le devoir de se concentrer, de se recueillir, et que si elle veut rayonner et s'épandre, il faut que ce soit comme ces eaux qui se déversent en s'élevant, non comme celles qui se perdent en mille fissures, et mille fuites qui les abaissent. C'est par le naturel progrès de la richesse, de la population débordant sur les territoires étrangers, par l'émigration volontaire, par le commerce libre et fructueux, et non par ces aventureuses, coûteuses et stériles expéditions lancées au hasard en tous sens, qu'on peut arriver à répandre le nom, la langue, l'esprit et les intérêts de la France. C'est en la rendant plus forte qu'on la fera rayonner avec plus d'énergie et plus d'éclat en dehors [12]. »

La citation est précieuse dans la mesure où elle unit, dans un même réquisitoire, l'argument politique à l'argument économique. Dénoncée comme un facteur d'appauvrissement la politique d'expansion coloniale ne peut manquer en effet de l'être également comme un facteur d'affaiblissement. Elle ne représente pas seulement pour le contribuable français un gaspillage sans fin dont il doit inutilement supporter les frais.

Dans le contexte présent des relations internationales, dans la situation respective des grandes puissances, elle constitue aussi, affirme-t-on, une menace particulièrement grave pour l'indépendance et la sécurité nationales. Amputant notre budget, immobilisant loin d'Europe une partie de nos forces armées elle risque de laisser la France militairement impuissante devant les nouvelles menaces qui peuvent peser sur ses frontières continentales. En l'engageant obligatoirement dans une politique de compétition et d'affrontement avec la Grande-Bretagne, elle contribue à l'isoler diplomatiquement. Ce n'est pas en vain, répète-t-on, si la politique menée par l'opportunisme au pouvoir a bénéficié des encouragements de Bismarck, a été et est toujours soutenue par la diplomatie allemande. Le calcul des vainqueurs de 1871 est clair. Il s'agit d'empêcher la France de se relever, d'entraver son redressement financier et militaire ; de faire en sorte qu'elle demeure enlisée, impuissante en Europe, dans les complications des aventures lointaines. Il s'agit aussi de détourner l'opinion française du souvenir des provinces perdues d'Alsace et de Lorraine, de lui faire définitivement accepter l'amputation du territoire, oublier le grand espoir de la Revanche. Car c'est sur les Vosges et sur le Rhin que continue à se jouer le destin national ; c'est en Europe que se situent toujours pour la France les conditions de la grandeur et de la puissance. Consciemment ou inconsciemment la politique d'expansion coloniale fait le jeu de l'Allemagne : c'est assez pour la condamner. (Et c'est assez aussi pour que toute une littérature polémique aille jusqu'à dénoncer Ferry comme un agent de la politique bismarckienne, comme un traître à la solde de la Prusse). Selon une formule de Déroulède, le rêve de « la plus grande France » conduit inéluctablement à faire oublier aux Français les nécessités du « relèvement de la vraie France » [13].

Quinze ans après la défaite, devant un pays instable

et divisé, aux institutions encore mal assises, le devoir des responsables de la politique française n'est donc pas de disperser les forces de la nation sur tous les points du globe, dans des entreprises coûteuses et incertaines. Il est au contraire de les rassembler, de les concentrer sur le sol même de la métropole dans une grande œuvre de redressement financier et militaire, de mise en valeur du territoire, de réorganisation et de réforme. C'est ce qu'affirme Clemenceau, dans un discours capital prononcé à la Chambre le 31 juillet 1885, où il reprend l'ensemble de l'argumentation de Ferry et s'efforce d'y répondre point par point. « Quant à moi, proclame Clemenceau, suivant le mot d'un orateur célèbre, mon patriotisme est en France. » Et aux illusions du « rêve colonial », il oppose les réalités contraignantes de ce qu'il nomme « la politique du pot au feu » : la reconstruction militaire, la liquidation de la dette publique, « les écoles, les travaux d'outillage » :

« ... En supposant que la théorie de M. Jules Ferry sur les profits des expéditions coloniales, soit jamais justifiée, les dépenses de cet ordre ne sont jamais que des dépenses de luxe. Avant de s'abandonner au luxe, faites donc pour une heure la politique du pot-au-feu, donnez le pot-au-feu, les écoles, les travaux d'outillage. Pendant que vous êtes perdu dans votre rêve colonial, il y a à vos pieds des hommes, des Français qui demandent des dépenses utiles, fructueuses, au développement du génie français et qui vous aideront, en augmentant la production, en la faisant à meilleur compte, à trouver ces fameux débouchés que vous fermez par vos expéditions guerrières. »

Puis vient la péroraison, remarquable par son ampleur, et qu'il faut citer intégralement comme l'une des plus hautes et des plus claires expressions, face au patriotisme d'expansion mondiale dont Ferry et les coloniaux se sont faits les interprètes, d'une autre conception du destin national et d'une autre image de sa grandeur :

« Vous êtes en face, résume Clemenceau, d'un pays où se dressent les problèmes les plus graves pour une nation, à savoir comment vous pourrez organiser un gouvernement régulier, fondé sur le principe de la liberté. Depuis cent ans, tous nos gouvernements sont venus échouer contre la Révolution. Réussirez-vous à organiser, à régler l'évolution pacifique, au grand bénéfice de tous ? Est-ce que ces préoccupations ne sont pas dignes d'une grande nation et de ses représentants ? Quelles seront les réformes à accomplir, et de quel côté devrons-nous porter nos regards ? Dans quel sens nous efforcerons-nous de diriger l'activité nationale ? Et l'éternelle question sociale qui gronde dans les ateliers, qui se pose à Berlin d'une manière si aiguë et en Angleterre, où elle a été posée avec tant d'éclat par un membre même du gouvernement. Et vous trouvez qu'il n'y a pas là un domaine suffisant pour une ambition humaine, et que l'idée d'augmenter la somme de savoir, de lumière dans notre pays et de développer le bien-être, d'accroître la liberté, le droit ; d'organiser un meilleur emploi des forces sociales ; vous ne trouvez pas que tout cela puisse suffire à l'activité d'un homme politique, d'un parti ? En vérité permettez-moi de vous dire que votre ambition est bien haute [14]. »

Texte fondamental qui, comme ceux de Ferry avec lequel il doit être confronté, se situe au point culminant de la grande controverse coloniale des années 1880. Texte qui, quelle que soit la véhémence de son ton, ne donne pourtant qu'une idée assez faible — et très approximative — de la façon passionnelle dont le débat a été suivi, senti et vécu dans la masse de l'opinion. Au niveau de la polémique quotidienne en effet, au niveau surtout de la littérature journalistique, c'est sous une forme beaucoup plus sommaire que tend à s'exprimer l'hostilité à la politique d'expansion Outre-Mer. « L'or et le sang de la France », leur gaspillage, l'argent des contribuables et les ressources des épargnants vainement dilapidées, la vie des jeunes Français inutilement exposée, le thème ne pouvait évidemment manquer de trouver de toutes puissantes résonances, de prêter aussi aux plus faciles des exploitations démagogiques. Mais à ce thème, un autre vient s'ajouter et se mêler, plus apte encore à frapper les imaginations, à mobiliser les indignations : celui de la dénonciation de « l'affairisme colonial », de ses malversations et de ses scandales... On le sait : certains intérêts, et qui ne furent pas toujours des plus nobles, n'ont jamais cessé de se trouver associés aux entreprises colonisatrices. On le sait aussi : dans l'histoire de la France du XIXe siècle, une certaine chronique des affaires scandaleuses reste inséparable de celle de l'expansion coloniale. Le souvenir, encore très proche, de l'expédition du Mexique et de ses dessous financiers préparait par ailleurs l'opinion à ne voir dans toute action Outre-Mer que l'occasion de spéculations véreuses ou de gains faciles pour certains hommes d'affaires sans scrupules. Il y avait là, en vérité, un terrain privilégié sur lequel il était particulièrement aisé aux adversaires de la politique coloniale de situer et de développer leurs attaques.

Dès 1881, au moment où s'engage l'expédition française en Tunisie, c'est autour de ce thème que se trouvent menées les plus furieuses attaques contre l'action de Ferry et de son gouvernement [15]. Il était de notoriété publique que certains groupes d'affaires avaient, par leur rivalité, précipité l'intervention française. Il était également de notoriété publique que des liens étroits unissaient le consul de France à Tunis, Roustan, — sans d'ailleurs que l'honorabilité personnelle de ce dernier puisse être directement mise en cause, — avec quelques-uns de ces groupes d'affaires. Admirable occasion pour l'opposition, aussi bien de droite que de gauche, de dénoncer dans l'expédition le prétexte de spéculations hasardeuses et la poursuite de calculs intéressés : « Je n'aperçois dans toutes ces entreprises, s'écrie Clemenceau, que des hommes qui sont à Paris, qui veulent faire des affaires et gagner de l'argent à la bourse. Ces affaires-là peuvent intéresser des particuliers, mais elles n'intéressent pas l'honneur national ». Et le député monarchiste, Langlé, lui fait écho : « Nous ne voulons pas donner l'argent de la France et le sang de ses enfants pour les Jecker de Tunisie... ». La campagne se poursuivit dans la presse et surtout dans la presse radicale. Camille Pelletan dans *La Justice* et Rochefort dans *L'Intransigeant* attaquèrent avec une extrême violence le consul Roustan et ses « complices ». « Un vol qualifié compliqué d'assassinat », c'est ainsi que, pour Rochefort, se résumait l'affaire tunisienne. Roustan eut l'imprudence de poursuivre Rochefort pour diffamation. Le procès se déroula en décembre 1881 et se termina par l'acquittement du journaliste. Il est facile d'imaginer le parti que certains tirèrent de cet acquittement et le débordement d' « informations » scandaleuses auquel donnèrent lieu les péripéties du procès...

Mais pour prendre la mesure d'un certain ton, du style de certaines campagnes, il suffit sans doute de se référer à quelques pages de *La France juive* d'Edouard Drumont publiée en 1886 — pages où se trouve précisément évoquée l'expédition tunisienne. Drumont, antisémite mais qui se veut aussi anticapitaliste, reste parfaitement à l'unisson des articles de Rochefort et des attaques de l'extrême gauche. La dénonciation des intrigues sordides des puissances d'argent se mêle sous sa plume à l'atroce évocation des souffrances de « nos petits soldats », innocentes victimes d'une guerre menée pour le seul profit de quelques financiers véreux et d'une poignée de politiciens corrompus :

« [...] Les millions dépensés en l'absence des Chambres, la malversation, les concussions, les infamies de toute nature... vous connaissez tout cela. [...] Ce qu'il faudrait dire, ce sont les souffrances endurées par nos soldats pour permettre aux juifs de se livrer à ces opérations. [...] Qui n'a senti ses poings se serrer en entendant un officier vous décrire cette marche en colonnes, sous un ciel d'airain, sans un arbre à l'horizon, sans une source, avec le désert à quelques pas ! Sur des chameaux on porte l'eau nécessaire qui parfois est en retard de trois ou quatre lieues et arrive chaude et croupie. Tout à coup, un homme prononce des paroles incohérentes, il rit aux éclats, il est devenu fou ! Un autre brusquement, tombe comme une masse, on s'empresse autour de lui : il est mort... A la hâte, on improvise un cercueil avec une caisse de biscuits et dans le sable, que la nuit prochaine les chacals viendront fouiller, on enterre le malheureux. Parfois le capitaine lit le *De profundis* et c'est tout...

Tout soldat isolé est perdu ; fait prisonnier, il est livré comme jouet aux femmes des tribus qui le font mourir lentement en lui enfonçant dans les chairs des aiguilles rougies au feu. Un de mes parents qui est revenu mourant de l'expédition, me racontait l'impression d'horreur qu'il avait éprouvée devant un sous-officier du train qu'on ne pouvait reconnaître. L'infortuné, les yeux arrachés, les oreilles coupées, les parties viriles affreusement mutilées, essayait en vain de tracer son nom sur le papier avec le crayon qu'on lui avait mis dans la main [16] ! »

La vénalité et la corruption, le thème subsistera tout au long de l'histoire contemporaine de la colonisation française. Facilement exploitable et toujours exploité, il ressurgira, avec plus ou moins de violence mais dans des formulations très semblables, dès que les exigences de l'établissement ou du maintien de la « présence française » Outre-Mer conduiront à la poursuite d'un effort militaire d'une certaine importance et d'une certaine durée.

L'affrontement de deux nationalismes

Les outrances mêmes de la polémique témoignent, au regard de l'historien, de l'ampleur des remous soulevés dans la masse de l'opinion par le grand débat colonial des années 1880. Mais, de ce débat, il importe surtout de souligner la portée, de mesurer la gravité. Car, sans doute les partis antagonistes se situent-ils sur un même plan, qui est essentiellement celui de l'intérêt national. La préoccupation hautement affirmée de la grandeur de la patrie, de sa pérennité, de sa puissance, constitue pour les uns et pour les autres, un commun point de référence. Il n'en reste pas moins que, partant d'un système semblable de valeurs, ce sont deux conceptions opposées, deux visions contraires de l'avenir de la collectivité nationale qui tendent parallèlement à se définir. Pour les uns les chances de la grandeur française à restaurer doivent être recherchées dans la conquête d'Outre-Mer, dans la création de nouvelles France essaimées sur l'ensemble du globe ; pour les autres le devoir majeur est celui d'un repliement sur l'hexagone de toutes les forces, de toutes les énergies de la nation. Deux types contraires de nationalisme finissent ainsi par se trouver confrontés : un nationalisme d'expansion mondiale et un nationalisme de rétraction continentale.

En lui-même, situé dans une perspective intemporelle, le débat se montre déjà d'une singulière importance. Mais il ne pouvait manquer de se poser avec d'autant plus acuité qu'il se trouvait engagé à un moment où, passé le premier choc de la défaite, liquidées les séquelles les plus proches de la guerre de 1870, le sentiment de la Revanche semblait se développer avec une vigueur et une ampleur nouvelles. Paradoxalement en effet les années mêmes où Ferry entend engager la France vers la conquête d'un nouvel Empire asiatique et africain sont aussi celles où l'on voit se multiplier, et le plus intensément, les manifestations de fidélité à l'égard des provinces perdues. Il est de fait que, dans la presse, dans la chanson, dans le roman, l'Alsace et la Lorraine se trouvent, aux environs de 1885, beaucoup plus fréquemment évoquées qu'au lendemain du traité de Francfort. Pour beaucoup le temps du « recueillement » est passé. Pour beaucoup aussi l'heure semble enfin venue, pour la République définitivement établie, de hâter l'accomplissement du grand devoir que l'histoire paraît lui avoir assigné et qui est de restaurer l'unité brisée du teritoire national. Se soumettre aux exigences de la politique d'expansion coloniale, n'est-ce pas répudier, n'est-ce pas trahir l'immense espoir de la Revanche ? N'est-ce pas engager la France dans l'acceptation du fait accompli ? Il y a sans doute les taches roses qui s'élargissent sur les pages des atlas, témoignant de l'accroissement mondial de la souveraineté de la France. Mais il y a aussi, affichées dans toutes les écoles, sur les murs de toutes les classes, les cartes tragiquement marquées de noir à l'emplacement des terres arrachées en 1871 au patrimoine national. Ces provinces soumises à la loi des vainqueurs, n'est-ce pas vers elles que doivent aller les premières pensées, les premiers devoirs dictés par le patriotisme ? « J'ai perdu deux sœurs, s'écrie Déroulède, et vous m'offrez vingt domestiques. »

L'oubli des provinces perdues, l'abandon du grand rêve de la Revanche, l'accusation a toujours été repoussée avec une extrême vigueur par les partisans de la politique d'expansion coloniale. De toutes les attaques dont il fut l'objet, on sait que celle-ci fut particulièrement douloureuse à la sensibilité de Ferry, homme de l'Est, uni à l'Alsace par de très puissants liens familiaux et qui demandera, à la veille de sa mort, d'être enterré face aux crêtes des Vosges. Sur ce point cependant, et peut-être précisément parce qu'il le touchait au plus profond de lui-même, Ferry a cru bon de se taire, tout au moins dans les débats publics. Mais d'autres, patriotes ardents soudain accusés de faire le jeu de l'ennemi, ont laissé éclater leur indignation. En témoigne, parmi de nombreux exemples, cette lettre de rectification adressée au journal *Le Temps,* le 4 octobre 1885, par Paul Bert, grande figure du républicanisme opportuniste, étroitement associé à Ferry aussi bien dans la définition de sa politique scolaire que dans la défense de sa politique coloniale. Selon le compte rendu d'un journaliste, Paul Bert aurait, au cours d'une réunion électorale, publiquement célébré l'acquisition des nouveaux territoires coloniaux comme apportant une « compensation » « à ce qu'on a amputé à notre chère France ». C'est en termes véhéments que l'homme politique demande au journal de rectifier :

« ... Si j'avais prononcé ces dernières paroles, si je m'étais rendu coupable d'une telle impiété envers la Patrie, je ne serais pas digne de solliciter les suffrages de mes concitoyens. Des compensations il n'en peut exister, non plus que des consolations.

J'ai dit ceci qui est tout le contraire : « N'ayez pas peur que cette préoccupation du développement colonial détourne un instant ma pensée de ce que ne doit jamais oublier un Français. Tous les jours je fais à la façon des musulmans ma prière laïque en me tournant vers l'Orient, du côté de la plaie saignante qui ne doit jamais se cicatriser. C'est à elle que je pense toujours. Et si l'on m'eût démontré, si l'on me démontrait aujourd'hui que les entreprises coloniales compromettent l'avenir que nous devons tous préparer, adieu les colonies, m'écrierais-je tout le premier...

J'appelle au témoignage de ma rectification les 3 500 auditeurs d'élite qui ont couvert mes paroles de leurs applaudissements et qui m'eussent justement conspué si j'avais tenu le propos que me prête votre correspondant [17]. »

De telles protestations éclairent assez bien la gêne, le trouble éprouvés par certaines consciences devant quelques-uns des arguments mis en avant par les adversaires de la politique d'expansion Outre-Mer. Et sans doute la sincérité de ces démentis ne saurait-elle être contestée. Les méfiances, les suspicions de ceux qui entendaient conserver leur regard fixé vers les frontières de l'Est étaient-elles cependant dénuées de tout fondement ? Chez les « coloniaux » mêmes, il faut bien constater que les vicissitudes quotidiennes de la grande aventure dans laquelle ils se trouvaient entraînés devaient immanquablement tourner leur attention vers d'autres impératifs que ceux qu'aurait exigés une exacte fidélité à l'idéal de la Revanche. Les horizons qui allaient devenir les leurs n'étaient plus ceux des frontières de la vieille Europe. Jusqu'au début du XXe siècle, c'est-à-dire pratiquement jusqu'à la liquidation en 1904 des différends coloniaux entre la France et la Grande-Bretagne, la politique dont ils étaient les artisans devait, d'autre part, se heurter plus ou moins violemment aux ambitions, aux volontés et aux calculs de l'impérialisme britannique. D'où chez beaucoup d'entre eux le développement d'un puissant sentiment d'anglophobie qui devait inévitablement reléguer au second plan, parfois même effacer les vieilles rancunes de l'antigermanisme. « J'ai bien vu, écrira plus tard Barrès, comme Marchand détestait plus les Anglais que les Allemands » [18].

Mais il y a plus grave, et que l'on peut trouver jusque dans certaines des expressions les plus orthodoxes du nouveau civisme républicain. Que l'on ouvre par exemple un petit livre, publié en 1887, très largement diffusé dans les écoles primaires, qui porte pour titre *Les enfants de Marcel* et qui est du même auteur que le très célèbre *Tour de France de deux enfants* [19].

Comme *Le Tour de France de deux enfants,* il s'agit d'un récit anecdotique et didactique à la fois, dont la très simple intrigue vient servir de prétexte à une série de « leçons de choses » « concernant l'instruction civique et morale, le droit usuel, l'agriculture, l'hygiène, etc. » :

le sergent Marcel, originaire d'Alsace, fait bravement la guerre de 1870 ; la paix revenue, amputé et ruiné, il quitte son pays natal avec ses quatre enfants, se consacre à leur éducation et finit par hériter d'un vieil oncle un domaine en Algérie où il part s'installer avec sa famille. Comme il se doit l'éloge du travail et de l'épargne voisine dans ces pages avec l'exaltation de la famille, de l'école, de l'armée, de la démocratie et de la patrie. Ce qu'il y a toutefois de remarquable c'est que l'ouvrage se termine par l'implantation définitive de la famille de Marcel sur le sol algérien où elle retrouve la prospérité et la paix. « Terre bénie, s'écrie la vieille grand'mère, tu m'es devenue presque aussi chère que la mère patrie. Mes enfants, après tant d'efforts, tant de souffrances que nous avons tous endurés, te devront l'aisance, le bonheur et la santé. Quand mon heure sera venue, je m'endormirai sans regret de mon dernier sommeil sur le sein de ma nouvelle Alsace. » Ainsi les images heureuses d'une « nouvelle Alsace », — tel est le nom donné aux villages de colonisation où se sont installés Marcel et sa famille, — sont-elles venues se substituer à l'évocation nostalgique de la patrie perdue. L'enfant des provinces annexées, l'héroïque combattant de 1870, le réfugié chassé de son foyer a trouvé en Afrique un nouvel enracinement. L'idée du retour a totalement disparu. C'est dans l'action colonisatrice et non dans le triomphe de la Revanche que se clôt, pour la famille du sergent Marcel, le drame de la défaite et celui de l'exode : implicitement mais en toute clarté, la naissance d'une « nouvelle France » au-delà de la Méditerranée apparaît bien ici comme une « réparation », comme une « compensation » à l'amputation du territoire...

Première ambiguïté d'une histoire idéologique, dont la complexité ne va d'ailleurs cesser de s'accentuer. La chronique des *Enfants de Marcel* le prouve encore une fois : il est de fait que, dans sa formulation même, le développement d'un nouvel impérialisme colonial français doit être largement rattaché aux réactions suscitées par la défaite, aux conséquences morales de la grande tragédie de 1871. Mais l'on retrouve, et non moins largement, les mêmes réactions, les mêmes exigeances et les mêmes fidélités dans l'expression du refus qui lui est opposé, dans les protestations véhémentes d'un « anticolonialisme » qui s'affirme comme relevant autant du sentiment que de la raison. Ce qui constitue pour les uns la légitimité fondamentale de leur attitude est précisément ce qui la rend sacrilège au regard des autres. De là les résonances profondes d'un débat qui se déroule dans le climat affectif d'une ferveur presque religieuse, singulièrement ombrageuse et également partagée... Et sans doute ce débat sera-t-il en fin de compte de brève durée : les circonstances, le déroulement même du processus qui va être celui de la colonisation européenne l'amèneront assez rapidement à tourner court. Le siècle sera à peine achevé que Ferry et les coloniaux sembleront avoir définitivement triomphé. Du point de vue des seuls impératifs de l'intérêt et de la grandeur nationale, l'histoire paraîtra avoir dénoué en leur faveur une crise de conscience dont l'enjeu avait semblé un moment décisif. Les arguments majeurs qui avaient été ceux de leurs adversaires au cours des grandes controverses des années 1880 auront apparemment perdu la plus grande partie de leur signification. Il suffira cependant qu'une nouvelle fois les circonstances changent, que le mouvement de l'histoire se renverse et que le statut établi par la colonisation commence à être remis en cause, pour que les thèmes qu'ils avaient développés retrouvent leur actualité et que le langage qui était le leur soit de nouveau exprimé et de nouveau entendu.

CHAPITRE IV

La conquête de l'opinion

« Nous ne voulons plus entendre, nous ne voulons plus discuter avec vous les grands intérêts de la patrie... Nous ne vous connaissons plus, nous ne voulons plus vous connaître... Ce ne sont plus des ministres que j'ai devant moi, ce sont des accusés de haute trahison sur lesquels, s'il subsiste un principe de responsabilité et de justice, la main de la loi ne tardera pas à s'abattre. »

Lancées le 30 mars 1885 du haut de la tribune de la Chambre, quelques jours après le revers subi à Lang-Son, dans le nord du Tonkin, par les troupes du général de Négrier et au cours du débat parlementaire qui devait entraîner la chute du second ministère Ferry, les apostrophes fameuses de Clemenceau témoignent suffisamment du caractère de véhémence passionnée pris à un certain moment par la controverse coloniale. La violence, l'ampleur et la multiplicité des attaques qui convergent alors vers la personne même de Ferry montrent assez bien, d'autre part, la fragilité d'une politique qui ne trouve guère d'appuis que dans des milieux relativement restreints et devant laquelle, dans son évidente majorité, se dérobe l'opinion. Passé du stade de sa formulation doctrinale à celui de sa mise en œuvre, l'impérialisme colonial français ne correspond toujours à aucun élan populaire, à aucune poussée de ferveur collective. Tandis que les grands impératifs invoqués par les hommes d'Etat de la République opportuniste restent ignorés ou contestés par le plus grand nombre, c'est au pouvoir que demeure réservé le rôle moteur essentiel.

Cette situation va toutefois sensiblement se modifier au cours des années suivantes. Dans la poursuite de l'œuvre d'expansion Outre-Mer, parallèlement à celle du pouvoir, d'autres actions se développent. Non seulement les premiers groupes de doctrinaires s'étoffent, leur propagande se fait plus insistante, leur rayonnement s'élargit. Mais entre les initiatives gouvernementales et la masse de l'opinion ce sont aussi de nouveaux relais qui font leur apparition. Un « parti colonial » se crée qui trouve son expression au Parlement en même temps que dans de nouvelles associations et de nouvelles publications. Les « coloniaux » de profession ou de vocation font entendre leur voix de façon plus forte et plus pressante. Finalement c'est tout un réseau de forces neuves qui se trouve mis en place, — forces multiples, diverses et souvent confuses mais dont l'influence sur l'esprit public ne saurait être tenue pour négligeable.

LE PARTI COLONIAL

Le terme de parti colonial est couramment utilisé dans le vocabulaire politique et journalistique français de la fin du XIXe siècle [1]. Il ne va pas cependant sans introduire un certain malentendu dans la mesure où, accepté dans sa signification la plus précise, il semblerait désigner une organisation unique et relativement cohérente, une discipline commune, une action rigoureusement coordonnée. Or il ne s'agit en l'occurrence ni d'organisation unique, ni même de discipline commune. Il s'agit bien davantage, de façon plus large mais aussi plus confuse, d'un ensemble relativement composite de groupements, de cercles et d'associations, d'un milieu aux contours souvent aproximatifs où se rencontrent un certain nombre d'hommes animés des mêmes préoccupations et exerçant dans une même direction leurs efforts et leurs influences. L'image la plus exacte serait celle d'une nébuleuse, mais une nébuleuse à l'intérieur de laquelle il est cependant possible de distinguer quelques centres d'attraction et de rayonnement plus intenses que d'autres.

Premier centre d'attraction : le Groupe colonial fondé à la Chambre des députés en 1892 sous l'égide d'Eugène Etienne qui en resta très longtemps le président.

Personnalité capitale de notre histoire coloniale, encore qu'assez mal connue, que celle de ce Français d'Algérie, né à Oran en 1844 d'un père officier d'active [2]. Dès la fin de ses études secondaires, il a abandonné la préparation à Saint-Cyr pour entrer dans une maison marseillaise d'exportation et d'importation tandis que, militant ardent et convaincu, la protection de Rouvier l'avait introduit dans la familiarité des cercles républicains. Les lendemains de la défaite l'ont retrouvé dans l'entourage immédiat de Gambetta et c'est sous le patronage du tribun qu'il est élu député d'Oran en 1881. Désormais le nom d'Etienne apparaît comme inséparable de toutes les manifestations de la politique française d'expansion coloniale. Sous-secrétaire d'État aux Colonies durant trois ans, de 1889 à 1892, son influence va rester longtemps présente sur des bureaux qu'il a plus qu'aucun autre contribué à mettre en place et sur un personnel administratif dont il a largement contrôlé le recrutement. Journaliste de talent, inspirateur de *La*

Dépêche coloniale et directeur des *Tablettes coloniales*, on retrouve sa signature, au début du XXe siècle, dans *Le Figaro, Le Temps, La Petite Gironde, Le Petit Marseillais*. Surtout, animateur infatigable, il n'est guère de comité, de groupement ou d'association consacrés à la défense des intérêts coloniaux qui ne témoigne de sa présence. Figure complexe d'ailleurs, où il demeure singulièrement difficile de savoir ce qui domine du républicain de convention insoupçonnable, du pied-noir obstinément fidèle à sa communauté d'origine et de l'homme d'affaires que la poursuite de ses propres entreprises ne semble jamais avoir laissé indifférent. Ses liens un peu trop apparents avec certains milieux financiers, la rapidité de sa fortune, ses intérêts dans certains conseils d'administration n'ont pu manquer d'entourer sa réputation d'une constante suspicion. Mais l'homme paraît avoir bénéficié de dons assez exceptionnels : une intelligence rapide et précise, le goût des responsabilités et celui de l'initiative, un charme, un pouvoir de séduction très généralement reconnus, le sens de l'amitié, une certaine générosité autoritaire mais chaleureuse qui lui a valu d'incontestables dévouements et de très sûres fidélités [3]. Etienne sera salué par ses amis, dans une sorte de jubilé organisé en son honneur en 1905, comme le « fondateur respecté », le « chef aimé » du parti colonial. Nul doute en tout cas, que son activité, la puissance de son rayonnement personnel n'aient très réellement contribué à éveiller et à stimuler, en faveur de l'idée coloniale, attention, sympathies et énergies.

Créé et animé par Eugène Etienne, le Groupe colonial de la Chambre des députés rassemble, à la date de sa fondation, 91 membres (il en comptera près de 200 en 1902) dont M. Henri Brunschwig a de façon très précise analysé la composition. En ce qui concerne les options politiques, on notera sans étonnement la très nette prépondérance (d'ordre des deux tiers environ), des parlementaires siégeant au centre de l'Assemblée, « républicains », « progressistes », « républicains de gauche ». Le groupe se prolonge cependant sur la gauche puisqu'il compte dix radicaux, le reste se recrutant parmi les « révisionnistes », c'est-à-dire les boulangistes (au nombre de six) et parmi les partis de droite (conservateurs, membres de l'Union libérale ou de la droite royaliste). En ce qui concerne la répartition par origines professionnelles, on peut compter par ordre décroissant : 25 avocats, 13 négociants, industriels ou armateurs, 11 journalistes, 6 diplomates, 5 magistrats, etc. M. Brunschwig fait remarquer à ce sujet qu'il s'agit là d'une image réduite, mais somme toute relativement fidèle de la composition socio-professionnelle de l'ensemble de l'assemblée. A quelques nuances près cependant qu'il n'est pas sans intérêt de noter : ainsi le Groupe colonial compte-il proportionnellement moins de médecins (3 sur 45 médecins députés), moins de notaires et d'avoués (3 sur 25) et moins de « propriétaires » que n'en compte l'ensemble des députés ; en revanche la catégorie des fonctionnaires, et notamment des diplomates, se trouve indiscutablement sur-représentée.

Des remarques de même nature pourraient être présentées à propos du Groupe colonial du Sénat, fondé en 1898 sous la présidence de Jules Siegfried, et où se retrouvent quelques-uns des grands noms de la république opportuniste, Freycinet, Constans, Waddington, etc. Les indications d'ordre général qu'elles impliquent sont d'une évidente clarté. Politiquement le centre de gravité du parti colonial continue à coïncider, en cette extrême fin du XIXe siècle, avec opportunisme au pouvoir, avec le milieu dirigeant des fondateurs de la République, héritiers et continuateurs de la pensée et de l'œuvre de Gambetta et de Ferry. Socialement c'est à la fois sur un certain milieu d'affaires traditionnellement tourné vers l'Outre-Mer et sur certains milieux parisiens, politiques, journalistiques et intellectuels que semble s'appuyer, au plan parlementaire, la défense de la politique d'expansion coloniale. Inversement du côté des notables de province, des représentants les plus authentiques de la France des petites villes, des bourgs et des villages, c'est une impression tenace d'indifférence, de réticence et de méfiance qui, dans l'ensemble, paraît très loin de s'être dissipée... Il resterait évidemment à savoir dans quelle mesure, à quelles occasions et sous quelles formes, le groupe de pression ainsi constitué dans les deux assemblées (groupe de pression d'une indiscutable puissance tant par son nombre que par la qualité et l'importance de certains de ses membres) a concrètement exercé son action. Comment son influence s'est-elle manifestée au sein des commissions parlementaires, dans les bureaux, dans les délibérations gouvernementales ? Quel rôle exact doit-il finalement lui être attribué dans l'élaboration générale des décisions qui ont commandé et défini l'orientation de la politique coloniale de la France ? Le problème ne relève ni du cadre, ni de la compétence de l'étude idéologique. Il demeure cependant très largement inexploré et laisse ouvertes de riches et nombreuses perspectives d'enquêtes et de recherches.

Les mêmes interrogations se posent d'ailleurs dès que l'attention se tourne vers ce qu'il faut considérer comme un autre des pôles essentiels d'action et de rayonnement du parti colonial : le *Comité de l'Afrique française* fondé en 1890 et présidé par le prince d'Arenberg, directeur du *Journal des Débats*, député centre-droit et au demeurant vice-président en 1892 du groupe colonial de la Chambre. Le *Comité de l'Afrique française* — auquel viendront s'ajouter dans les années suivantes divers autres comités du même type et où se retrouveront souvent les mêmes hommes : le *Comité de l'Asie française*, le *Comité de Madagascar*, le *Comité du Maroc*, et le *Comité de l'Océanie française* — devait selon ses créateurs répondre à un triple objectif : recueillir les sommes nécessaires pour subventionner des missions d'exploration à l'intérieur du continent africain ; encourager tous les travaux, études et recherches concernant la connaissance de l'Afrique ; faire œuvre enfin d'information et de propagande pour tout ce qui concerne les questions africaines. On retrouve parmi ses fondateurs et ses dirigeants les noms de quelques-uns des représentants des principaux intérêts économiques liés à l'expansion du commerce d'Outre-Mer : Jules Siegfried, Charles Roux, membre de la Chambre du Commerce de Marseille et administrateur du Canal de Suez, Aymard, parlementaire mais surtout important banquier lyonnais. Mais le principal animateur du Comité est un publiciste, Hippolyte Percher, collaborateur du *Journal des Débats* et auteur, sous le pseudonyme d'Harry Alis, d'un grand nombre d'ouvrages sur les colonies à l'usage de la jeunesse. Sur les vingt-neuf membres qui siègent au premier conseil d'administration on compte, d'autre part, dix parlementaires, sept militaires ou marins, cinq professeurs ou écrivains. (Elargi à quarante-cinq membres en 1901, ce comité directeur comptera alors treize parlementaires, neuf militaires, six hauts fonctionnaires, quatre membres de l'Institut). Dans l'ensemble, par sa composition et par son action, le Comité semble assez exactement se situer dans le sillage des vieilles sociétés de géographie. La plupart des présidents et des secrétaires de ces sociétés se retrouvent d'ailleurs parmi ses membres les plus actifs, mêlés à des universitaires, à des économistes comme Leroy-Beaulieu ou Boutmy et à tous les grands noms, explorateurs ou soldats, de l'épopée de la conquête africaine. Comme les sociétés de géographie, c'est par la publication d'un bulletin mensuel tiré à 4 000 exemplaires et par l'organisation de nombreuses conférences, le plus souvent faites par des professeurs ou par des « coloniaux » de retour de mission, que le Comité tente d'exercer son influence dans les milieux de la bourgeoisie cultivée.

C'est en revanche à des préoccupations beaucoup plus spécifiquement économiques que répond la création, en 1893, d'une autre et puissante association :

l'*Union coloniale française.* L'Union coloniale se définit elle-même comme un « syndicat des principales Maisons françaises ayant des intérêts aux colonies ». Ce n'est donc pas en vain si l'on y trouve d'abord à sa tête Mercet, administrateur de la banque Perrier et du Comptoir d'Escompte, puis, à partir de 1903, Charles Roux, administrateur de la Banque de France et du Canal de Suez et président de la Compagnie Transatlantique (au demeurant également président de la Société de géographie de Marseille et du *Comité de Madagascar*). Outre le fait qu'il était nécessaire pour y adhérer d'occuper « la situation de chef, administrateur, directeur ou fondé de pouvoir de maisons ou sociétés faisant d'une manière suivie des affaires directes dans les colonies françaises ou pays de protectorat ou d'influence française », l'article 2 de ses statuts ne laisse d'ailleurs aucune équivoque sur la vocation très précise que se fixe *l'Union coloniale* :

« Cette association a pour but :
1° de rechercher tous les moyens propres à assurer le développement, la prospérité et la défense des diverses branches du Commerce et de l'Industrie dans les Colonies, Pays de protectorat et Pays d'influence française, d'organiser le groupement de ses représentants et de concentrer leurs efforts en vue de la protection de leurs intérêts [...]
3° D'intervenir, après examen et rapport d'une commission désignée par elle, dans les instances devant les juridictions pour la défense des principes d'intérêt général et de prendre au besoin à sa charge, tout ou partie des frais nécessités par cette intervention [...]
5° D'examiner et de préconiser toutes mesures économiques ou législatives reconnues nécessaires et de les soutenir auprès des pouvoirs compétents par tous les moyens à sa disposition et notamment, par la publicité (journaux, mémoires, etc.). »

Disposant d'importantes ressources, les activités de propagande de *l'Union coloniale* semblent avoir pris une ampleur assez considérable, sans rapport avec le nombre toujours réduit de ses adhérents (234 en 1894, 531 en 1896, 1 219 en 1900). Transformation en 1897 du modeste *Bulletin* du début en un journal bimensuel, solidement documenté, *La Quinzaine coloniale.* Multiplication des conférences à travers la France : 400 conférences furent prononcées sous les auspices de l'Union de 1893 à 1903, précise un rapport du président Charles Roux, — les noms d'Etienne, du géographe Vidal de la Blache, de l'économiste Levasseur, du publiciste Chailley-Bert, gendre de Paul Bert, directeur de *La Quinzaine coloniale* et l'un des propagandistes les plus actifs de l'idée coloniale, figurant en première place sur la liste des conférenciers. Institution de dîners mensuels, généralement consacrés à l'évocation d'un problème particulier (allant de la « réforme de l'esclavage à Madagascar » aux « chemins de fer coloniaux », en passant par l' « immigration en Nouvelle-Calédonie ») et d'un banquet annuel, rituellement placé sous la présidence du ministre des Colonies en exercice et qui fit figure d'événement politique. Organisation d'un vaste Congrès colonial à Marseille en 1906, bientôt suivi d'autres congrès à vocations plus spécialisées : Congrès de l'Afrique du Nord en 1908, Congrès des Anciennes colonies en 1909, Congrès de l'Afrique orientale en 1911. Fondation, dans les locaux de la Sorbonne, d'un « cours libre d'enseignement colonial », à l'usage « des étudiants des Facultés et des grandes Ecoles et plus spécialement des candidats à l'agrégation d'Histoire et de Géographie » : ces cours, qui réunirent environ deux cents auditeurs, avaient lieu deux fois par semaine ; un prix de 20 000 F et une bourse de voyage furent en outre attribués chaque année à un étudiant « choisi parmi les titulaires du diplôme d'études supérieures d'histoire et de géographie » et ayant « donné des preuves de ses aptitudes et d'une préparation suffisante pour faire avec profit un voyage dans l'une de nos colonies et en rapporter un travail sur une des questions intéressant cette colonie ». (Un cours pratique d'enseignement colonial fut, d'autre part, institué pour les jeunes gens désireux d'occuper un emploi dans les entreprises d'Outre-Mer)... L'action de l'*Union coloniale* se retrouve enfin dans la fondation, en 1897, d'une *Ligue coloniale de la Jeunesse* : placée sous la devise « Education, Propagande, Assistance », la Ligue bénéficia du patronage des ministres des Colonies, du Commerce et de l'Instruction publique ; elle distribua elle aussi des bourses de voyage et organisa des séries de conférences dans les lycées et dans les collèges, groupant autour d'elle, notamment parmi les professeurs d'histoire et de géographie, un réseau relativement actif de sympathisants.

Articulée autour de ces trois pôles essentiels, l'action du parti colonial ne fait guère que prolonger l'action des divers groupes de pression, apparus au lendemain de la guerre de 1870 et dont le rôle avait été capital dans la formulation d'une véritable doctrine de l'impérialisme français. On y retrouve souvent les mêmes hommes et les mêmes cercles, les sociétés de géographie, les rédacteurs du *Journal des Débats* et de la *Revue des deux Mondes*. On y retrouve aussi la présence des mêmes intérêts : ceux des sociétés de négoce, des grandes places de commerce comme Lyon, des ports comme Le Havre et Marseille. On y retrouve enfin le même milieu intellectuel où n'avait cessé d'être entretenue la passion de la découverte, de la connaissance et de la mise en valeur du globe : voyageurs, économistes, universitaires, géographes et historiens... Mais ces groupes se sont renforcés, étendus et ramifiés. Outre le fait, en vérité capital, qu'ils bénéficient maintenant de l'appui officiel, que les principes qu'ils défendent et les objectifs qu'ils poursuivent coïncident avec les principes et les objectifs dont se réclament les détenteurs du pouvoir, l'extension du domaine colonial français n'a pu manquer d'entraîner un accroissement sensible des intrêts, — principalement commerciaux, investis Outre-Mer. Rien d'étonnant donc si l'engagement des milieux d'affaires se montre beaucoup plus visible, et sans doute aussi beaucoup plus large, que dans la période précédente, celle des précurseurs et des théoriciens.

Surtout l'influence sur l'opinion semble s'être considérablement amplifiée. En dehors même de l'apparition d'une presse spécialisée, ce sont les grands journaux d'information qui ouvrent de plus en plus largement leurs colonnes aux questions posées par l'actualité coloniale. C'est aussi la multiplication particulièrement impressionnante dans les dix dernières années du XIXe siècle, des ouvrages de toute espèce, monographies, études géographiques, récits de voyages ou livres de vulgarisation consacrés aux anciennes ou nouvelles possessions d'Outre-Mer. C'est enfin la place essentielle que tend à prendre le monde colonial dans les innombrables romans d'aventure (nous sommes au temps où le succès de l'œuvre de Jules Verne connaît son apogée) destinés à la jeunesse [4]. Combien de récits dans lesquels se trouve entretenu le lyrisme de la conquête et celui de l'exploration, mêlé à l'évocation minutieuse des terres lointaines, de leur paysage, de leur flore, de leur faune, des mœurs étranges de leurs indigènes, — mêlé bien souvent aussi à l'émerveillement encore inentamé devant les possibilités de la science, « maisons à vapeur », machines volantes, engins sous-marins... ! Combien de jeunes héros à la moustache hardie et à l'esprit entreprenant, débrouillards et gouailleurs et qui se trouvent lancés sur tous les chemins du monde, pionniers de l'Aventure, du Drapeau et de la Civilisation ! L'historien de la sensibilité ne saurait négliger cette littérature. Plus sans doute que toute action délibérée de propagande, elle a contribué à modeler un état d'esprit, à diffuser certaines images et à orienter certains rêves.

Le côté des « coloniaux »

Faisceau relativement dense d'intérêts et de convictions (intérêts et convictions parfois si étroitement mêlés, et à l'intérieur des mêmes consciences, qu'il est honnêtement impossible d'établir entre les deux une ligne cohérente de démarcation), le parti colonial étend donc son action en même temps que ses sphères d'influence. Mais parallèlement on ne peut négliger la place de plus en plus large prise par les « coloniaux » eux-mêmes, c'est-à-dire les praticiens de la colonisation, ceux pour qui l'idéal colonial se confond avec la carrière qu'ils ont choisie et le sens qu'ils ont voulu donner à leur destin. Fait symbolique à cet égard : la mise en place progressive, depuis l'arrivée des républicains au pouvoir, d'un ministère des Colonies disposant d'une totale responsabilité administrative et comptant parmi les plus hautes charges de l'appareil suprême de l'Etat. Jusqu'à la constitution du cabinet Gambetta, en novembre 1881, les territoires coloniaux avaient continué à ne dépendre que d'une simple « direction », comptant parmi les services du ministère de la Marine. Avec le gouvernement Gambetta apparaît pour la première fois un sous-secrétariat aux Colonies, attribué à Félix Faure et rattaché à un ministère du Commerce et des Colonies. L'initiative fut abandonnée par les successeurs de Gambetta après le très bref passage de celui-ci au pouvoir. Elle fut toutefois reprise par Jules Ferry lorsque ce dernier constitua, en février 1883, son second gouvernement. Rattaché suivant les moments soit à la Marine, soit au Commerce, le sous-secrétariat d'Etat ne devait désormais disparaître que pour se transformer, en mars 1894, en ministère des Colonies, Casimir-Perier étant président du Conseil et Delcassé le premier titulaire du poste.

Cette lente transformation d'une « direction » en

un ministère, en passant par le stade du sous-secrétariat d'Etat, signifie très évidemment le développement de toute une administration, l'organisation de nouveaux services, la création de nouveaux bureaux. Elle signifie aussi, à l'échelon central comme à l'échelon local le recrutement d'un corps relativement étendu de fonctionnaires. Dans ce cadre une mention particulière doit être accordée à la création, par un décret du 23 novembre 1889, d'une Ecole coloniale, « destinée à donner l'enseignement des sciences coloniales et assurer le recrutement des différents services coloniaux [5] ».

« Plus que tout autre pays, avait écrit Leroy-Beaulieu dans *De la colonisation chez les peuples modernes*, la France a commis de graves erreurs dans le recrutement de son personnel colonial, il n'y a d'autres lois que le hasard et le favoritisme... Il est temps pour la France d'imiter l'Angleterre et la Hollande et de créer un corps d'administrateurs coloniaux spécialement choisis et instruits. »

De fait (mise à part la Cochinchine où avaient été tentées, dans des sens au demeurant contradictoires, diverses expériences de recrutement d'un corps d'administrateurs régulièrement sélectionné et relativement homogène) l'arbitraire le plus total semble avoir longtemps régné dans ce domaine, chaque gouverneur conservant pratiquement l'initiative de choisir, au gré de ses sympathies ou de ses relations, ses plus proches collaborateurs en même temps que le personnel local d'encadrement administratif. Les tâtonnements qui entourèrent la fondation de l'Ecole coloniale, les divergences de doctrine qui se manifestèrent à son sujet, demeurent d'ailleurs caractéristiques d'une persistante incertitude [6]. Ce qui l'emporta en fin de compte fut la conception préconisée par le premier président du Conseil d'administration de l'Ecole, le conseiller d'Etat Paul Dislère, ancien directeur des Colonies au ministère de la Marine, ami d'Etienne et solide républicain, fidèle aux principes du jacobinisme centralisateur : celle d'une « Grande Ecole » de recrutement essentiellement métropolitain et constituant un centre unique de formation pour tous les futurs fonctionnaires coloniaux, administrateurs et magistrats. Installée en 1896 avenue de l'Observatoire, dans un curieux décor d'inspiration mauresque, aux couloirs ornés de somptueux bouddhas mêlés aux bustes des grands ancêtres de l'épopée d'Outre-Mer, la nouvelle institution fut volontiers assimilée à un « Saint-Cyr colonial » ou comparée à l'Ecole Centrale ou à l'Ecole polytechnique. Le fait n'est pas négligeable dans un pays où les traditions idéologiques se confondent bien souvent avec certaines traditions scolaires. Les anciens de « Colo » ne purent manquer de conserver l'empreinte d'un même enseignement reçu des mêmes maîtres et sur les mêmes bancs, les mêmes souvenirs élaborés en commun, le même vocabulaire et les mêmes mots de passe, les références aux mêmes solidarités, une même conception aussi de leur vocation.

Il convient sans doute de remarquer que l'Ecole de l'avenue de l'Observatoire n'avait encore fourni, à la veille de la première guerre mondiale, qu'une assez faible fraction des cadres supérieurs de l'administration coloniale ; le cinquième seulement de l'ensemble du corps des administrateurs en 1914. Pour le reste le recrutement continuait à porter la marque de la très grande hétérogénéité de ses origines, un certain nombre d'éléments étant venus d'autres secteurs du service public (assez nombreux par exemple sont les officiers et surtout les médecins de marine ayant opté pour la carrière coloniale), d'autres ayant dû essentiellement leur promotion au simple jeu des recommandations et des clientèles politiques. En fait l'improvisation et la précipitation des débuts, explicables par l'extrême rapidité avec laquelle la nouvelle administration avait dû faire face à ses besoins en personnel, laissèrent longtemps la porte ouverte à l'arbitraire et au favoritisme, l'affirmation de convictions (et d'amitiés) « républicaines » demeurant bien souvent la seule ou la meilleure des références. D'où, dans ce personnel, une extrême inégalité de compétence, de niveau intellectuel et même de valeur morale : les caractères les plus nobles, les intelligences les plus ouvertes et les dévouements les plus désintéressés y voisinent avec d'assez pâles épaves, de conscience parfois fort incertaine. D'où aussi les attaques dont les services coloniaux ne cessèrent jamais de faire l'objet, les dénonciations persistantes devant l'opinion de l' « assiette au beurre » et de la « pétaudière » coloniales.

(« Un coiffeur, un vendeur de cacahuètes, un terrassier ayant des relations utiles peut être nommé commis des affaires indigènes sans que nul ne se soucie de ses capacités, de son intelligence, de ses dispositions et de ses aptitudes », lit-on encore dans un pamphlet publié en 1911 [7].)

Il reste cependant, et c'est là l'essentiel pour l'histoire des idées, que se développa très vite, du moins dans les cadres supérieurs, un très profond et très solide esprit de corps. Sentiment d'une évidente similitude de genre de vie et d'une non moins évidente communauté de destin, orgueil de marginaux conscients du caractère exceptionnel de leur existence par rapport à la masse de leurs compatriotes métropolitains, souvenir des mêmes épreuves, — l'isolement, l'inconfort, la lutte souvent tragique contre l'hostilité de la nature et du climat, les nuits de fièvre passées sur des grabats sommaires, — fidélité aux compagnons disparus, morts d'épuisement ou de maladie et dont le mémorial nécrologique ne cesse chaque année de s'allonger : autant d'éléments qui ne pouvaient manquer de modeler très puissamment un certain type d'homme et une certaine forme de mentalité. Autant d'éléments qui ne pouvaient manquer, d'autre part, de renforcer chez beaucoup une foi souvent passionnée dans leur mission en même temps qu'une volonté fervente d'affirmation et de rayonnement.

Cette foi ardente, cette volonté d'affirmation, on les retrouve par ailleurs simultanément et semblablement exprimées dans la fraction des cadres de l'armée appelés à servir Outre-Mer, instruments de la conquête et, par la force même des choses, premiers éléments de la gestion administrative. Dans la période précédente déjà, celle de la monarchie de Juillet et du Second Empire, l'armée d'Afrique avait constitué, à l'intérieur de la société militaire française, un milieu nettement différencié, marqué par un certain type de comportement, animé par un état d'esprit particulier et dépositaire d'une tradition originale et vivante. Or c'est cette tradition qui se prolonge, cet état d'esprit qui se précise et s'affirme au fur et à mesure que se développe la politique d'expansion [8]. Pour l'officier de la France républicaine, l'armée coloniale continue à ouvrir la perspective d'une vie plus active, plus intense et plus féconde. En un temps de paix en Europe elle lui offre toujours l'occasion de combattre, de s'illustrer, de conquérir plus rapidement prestige et avancement. Surtout, et plus encore qu'autrefois, elle lui donne la possibilité de dépasser le cadre strict de l'action militaire pour accéder à un niveau beaucoup plus large d'expérience et de responsabilité. Telle qu'elle se trouve officiellement définie, la mission qui lui est assignée ne se limite pas en effet aux seules tâches guerrières. Celles-ci ne sont considérées que comme l'un des aspects d'une entreprise plus large que l'on prend de plus en plus l'habitude de désigner du terme de « pacification » : l'apaisement des esprits à assurer, la justice à rendre, les routes à ouvrir, les marchés et les écoles à fonder.

« Il faut nous rappeler, écrit Gallieni dans ses *Instructions* datées du 22 mai 1898 quelques mois après sa nomination au gouvernement général de Madagascar, que dans les luttes coloniales que nous impose trop souvent malheureusement l'insoumission des populations, que nous ne devons détruire qu'à la dernière extrémité et, dans ce cas encore, ne ruiner que pour mieux bâtir [...]. Chaque fois que des incidents de guerre obligent l'un de nos officiers coloniaux à agir contre un village il ne doit pas perdre de vue que la soumission des habitants obtenue, sa tâche sera de reconstruire le village, d'y créer immédiatement un marché, d'y établir une école. » Et Gallieni insiste sur la nécessité, pour mener à bien cette action, de « mettre à profit les inépuisables qualités de dévouement et d'ingéniosité du soldat français. » « Comme surveillant de travaux, assure-t-il, comme instituteur, comme ouvrier d'art, comme chef de petit poste, partout où l'on fait appel à son initiative, à son amour-propre ou à son intelligence, il se montre à la hauteur de sa tâche »[9].

L'image traditionnelle du conquérant tend ainsi à s'effacer devant celle du « fondateur d'Empire », administrateur et bâtisseur, faiseur d'ordre et créateur de paix.

C'est cet état d'esprit qu'illustrent avec une particulière puissance de persuasion les écrits et la personne même de celui qui va devenir au regard de l'opinion le porte-parole et comme le modèle du soldat colonial, le futur maréchal Hubert Lyautey. Qu'il s'agisse de l'étude consacrée au « Rôle colonial de l'armée », que celui-ci publie en 1900 dans la *Revue des deux Mondes* ou qu'il s'agisse du recueil, édité postérieurement, de ses *Lettres du Tonkin et de Madagascar*, les mêmes thèmes ne cessent de se trouver développés. Le thème d'une morale aristocratique de l'action, d'une mystique de l'énergie individuelle et de la volonté créatrice, du « chef » à la mesure de notre temps appliqué à modeler le réel et à imposer sa marque sur les choses.

(« Il n'y a pas ici, écrit Lyautey d'Indochine, un de ces petits lieutenants chefs de poste et de reconnaissance qui ne développe en six mois plus d'initiative, de volonté, d'endurance et de personnalité qu'un officier de France durant toute sa carrière. Et quelle maturité acquise, quelle confiance en soi, quelle prise de corps avec le réel, le pratique, le fécond... »).

Le thème aussi d'une œuvre coloniale instrument de progrès et de paix où le soldat qui lui est associé contribue à instaurer autour de lui plus de justice, plus de sécurité et plus de bien-être.

« Que fais-je depuis un an ? écrit encore Lyautey dans une lettre datée cette fois de Madagascar et adressée à Paul Desjardins. Des routes, des ponts, des rizières, des marchés, des écoles. A quoi ai-je passé cette journée-ci ? Permettez que je vous en donne « l'emploi du temps. »
Après mon courrier de service, j'ai ce matin passé une heure à mon école professionnelle, où sous la direction de 5 soldats chefs d'atelier, 25 petits Malgaches apprenaient à faire des meubles, à charpenter, à forger, à souder, à peindre. De là à mon lazaret, à une demi-heure d'ici, où mon médecin a entrepris, avec une installation ingénieuse, de guérir en grand la gale qui depuis des siècles pourrit ce peuple. De là, à l'école où un caporal m'a présenté ses 60 élèves [...] Après midi je suis allé, avec mon capitaine adjoint, voir les travailleurs qui, sous la direction de sous-officiers d'artillerie, captent à une heure d'ici des sources pour augmenter le rendement des jardins et des pépinières. En passant, le gouverneur indigène m'a montré tout un fond de marécages reconquis, convertis en rizières, et qui vont être récoltés [...] Mon tour a continué par un village abandonné où j'installe une ferme école [...] Puis je suis revenu par mes pépinières où un soldat (toujours), pépiniériste de profession, et deux de ses camarades me font des merveilles : 30 000 semis d'arbres déjà repris en boutures, un bel essai de café, un de tabac, un de vigne [...]

Et sapristi ! Ce ne sont pas des journées de soudards ! et les 20 officiers qui commandent des secteurs dans mon territoire ont la même journée, et les sous-officiers dans leurs districts, et les soldats dans leurs villages, car cet organisme se ramifie à l'infini et porte aux extrémités de notre contact, nos connaissances pratiques, notre tutelle très bienfaisante de leur aveu même [...] Voilà la seule guerre que j'aime et comprenne, celle qui fait tout de suite plus de richesses, plus de cultures, plus de sécurité, et la preuve c'est que, tout autour de moi, les vieux villages démolissent spontanément leurs parapets antiques, comblent leurs fossés séculaires... [10]

Il va de soi que les dures réalités de la conquête coloniale sont souvent restées fort éloignées de ces harmonies bucoliques. Il va de soi aussi que tous, à l'intérieur même de l'armée coloniale, sont loin d'avoir partagé le même idéal et témoigné des mêmes préoccupations : Lyautey lui-même évoque le cas de ces officiers qui, fidèles à une certaine conception traditionnelle de leur mission, repartent pour la métropole « dès que l'on ne tire plus de coups de fusil, parce que, disent-ils, un officier se disqualifie en administrant ». Il n'en reste pas moins que les porte-parole de l'armée coloniale ont, plus encore que leurs homologues administrateurs civils, constitué dans la France de la fin du XIXe et du début du XXe siècle un foyer de diffusion et de propagande d'une indiscutable efficacité : actifs, entreprenants, forts de la volonté de convaincre et particulièrement ouverts à certaines réalités de leur temps ils ont su très habilement utiliser en faveur de leur action le réseau de leurs relations politiques, journalistiques et littéraires. (On ne saurait oublier à cet égard que le véritable aspect de la correspondance de Lyautey est, en grande partie, celui de lettres-circulaires destinées à être communiquées et diffusées à l'intérieur d'un certain public). Il n'en reste pas moins surtout qu'ils ont su se montrer de puissants créateurs d'images, de mythes, d'idées-forces : c'est grâce à eux que l'attraction et l'esprit même de la vocation coloniale se sont enrichis et élargis.

Un credo colonial

Ainsi les voix des « bâtisseurs » de la France d'Outre-Mer viennent-elles s'ajouter et se mêler à celles des porte-parole métropolitains du parti colonial pour définir et proposer ce qu'il faut bien appeler un véritable *credo* colonial. *Credo* que l'on retrouve, exprimé sous des formes et sur des modes différents, aussi bien dans les discours des banquets et des Congrès coloniaux ou les études de la presse spécialisée que dans la littérature de voyage ou de vulgarisation géographique, — sans oublier les innombrables récits d'aventures à l'usage de la jeunesse qui en constituent sans doute la plus frappante des illustrations. *Credo* qui, quels que soient les niveaux de sa formulation idéologique, demeure par ailleurs relativement simple, développant inlassablement les mêmes thèmes, en appelant aux mêmes principes et ne faisant guère en somme que reprendre, préciser ou vulgariser les mots d'ordre lancés par Ferry du haut de la tribune du parlement et la triple argumentation sur laquelle celui-ci avait entendu définitivement fonder la doctrine d'un nouvel impérialisme français.

Il convient toutefois de remarquer que, des trois principes essentiels invoqués par Ferry, c'est celui-là même que l'homme d'Etat avait développé avec le plus d'insistance, — l'argument d'ordre économique, l'expansion coloniale légitimée au nom des nécessités de l'essor commercial et du développement industriel, — que la diffusion du *credo* colonial semble désormais reléguer à une place relativement secondaire. Sans doute le thème n'est-il en aucune façon abandonné. Il demeure toujours rituellement présent dans la rhétorique des banquets coloniaux. Certains continuent même à insister sur le caractère prioritaire que représente à leurs yeux l'objectif de l'immédiate rentabilité de nos possessions coloniales.

Telle est notamment la position d'Etienne qui, à propos du Congo et défendant le principe des grandes compagnies privées de colonisation dans une série d'articles publiés dans *Le Temps* en septembre 1897 [11], n'hésite pas à affirmer que le « seul critérium à appliquer à toute entreprise coloniale » doit être avant tout recherché dans « son degré d'utilité », dans « la somme d'avantages et de profits devant en découler pour la métropole ». « Si je n'avais eu le sentiment profond, poursuit Etienne, l'intime conviction qu'après la conquête s'ouvrirait la période de la mise en valeur, de l'utilisation économique de ces territoires, je le dis avec une entière franchise, j'aurais considéré comme une devoir patriotique de ne pas engager mon pays dans des entreprises où il n'aurait recueilli que des satisfactions platoniques, une gloire éphémère, mais aucun profit certain et durable... »

De tels propos permettent d'apercevoir les divergences, — divergences d'ailleurs non négligeables puisque c'est le problème général de la finalité de l'entreprise colonisatrice qui se trouve ainsi plus ou moins directement posé, — entretenues, à l'intérieur même du parti colonial, entre les préoccupations dominantes des milieux d'affaires et les conceptions les plus communément répandues chez les militaires, les administrateurs et les doctrinaires politiques. Il reste toutefois que l'opinion dans son ensemble ne pouvait manquer d'être sensible à un certain nombre de faits très immédiatement perceptibles : l'augmentation appréciable des dépenses publiques engagées Outre-Mer (le budget des colonies passe de 42 652 000 F en 1885 à plus de 79 millions en 1894 et à près de 116 millions en 1902), la médiocrité persistante du commerce colonial dans le commerce général de la France (7,81 p. 100 des importations et 9,84 des exportations pour la période 1896-1900), surtout la très faible part de la fortune nationale investie dans les territoires de suzeraineté française (en 1900 la part des colonies françaises ne représente encore que 5,3 p. 100 des placements financiers français à l'étranger [12]). Il était, dans ces conditions, singulièrement difficile de maintenir intacte la vision d'une politique d'expansion source immédiate de profit et facteur décisif de développement économique. Si les promesses du départ ne sont pas reniées, si les espoirs placés dans « la mise en valeur » des territoires nouvellement conquis se trouvent toujours entretenus, ces promesses et ces espoirs se voient maintenant reportés à une échéance indécise et lointaine, considérés comme le couronnement d'un long et patient effort dont on ne peut guère encore apercevoir le terme.

On ne saurait par ailleurs omettre de noter qu'il n'existe apparemment, à l'intérieur du parti colonial et parmi les « coloniaux », aucune identité de vues concernant le statut politique des territoires d'Outre-Mer, leurs modes d'organisation administrative et les perspectives institutionnelles de leur évolution. En fait, c'est un débat permanent qui, dès les premières années de la Troisième République et avec un échantillonnage d'opinions d'une extrême diversité, n'a cessé de se poursuivre autour de ces questions. De façon générale, beaucoup de voix s'élèvent pour dénoncer, — et souvent en termes très vifs, — les abus de la centralisation administrative, revendiquant à la fois une plus grande autonomie régionale et une plus grande liberté d'action pour les représentants locaux du pouvoir. Parallèlement les pratiques d'une politique indigène d'administration directe se trouvent très souvent condamnées au profit de formules plus souples du type du protectorat ou du semi-protectorat, formules considérées comme mieux adaptées aux conditions particulières de chacune de nos possessions en même temps que plus respectueuses des mœurs et des coutumes indigènes. Très couramment exprimée la critique d'un certain jacobinisme colonial unitaire, niveleur et assimilateur va même jusqu'à conduire à des prises de position particulièrement radicales.

Tel est le cas par exemple d'un ouvrage publié en 1910, intitulé *Colonisation et Domination* et dont l'auteur, Jules Harmand, avait été étroitement lié aux vicissitudes de la politique française en Indochine [13]. Selon Harmand une distinction fondamentale doit être faite entre les colonies proprement dites, c'est-à-dire les territoires « peuplés et exploités par des citoyens immigrés de la métropole » et les dominations coloniales, c'est-à-dire les territoires « peuplés d'indigènes soumis par la force ». En ce qui concerne ces dernières, qui constituent la quasi-totalité du patrimoine colonial de la France, le but à atteindre est celui de « la plus grande somme d'indépendance administrative, économique et financière compatible avec la dépendance politique », en d'autres termes « l'autonomie moins le *self-government* ». Mais surtout le principe est très fermement posé de leur non-identification avec la communauté nationale vivant à l'intérieur de l'hexagone métropolitain : habitées de « races différentes de la nôtre et dont les caractères demeurent irréductibles aux nôtres », elles ne peuvent être considérées que comme des « dépendances extérieures », juridiquement et moralement non assimilables à une Patrie qui ne saurait être à volonté « décrétée ni transportée au-delà des Océans ». Ainsi se trouve expressément répudiée la notion d'une unité organique entre la métropole et ses colonies, d'une solidarité historique rassemblant tous les peuples vivant sous la tutelle et la protection du drapeau tricolore.

Une telle attitude se trouve trop ouvertement en contradiction avec les habitudes dominantes de penser et de sentir, avec la vision de plus en plus nettement affirmée d'une « plus grande France » une et indivisible comme la République elle-même, pour ne pas être considérée comme relativement marginale [14]. Sa formulation n'en témoigne pas moins d'une incertitude persistante quant au destin même que l'on entend réserver aux peuples que l'on vient de soumettre et à l'immense Empire que l'on vient de rassembler.

Au-delà des multiples critiques adressées à la gestion coloniale des gouvernements en place [15], et contrastant d'autre part avec la discrétion qui semble s'appesantir autour du thème de l'intérêt économique, c'est en revanche avec de plus en plus de conviction, de plus en plus de force et de plus en plus d'éclat que ne cesse de se trouver repris et développé un autre des mots d'ordre essentiels de l'argumentation ferryste : l'expansion coloniale instrument décisif de grandeur et de puissance. L'affirmation est cette fois unanime à l'intérieur du parti colonial : c'est à la constitution de son Empire d'Outre-Mer que, malgré les batailles perdues, malgré le traité de Francfort et malgré l'amputation du territoire, la France doit de rester une grande nation digne d'elle-même et digne de son passé. La menace de la déchéance a été écartée, la France n'a pas été rejetée, comme on pouvait le craindre, parmi les Etats de second rang, impuissants à influer sur la marche de l'histoire. L'entreprise coloniale lui a permis de rester présente dans l'élaboration des décisions majeures où se joue le sort du monde. Effaçant les souvenirs les plus humiliants de la défaite de 1870, elle a montré, d'autre part, l'étonnante vitalité d'un pays toujours capable d'élaborer de vastes desseins, toujours apte à conduire à bien les plus grandes actions. Elle a ainsi contribué à redonner à la nation la confiance en elle-même ; elle lui a permis de retrouver la foi dans sa force, dans son énergie, dans ses facultés créatrices. Devant l'ampleur de l'œuvre accomplie, la rapidité avec laquelle celle-ci a été réalisée et les sacrifices que tant d'hommes lui ont consentis, chaque Français est donc en droit d'affirmer sa juste fierté, de proclamer son légitime orgueil.

« Au lendemain de 1870, la politique coloniale retrempa les énergies, releva les courages, ralluma dans les âmes le goût de l'action et de la vie, déclare notamment le ministre des Colonies Georges Leygues, au banquet de clôture du Congrès colonial de 1906. Elle permit de démontrer que, malgré nos épreuves, nous avions encore assez de confiance en nous-mêmes pour tenter de mener à bonne fin les plus vastes entreprises. Et le monde surpris vit le chêne foudroyé reverdir et étendre ses rameaux rajeunis sur des terres qui n'avaient jamais connu la douceur de son ombre [16]... »

Au niveau d'une certaine littérature journalistique ou populaire l'orgueil de l'œuvre accomplie peut ainsi aboutir à l'expression d'un chauvinisme d'un type relativement nouveau, assez différent en tout cas des thèmes habituels du nationalisme de la Revanche. Chauvinisme qui se nourrit inlassablement de l'exaltation du « génie colonisateur » de la France et de la gloire du drapeau tricolore dressé sur les terres lointaines. Chauvinisme dont il n'est pas, d'autre part, sans intérêt de noter que les manifestations tendent bien souvent à se confondre (tout au moins jusque dans les premières années du XXe siècle) avec celles d'une très violente anglophobie. Dans les textes qu'il inspire c'est l'Anglais en effet qui, bien plus que l'Allemand, joue le rôle traditionnel de l'adversaire, du traître aussi sournois qu'implacable : ses manœuvres cauteleuses multiplient les embûches sous les pas de nos héros nationaux, armés de leur seul courage et de leur seule loyauté. Face à la tutelle française, il incarne par ailleurs l'image d'une mauvaise colonisation, seulement avide de profits matériels et odieusement oppressante pour les populations assujetties dont elle ne cherche qu'à exploiter les richesses...

Exemple parmi bien d'autres : il suffit, pour retrouver tous ces thèmes, de suivre dans ses aventures à travers le monde le sergent Simplet, l'un des personnages les plus populaires du romancier Paul d'Ivoi, émule de Jules Verne et auteur d'innombrables récits à l'usage de la jeunesse [17]. Quel enthousiasme lorsque débarquant à Madagascar nouvellement placé sous la suzeraineté française, Simplet aperçoit la cime d'un puissant volcan : « Un volcan français ! Enfin... nous en possédons un en activité, crachant du feu, des laves, du soufre, capable de causer des tremblements de terre, de couvrir de cendre Herculanum et Pompéi si ces villes étaient à sa portée. Mon patriotisme se dilate. Enfoncée l'Italie ! » Mais, quelques chapitres plus loin, lorsque l'honnête Simplet traverse l'Inde que ravage la famine, ses réflexions se font plus graves. Ces « milliers d'hommes qui meurent d'inanition » sont, lui explique-t-on, les victimes directes de « l'occupation anglo-saxonne » qui les sacrifie à la rapacité de ses marchands et de ses fabricants. Comment ne pas s'indigner devant une entreprise de domination qui ne vise qu'à « confisquer commercialement » les peuples colonisés, alors que la France au contraire tend avant tout à assurer leur « conquête morale » ? Et c'est en toute bonne conscience que Simplet peut conclure par quelques fières formules. « L'Inde, proclame-t-il, est pour moi une Alsace-Lorraine coloniale et ce n'est pas sans une joie réelle que je vois la Russie s'avancer par le Nord, alors que nous sommes solidement établis en Indochine. Je suis soldat comme mes ancêtres Gaulois et ma devise est : toutes les revanches ! »

Elémentaires sans doute, les réactions du sergent Simplet montrent pourtant assez bien comment l'idéologie nationaliste qui domine le *Credo* colonial demeure inséparable, à quelque niveau que se situe son expression, d'une certaine mystique humanitaire dont l'ampleur et la profondeur ne sauraient être sous-estimées. Si la prise de possession d'un immense domaine impérial est en effet présentée comme le témoignage éclatant de la pérennité de la grandeur de la France, cette grandeur n'est jamais uniquement mesurée en simples termes de puissance, en étendue de territoires, en chiffres de population. Elle est aussi mesurée en termes de primauté intellectuelle et de rayonnement moral. Le drapeau de la France planté sur les continents étrangers ne signifie pas seulement l'orgueil des victoires remportées et des terres conquises. Il est aussi le symbole d'une certaine forme de civilisation, d'une conception de l'homme, de tout un ensemble de valeurs spirituelles. Il serait vain sur ce point d'opposer un nationalisme colonial que l'on appellerait de « gauche », d'inspiration révolutionnaire ou jacobine, et un nationalisme colonial de « droite », d'inspiration conservatrice. Au-delà des divergences de formulation et au-delà des oppositions d'option politique qu'elles sous-entendent, se retrouve toujours la même et inébranlable certitude que les intérêts particuliers de la France ne peuvent être dissociés de l'intérêt général de l'humanité tout entière. L'exaltation de la gloire de la France ne va jamais sans une référence à une certaine idée de la France, à une vocation qui lui est propre et qui lui assure un rôle privilégié dans l'ordre du monde. D'où la conviction que l'établissement de la suzeraineté française ne peut qu'être éminemment bienfaisante pour les peuples sur lesquels elle s'étend. D'où aussi l'affirmation très hautement proclamée d'une mission que l'on remplit, d'un devoir que l'on accomplit.

« La colonisation qui n'aurait pas pour but et pour résultat d'élever en dignité, en moralité et en bien-être les peuples qu'elle pénètre, serait une œuvre grossière et brutale, indigne d'une grande nation », déclare encore Georges Leygues au Congrès colonial de 1906. Et, devant le même Congrès, un autre orateur lui fait écho : « C'est l'honneur de notre pays, de la République française, de la France, d'avoir compris la politique coloniale d'une façon peut-être unique. La France n'a pas voulu voir dans la création de ses colonies une simple extension de sa domination politique, encore moins de son exploitation commerciale. Elle y a vu un moyen de faire pénétrer chez les peuples restés en dessous du mouvement de la civilisation générale, celles de ses idées qui l'ont mise précisément en tête de la civilisation du monde (...). Quand on dit que la France conquiert une colonie nouvelle, cela signifie que la démocratie française prend en charge un peuple nouveau [18]. »

Cette mission de la France sur les terres nouvelles annexées à son domaine, elle doit d'abord se comprendre comme un acte de délivrance. La présence française n'apporte pas seulement les conditions du développement matériel, les techniques modernes, les découvertes les plus récentes de la science, les moyens de lutte contre la maladie et la mort, l'hôpital, le médecin, la vaccination. Elle signifie aussi la fin des vieilles oppressions, des antiques tyrannies, de l'exploitation de l'homme par l'homme.

« Quand vous examinez notre campagne au Soudan, vous pouvez constater que nous n'avons jamais tenté de subjuguer les Noirs tranquilles, affirme Etienne luimême qui, avec bien d'autres, oppose sur ce point la générosité des entreprises françaises à l'égoïste rapacité de l'impérialisme britannique. Nous avons toujours voulu les délivrer ; nous les avons toujours délivrés, car ils étaient la proie des conquérants venus de l'Est aussi bien d'Ahmadou, fils d'Hadj-el Omar que de Samory luimême (...). Ceux-là écrasaient les Noirs, les dépouillaient, les vendaient, leur arrachaient leur richesse [19]. »

L'image du conquérant tend ainsi à s'effacer devant celle du libérateur : instrument des principes de justice et de liberté, le colonisateur français brise les fers, dénoue les liens, assure aux plus pauvres et aux plus déshérités la promesse de leur plein épanouissement. Rien de plus caractéristique à cet égard que la constante présence du thème anti-esclavagiste dans toutes les manifestations de la propagande coloniale. Et il ne s'agit pas seulement ici de l'action, non négligeable au regard de l'opinion, de la « Société anti-esclavagiste », fondée par le cardinal Lavigerie en 1888, dont la campagne s'est étendue au plan international, organisant de nombreux congrès, s'efforçant de généraliser la pratique du « denier africain » et fondant des « villages de liberté » où devaient être regroupés les anciens esclaves libérés. De façon plus générale c'est toute l'entreprise coloniale, considérée dans son ensemble, qui tend bien souvent à être représentée comme la légitime continuation de la lutte contre la traite engagée par les nations européennes dans la première moitié du XIXe siècle. « Partout où flotte ce pavillon, les esclaves retrouvent leur liberté », avait déclaré Brazza aux esclaves africains qu'il venait de racheter en leur faisant toucher les plis du drapeau tricolore. La formule est souvent rappelée et c'est tout naturellement que, dans l'évocation rituelle des grands noms du mémorial colonial de la France, l'illustre figure de Victor Schoelcher, « libérateur » des Noirs en 1848, se trouve placée dans les tout premiers rangs.

Mais œuvre de libération, l'entreprise coloniale est également conçue et définie comme une œuvre d'éducation. On ne saurait à cet égard trop insister sur le fait qu'à commencer par Ferry lui-même, ce sont les mêmes hommes que l'on trouve à l'origine de la fondation d'un nouvel empire d'Outre-Mer et à l'origine du développement de l'école publique. L'œuvre coloniale de la République apparaît ainsi, dans l'esprit du moins de ses théoriciens, comme inséparable de son œuvre scolaire. Plus exactement elle la prolonge, elle l'amplifie, elle l'étend à des dimensions universelles. Au fond de la « ténébreuse Afrique » ou de la « mystérieuse Asie », la tâche proposée au colonisateur est la même que celle qui se trouve réservée à l'instituteur au sein de la plus modeste commune de l'hexagone métropolitain : faire pénétrer « l'esprit général de la civilisation moderne », lutter contre l'ignorance et la superstition, représenter le Progrès et assurer le triomphe de la Science et de la Raison. A l'égard des peuples restés enlisés dans les ténèbres d'un passé « barbare » ou « médiéval », la colonisation française est considérée par définition comme éveilleuse de consciences. De toutes les nations colonisatrices de l'Europe contemporaine on reconnaît assez volontiers que la France n'est peut-être pas celle qui puisse s'enorgueillir des plus brillantes réussites sur le plan de la mise en valeur économique ou même de l'organisation administrative. Mais c'est pour ajouter aussitôt que c'est elle, — parce qu'elle est la France, c'est-à-dire dépositaire par excellence de certaines valeurs d'humanité et de civilisation, — qui assure le plus efficacement et le plus généreusement le grand devoir de promotion intellectuelle et de développement moral des peuples placés sous sa tutelle. Ce n'est pas en vain si, dans l'abondante illustration iconographique qui accompagne l'ensemble de la littérature coloniale de la fin du XIXe siècle, l'image de l'école « indigène » se voit réserver une place privilégiée. Ce n'est pas en vain non plus si tant de voix, et jusqu'à celles de certains romanciers populaires, tendent à présenter l'action colonisatrice comme une vaste tâche de formation pédagogique menée à l'échelle du globe :

« Il ne suffit plus aujourd'hui d'arracher à la terre ses secrets, de défricher, de planter et de recueillir, affirme parmi bien d'autres l'un des innombrables héros des récits d'aventures à l'usage de la jeunesse. Notre mission est plus haute. Il est d'autres broussailles qu'il nous faut saper, d'autres marais que nous devons assainir, d'autres semences à faire germer [...] Vous m'avez compris. Sur ce sol fécondé par notre travail et qui ne demande qu'à produire, végètent des hommes dont l'esprit exige une culture analogue, des soins plus assidus encore. La grandeur de l'entreprise est digne de notre vaillance. À l'œuvre, Français de l'Equateur ! En avant, pionniers de la civilisation ! Sauvons pour notre patrie des hommes et de la terre... [20] »

Les certitudes de la Civilisation

On ne saurait oublier au demeurant que cette éclatante bonne conscience dont témoigne avec évidence l'expression du *credo* colonial français ne fait que reposer sur un système beaucoup plus large de préjugés, de croyances et d'habitudes mentales, liés à la conviction très profonde et à peu près unanimement partagée de l'évidente primauté de la civilisation européenne, — en vérité la seule Civilisation, — par rapport à toutes les autres sociétés humaines. Encore une fois il faut insister sur le fait que cette conviction dépasse très largement les oppositions politiques et les débats idéologiques ou confessionnels. Elle se confond, dans l'opinion catholique et conservatrice, avec celle de la prééminence de la seule Religion révélée et des concepts moraux qui lui sont rattachés. Elle se nourrit, dans l'opinion républicaine, de la foi dans la Science, le Progrès, les idéaux de 1789. Pour les uns l'Occident, incarné par le missionnaire, apporte au reste du monde la Rédemption et le Salut. Pour les autres l'Occident, incarné par l'administrateur, le médecin ou l'instituteur, apporte la justice, l'égalité, l'école, la lutte contre les forces d'oppression et de mort. Mais pour les uns comme pour les autres, l'Occident représente les « Lumières » face aux « Ténèbres ». L'idée d'une hiérarchie, d'un ordre de valeurs dans l'échelle des communautés humaines constitue un postulat de base que bien peu, apparemment, songent à mettre en cause : au sommet le monde occidental, chrétien ou rationaliste, au plus bas les sociétés africaines définies globalement comme le règne de la sauvagerie ou de la barbarie ; entre les deux, les sociétés musulmanes et asiatiques considérées, avec des nuances diverses, comme « arriérées » ou « retardées » à un moment quelconque de leur développement.

Il convient d'ailleurs d'observer que cette vision hiérarchique globale se trouve très exactement coïncider avec le cadre conceptuel défini par toutes les affirmations de la jeune science anthropologique, alors en plein essor. Telle qu'elle s'exprime en effet à travers les grands auteurs anglo-saxons qui en constituent les maîtres incontestés, Morgan, Maine, Tylor, la pensée anthropologique de l'époque reste dominée par les données essentielles d'un strict évolutionnisme d'inspiration darwinienne. En bref, l'histoire des sociétés humaines étant conçue selon le schéma d'une ascension continue mais uniformément linéaire, chaque société est censée devoir franchir un certain nombre de degrés qui, du stade de la brutalité animale, doit la conduire à celui de la civilisation rationnelle et technicienne en passant par les stades intermédiaires de la « sauvagerie », puis de la « barbarie ». D'où le concept du « primitif », considéré comme un vestige archaïque, représentant le stade premier de l'évolution de l'humanité. D'où surtout la conviction, très explicitement affirmée, qu'au progrès technique, critère principal du degré d' « avancement » d'un peuple ou d'un groupe humain, correspond inéluctablement le progrès intellectuel, social et moral. « L'homme civilisé, écrit Tylor, est en tout, non seulement plus sage et plus habile que le sauvage, mais encore meilleur et plus heureux »... La concordance chronologique qui se trouve établie entre le développement de la démarche anthropologique et celui de l'idéologie coloniale (c'est en 1877 que paraît en France la traduction de l'ouvrage fondamental de Tylor, *La Civilisation primitive,* publiée en Angleterre en 1871 [21]) ne doit pas, en l'occurrence, être considérée comme une coïncidence fortuite : pour qui se situe dans les perspectives de l'évolutionnisme anthropologique, la colonisation ne peut manquer d'apparaître comme le moyen privilégié d'accélérer la marche vers le progrès des masses humaines encore enlisées dans le passé, de faire entrer en d'autres termes les sociétés primitives ou attardées dans l'orbite de la Civilisation.

Rien de plus significatif en tout cas de la façon dont s'affirme la certitude massive de la supériorité de toute une société et de toute une forme de civilisation que l'image couramment transmise par la presse ou par la littérature « d'aventure et de voyage », du « sauvage », c'est-à-dire le plus souvent du Noir africain [22]. L'univers dans lequel elle nous introduit est presque toujours celui du mystère, de l'hostilité et de la peur : « contorsions grimaçantes » des danses, vacarmes « assourdissants » des tam-tams, maléfices des sorciers, sacrifices humains, foules d'esclaves enchaînés livrés aux caprices sanguinaires de despotes « belliqueux et cruels ». En dehors de quelques rares exceptions, aucune vision apparente des structures politiques et sociales, du système des valeurs religieuses, du réseau des liens familiaux :

« La famille n'existe pas en Afrique, affirme parmi d'innombrables autres un article de la *Revue hebdomadaire*. Les femmes sont purement et simplement du bétail qu'on loue, qu'on donne, qu'on vend ou qu'on mange au gré des circonstances. Les pères ne prennent aucun soin de leurs enfants. Les mères leur sont généralement attachées tant qu'ils sont petits. Ensuite elles les reconnaissent à peine. Encore cet attachement est-il bien relatif. »

Quant à l' « indigène » sa représentation est parfois celle d'un enfant (l'expression de « peuples enfants » est familière à l'époque), paresseux, crédule et capricieux, mais capable de dévouement et de fidélité. Souvent aussi celle d'un être encore enfoncé dans l'animalité, ignorant les lois les plus élémentaires de la morale humaine.

« Le nègre sauvage et barbare, écrit le romancier Armand Dubarry dans un récit de *Voyage au Dahomey* publié en 1879, est capable de toutes les turpitudes et, malheureusement, Dieu sait pourquoi, il semble être condamné dans son pays d'origine à la sauvagerie, à la barbarie à perpétuité. Trois semaines de labeur par an lui suffisent pour assurer sa provision de riz, de maïs, etc. S'il travaillait pendant six mois, il ferait de sa patrie un paradis. Mais le manque de toute idée de progrès, de toute morale ne lui permet pas de se rendre compte de la valeur incalculable, de la puissance infinie du travail, et ses seules lois sont ses passions brutales, ses appétits féroces, les caprices de son imagination déréglée. Il vit au jour le jour à l'aventure, insoucieux du lendemain. Son goût peu délicat lui permet de s'accommoder de la nourriture que lui donne le hasard[23]. »

Ainsi décrite l'image de la sauvagerie finit par représenter l'exacte inversion de l'image que la civilisation occidentale entend tracer d'elle-même. Aux valeurs, si généralement et si hautement exaltées de travail, son insouciance du lendemain : le nègre se refuse au labeur régulier et se montre incapable de toute prévision à long terme. Aux contraintes de la vie en société, au respect des vertus familiales, à la retenue dans les rapports entre les sexes sont opposés le libre déchaînement des instincts et la gratuité du défoulement des passions : le nègre ignore la pudeur, les obligations et les joies de la famille lui sont inconnues, il s'abandonne sans entrave à tous les caprices de ses sens. Aux lois de la conduite rationnelle, au souci de l'explication logique, au contrôle de l'intelligence sur les forces encore inconnues de la nature sont opposées l'absurdité des coutumes et des usages, la violence gratuite, la soumission au mystère : le nègre est à la fois fourbe et naïf ; il est surtout perpétuellement changeant, son comportement échappe à toute prévision comme il échappe à toutes les règles de la pensée raisonnable. Une telle insistance à rechercher dans l'Autre ce qu'il a de plus différent et de plus étranger, le contraire même de ce qu'on croit et de ce qu'on entend être, n'est pas sans poser quelques déconcertants problèmes auxquels seul peut-être le psychanalyste pourrait apporter une réponse. A travers tant de récits de supplices et de massacres, tant de scènes sanglantes ou ridicules, faut-il voir seulement le reflet idéalisé qu'une société s'efforce de donner d'elle-même, construisant plus ou moins consciemment une sorte de « repoussoir » dont l'insupportable horreur lui permet de magnifier davantage ses propres mérites ? Ne faut-il pas voir, plus profondément, dans l'évocation systématique de la violence, de la cruauté, de la peur et du mystère, dans le tableau sans cesse renouvelé d'une vie anarchique, libérée de tout interdit, l'expression involontaire de bien des rêves inavoués, de bien des tentations obscures mais tenaces reléguées au plus secret de l'âme du « civilisé » ?

Sans doute tout cet ensemble cohérent d'assurances élémentaires sur lequel semble reposer l'orgueilleuse confiance de l'Europe en elle-même commence-t-il à s'effriter dès les premières années du XXe siècle. A l'égard des postulats de base de l'évolutionnisme anthropologique, à l'égard notamment de sa conception moniste et unilinéaire du déroulement de l'histoire humaine, réserves et critiques ne vont pas tarder à se multiplier. Surtout la colonisation elle-même, en élargissant et en approfondissant les contacts avec les sociétés « indigènes », va contribuer à donner de celles-ci une vision beaucoup plus complexe et beaucoup plus nuancée : en ce qui concerne même les peuples considérés comme les plus « primitifs », la conscience se dégage peu à peu de civilisations authentiques, possédant leurs équilibres autonomes et leurs systèmes originaux de valeurs esthétiques et morales. C'est dans les années qui précèdent la première guerre mondiale que l'art nègre trouve en France ses premiers admirateurs et c'est en 1912 qu'un administrateur colonial du nom de Maurice Delafosse publie, sous le titre de *Haut-Sénégal-Niger,* les résultats d'une vaste enquête sur le droit coutumier en pays soudanais, première œuvre maîtresse de ce qui va devenir l'école africaniste française :

« On est bien obligé d'admettre, écrit Delafosse, que, pour avoir une culture et un état social différents des nôtres, les habitants du Soudan n'en ont pas moins, eux aussi, des civilisations qui valent la peine d'être étudiées et décrites [24]. »

Cette œuvre de révision reste toutefois de portée très limitée. Non seulement elle ne prétend en aucune façon mettre en discussion la légitimité même du principe de la colonisation, mais surtout elle ne se développe encore que dans un milieu extrêmement restreint, laissant pratiquement indifférente la masse de l'opinion. Pour que vienne le moment de plus larges interrogations et de plus profonds ébranlements, il faudra attendre que la grande tourmente de la guerre ait accumulé les ruines, les doutes et les remises en cause. Dans l'immédiat, si l'approche du cataclysme, si sa menace grandissante ne vont pas manquer d'infléchir l'histoire de l'idée coloniale, c'est dans une tout autre direction, en provoquant de tout autres réactions et en suscitant de tout autres débats.

CHAPITRE V

L'approche de la guerre

PRÉFAÇANT, en 1893, la sixième édition de son livre *La France coloniale,* publié pour la première fois en 1886, l'historien Alfred Rambaud, dont on sait la constante fidélité à la pensée et à l'œuvre de Ferry le colonisateur, pouvait constater non sans une évidente satisfaction :

« Cette sixième édition vient à un moment plus favorable que les premières, à un moment où les passions anticoloniales semblent avoir désarmé dans le Parlement et dans le public. Le temps n'est plus où l'on mettait aux voix dans la Chambre des députés l'évacuation du Tonkin, où l'une de nos plus belles possessions n'était sauvée qu'à une voix de majorité, où l'homme d'Etat auquel nous sommes principalement redevables de l'acquisition de la Tunisie, du Congo, de Madagascar, de l'Indochine, succombait sous le poids de l'impopularité la plus imméritée. Dans le pays et dans les Chambres on a compris enfin l'importance du but à atteindre dans l'âpre concurrence de toutes les grandes nations européennes, et l'on a admis la nécessité de sacrifices proportionnés aux tâches entreprises [...] En 1885 qui eût pu prévoir qu'un jour les victoires sur Ahmadou et Samory seraient célébrées comme des victoires, que les crédits pour une expédition au Dahomey seraient votés presque sans opposition [1]... »

Qui en effet « eût pu prévoir » ? Ecrites moins de dix ans après que le ministère Ferry se fut écroulé au milieu d'un immense déferlement de passions hostiles, ces lignes font état d'un revirement que bien des indices viennent par ailleurs confirmer, mais dont l'ampleur et la rapidité ne manquent pas de surprendre. Faut-il en attribuer la cause à la propagande du « parti colonial », à la diffusion de ses thèmes à travers une littérature de plus en plus large et une presse de plus en plus accueillante ? Faut-il la rechercher dans l'action de l'école publique qui tend de plus en plus à intégrer la notion de « la plus grande France » dans l'enseignement des principes fondamentaux du civisme républicain, à diffuser l'image exaltante du drapeau tricolore abritant sous ses plis l'Arabe, l'Annamite et l'Africain unis dans une même fidélité, rassemblés sous une même protection ? Ne faut-il pas surtout tenir compte de ce qu'on peut appeler la force des choses : la soumission aux événements accomplis et à leur inexorable enchaînement, le fait que la conquête coloniale ait pu se poursuivre sans que se produisent les grandes catastrophes annoncées par ses adversaires, que des résultats particulièrement flatteurs pour l'orgueil national aient pu être obtenus sans efforts excessifs, sans drame apparent et sans coût démesuré ? N'assiste-t-on pas en définitive au développement quasi invincible d'un mouvement tout puissant, venant des forces les plus profondes de l'histoire et entraînant dans son élan la société française dans son ensemble comme se trouvent simultanément entraînées la plupart des autres sociétés européennes ?...

Toujours est-il qu'avant même que le siècle se soit achevé, le lourd climat de méfiance ou d'hostilité qui avait entouré les premières entreprises coloniales des gouvernements opportunistes semble s'être très largement dissipé. Le grand débat des années 1880 s'apaise ; son souvenir s'éloigne, tend progressivement à s'effacer. Surtout, et c'est peut-être là l'essentiel, les perspectives se modifient. Les problèmes se déplacent ou ne se posent plus dans les mêmes termes. En même temps que des facteurs historiquement nouveaux viennent en changer sensiblement les données, de nouvelles préoccupations apparaissent en fonction desquelles se définissent de nouvelles attitudes. Tandis que certains des arguments couramment utilisés dans les discussions des années précédentes se vident peu à peu de leur puissance polémique ou démonstrative, d'autres impératifs, d'autres interrogations aussi, commencent à s'imposer à la conscience collective. A la veille de la première guerre mondiale, alors qu'avec l'instauration en 1912 du protectorat français sur le Maroc se trouve définitivement achevée l'œuvre d'expansion Outre-Mer de la Troisième République, c'est en fin de compte dans un contexte politique et moral nettement différencié par rapport à l'époque des premiers fondateurs que la question et que l'idée coloniales tendent à se présenter devant le jugement — et devant les réactions — des Français.

L'ACCEPTATION DU FAIT ACCOMPLI

En ce qui concerne la masse de l'opinion, il n'est sans doute pas de témoignage plus caractéristique de ce que l'on peut à bon droit considérer comme une popularisation progressive de l'idée coloniale que l'intérêt de plus en plus marqué qui paraît avoir accompagné, dans les dix dernières années du XIXe siècle, la poursuite de la conquête de l'Afrique centrale. Alors que, dans la période précédente, les expéditions de Tunisie et du Tonkin s'étaient déroulées dans une atmosphère générale de gêne ou de réticence hostile, que l'accent était mis sur les difficultés, les revers ou les tristesses de la guerre Outre-Mer bien plus que sur la gloire des succès remportés, les entreprises militaires conduites à partir de 1890 au Soudan, au Tchad, sur le golfe de Guinée semblent bénéficier, de la part du public métropolitain, d'une sympathie souvent fervente et, selon toute apparence, largement partagée. La marche des colonnes, les péripéties des combats sont très abondamment commentées ; les grands noms de ce qu'on appelle maintenant « l'épopée africaine », Binger, Archinard, Gouraud, Crampel, Mizon, se trouvent ardemment célébrés. La campagne du Dahomey, menée entre 1892 et 1894, semble marquer à cet égard un tournant décisif : les épisodes de la lutte entreprise contre Béhanzin le redoutable « roi fétichiste », ses « guerriers fanatiques » et sa garde de farouches « amazones » suscitent dans la presse d'innombrables récits, où les thèmes traditionnels de l'héroïsme cocardier viennent se mêler aux images particulièrement hautes en couleur de l'exotisme africain [2]. La peu glorieuse expédition de Madagascar de 1895 paraît avoir entraîné une retombée, un reflux dans l'hostilité ou le scepticisme. Mais trois années plus tard, en 1898, l'expédition commandée par le capitaine Marchand qui, partant du Soudan, aboutit au Nil et se termina à Fachoda dans l'affrontement avec la colonne britannique de Lord Kitchener, devait être suivie avec fièvre. Tandis qu'un puissant mouvement d'anglophobie emportait une vaste fraction de l'opinion, Marchand fut salué à son retour comme un héros national, follement acclamé par la foule parisienne. Son exploit, celui de ses compagnons, trouvèrent d'innombrables échos dans l'imagerie et dans la chanson populaire :

Sonnez clairons ! Sonnez clairons ! Je veux chanter
Les preux qui, le cœur bardé d'espérance,
Traversèrent l'Afrique et s'en furent planter
Sur les rives du Nil, l'étendard de la France[3].

C'est cependant au niveau des partis politiques, et notamment dans les milieux où s'était manifestée l'hostilité la plus vive à l'égard de la grande entreprise coloniale des hommes d'État de la première génération républicaine, que l'évolution apparaît avec le plus de netteté. Sur le plan parlementaire, les radicaux semblent avoir été les premiers à se rallier à la politique qu'ils avaient si violemment combattue. Arrivés au pouvoir en 1902, il n'est nullement question pour eux de remettre en cause l'œuvre accomplie par leurs prédécesseurs. Cette œuvre, ils ne vont pas seulement la conserver, ils vont encore la poursuivre et l'étendre : c'est à des gouvernements radicaux ou à dominante radicale que l'on doit la série d'initiatives qui aboutiront à la veille de la première guerre mondiale, à l'instauration de la suzeraineté française sur le Maroc. Paradoxal aboutissement de tant de polémiques et de tant de déchirements : président du Conseil en 1905, Clemenceau peut ainsi apparaître, dans l'histoire de l'expansion française Outre-Mer, comme l'héritier et le continuateur somme toute fidèle de Ferry « le Tonkinois ». (On le verra même quelques années plus tard, en 1921, sans remords ni troubles excessifs de conscience, préfacer le recueil de souvenirs, tout vibrant de ferveur coloniale, d'Auguste Pavie, le fondateur du protectorat français sur le Laos[4]). Dès 1904, Jaurès peut à bon droit ironiser :

« Aujourd'hui, constate-t-il, c'est le radical-socialiste Doumergue qui, comme ministre des Colonies, administre fort intelligemment d'ailleurs le vaste domaine colonial de la France. Ce sont deux radicaux, MM. de Lanessan et Doumer, qui ont le plus longtemps gouverné l'Indochine. C'est le brillant collaborateur de Clemenceau, M. Pichon, qui est le résident général en Tunisie. »

La remarque de Jaurès porte loin : si les premières années du XXe siècle voient en effet l'intégration de l'idée d'Outre-Mer dans la tradition radicale, elles voient aussi les débuts de ce qu'on peut considérer comme la mainmise du parti radical sur le gouvernement colonial. Longtemps celui-ci, du moins dans ses hauts postes, restera pour celui-là une sorte de fief ou d'apanage, et fort jalousement surveillé.

Apparemment plus réticente, l'opposition de droite semble avoir attendu quelques années encore avant de se dissiper. A la veille de la première guerre mondiale, on peut toutefois considérer son propre ralliement comme un fait à peu près totalement accompli. Sans doute quelques voix, et notamment celle de Maurras, peuvent-elles toujours s'élever pour déplorer le choix fatal des républicains de 1880 et pour reprocher au régime d'avoir empêché la France, en l'engageant dans la voie de l'expansion Outre-Mer, de consacrer ses forces à la lutte contre l'hégémonie germanique en Europe (« Nous avons soldé cette préférence, écrira encore Maurras en 1920, par quinze cent mille morts ; nos pertes irréparées, peut-être irréparables, donnent raison à Boulanger contre Ferry [5] »). Mais il ne s'agit plus guère que de regrets, de reproches d'ordre rétrospectif, de séquelles mal oubliées des querelles passées. Dans l'immédiat le soutien de plus en plus nettement affirmé, à partir de 1905-1906, de l'ensemble des milieux conservateurs à l'égard de la politique marocaine des gouvernants en place constitue, par rapport à leurs dispositions précédentes, la manifestation concrète d'un revirement total, dénué de toute ambiguïté. Chez certains même l'adhésion au fait colonial semble s'exprimer avec d'autant plus de force qu'elle a été difficilement, lentement et tardivement accordée.

Les *Cahiers* de Maurice Barrès pour l'année 1911 représentent à cet égard un témoignage particulièrement significatif [6]. Une note, datée du début de l'année, montre encore la méfiance persistante de Barrès à l'égard de la politique coloniale des opportunistes. « Gambetta, écrit-il, a fait de l'anticléricalisme et de la colonie pour détourner l'élite de notre armée du Rhin. (J'ai bien vu comme Marchand détestait plus les Anglais que les Allemands.) Il occupait l'imagination des meilleurs officiers loin du Rhin et il nous mettait en conflit avec l'Angleterre ». Mais quelques mois plus tard, c'est avec ferveur que Barrès salue l'instauration de la présence française au Maroc : « J'aime le Maroc parce qu'il est dans le destin de la France... » Et à la page suivante : « Les destinées de la France sont si belles, sa prédestination si heureuse, elle est une si noble, si heureuse pensée, qu'au milieu des incohérences, elle s'achemine vers de grandes choses (...) Merci Brazza, merci Crampel, Gentil, Mestre, merci Mizon, merci Moll, qui nous avez valu cet accroissement quasi européen. »

Ces lignes méritent d'autant plus d'être retenues qu'elles semblent sceller la réconciliation de ces deux conceptions du nationalisme qui, quelques années auparavant, s'étaient si violemment opposées : un nationalisme de vocation continentale et un nationalisme d'expansion extra-européenne. Réconciliation qui ne peut être comprise qu'en fonction d'un fait essentiel, encore que trop rarement souligné : dans l'affaire marocaine, le rival, l'adversaire que la France trouve devant elle est de nouveau l'adversaire traditionnel, c'est-à-dire l'Allemagne. C'est contre l'Allemagne, et non plus comme dans les années 1880 avec son appui, presque sous son patronage que doivent maintenant triompher les ambitions françaises. L'antigermanisme, la préoccupation dominante du combat contre l'hégémonie allemande, peuvent enfin rassembler ceux qui rêvent des grands espaces africains et ceux qui continuent à avoir les yeux obstinément fixés sur la ligne bleue des Vosges. Parallèlement il peut désormais sembler que la possession d'un vaste empire colonial ne constitue plus, pour la France, sur le continent même et en cas de conflit armé sur le

Rhin, une gêne, un facteur d'affaiblissement, mais représente au contraire un élément supplémentaire de puissance, presque un gage de victoire. La crainte de voir la France disperser, gaspiller ses forces dans les aventures d'Outre-Mer et de se condamner ainsi à un état de moindre résistance face à l'éternel danger venu de l'Est, tel avait été l'argument majeur auquel, dans la période précédente, toute une droite « nationale » s'était montrée particulièrement sensible. Or, la conquête coloniale achevée ou en voie d'achèvement, cet argument tend à apparaître comme vide de signification. L'appréhension s'est révélée vaine. Elle se trouve même contredite par tout ce que l'on discerne de la réalité présente : loin de contribuer à l'anémier, les possessions coloniales assurent à la métropole européenne un surcroît de force, et notamment de force militaire, immédiatement utilisable pour la garde de ses frontières : « Oui, je me réjouis du Maroc, écrit encore Barrès, parce que c'est une affaire européenne et qui peut nous servir sur le Rhin. »

De toute évidence ces nouvelles dispositions d'esprit sont à mettre en rapport avec les résultats de toute une vaste campagne d'opinion menée, depuis quelques années, par certains officiers coloniaux : campagne développée à travers de nombreuses publications et qu'illustre plus particulièrement un ouvrage du colonel Mangin, promis à un assez vaste retentissement, *La force noire*, précisément édité dans le courant de l'année 1910 [7].

L'idée maîtresse exprimée par le colonel Mangin est celle de l'intérêt primordial que représenterait pour la France la création d'une puissante « armée noire », recrutée parmi les populations de ses possessions d'Afrique centrale. Celle-ci permettrait d'abord d'accélérer, à l'intérieur même des masses indigènes, l'œuvre colonisatrice d'éducation et de promotion : « l'organisation des troupes noires, c'est la civilisation de l'Afrique régénérée, c'est le couronnement de notre œuvre ». Elle permettrait surtout, du strict point de vue de la défense du territoire métropolitain, de compenser le déficit numérique de l'armée française face à ses adversaires virtuels, et plus particulièrement face à l'adversaire allemand. Grâce à la mobilisation possible des immenses ressources démographiques de ses colonies, la France, soutient Mangin, est désormais en mesure de défier toute agression. L'occupation même du territoire national par l'ennemi ne signifierait pas pour elle la défaite définitive. « Tant que nous garderons un port, affirme Mangin, et la maîtrise de la mer, il ne faudrait pas désespérer du succès. Dans l'état actuel de l'Europe, la force noire fait de nous le plus redoutable des adversaires. » Les thèses de Mangin ou de ses émules (consacrées par la création, toujours en 1910, d'un corps de vingt mille tirailleurs sénégalais) ne sont certainement pas étrangères à l'enthousiasme marocain du Barrès de 1911 : « J'aime le Maroc, affirment *Les Cahiers*, parce qu'il nous donne des hommes... Trente à quarante mille bons soldats, des Kabyles, la vieille race berbère... ».

Un autre thème se trouve d'ailleurs simultanément développé qui ne pouvait manquer, lui aussi, de susciter de profondes résonances dans les milieux de la droite française, où s'exprime si fortement, en ce début de siècle, le souci d'une régénération morale, d'une refonte générale des esprits et des mœurs : celui des colonies école de formation des caractères, instrument de promotion d'une nouvelle élite. Ici encore se rencontre l'influence majeure d'un certain nombre d'officiers coloniaux.

« Former par les colonies un groupe de plus en plus nombreux d'initiateurs, de forts, de détachés des besoins, de voyant de haut. Par ce groupe, réagir sur l'inertie métropolitaine, établir un circuit continu et régénérateur de vie entre la France du dehors et la France du dedans, qui soit pour celle-ci le réveil de la fécondité physique, le réveil de l'action économique, le réveil du large commerce, le réveil de l'esprit d'entreprise, le réveil aussi des pensers généreux, des vastes vouloirs et des jugements larges sur le monde. »

Ainsi Lyautey, dans une lettre adressée de Madagascar et datée du 20 février 1897, avait-il défini la conception de sa mission. Par là se rejoignent dans une même certitude le culte barrèsien de l' « énergie » et les enseignements d'un certain catholicisme social. De l'expérience coloniale doit sortir une nouvelle génération de jeunes Français, plus hardis que leurs aînés, plus prompts à l'action, plus conscients de leurs responsabilités civiques. L'œuvre coloniale doit tirer de son engourdissement une métropole somnolente et déchirée, jalousement repliée sur elle-même et farouchement divisée contre elle-même. Déroulède avait opposé, quelques années auparavant, le rêve de « la plus grande France » aux nécessités du « relèvement de la vraie France ». La contradiction semble désormais dépassée. C'est dans la fondation de la « plus grande France » que le « relèvement de la vraie France » peut et doit trouver une contribution décisive.

Ce sont ces deux thèmes, le thème des colonies source de potentiel humain et le thème des colonies école de régénération nationale, qui se trouvent parfaitement illustrés dans un roman publié dès 1899, *Les morts qui parlent,* œuvre de Melchior de Vogüé (dont il n'est pas sans intérêt de noter qu'il fut l'un des correspondants privilégiés de Lyautey) et qui connut en son temps un très réel succès.

Il s'agit en fait d'un tableau sans indulgence des mœurs et de la vie parlementaire [8]. Tableau navrant qui est celui de nos « divisions nationales », d'une guerre civile sans cesse entretenue et d'où se dégage une accablante impression d'impuissance et de stérilité. Mais le principal héros du livre, le jeune député Jacques Andarran, s'échappe un moment des couloirs de la Chambre pour retrouver au Soudan son frère Pierre qui y est officier. Vues d'Afrique, au cœur du milieu colonial, les perspectives se modifient : au spectacle d'une décadence, s'oppose celui d'une activité féconde, d'un dynamisme créateur riche d'innombrables promesses. La

France africaine apporte une réponse aux problèmes dans lesquels se débat tragiquement la France métropolitaine. Non pas qu'elle satisfasse aux espoirs d'enrichissement, de bénéfice matériel si souvent exprimés par ses premiers fondateurs : en ce qui concerne la rentabilité économique de leur œuvre, les coloniaux qu'interroge Jacques Andarran témoignent d'un scepticisme dépourvu de toute illusion. Mais à une métropole « au sang raréfié », à l'énergie exsangue, elle offre un bien infiniment plus précieux : des hommes. Des soldats d'abord, capables de se battre sur le Rhin aussi bien que sous les tropiques ; une élite de chefs ensuite, jeunes Français forgés à la dure expérience du pionnier, « prompts à la décision, debout sous la responsabilité ».

« Cependant, objectait Jacques, les colonies de nos voisins sont productives, les nôtres onéreuses.

— Ça, c'est une autre question. Gagner de l'argent n'est pas notre affaire, mais la vôtre, à vous les civils. — Une pépinière d'hommes, — ne demande pas autre chose à nos colonies, jusqu'à ce que tu aies changé nos systèmes et nos mœurs, réveillé chez nos compatriotes l'esprit d'entreprise. Mes camarades l'ont retrouvé dans l'exercice de leur profession.

— Pourtant, insistait Jacques, le seul but raisonnable de vos efforts est la mise en valeur de cet immense empire. Comme nous tous, tu attends certainement une rémunération prochaine de nos sacrifices.

— Pas un radis ! Si rien ne change, les quelques kilos d'huile ou de café que nous pourrons tirer de ce sol nous coûteront cent fois le prix que tu les paies chez l'épicier de ton quartier.

— Mais alors... Si votre œuvre ne doit rien produire !...

— Des hommes, je te le répète. Ne regrettez pas votre argent. On ne paiera jamais trop cher cette denrée-là. Tu te lamentes tout le jour sur le manque d'hommes : nous en formons. Nous formons les cadres du relèvement national. Quand vous aurez accumulé assez de ruines, vous viendrez chercher dans nos rangs des organisateurs. Quand vous aurez achevé de transformer en une garde nationale l'armée métropolitaine, nous vous donnerons une armée auxiliaire : et je te réponds qu'elle fera réfléchir nos adversaires européens. Si vous vouliez bien nous en fournir les moyens, nous mettrions demain à votre disposition cent mille, deux cent mille soldats, incomparables, Sénégalais, Soudanais, Haoussas ; des baïonnettes qui ne raisonnent pas, ne reculent pas, ne pardonnent pas ; des forces dociles et barbares comme il en faudra toujours, pour gagner cette partie barbare et inévitable, la guerre [8]. »

« Infirmité des ouvriers aveugles que nous sommes, conclut le héros de Melchior de Vogüé : ils manquent le résultat illusoire qu'ils se promettaient de leur travail ; ils en obtiennent un autre, inattendu, préférable. » Ceux qui ont « semé à grands frais sur ces terres exotiques la moisson future des richesses », se sont trompés dans leurs espoirs et dans leurs calculs. Pour être différents de ce qu'ils attendaient, les fruits de leurs efforts n'en sont cependant que plus précieux : « il y aura désormais, au-delà des mers, depuis le Congo jusqu'à la Chine, un vaste trésor humain d'intelligence, de dévouement, de résolution, où la France pourra puiser pour tous ses besoins ». La conclusion de Vogüé prépare et explique les formules de Barrès et leur soudaine allégresse.

La naissance d'une nouvelle opposition

Dans l'histoire générale du sentiment national français, c'est une date d'une importance non négligeable que marque le ralliement à l'idée coloniale des milieux de la gauche radicale d'abord, de ceux de la droite conservatrice ou nationaliste ensuite. Il s'en faut cependant de beaucoup que ce ralliement accompli ou en voie d'accomplissement signifie l'arrêt définitif de toute dissension, la cessation de toute polémique. Autour du principe de la plus grande France, le *consensus* s'est, en ces premières années du XXe siècle, considérablement étendu. On ne peut pourtant le considérer comme unanimement accepté. Certaines fractions de l'opinion continuent à lui échapper. Un débat reste ouvert, un problème demeure posé.

On ne saurait tout d'abord oublier les diverses campagnes de dénonciation et de protestation que continuent à susciter, à intervalles plus ou moins réguliers, les abus mêmes de l'action coloniale. Sans doute ces campagnes peuvent-elles paraître, dans l'ensemble, relativement circonscrites par rapport à l'ampleur des polémiques des années 1880. Sans doute faut-il se garder, d'autre part, d'accorder trop de portée à certaines manifestations trop marginales ou trop outrancières pour ébranler profondément la masse de l'opinion. Tel l'effroyable pamphlet publié en 1900 sous le titre *La gloire du sabre* par un ancien médecin colonial (qui fut un temps député radical de l'Hérault) du nom de Vigné d'Octon — peinture atroce des expéditions africaines où l'on voit, fous de vanité, de cupidité et d'alcool, « couverts de sang et de boue », les soldats coloniaux « promener sur tout un continent le massacre, l'incendie, le viol et le pillage [9]. » Tel encore le terrible réquisitoire dressé, quelques années plus tard, par Léon Bloy dans *Le Sang du pauvre* à l'égard de « l'indicible turpitude » des mœurs coloniales qui ne sont que « férocité et douleur sans mesure », abominables habitudes d' « équarisseurs d'indigènes » écartelant, dépeçant, grillant vivants des hommes « pour les punir d'avoir hésité à livrer leurs femmes ou leurs derniers sous... [10] ».

Mais, en dehors même de ces quelques témoignages d'une littérature polémique d'une extraordinaire agressivité et dont il reste difficile d'apprécier la résonance, la publicité faite à certaines « affaires » scandaleuses semble bien avoir provoqué une émotion réelle et assez largement ressentie. La principale de ces affaires ayant été celle du Congo en 1905. On sait que la plus grande partie du territoire français avait été concédée à un certain nombre de grandes compagnies d'exploitation auxquelles avaient été accordés des droits assez étendus de police et de justice. Le moins que l'on puisse dire est que les intéressés paraissent avoir profité de ces droits sans scrupules excessifs à l'égard du respect des personnes et des biens. Ils semblent en outre avoir bénéficié, pour « couvrir » leurs abus, de larges complicités dans le personnel administratif : deux fonctionnaires coloniaux, l'administrateur Toqué et le commis Gaud, furent traduits en justice pour sévices exercés sur les indigènes, tandis qu'une mission d'enquête était envoyée sur place sous la direction de Savorgnan de Brazza. Une partie des conclusions de la mission Brazza fut publiée, en 1906, par l'un de ses membres, un jeune universitaire, Félicien Challaye, dans les *Cahiers de la Quinzaine* de Charles Péguy. La sérénité du ton de Félicien Challaye ne fait que souligner davantage l'horreur qui se dégage de certains de ces récits. L'exploitation de la colonie à des fins spécifiquement mercantiles, la complicité plus ou moins tacite d'une partie de l'administration sont en tout cas implacablement mises en lumière. Une nouvelle fois expansion coloniale et exploitation capitaliste se trouvaient associées dans une même dénonciation. Le thème avait été très tôt développé : une longue postérité devait encore lui être réservée [11].

Il y a cependant plus important : la naissance et le développement, dès les dernières années du XIXe siècle, d'une forme nouvelle de la contestation anticoloniale, la contestation socialiste. De fait celle-ci semble avoir singulièrement tardé à s'exprimer sur le plan des principes et à se manifester sur le plan de l'action. Peut-être faudrait-il tenir compte à cet égard de la persistance tenace de certaines traditions liées à l'héritage du socialisme « utopique » des premières générations du XIXe siècle, dont on sait que la plupart des représentants avaient été les adeptes fervents d'un nouvel idéal colonial. Embarras ou indifférence : durant les années décisives où se trouvent posés les fondements de la politique d'expansion de la Troisième République, le fait colonial semble en tout cas resté à peu près totalement étranger aux préoccupations majeures des divers groupements constitutifs du socialisme français. Il faut attendre 1895 pour voir apparaître dans la *Revue socialiste*, fondée dix années auparavant (et qui se veut pourtant un lieu de rencontre et un organe de réflexion et de synthèse) les premiers articles consacrés aux problèmes coloniaux. Il faut attendre également 1895 et le Congrès de Romilly, pour voir le Parti ouvrier français, sous la conduite de Jules Guesde (qui lui, il est vrai, avait en leur temps violemment combattu la conquête de la Tunisie et l'expédition du Tonkin [12]) condamner officiellement les « flibusteries coloniales », dénoncées avec violence comme « l'une des pires formes de l'exploitation capitaliste ». A partir de cette date cependant le thème ne va cesser d'être repris. D'année en année, il va se trouver développé, amplifié et précisé. A la veille de la première guerre mondiale, face à la doctrine et à l'œuvre coloniale du pouvoir en place, c'est un important mouvement de critique, de débat ou de refus que ne cesse d'entretenir une opposition socialiste désormais solidement installée au Parlement et disposant d'innombrables organes d'expression.

L'expression théorique la plus cohérente, la plus rigoureusement formulée de cette contestation socialiste, on la trouve sans doute dans une brochure publiée en 1905 dans la collection de la « Bibliothèque socialiste », œuvre de Paul Louis et intitulée *Le Colonialisme* [13]. L'auteur, qui avait déjà publié plusieurs études sur ce sujet au cours des années précédentes dans *La Revue socialiste*, est d'appartenance guesdiste, mais son ouvrage mérite, malgré sa minceur, de retenir d'autant plus l'attention qu'il peut apparaître comme l'une des premières tentatives d'application systématique des schémas d'analyse marxiste au fait colonial.

Pour Paul Louis en effet les formes contemporaines de la colonisation, ce qu'il appelle le « colonialisme », découlent directement du régime économique historiquement en place : c'est parce que la classe possédante, c'est-à-dire la bourgeoisie industrielle et commerçante, « recherche soit des débouchés pour les produits de ses usines, soit un placement pour ses réserves d'argent, soit de nouvelles sources d'exploitation et de richesses, qu'elle a détourné l'action publique vers des entreprises d'outre-mer ». La colonisation moderne n'est donc que la conséquence immédiate du développement du capitalisme industriel. Les considérations doctorales, patriotiques ou humanitaires par lesquelles on s'efforce de la légitimer ne sont que vaine phraséologie ; il s'agit essentiellement, pour la société capitaliste, de « parer à la surproduction chronique qui l'accable ». « Du jour où un Etat, écrit Paul Louis, a renforcé son outillage, substitué la machine aux bras humains, et l'usine au petit atelier, du jour où la concentration capitaliste y a déchaîné ses conséquences logiques et universelles, il entre nécessairement dans la carrière des conquêtes. »

Mais, né des contradictions internes du capitalisme, le colonialisme ne peut manquer de les aggraver. En fait, Paul Louis voit en lui un accélérateur particulièrement important du processus de décomposition de la société bourgeoise. Il contribue à sa dissolution dans la mesure même, en effet, où il tend à généraliser l'industrialisation, c'est-à-dire la surproduction : « le colonialisme, d'ailleurs, par une invincible fatalité, engendre une surproduction nouvelle et cette crise déchaînée dans l'univers élargit son aire, au fur et à mesure que de nouvelles terres sont gagnées par le capitalisme ». Il contribue encore à la dissolution de la société capitaliste par le fait qu'il ne profite qu'à certaines catégories économiques, qu'il n'enrichit uniquement qu'une oligarchie financière, et qu'il rejette dans la prolétarisation une partie de la moyenne bourgeoisie : ainsi accroît-il le nombre des masses salariées face à une classe possédante de plus en plus réduite. Le colonialisme contribue enfin à la ruine du monde capitaliste dans la mesure où il étend en Afrique et en Asie le phénomène de la prolétarisation, où il fait naître, en d'autres termes, de nouveaux prolétariats de couleur. « En étendant sa suzeraineté, le capitaliste suscite aussi les énergies de résistance, les haines, la lassitude du présent, la volonté d'un avenir meilleur. Automatiquement, la poussée révolutionnaire se développe sur les pays conquis. » Et Paul Louis (dont certaines thèses vont se retrouver plus tard dans le Lénine de l'*Impérialisme, stade suprême du capi-*

talisme) peut ainsi conclure, dans une formule d'une parfaite orthodoxie marxiste : « le colonialisme a en somme alourdi le servage du prolétariat, mais il a en même temps accéléré sa formation et précipité sa libération ».

Il serait cependant singulièrement erroné de considérer les prises de position doctrinales de Paul Louis comme représentatives, en ce début du XXe siècle, de l'attitude générale du socialisme français à l'égard du problème colonial[14]. A l'intérieur même de la deuxième Internationale un clivage très net entre deux tendances opposées était apparu sur ce sujet dans le Congrès de Paris de 1900, clivage qui s'était considérablement accentué aux congrès suivants, celui d'Amsterdam de 1904 et celui de Stuttgart de 1907. Pour les uns, dont Kautsky semble avoir été le principal porte-parole, la colonisation ne pouvait être, quelles que soient ses formes, que justiciable d'une condamnation totale, absolue, sans appel, aussi intransigeante que celle qui devait frapper le système capitaliste pris dans son ensemble. Pour les autres au contraire la colonisation devait être considérée comme un phénomène historique inéluctable, contre lequel il était vain de s'élever et susceptible au demeurant de se révéler un élément objectif de progrès : à la politique coloniale de la bourgeoisie, entachée des abus et des crimes inhérents au système capitaliste, il convenait donc de substituer la définition d'une politique coloniale dite « positive » ou « socialiste », instrument de libération au lieu d'être facteur d'oppression.

Sur le plan même de l'action politique immédiate les deux tendances se retrouvent au sein d'un socialisme français multiple, complexe et toujours divisé, comme elles se retrouvent d'ailleurs en Angleterre, en Allemagne, en Italie, au sein de chaque mouvement national. D'un côté, notamment dans les milieux les plus proches du syndicalisme révolutionnaire où la lutte anticoloniale tend à se confondre avec les formes les plus agressives de l'antimilitarisme, on assiste au déroulement de campagnes d'une violence exacerbée et dont le ton recherche volontairement les limites extrêmes de la provocation : la colonisation n'est que pillages, rapines, tortures, massacres dont l'atrocité se trouve inlassablement stigmatisée. (« Hardi les Marocains », « Cognez ferme », « Que les soudards français soient jetés à la mer », c'est sous cette forme qu'au cours des années 1907-1909, dans *La Guerre sociale*, Gustave Hervé prend parti contre la pénétration française au Maroc [15].) A l'opposé, la dénonciation persistante des abus de l'administration coloniale et des trafics de « l'exploitation capitaliste » ne cesse de coexister avec la définition de certaines propositions de réforme, souvent fort modérées et qui supposent très explicitement l'acceptation de fait du système de domination impériale. Entre ces deux pôles, au niveau par exemple de la presse socialiste locale, les attaques contre le coût des expéditions lointaines, contre les « requins coloniaux », leurs « tripotages » et leurs « filouteries », contre les ambitions ou les gaspillages des fonctionnaires et des militaires, alternent — ou voisinent même étrangement — avec l'expression de thèmes d'une tout autre inspiration : ceux de la reconnaissance de l'œuvre d'émancipation, de fraternité et de progrès menée outre-mer par la France démocratique [16].

De ces hésitations, de ces ambiguïtés rien ne témoigne mieux d'ailleurs que l'attitude de Jean Jaurès lui-même [17]. En 1881, dans une conférence prononcée à Albi, Jaurès, alors jeune maître de conférences à la Faculté des Lettres de Toulouse, avait éloquemment célébré la grandeur civilisatrice de la mission coloniale de la France :

« Quand nous prenons possession d'un pays, nous devons y amener avec nous la gloire de la France, et soyez sûrs qu'on y fera bon accueil, car elle est pure autant que grande, pénétrée de justice et de bonté. Nous pouvons dire à ces peuples sans les tromper [...] que là où la France est établie on l'aime, que là où elle n'a fait que passer on la regrette ; que partout où sa lumière resplendit elle est bienfaisante ; que là où elle ne brille plus, elle a laissé derrière elle un long et doux crépuscule où les regards et les cœurs restent attachés. »

Certes, alors qu'il prononçait ces paroles, Jaurès n'avait pas encore commencé l'évolution politique et morale qui devait le conduire de la simple fidélité républicaine de sa jeunesse au socialisme de sa maturité. Mais plus de vingt ans plus tard, cette évolution se trouvant totalement achevée, on le voit encore développer le thème de la France porteuse éternelle d'une civilisation qu'elle a vocation de faire rayonner autour d'elle.

« Je suis convaincu, déclare-t-il devant la Chambre en 1903 au moment où commencent à se préciser les ambitions françaises sur le Maroc, que la France a au Maroc des intérêts de premier ordre... Je suis convaincu que ses intérêts lui donnent une sorte de droit. » Et il précise : « J'ajoute que la France a autant le droit de prolonger au Maroc son action économique et morale qu'en dehors de toute entreprise, de toute violence militaire, la civilisation qu'elle représente en Afrique auprès des indigènes est certainement supérieure à l'état présent du régime marocain. »

Cependant si Jaurès continue à admettre le principe (et il semble ne l'avoir jamais renié) de la légitimité d'une œuvre française de rayonnement outre-mer, s'il paraît partager la notion très communément admise du « devoir de civilisation » qu'impose aux sociétés européennes leur supériorité présente face à certaines sociétés non occidentales [18], ses critiques vont se multiplier à l'égard des formes, à l'égard des modalités de la politique coloniale telle qu'elle se trouve pratiquée par les gouvernements en place. Ce qu'il met d'abord en cause — et cette mise en cause se fera de plus en plus vigoureuse, de plus en plus violente même au cours des dix années qui précèdent la première guerre mondiale, durant tout le déroulement de l'affaire marocaine —, c'est l'action de force, l'emploi des armes, la conquête militaire avec ses excès, ses déchirements et ses drames.

« Quelle douleur et quelle honte, écrit-il dans *L'Humanité* du 31 mars 1912, de penser que la France égarée par des spéculateurs sans conscience, par des diplomates pleins de sottise et d'orgueil n'est plus dans le monde musulman qu'une puissance de destruction. »

« Si au lieu d'attendre, lance-t-il encore à la Chambre le 20 juin 1913, au lieu de ménager la pensée, les traditions et le cœur de ces hommes, vous voulez les brusquer, s'ils ne connaissent de la France pendant une génération encore que la pointe des baïonnettes ou l'éclat des obus, quel sera là-bas l'empire de la France sur ces hommes ? »

Ce que Jaurès paraît en fait souhaiter c'est une politique de pénétration lente, menée par les seuls moyens économiques, intellectuels et moraux, répudiant la contrainte et la force, respectueuse des civilisations locales et préoccupée de les conduire progressivement dans la voie du Progrès sans trahir l'originalité de leur développement. Souci de ménagement, de tolérance, d'humanité qui finit par le conduire à des considérations fécondes, et d'une réelle originalité, sur l'avenir des sociétés coloniales. Dans les remous provoqués par la colonisation, il aperçoit, en même temps que le proche « réveil » des peuples actuellement soumis, la genèse de nouvelles forces, la promesse de développements inattendus.

« Vous savez bien, proclame-t-il dès 1908, que ce monde musulman se recueille et prend conscience de son unité et de sa dignité. Deux mouvements, deux tendances inverses se le disputent : il y a les fanatiques qui veulent en finir par la crainte, le fer et le feu avec la civilisation européenne et chrétienne et il y a les hommes modernes, les hommes nouveaux... Il y a toute une élite qui dit : « L'Islam ne se sauvera qu'en se renouvelant, qu'en interprétant son vieux livre religieux selon un esprit nouveau de liberté, de fraternité et de paix. Et cette élite n'aspire pas à briser le cadre de la civilisation et de l'Administration européenne [...] C'est à l'heure où ce mouvement se dessine que vous fournissez aux fanatiques de l'Islam le prétexte, l'occasion de dire : « Comment se réconcilier avec cette Europe brutale ? Voilà la France, la France de justice et de liberté, qui n'a contre le Maroc d'autre geste que les obus, les canons, les fusils ! »

Considérations, secondaires toutefois, presque accessoires, à côté d'une préoccupation majeure, celle dont il est permis d'affirmer qu'elle domine l'attitude jaurésienne à l'égard du problème colonial et qui n'est rien d'autre que la question de la guerre et de la paix. Que ce soit à partir des années 1904-1905 que la contestation anticoloniale de Jean Jaurès se développe dans toute son ampleur et dans toute sa vigueur, que le Maroc lui fournisse le motif essentiel, le fait est à cet égard pleinement significatif. Au regard de Jaurès la poursuite des ambitions françaises sur le Maroc a pour première et désastreuse conséquence d'attiser les rivalités et les heurts entre les grandes puissances européennes. Elle suscite d'autres convoitises, celles de l'Allemagne, de l'Espagne, de l'Italie. Par là même elle représente pour la paix internationale une menace constante et d'une particulière gravité. Tel est le grief primordial, l'élément principal d'un réquisitoire dont il ne faut pas s'étonner qu'il devienne de plus en plus âpre au fur et à mesure que le danger d'un conflit général monte à l'horizon de l'histoire. L'irrémédiable étant en train de s'accomplir, Jaurès y revient encore, en termes d'une pathétique gravité, dans son dernier discours, celui du 25 juillet 1914.

« Je ne veux pas m'attarder longuement à rechercher

les responsabilités... Nous avons les nôtres... et j'atteste devant l'histoire que nous les avions prévues lorsque nous avons dit que pénétrer par la force, par les armes au Maroc, c'était ouvrir à l'Europe l'ère des ambitions, des convoitises et des conflits... »

A l'égard de l'idée coloniale la démarche de Jaurès peut au fond apparaître comme inversement parallèle à celle des doctrinaires du nationalisme français. C'est là où ceux-ci avaient trouvé les raisons de leur ralliement — c'est-à-dire la montée des périls extérieurs —, qu'il puise les motifs de sa répudiation : le souci prioritaire de la défense de la paix commande l'évolution de l'un de la même façon que la hantise de la menace étrangère avait très largement influé sur l'évolution des autres. De part et d'autre, c'est en fonction de l'approche de la guerre que les prises de position semblent de plus en plus se définir.

Scellant la rencontre d'une certaine forme de critique anticoloniale et d'un certain type de pacifisme humanitaire, l'attitude jaurésienne ne manquera pas elle non plus d'avoir une très large postérité. L'historien des idées se doit pourtant de souligner tout ce que cette attitude peut comporter de virtualités contradictoires. Le fait colonial se trouve en réalité condamné bien plus dans ses conséquences que dans son principe même. Que les modalités changent, que notamment le contexte international se trouve modifié, et les mêmes arguments qui avaient milité contre lui peuvent être retournés en sa faveur. Dès 1913 il n'était en aucune façon exclu d'imaginer que les préoccupations humanitaires, la répudiation des méthodes de force et de violence, le souci du maintien d'un ordre pacifique entre les hommes pourraient un jour être invoqués en faveur de l'œuvre coloniale. Seront-ils réellement infidèles à la pensée de Jaurès et aux principes du socialisme démocratique ceux qui, moins de vingt ans plus tard et tout en se réclamant toujours de cette pensée et de ces principes, finiront à leur tour par accepter le fait accompli, par s'y rallier et par le défendre ?... La question ne comporte sans doute pas de réponse.

Idée coloniale et sentiment national

Ici encore le problème serait de définir, par rapport à l'ensemble de l'opinion nationale, l'importance relative qu'il convient d'attribuer à la diffusion de ces thèmes, à la propagation de ces mots d'ordre. Quelles furent la profondeur de leur résonance, l'ampleur de leur écho ?... En fait, en dehors de l'expression dogmatique de quelques doctrinaires dont Paul Louis constitue le meilleur exemple, en dehors également de la violence effrénée des attaques du syndicalisme révolutionnaire, on ne peut manquer de constater que la plupart des manifestations de la contestation anticoloniale (que celle-ci s'inspire de motivations traditionnelles ou se développe à partir de préoccupations nouvelles) paraissent être marquées, en ce début du siècle, d'une certaine gêne, d'une certaine réticence, à tout le moins d'une indiscutable ambiguïté. Les hésitations, voire les contradictions, dont témoigne l'attitude de Jaurès au cœur même des débats marocains demeurent sur ce point particulièrement significatives. Significatif aussi le ton même utilisé par Félicien Challaye pour dénoncer les scandales de l'administration coloniale au Congo. Il s'agit essentiellement, précise l'auteur (qui est pourtant socialiste ou du moins socialisant), d'éviter de « compromettre le beau renom de la colonisation française ». L'ouvrage de Félicien Challaye est d'ailleurs dédié à la mémoire de Savorgnan de Brazza, mort à l'accomplissement de la mission d'enquête qui lui avait été confiée, et il s'ouvre sur une préface de Charles Péguy (à cette date lui-même encore mal dégagé du socialisme), où celui-ci n'hésite pas à hausser le ton pour célébrer la grandeur de l'œuvre colonisatrice de la France.

« Une des raisons, écrit Péguy, pour lesquelles il faut que les territoires français demeurent territoires français, que les pays de domination française demeurent pays de domination française, est en effet qu'en territoire français, qu'en pays de domination française, nous pouvons introduire de la justice, de l'intelligence, de l'humanité, de la bonté, par un effort direct exercé sur notre peuple, parmi notre peuple et sur le gouvernement de notre pays. » Si donc le scandale est dénoncé, si les abus sont stigmatisés, ce n'est pas pour remettre, même indirectement, en cause le principe de la conquête coloniale. C'est très explicitement au contraire pour en magnifier l'esprit : celui, selon la formule de Félicien Challaye, d'une « démocratie comme la nôtre, civilisatrice et libératrice. »

Il ne s'agit pas seulement ici de reconnaître une nouvelle fois la constante ambivalence de l'idée coloniale par rapport aux traditions du messianisme démocratique et par rapport aux principes des Droits de l'Homme — ceux-ci pouvant se trouver évoqués pour justifier et magnifier l'action colonisatrice de la France républicaine aussi bien que la réprouver et la condamner. Les nombreuses équivoques que révèle l'attitude socialiste considérée dans son ensemble, les précautions dont beaucoup croient nécessaire d'entourer la dénonciation des abus coloniaux méritent de retenir, sur un autre plan, l'attention de l'historien. De toute évidence l'idée coloniale tend désormais à relever du très puissant système de restrictions et d'interdits qui domine tout ce qui touche à l'expression du sentiment national. En d'autres termes toute mise en cause, directe ou indirecte, de l'œuvre coloniale de la France risque maintenant de paraître suspecte au regard des exigences et des impératifs du patriotisme élémentaire : l'opinion dominante, le préjugé commun imposent, en ce qui concerne le problème colonial, la circonspection que commande l'adhésion aux valeurs suprêmes de l'allégeance nationale. Au niveau le plus large, au niveau premier de la conscience collective c'est en fin de compte un processus d'intégration progressive de l'idéologie coloniale à l'idéologie nationale que l'on est en droit de constater. Que dans leur contestation globale des valeurs communément admises par la société de leur temps, les porte-parole du syndicalisme révolutionnaire associent dans leurs attaques colonialisme, militarisme et notion « bourgeoise » du patriotisme, le fait ne vient que confirmer l'observation. Comme le confirme par ailleurs la place — secondaire certes, mais non négligeable — que tient le thème colonial dans toutes les manifestations du vaste mouvement de renouveau nationaliste qui s'exprime, à la veille de la guerre, à travers toute une importante fraction de la jeunesse intellectuelle. Et c'est, au milieu de beaucoup d'autres, le témoignage de cet étudiant (recueilli dans la célèbre enquête d'Agathon sur les *Jeunes gens d'aujourd'hui* publiée en 1913) qui cite, parmi les raisons d'une ferveur nationale retrouvée, la fierté que lui procure la vision d' « un planisphère d'Afrique, où de larges taches rouges m'indiquent les terres où rayonne une âme qui est la mienne, où se prolonge une puissance dont je sens les racines en moi [19] » : « Je combattrais pour leur défense, affirme-t-il, comme pour celle de la strophe, comme pour celle de mon pain quotidien ». Et c'est Péguy surtout, interprète privilégié d'un patriotisme rénové et amplifié, qui quelques mois auparavant, dans *Victor Marie comte Hugo*, exalte le destin exemplaire d'Ernest Psichari, petit-fils de Renan par sa mère, jeune intellectuel transfuge de son milieu d'origine pour s'engager dans l'armée coloniale et qui fait alors campagne en Mauritanie :

« [...] Homme jeune, plein de sang, qui naguère maréchal des logis d'artillerie coloniale vous enivriez de la vitesse et de la force des batteries à cheval ; qui avez un sabre et *c'est pour vous en servir* ; qui dans une maison glorieuse (dans le siècle) de tant de gloire avez réintroduit l'antique gloire militaire ; et aussi l'antique gloire navale, l'antique gloire coloniale ; qui dans une maison glorieuse des travaux de la paix avez réintroduit la guerre et l'antique gloire guerrière ; homme jeune, jeune de sang, homme au cœur pur ; qui dans une maison laïque avez réintroduit la gloire antique, la première gloire, la gloire de la guerre ; grand enfant, grand ami, homme au grand cœur ; vous qui fondez des camps et qui fondez des villes ; artilleur ; colonial.

[...] Soldat qui dans le défaut de nos professeurs maintenez, défendez la culture. Français, héritier de la culture antique et de la même culture française. Latin, Romain héritier de la paix romaine, héritier de toutes parts, héritier de toutes mains, Romain héritier de la force romaine, Romain héritier de la loi romaine ; Romain héritier du droit romain ; *jus atque lex,* le droit et la loi, l'administration, le droit romain, la loi romaine ; la province romaine ; Pacificateur, Edificateur ; Organisateur, Codificateur, Justificateur, héritier des courbes nautiques et des circumnavigations, dur héritier des souples périples, pacificateur, qui faites la paix à coups de sabre, la seule qui tienne, la seule qui dure, la seule enfin qui soit digne ; la seule au fond qui soit loyale et d'un métal avéré ; vous qui savez ce que c'est qu'une paix imposée, et d'imposer une paix, et le *règne de la paix ;* vous qui maintenez la paix par la force ; vous qui imposez la paix par la guerre ; l'arme au pied ; vous qui faites la paix par les armes, imposée, maintenue par la force des armes. Latin, Romain, Français héritier de la voie romaine, castramétateur, vous qui savez ce que c'est que de frayer une route et d'asseoir un camp [...] Vous qui faites les seules inscriptions historiques dont nous sommes sûrs qu'elles se font en ce moment [20]. »

Opposer ce long chant lyrique aux protestations anticoloniales du socialisme révolutionnaire ne doit évidemment pas faire oublier que la prosopopée de Charles Péguy n'a sans doute pas, en son temps, touché beaucoup plus de lecteurs que n'a pu en atteindre un texte comme celui de Paul Louis. Pas plus qu'il ne convient d'oublier que les jeunes étudiants interrogés par Agathon sont loin d'exprimer les sentiments unanimement partagés de toute une génération. Il reste cependant que de tels accents ou que de telles formules auraient été difficilement imaginables vingt-cinq ans auparavant. Il reste surtout que, dans cette « renaissance de l'orgueil français » (pour reprendre le titre même d'un livre publié en 1912[21]) qui s'exprime avec une force indiscutable dans de nombreux secteurs de l'opinion et qui domine très largement le climat moral de l'immédiat avant-guerre, la diffusion de l'idée coloniale, la fierté de l'œuvre accomplie outre-mer, la prise de conscience de l'existence désormais assurée d'un vaste domaine impérial n'ont certainement pas manqué de jouer un rôle non négligeable. Au-delà des incertitudes qui entourent toute tentative d'analyse rétrospective des sensibilités et des mentalités, un fait peut être considéré comme acquis : chargé à la veille de la première guerre mondiale d'un contenu affectif nouveau, d'un poids de plus en plus lourd et de plus en plus complexe d'images, de souvenirs, de références et de fidélités, l'idéologie coloniale a considérablement élargi ses assises au plus profond de la conscience nationale.

DEUXIÈME PARTIE

LES HEURES DE L'APOGÉE

CHAPITRE VI

L'apothéose de la plus grande France

C'EST une étrange cité qui, dans l'aigre printemps de l'année 1931, surgit aux portes de Paris, à l'orée du bois de Vincennes. Edifiée sous le patronage du maréchal Lyautey, l'Exposition coloniale qu'inaugura au mois de mai le ministre des Colonies Paul Reynaud et qui allait recevoir jusqu'au mois de novembre près de trente-quatre millions de visiteurs, offrait aux regards une assez extraordinaire rencontre de formes, d'images et de couleurs dont l'éclatant souvenir reste encore vivant dans la mémoire de toute une génération de Français. Majestueuse apparition du temple d'Angkor fidèlement reconstitué, longs miroirs d'eau du palais du Maroc, lourde masse rouge de la mosquée soudanaise, ruelles des souks tunisiens, haute tour surmontée de bucranes du pavillon malgache. Chameliers maures, brodeurs annamites, piroguiers congolais, tisserands berbères... Leur réunion sous le ciel de l'Ile de France marquait en fait une heure essentielle dans l'histoire de la France contemporaine : celle de son apothéose coloniale. Déjà l'année précédente, les fêtes du centenaire de la conquête d'Alger avaient été célébrées avec un faste exceptionnel. Le président de la République, Gaston Doumergue, s'était rendu dans les départements algériens, puis avait, dans les mois suivants, complété par deux autres voyages, en Tunisie et au Maroc, son périple nord-africain. L'importance accordée par la presse à ces voyages officiels, l'abondance des commentaires qui leur avaient été consacrés, avaient en quelque sorte annoncé et préparé le triomphal succès de l'exposition de Vincennes. Jamais en tout cas, depuis le début de la Troisième République, jamais même dans le cours de notre histoire nationale, autant de voix ne s'étaient élevées, et avec autant de force et autant d'assurance, pour célébrer la grandeur de l'expansion outre-mer. Jamais, d'autre part, l'idée coloniale ne semble avoir suscité dans l'opinion plus d'intérêt, plus d'enthousiasme, plus de ferveur. Au sommet même de l'Etat les années 1930 et 1931 voient ainsi très hautement et très clairement proclamer une doctrine « impériale » française, qui paraît avoir trouvé alors sa formulation définitive. Mais ces années correspondent également, pour l'ensemble de la communauté nationale et par rapport à la période antérieure, à un très sensible élargissement de ce qu'on peut appeler la conscience coloniale. Sur ce moment d'apogée l'historien ne peut manquer d'arrêter son regard.

L'ÉLARGISSEMENT DE LA CONSCIENCE COLONIALE

L'histoire morale de la France des années 1930 reste dominée, presque écrasée, par le souvenir de la première guerre mondiale. Parmi les facteurs qui ont le plus contribué à élargir la conscience coloniale du public français, à stimuler et à développer l'intérêt et l'attachement portés aux pays d'outre-mer, il faut sans doute tenir compte d'abord du rôle considérable joué par les colonies, entre 1914 et 1918, au service de l'effort de guerre allié. Les troupes « coloniales » ont dans leur ensemble compté 205 000 tués sur les différents théâtres d'opérations. C'est près d'un million d'hommes, combattants ou travailleurs que ses possessions extérieures ont alors fourni à la France. L'empire colonial semble ainsi avoir pleinement répondu aux espoirs que plaçaient en lui, à la veille même de la guerre, certains écrivains et certains théoriciens militaires. Loin d'être une cause de faiblesse pour la métropole menacée dans son territoire, il s'est révélé constituer un appoint économique et surtout démographique d'une importance non négligeable. Loin de détourner la France de la garde de ses frontières, il l'a efficacement aidée à faire face à l'invasion étrangère, à sauvegarder sa souveraineté, à retrouver même l'intégralité de son sol national.

« C'est en partie grâce à son empire colonial, affirme un manuel scolaire publié en 1925 à l'usage des classes secondaires, que la France a pu sortir victorieuse de la Grande Guerre, de même que l'Angleterre doit également à ses colonies d'avoir pu mener la lutte jusqu'au bout. »

Le même thème se retrouve, souligné avec force, dans le rapport de présentation de l'Exposition coloniale rédigé par le gouverneur général Olivier, principal organisateur avec le maréchal Lyautey de l'entreprise de Vincennes :

« A la fierté de posséder le deuxième empire colonial, écrit le gouverneur Olivier, en évoquant l'évolution du sentiment public à l'égard des colonies depuis la victoire de 1918, s'ajoutait désormais dans les esprits un sentiment de reconnaissance qui s'adressait aussi bien à l'œuvre elle-même qu'à ses artisans, aux indigènes de nos colonies autant qu'à leurs éducateurs. La colonisation sortit de l'épreuve clarifiée et grandie. Elle avait dans le domaine national démontré complètement sa bienfaisance [1]. »

Au-delà de l'expression peut-être un peu forcée de la « gratitude » officielle, il reste vrai d'ailleurs qu'un très réel sentiment de solidarité à l'égard de l'empire d'outre-mer semble s'être développé dans la conscience française à partir de l'épreuve de la première guerre mondiale. Non seulement l'évidence des services rendus paraît avoir définitivement dissipé les dernières méfiances et les dernières craintes, séquelles des grandes polémiques de l'époque de Ferry : du strict point de vue de l'intérêt national l'entreprise coloniale ne semble plus pouvoir être contestée [2]. Mais surtout, au niveau élémentaire de la sensibilité populaire, le personnage du soldat noir et celui du soldat nord-africain se trouvent maintenant intégrés dans l'ensemble du légendaire « ancien combattant », légendaire inséparable, aux lendemains de 1919, de toutes les manifestations et de toutes les expressions de la vie française. Déjà durant les hostilités, une innombrable littérature avait exalté la bravoure et l'abnégation des combattants « indigènes », les traits les plus touchants de leur héroïsme et de leur fidélité. L'iconographie de de guerre avait multiplié les images du tirailleur sénégalais chargeant, farouche, la baïonnette en avant ou de l'Algérien guettant, impassible, les pieds dans la boue au créneau de la tranchée. Ces images resteront longtemps présentes dans la mémoire collective, associées à jamais à la mythologie du « poilu », aux souvenirs de sa gloire et à ceux de ses souffrances.

Aux résonances affectives laissées par ces souvenirs vient s'ajouter l'indiscutable fascination exercée sur les imaginations françaises de l'entre-deux-guerres par le Maroc — le Maroc de Lyautey, celui des derniers combats de la conquête et celui de la mise en valeur. Cent vingt mille Français environ viennent s'y installer dans les quinze années qui suivent le premier conflit mondial. Le pays lui-même semble le terrain privilégié de toutes les initiatives et de toutes les audaces. Ce qu'il paraît représenter aux yeux de certains, c'est un peu l'équivalent de ce qu'avait été l'« Ouest » dans l'histoire américaine du siècle précédent. Dans la presse, d'innombrables articles célèbrent l'effort de transformation qui s'y trouve accompli, l'essor foudroyant du port de Casablanca, la naissance de villes nouvelles, la percée de routes, la construction de barrages. Sur la terre marocaine ce sont les manifestations d'un dynamisme créateur à la mesure du monde moderne, de ses exigences et de son rythme que l'on découvre et que l'on exalte : c'est bien souvent même que l'image d'un Maroc, « pays neuf », « vaste laboratoire de la vie moderne » se trouve opposée à celle d'une France métropolitaine enlisée dans un passé trop lourd, enfermée dans la routine, confinée dans ses vieilles habitudes. Quant au personnage de Lyautey, il n'est pas sans signification de relever que onze ouvrages lui sont consacrés entre 1919 et 1936, dont quelques-uns comme la biographie du maréchal par André Maurois [3] connaissent de très larges succès de librairie... Mythes complexes d'ailleurs que le mythe marocain et que celui de Lyautey, et dont la puissance attractive résulte de l'ambiguïté même. Car le Maroc des ingénieurs et des urbanistes est aussi un Maroc militaire, celui où jusqu'en 1934, date où s'achève la pacification, de durs combats se poursuivent au fond des montagnes berbères. C'est celui des officiers des Affaires indigènes, celui de Bournazel le capitaine au légendaire burnous rouge. Grâce à lui une sorte de rumeur épique, de rêve de gloire chevaleresque et guerrière continue à flatter la sensibilité nationale. Lyautey lui-même semble concilier autour de sa personne les prestiges du soldat, de l'homme de guerre et ceux de l'organisateur, du bâtisseur, du faiseur de paix. Ses biographes nous le montrent aristocrate de goût et de tempérament, « grand seigneur de l'ancienne France », en même temps qu'homme du présent, ouvert à toutes les hardiesses et à toutes les nouveautés du monde contemporain, ne cessant de mêler, dans son œuvre et dans son action, le respect du passé et de ses traditions et le sens le plus moderne du progrès. Ainsi traditionnalisme et modernisme, souci des principes de conservation et exaltation des valeurs de progrès, il faudrait presque dire idéologies d'inspiration militariste et idéologies d'inspiration pacifiste peuvent-ils se rejoindre et se confondre dans un commun respect et dans une commune adhésion.

On ne saurait oublier par ailleurs qu'au cours des années qui suivent le premier conflit mondial, les échanges de toute nature ne cessent de se multiplier et de se développer entre la France métropolitaine et ses dépendances extérieures. Ce sont d'abord les liens économiques que l'on voit très sensiblement se resserrer : le pourcentage du commerce colonial dans le commerce général de la France passe de 13 p. 100 en 1913 à 27 p. 100 en 1933 ; à cette date les colonies absorbent 33 p. 100 des exportations de la métropole et lui fournissent plus de 23 p. 100 de ses importations alors que, pour la période 1909-1913, les chiffres correspondants n'étaient que de 12,8 p. 100 pour les exportations et de 10,9 p. 100 pour les importations. La période de l'entre-deux guerres est celle, d'autre part, où s'établissent les premières liaisons aériennes régulières entre l'Europe et l'Afrique. C'est celle où les grandes randonnées automobiles transcontinentales, la « Croisière noire » qui traverse l'Afrique en 1925, la « Croisière jaune » qui relie la Méditerranée au Pacifique en 1933, suscitent l'intérêt passionné d'un très large public, épris à la fois de technique, de record et d'exotisme. C'est celle enfin où toute une littérature exalte le voyage, le départ et le dépaysement, chante la poésie des gares, des routes et des ports, des grands express et des paquebots. Le grand tourisme moderne prend son essor, tandis que la Compagnie Transatlantique édifie de luxueux hôtels dans les oasis des confins sahariens. Et sans doute le mouvement n'intéresse-t-il encore que certaines catégories limitées et privilégiées de la communauté nationale. Il est certain toutefois que, pour un nombre de plus en plus important de visiteurs métropolitains (auquel s'ajoute la petite fraction des jeunes hommes du contingent appelés à accomplir leur service militaire dans les garnisons nord-africaines), se trouve ainsi substituée à la seule connaissance livresque de l'outre-mer un contact personnel et direct avec des paysages, des horizons, des mœurs, des genres de vie. De là l'établissement de tout un réseau de communications — de correspondances, de souvenirs, de fidélités —, dont il demeure impossible faute d'études précises de mesurer exactement l'ampleur, mais dont on ne saurait en aucun cas négliger l'importance.

Il conviendrait encore de tenir compte de la place accrue occupée par le monde colonial dans les pages de la presse quotidienne et hebdomadaire et de l'importance de plus en plus grande qui lui est accordée dans les programmes de l'enseignement public. En ce qui concerne la presse, ce ne sont pas seulement certains journaux comme *L'Echo de Paris, Le Petit Parisien* ou *Le Figaro* qui consacrent aux problèmes coloniaux un nombre considérable d'enquêtes, de reportages ou de chroniques. C'est aussi *Le Temps* qui, à partir du mois de mai 1930, publie régulièrement chaque semaine un *Supplément colonial* particulièrement dense, que dirige Maurice Reclus. C'est enfin *L'Illustration,* qui se trouve alors à l'apogée de son succès dans la bourgeoisie française dont elle semble refléter assez fidèlement les goûts et les aspirations, et dont il n'est guère de numéro, autour des années 1930, qui n'évoque les paysages, les hommes ou les événements de l'outre-mer... Effort nouveau et très considérable d'information dans lequel s'intègre très efficacement l'action de la *Ligue maritime et coloniale,* née en 1921 de la fusion de la *Ligue maritime* et de la *Ligue coloniale française.* La *Ligue maritime et coloniale* compte en 1931 plus de 550 000 adhérents. Représentée dans tous les lycées (le plus souvent par un professeur d'histoire et de géographie), elle distribue des prix, patronne des conférences, organise des croisières et des voyages. Le rayonnement qu'elle exerce dans le milieu scolaire ne saurait être négligé.

Quant aux programmes mêmes de l'enseignement public, c'est, par rapport à la période précédente, un intérêt beaucoup plus nettement souligné pour l'histoire et la géographie « coloniales » qu'exprime leur évolution [4]. Pour les classes élémentaires, une instruction ministérielle, signée Jean Zay et datée du 20 septembre 1938, supprime des programmes de géographie les « indications sommaires sur les pays étrangers » qui s'y trouvaient inscrites et les remplace par des « développements sur les colonies françaises ». « Nous avons obéi, explique le ministre, à la nécessité de consacrer toute l'attention qu'il se doit à la France d'outre-mer qui n'a peut-être pas tenu explicitement jusqu'ici la place désirable. » En ce qui concerne, d'autre part, les classes secondaires, « la formation de l'Empire colonial français » est expressément mentionnée dans les nouveaux programmes d'histoire définis en 1925, alors qu'elle ne figurait pas dans les programmes précédents rédigés en 1902. Une circulaire ministérielle datée de 1937, souligne, par ailleurs, la nécessité de « faire ressortir, dans l'enseignement de la géographie, la diversité des conditions physiques dans la France d'outre-mer, et par la suite la variété de ressources et d'aptitudes de la mise en valeur... ». Il suffit de parcourir les divers manuels publiés entre les deux guerres pour se rendre compte de la fidélité avec laquelle furent appliquées ces consignes. En fait c'est à plusieurs reprises dans le cours de son existence scolaire, depuis son arrivée sur les bancs de l'école primaire jusqu'à sa sortie du lycée après le baccalauréat qu'il est donné au jeune Français de prendre conscience de l'étendue de son domaine colonial et de découvrir la diversité de ses horizons. C'est à plusieurs reprises aussi qu'il se voit appelé à retenir les noms de « nos grands coloniaux », à connaître leurs visages et à admirer leur œuvre. « Tous nos grands hommes d'Etat ont compris qu'un Empire colonial est nécessaire pour assurer la grandeur et la prospérité de la France. » Formulé en ces termes par l'un des plus usités des manuels primaires, l'axiome s'impose à toute une génération d'écoliers.

Dernier facteur enfin d'élargissement de la conscience coloniale française : les progrès très considérables accomplis durant ces années sur le plan de la connaissance générale des territoires coloniaux, des peuples qui y vivent et des civilisations qui s'y sont développées. Dans des secteurs aussi divers que ceux de l'agronomie ou de la médecine tropicale, que ceux de la botanique, de la biologie ou de la zoologie, c'est, pour la période de l'entre-deux-guerres, un immense bilan d'investigations, d'études et de découvertes qu'il convient de dresser. Dans le domaine des sciences humaines, qu'il s'agisse de la sociologie, de la géographie, de la linguistique ou de l'histoire, orientalistes, africanistes et extrême-orientalistes multiplient parallèlement les recherches et les travaux : comment ne pas citer au moins les grands noms d'Emile F. Gautier pour l'Afrique du Nord, de Maurice Delafosse et de Marcel Griaule pour l'Afrique noire ? En ce qui concerne enfin la littérature, de plus en plus nombreux sont les écrivains qui vont chercher dans l'outre-mer colonial les thèmes de leur inspiration. Si nombreux même qu'ils finissent, quelle que soit la diversité de leur mode d'expression, par représenter aux yeux de la critique et aux yeux du public, une école particulière, un genre spécifique [5] : une « anthologie de la littérature coloniale » est publiée en 1929 et, fondé en 1921, un « grand prix de la littérature coloniale » décerné chaque année. Multiple (et sans doute aussi très inégale), la « littérature coloniale » compte en tout cas plusieurs écrivains de talent et à la réputation solidement établie, les ouvrages des frères Tharaud et de Maurice Le Glay sur le Maroc, de Louis Bertrand sur l'Algérie, de Pierre Mille, de René Maran et d'André Demaison sur l'Afrique noire, de Jean Marquet et de Jean Ajalbert sur l'Indochine, connaissent notamment une très large et très légitime audience. Viennent, d'autre part, s'ajouter à ces œuvres, les innombrables récits d'aventures qui, depuis les romans de Pierre Benoit jusqu'aux feuilletons des bibliothèques de gare, trouvent dans le monde colonial et leurs décors et leurs héros et souvent même le ressort de leurs intrigues. Le personnage de l'officier colonial mériterait à cet égard une étude particulière [6] ; de *L'Atantide* et de *La Châtelaine du Liban* aux romans sahariens de Joseph Peyré [7] en passant par les récits héroïques de Paluel Marmont à l'usage de la jeunesse, jamais apparemment il n'avait été jusqu'alors plus souvent mis en scène ni plus largement popularisé [8].

Sans doute faut-il insister sur le fait que cette prodigieuse somme de travaux et d'écrits de toutes sortes ne relève, dans son ensemble, d'aucune intention délibérée de propagande. Par bien des côtés même elle se situe en contradiction avec quelques-uns des plus solides postulats du légendaire et de la bonne conscience coloniale et contribuera sans aucun doute à faire prendre peu à peu conscience de certains problèmes majeurs dont les premières générations coloniales ne semblaient guère avoir soupçonné l'ampleur... Conséquences importantes dans la mesure où elles vont préparer un certain public intellectuel à un nouvel examen, à une nouvelle approche de la question coloniale. Mais conséquences indirectes et qui, dans l'immédiat et pour la grande majorité de l'opinion, peuvent être considérées comme secondaires. Au niveau élémentaire de la sensibilité collective, l'essentiel demeure ce courant sans cesse amplifié d'intérêt et de curiosité tourné vers l'outre-mer. L'essentiel demeure également cet apport toujours accru d'idées et d'images qui vient peu à peu s'imposer dans les milieux les plus divers de la population métropolitaine. Qu'entre les deux guerres, tant de livres (et tant de films aussi [9]), aient appelé toute une génération de Français à porter vers les montagnes du Hoggar ou les brousses du Soudan leurs rêves d'évasion et d'aventure, que l'exotisme colonial fasse irruption dans le décor de la vie quotidienne, que les poufs et les poignards marocains s'introduisent dans l'appartement des petits bourgeois parisiens, autant d'indications non négligeables dans l'histoire des sentiments et des mœurs. Le fait colonial cesse d'être une vague entité pour devenir une réalité familière. La présence coloniale se fait de plus en plus sentir à l'intérieur de la conscience nationale. Elle tend de plus en plus à s'intégrer dans l'ensemble de la vie morale de la France contemporaine.

L'IDÉE IMPÉRIALE ET SON AFFIRMATION

« Le but essentiel de l'Exposition est de donner aux Français conscience de leur Empire, pour reprendre le mot des hommes de la Convention. Il faut que chacun d'entre nous se sente citoyen de la plus grande France, celle des cinq parties du monde... La France métropolitaine a le plus grand territoire de l'Europe après la Russie. Elle n'est cependant que la vingt-troisième partie de l'Empire français [10]. »

C'est en ces termes que Paul Reynaud, alors ministre des Colonies, saluant en 1931 l'ouverture de l'Exposition coloniale, définissait dans son discours inaugural l'objectif essentiel de l'entreprise. Formules décisives, et dont chaque mot sans doute est à retenir, dans la mesure où elles fixent, résument et illustrent la vision définitive qu'en cette œuvre d'apothéose, la Troisième République semble vouloir donner de son entreprise coloniale. « L'Empire », « la plus grande France », les termes entrent désormais et pour une longue période, dans le vocabulaire officiel. L'image d'une « France de cent millions d'habitants », répartie sur les cinq continents et dont l'hexagone métropolitain ne constitue que la vingt-troisième partie, prend place parmi les notions essentielles présentées comme les fondements même de la conscience nationale. En d'autres termes c'est le principe même de l'indivisibilité du territoire national qui se trouve maintenant étendu à l'ensemble du domaine colonial : la France et ses dépendances extérieures doivent être considérées comme un tout indivisible, à l'unité indissoluble et dont toutes les fractions se trouvent réciproquement solidaires.

« Ainsi la France est un tout indissoluble, déclare à l'exposition de Vincennes, une autre voix officielle. La vieille France d'Europe et la jeune France d'outre-mer se sont peu à peu rapprochées malgré les distances, réciproquement pénétrées et mêlées, et sont devenues inséparables. »

Que l'expression même de « France d'outre-mer » se répande de plus en plus largement au cours de la période de l'entre-deux-guerres, qu'elle se trouve de plus en plus fréquemment employée, le fait n'est d'ailleurs pas sans signification :

« Expression heureuse, assure le manuel de géographie de Jean Brunhes à l'usage des classes secondaires, car elle affirme la volonté de voir dans les colonies non des territoires subordonnés, mais le véritable prolongement de la France. »

Toute cette terminologie ne va certes pas sans beaucoup d'ambiguïté : dans quelle mesure notamment la volonté unitaire qu'elle semble impliquer est-elle réellement conciliable avec la diversité de fait des statuts et des institutions qui est celle des peuples groupés sous la souveraineté française ? Dans quelle mesure encore n'assigne-t-elle pas implicitement à la politique coloniale française un objectif assimilationniste qui, sur le plan de la doctrine officielle, se trouve alors de plus en plus nettement répudié ? Au-delà de ces équivoques, nul doute cependant que l'exaltation de l'idée impériale ne corresponde, dans le climat moral de l'entre-deux-guerres, à certaines préoccupations majeures au premier rang desquelles il faut certainement placer cette inquiétude tenace, alors si fortement sentie et si souvent exprimée, que la France ne puisse plus conserver dans le monde contemporain son rang traditionnel de grande puissance... Pays de population médiocre et stagnante, terriblement atteint par l'effroyable saignée de la première guerre mondiale, cerné de forces incertaines ou menaçantes, de quel poids la France, réduite à l'hexagone métropolitain, pourrait-elle peser sur les grandes décisions de la politique internationale ? Devant le déplacement des centres de gravité du monde, devant la montée de nouveaux Etats de dimension continentale, ne risque-t-elle pas d'être irrémédiablement condamnée à ne plus jouer qu'un rôle secondaire et subalterne ? Une « France de cent millions d'habitants », en revanche, étendue en larges taches roses sur les cartes des atlas, demeure à l'échelle des nécessités contemporaines. Elle a pour elle l'espace, le nombre d'hommes et l'immensité de ressources naturelles encore à peine exploitées. L'Empire contribue en somme à rétablir l'équilibre compromis des puissances. Il permet à la France de sauvegarder dans le présent les conditions d'une grandeur menacée. Il la rend forte de toute sa masse, l'amplifie de toute son étendue, la rassure de toutes ses promesses.

« Sans lui, nous nous acheminerions vers une inévitable déchéance », déclare après bien d'autres Maurice Reclus, en 1931, dans le supplément colonial du *Temps*. Si la France n'était pas à Alger, à Dakar, à Hanoï, poursuit le journaliste, c'est une question de savoir si elle serait à Paris. C'est son Empire qui la tient à bout de bras, la garde des dangers du présent et lui assure l'avenir (...). En renonçant à son statut impérial, ou ce qui revient au même en ne cherchant pas à l'organiser et à le consolider, la France loin de retrouver dans ce repliement des forces nouvelles, perdrait au contraire les forces qui lui restent [11]. »

Sur le plan économique, la France d'outre-mer est ainsi présentée comme assurant à la métropole la possibilité de son indépendance et la promesse d'un surcroît d'activité féconde. Au cours des années de crise notamment, c'est dans ces perspectives que se trouve si souvent développée l'idée d'un vaste ensemble impérial, aux ressources complémentaires, échappant aux vicissitudes du marché international et trouvant en lui-même les conditions d'une harmonieuse expansion [12]. Ces préoccupations se retrouvent dans les délibérations de la Conférence économique de la France métropolitaine et d'outre-mer, tenue en 1935. Elles se retrouvent encore à l'origine des grands projets incessamment repris de construction d'un chemin de fer transsaharien, aussi bien que dans les très vastes espoirs que certains semblent placer dans les travaux d'irrigation de la boucle du Niger... Mais c'est sur le plan de la défense et de la sécurité, en fonction des impératifs suprêmes de la sauvegarde du sol national contre les menaces extérieures, que la nécessité primordiale de l'Empire est le plus fréquemment et le plus fortement soulignée. Le thème s'exprime d'ailleurs avec une insistance croissante à mesure que se rapproche le danger d'un second conflit mondial et jamais sans doute il ne semble avoir été officiellement développé avec plus de netteté que dans les discours prononcés par Edouard Daladier, président du Conseil, dans les premiers mois de l'année 1939. Il s'agit alors de répondre aux revendications de l'Italie mussolinienne menaçant directement la souveraineté française en Afrique du Nord. Mais il s'agit aussi, devant la montée des périls guerriers, d'affirmer la puissance de la France.

C'est en Afrique du Nord que l'on prend la mesure de la véritable grandeur de la France », s'écrie Daladier à Tunis le 4 janvier 1939. Et deux mois plus tard, le 29 mars, dans une allocution radiodiffusée : « La force française ? Elle est présente dans le monde entier [...] Elle est à la mesure de cet immense Empire dont le bloc africain, intangible, forme l'armature centrale, et dont récemment encore j'ai pu mesurer moi-même l'affectueux attachement et le dévouement total à la Mère Patrie. »

L'avertissement est clair : dans la lutte qui s'annonce, ce n'est pas la seule France métropolitaine que l'agresseur devra affronter, mais une immense puissance mondiale, indivisible dans la détermination de défendre son unité et son intégrité et conjuguant toutes ses forces dans la poursuite d'un même combat.

Si les considérations de puissance tiennent une place essentielle dans l'exaltation de l'idée coloniale, on ne saurait toutefois oublier qu'elles demeurent toujours inséparables, et dans leur expression même, d'autres considérations : considérations d'ordre moral et considérations d'ordre humanitaire. L'Empire, en effet, n'est pas seulement célébré dans la mesure où il permet à la France de rester fidèle à sa vocation historique, de ne pas déchoir, de maintenir les conditions de sa sécurité, de son indépendance et de sa grandeur. Il est célébré aussi dans la mesure où il assure aux peuples placés sous la protection du drapeau tricolore les immenses bienfaits de la paix et du progrès, où il leur permet de s'élever, de s'éduquer, de vaincre la maladie, de triompher de l'ignorance, de franchir plus rapidement, plus aisément les étapes de l'histoire humaine et d'accéder en fin de compte aux valeurs suprêmes de la dignité et de la liberté. Il n'est guère de thème plus constant dans la littérature coloniale de l'entre-deux-guerres, officielle ou non officielle, que l'opposition de « l'avant » et de « l'après ». « Avant », c'est-à-dire avant l'établissement de la souveraineté française, c'est, en Afrique aussi bien qu'en Asie, l'oppression de l'homme par l'homme, l'assujettissement du plus faible par le plus fort, l'esclavage, le règne despotique et sanguinaire des roitelets noirs ou la domination cupide des mandarins. Ce sont aussi les ravages des épidémies, les famines, les contraintes avilissantes et absurdes, les guerres et les razzias. « Après », c'est-à-dire après l'établissement de la souveraineté française, c'est, en Afrique aussi bien qu'en Asie, la possibilité pour chacun de vivre libéré des vieilles terreurs et des vieilles sujétions, un idéal de fraternité féconde substitué à un passé d'anarchie et de déchirements, l'opprimé enfin protégé, la sécurité retrouvée, l'hôpital pour les malades, l'école pour les enfants. Et ce sont, en même temps, pour les peuples et les races autrefois menacés d'anéantissement, pour le Cambodgien guetté par la volonté de conquête de l'Annamite comme pour le sédentaire des confins sahariens foulé et spolié par les pillards nomades, la certitude d'une sauvegarde, l'assurance d'un libre épanouissement des valeurs originales de leurs civilisations [13].

Avec des nuances diverses, des images plus ou moins simplistes ou en formules plus ou moins péremptoires, le thème se retrouve dans tous les manuels scolaires de l'époque :

« En Algérie, lit-on par exemple dans la réédition de 1936 du vieux livre d'histoire d'Ernest Lavisse diffusé encore dans des milliers d'écoles primaires, les villes anciennes se sont tant embellies qu'on ne les reconnaît plus. Il y a des villes nouvelles et surtout des villages nouveaux en grand nombre. La France veut que les petits Arabes soient aussi bien instruits que les petits Français. Cela prouve que la France est bonne et généreuse pour les peuples qu'elle a soumis. »

Mais on le retrouve aussi, dès qu'il s'agit d'évoquer l'œuvre coloniale de la France, dans toutes les expressions de l'éloquence officielle.

« La diversité des territoires de l'Afrique du Nord, affirme Edouard Daladier en 1939 dans son discours de Tunis, est la preuve la plus éclatante de la volonté de justice qui anime la France [...]. La France n'agit que pour élever dans la lumière tous les peuples qui se fient à elle. Ce sera la grandeur des hommes qui ont édifié cet Empire français que de pouvoir dire qu'ils n'ont jamais songé à autre chose qu'à l'établir sur la collaboration la plus étroite, la plus humaine entre tous les peuples et le peuple français qui s'efforçait de les entraîner vers le progrès. »

Par l'esprit qui l'anime, la construction impériale française reste donc fidèle aux grands impératifs moraux qui dominent le cours de notre histoire nationale et lui donnent toute sa signification :

« Cet esprit, déclare encore Edouard Daladier, est celui de la Fraternité des hommes et de la Liberté. Il a rassemblé au cours des siècles la communauté française autour d'un même idéal ; il a recommencé le même miracle de civilisation et d'humanité sur une échelle plus large encore... »

La France s'est toujours montrée prête, répète de son côté, le « petit Lavisse », à « faire de l'indigène, du vaincu de la veille, son associé dans l'œuvre de progrès qu'elle tente aux colonies ».

Mais il faut lire, pour saisir dans toute leur force et dans toute leur dimension les certitudes sur lesquelles repose l'affirmation de l'idée impériale, le livre capital d'Albert Sarraut, *Grandeur et servitude coloniales*, publié en 1931, l'année même de l'exposition de Vincennes. Albert Sarraut est alors une des personnalités les plus représentatives du parti radical. Il a exercé à deux reprises les fonctions de gouverneur général de l'Indochine et occupé le ministère des Colonies dans de nombreuses formations gouvernementales. Auteur d'un ouvrage sur la *Mise en valeur des colonies françaises*, édité en 1923, il peut apparaître, après la disparition d'Etienne, comme l'un des chefs les plus écoutés de ce qui constitue toujours « le parti colonial » dans les assemblées parlementaires de l'entre-deux-guerres.

L'intérêt de *Grandeur et servitude coloniales* ne vient pas seulement cependant de ce que Sarraut y célèbre en même temps que bien d'autres la toute puissante noblesse de la construction impériale française. Il vient surtout de ce que son auteur s'efforce d'y présenter en termes relativement précis une réflexion d'ensemble sur le problème colonial, celui-ci étant abordé et du point de vue du droit et du point de vue de la morale. Albert Sarraut est ainsi amené à reconnaître que la colonisation peut, dans ses premiers aspects, être à bon droit considérée comme une brutale entreprise de conquête, née d'une simple volonté de domination ; c'est à ce titre que, selon lui, s'expliquent et se légitiment les objections et les refus des radicaux de 1885. Mais l'œuvre coloniale a pris, en se développant, un tout autre visage : celui d'une grande œuvre collective de solidarité.

« J'ai connu, écrit Sarraut, cette heure de trouble où la conscience s'émeut devant les contradictions apparentes. Car l'ironie du sort m'a fait naître à la vie publique sous la discipline des hommes qui avaient en France, contre l'expansion coloniale, dressé un réquisitoire implacable. J'ai été leur élève. Et le jour où le destin me porta vers le commandement outre-mer, leurs paroles retentissaient encore à mes oreilles. Pendant douze années, sous les tropiques comme en France, gouverneur général ou ministre, j'ai longuement médité sur la colonisation, sa légitimité, ses conséquences morales. De ces méditations, chaque jour nourries et contrôlées par l'expérience des actes positifs, est sortie, magnifique et saine, la conviction dont je voulais enflammer vos âmes... »

Cette conviction repose, selon Sarraut, sur l'évidence d'un certain nombre de « robustes vérités », invulnérables désormais à la critique et à la controverse dans la mesure où elles témoignent sans équivoque de l'esprit essentiellement « altruiste » de l'œuvre colonisatrice de la Troisième République. La colonisation a acquis aujourd'hui la dignité et la légitimité morale que l'on pouvait originellement lui contester. « Acte primitif de force », elle doit être maintenant définie comme une « admirable création du droit ». Et Sarraut peut ainsi conclure :

« Dès lors, dans l'action coloniale ainsi comprise, il n'y a plus comme au début, « droit du plus fort », mais bien « droit du fort à aider le faible », ce qui paraît vraiment le droit le plus noble et le plus haut de tous. L'opération n'est plus unilatérale ; elle n'évince pas un possédant au profit d'un spoliateur ; elle peut plus justement que celle qui la précéda, réclamer le titre de « pacte colonial », car elle est conçue pour l'avantage des deux ayants droit, liés par une politique d'association. La possession lointaine ne sera plus à présent un simple comptoir, un dépôt de richesses, un débouché où le « conquérant » vient rafler les épices et écouler sa marchandise en pressurant une race indigène taillable et corvéable à merci. Les colonies cessent de n'être que des marchés ; ce sont des entités vivantes, des créations d'humanité, des parties solidaires de l'Etat français dont on va par le progrès scientifique, moral, économique et politique, favoriser l'accès à de plus hauts destins, au même titre que les autres parties du territoire national [14]. »

Il conviendrait, au demeurant, d'insister sur le fait qu'à l'exaltation de la France impériale et à l'affirmation de ses bienfaits, telles du moins qu'elles s'expriment autour des années 1930 et 1931, se trouvent très fréquemment associées l'exaltation et l'affirmation de la grandeur et de la solidarité des peuples de l'Europe dans l'accomplissement des plus humaines des tâches colonisatrices. C'est avec force notamment que, dans *Grandeur et servitude coloniales,* Albert Sarraut développe l'idée que l'héritage colonial doit être considéré comme le bien commun de tous les Européens et que ce bien commun, tous les Européens doivent aujourd'hui s'unir, au-delà des vieilles rivalités et des vieilles oppositions nationales, pour le défendre et le faire fructifier : « l'édifice européen, affirme Sarraut, repose sur des pilotis coloniaux ». Mais le même thème se trouve exprimé, et avec non moins de vigueur, dans tous les textes officiels consacrés à l'exposition de Vincennes : exposition où sont invitées toutes les puissances coloniales, qui les réunit côte à côte, qui permet à chacune d'entre elles de témoigner de ses efforts et de ses réussites et dont le caractère « international » ne manque jamais d'être souligné. Le fait colonial est un « fait européen », rappelle Paul Reynaud dans son discours inaugural : l'un des buts de l'exposition de Vincennes est précisément de permettre aux peuples de l'Europe de prendre plus nettement conscience de la communauté et de la noblesse de leur civilisation. Après avoir évoqué « la somme des bienfaits » que la civilisation occidentale a répandus sur la terre, le gouverneur général Olivier invite, de son côté, toutes les puissances coloniales « à demeurer unies et associées pour les longs travaux de l'avenir, comme elles le furent pour l'éphémère entreprise de Vincennes ». « Aux colonies comme en Europe, affirme-t-il, le temps des particularismes nationaux est révolu ». Et c'est enfin le maréchal Lyautey qui célèbre dans la colonisation une « œuvre de paix et de progrès », susceptible de rassembler toutes les nations de l'Occident : « En décidant cette exposition, déclare le Maréchal, le Parlement a voulu montrer, au lendemain de la période meurtrière et fratricide qui a couvert le monde de ruines, qu'il y a pour notre civilisation d'autres champs que les champs de bataille où les hommes peuvent rivaliser loyalement, généreusement, dans les œuvres de paix et de progrès [15]. »

Ce qui ressort de toute évidence de ces textes, c'est la volonté d'intégrer l'idéal colonial à cet idéal de rapprochement et de coopération internationale qui marque très profondément le climat moral de l'immédiat après-guerre (« Le monde s'est pénétré de cette vérité, écrit encore le maréchal Lyautey, que c'est dans l'action coloniale qu'il peut dès à présent réaliser une notion de solidarité humaine acquise péniblement au milieu des déchirements et des ruines[16] »). On y retrouve les échos de cette ferveur « européenne » dont la montée de la menace nationale-socialiste allemande n'est pas encore venue dissiper les espérances. Mais on y retrouve aussi l'indication que les conflits pour le partage du monde doivent être désormais considérés comme terminés. On y retrouve l'expression d'une prise de conscience nouvelle des liens de solidarité qui, devant un monde en mutation, unissent désormais les nations de l'Occident. Par là encore, — et il faut sans doute insister sur ce point, — l'idée coloniale se rattache au souci de modernisme si fortement exprimé par l'époque. Ce n'est pas en vain si son apologie se trouve si souvent liée à celle des grandes réalisations du progrès technique. Ce n'est pas en vain par exemple, si une publication comme *L'Illustration* qui accorde tant de place dans ses colonnes à l'évocation de la France coloniale, consacre également tant de pages aux routes, à l'automobile, à l'aviation, aux grands travaux de l'urbanisme contemporain. Ainsi, au niveau des représentations collectives, l'image du colonisateur tend-elle fréquemment à se confondre avec celle de l'ingénieur, constructeur de ports, de ponts et de barrages ou avec celle du pionnier des grandes randonnées intercontinentales. Ainsi la colonisation peut-elle apparaître, selon la formule même de l'un de ses théoriciens, comme « l'une des plus fortes nouveautés du monde moderne ». Ce qu'elle représente aux yeux de beaucoup, c'est l'Occident tout entier réconcilié dans une œuvre de progrès positif. Mais c'est également la conquête et l'organisation de l'espace, le triomphe des grands moyens modernes de communication, le rail, le moteur, l'avion. Avec l'apothéose de l'idée coloniale, c'est en fin de compte l'aboutissement d'un certain idéal saint-simonien d'aménagement rationel du globe qui trouve alors son éphémère épanouissement.

Sur une enquête d'opinion

Sans doute la plupart de ces thèmes étaient-ils déjà explicitement ou implicitement contenus dans les écrits, publiés cinquante ans auparavant, des premiers doctrinaires républicains d'un nouvel impérialisme français. Mais ils se retrouvent maintenant beaucoup plus amplement développés, chargés de résonances nouvelles, enrichis d'innombrables références prises dans l'actualité la plus immédiate. Surtout ils semblent rencontrer, auprès des représentants des diverses tendances politiques entre lesquelles se partage l'opinion, une adhésion considérablement plus large. On le sait, l'anticolonialisme de l'extrême-droite traditionaliste ou nationaliste, encore vivace dans certains milieux du début du siècle, avait achevé de se dissiper dans les années de l'immédiat après-guerre. Or ce sont les résistances socialistes qui semblent céder à leur tour entre 1919 et 1939 : un ralliement progressif, une acceptation du fait accompli s'opèrent dans ce secteur de l'opinion, assez semblable à ce qui s'était produit chez les radicaux quelques dizaines d'années auparavant. De la droite extrême à la gauche sociale-démocrate sans doute subsiste-t-il, quant à l'expression de l'idéologie coloniale, de très sensibles nuances de vocabulaire. Subsistent aussi des divergences d'interprétation et de conception dont on ne peut négliger l'importance : autour, tout particulièrement, du problème décisif du statut politique des territoires d'outre-mer, des réformes à y promouvoir, de leur urgence et de leur nature, l'ampleur des contradictions, la gravité des oppositions ne sauraient être dissimulées. Si ce n'est pas une même politique coloniale qui se trouve définie et préconisée, il reste pourtant que sur les principes essentiels, ceux sur lesquels se fonde la légitimité présente de la construction impériale française, un *consensus* existe, — et singulièrement étendu, puisqu'il va pratiquement des porte-parole des Ligues « nationales » aux interprètes officiels du parti S.F.I.O.

Il peut dans ces conditions sembler assez étonnant qu'au cœur même de l'apothéose coloniale des années 1930, tant de voix se soient obstinées à déplorer la faiblesse persistante de l'esprit colonial dans la France métropolitaine [17]. Certains indices particulièrement troublants ne peuvent toutefois manquer d'être relevés. Il faut bien par exemple, constater l'insignifiance de la place généralement tenue par l'outre-mer dans l'ensemble des professions de foi électorales exprimées à l'occasion des diverses consultations législatives de l'entre-deux-guerres. Mais il y a sans doute beaucoup plus grave. Alors qu'au profit de l'idée impériale on ne cesse d'invoquer les grands impératifs de la solidarité humaine, n'est-il pas significatif de voir se multiplier les campagnes de presse contre la main-d'œuvre nord-africaine travaillant en métropole ? Il suffit pour s'en convaincre de feuilleter la collection de l'*Œuvre,* quotidien fort apprécié d'une petite bourgeoisie radicale, des années 1930 et 1931 : la dénonciation de l'invasion par les « sidis » des quartiers de nos grandes villes s'exprime avec force dans les journaux mêmes qui se montrent par ailleurs les mieux disposés à exalter l'action fraternelle de la France coloniale. Alors, d'autre part, que se trouve érigée en dogme l'assimilation des principes de l'unité et de l'intégrité impériale aux principes de l'unité et de l'intégrité du territoire national, ne faut-il pas également relever, comme caractéristiques de réactions populaires très sensiblement éloignées des postulats officiels, les résultats d'une enquête menée dans les premiers mois de l'année 1939 [18] ? A la question de savoir si « elles sont décidées à se battre plutôt que de céder la moindre partie de nos possessions coloniales », 44 % des personnes interrogées répondent par « non », 40 % par « oui » et 16 % ne donnent pas de réponse. A la question de savoir si l'on estime « aussi pénible de voir céder un morceau de notre empire colonial qu'un morceau du territoire de la France », on enregistre sans doute 53 % de « oui », mais 43 % de « non » et 4 % de sans réponse.

« Les plus forts pourcentages de personnes se déclarant attachées à nos colonies, commente l'enquêteur, se rencontrent parmi les jeunes gens de moins de trente ans et les personnes de plus de soixante ans, ainsi que chez les ouvriers. Au contraire les personnes âgées de trente à cinquante ans et celles qui exercent des professions commerciales témoignent d'un attachement moins ardent. »

Il faudrait évidemment disposer de beaucoup d'informations de ce genre pour tenter de mesurer avec quelques chances d'exactitude le degré de sensibilisation, le coefficient de participation de la masse à l'égard de la propagande coloniale telle qu'elle se trouve officiellement définie. Par rapport à ce qu'on est en droit de supposer de l'état de l'opinion dans les premières années du siècle, les résultats de l'enquête de 1939 peuvent certes être interprétés comme le témoignage d'un très sensible progrès de l'idéologie impériale. Mais de ce progrès, ajoutés à bien d'autres indices, ils marquent aussi les limites, ils soulignent la portée relative. Selon toute vraisemblance, les thèmes développés par les voix du pouvoir, repris par l'école, diffusés par une innombrable littérature n'ont pas encore totalement pénétré aux niveaux les plus profonds du sentiment populaire. Le visiteur anonyme, perdu dans les foules immenses qui chaque dimanche envahissent les avenues de l'exposition de Vincennes, lorsqu'il regagne son quartier de banlieue ou sa petite ville de province, quelles images l'habitent, quelle conscience de ses devoirs ? Il a cédé sans doute à l'émerveillement de l'exotisme. Très certainement aussi il a participé à un certain orgueil, à une certaine forme de fierté cocardière. Mais au-delà de l'attrait de l'exotisme, au-delà de la fierté cocardière ? Dans quelle mesure se sent-il effectivement citoyen d'une plus grande France, membre d'une nation de cent millions d'habitants ? Dans quelle mesure est-il conscient des grandes responsabilités de la solidarité impériale ? On ne peut dissiper à cet égard une assez gênante impression d'ambiguïté. Au tableau du triomphe de la France coloniale, il y a là une ombre que l'on ne saurait omettre de porter. Mais d'autres ombres existent, et d'une plus redoutable ampleur.

CHAPITRE VII

Les premières inquiétudes coloniales

Lo, all our pomp of yesterday
Is one with Nineveh and Tyre
Judge of the Nations, spare it yet
Lest we forget, lest we forget.

AINSI Kipling, dès 1897, au lendemain même de la prodigieuse apothéose coloniale que fut le jubilé de la reine Victoria, suppliait-il le Dieu des armées, Juge des nations, d'éloigner de cet Empire, dont on venait de célébrer le triomphe, les menaces encore obscures mais dont il pressentait l'inexorable cheminement. L'apogée coloniale française des années 1930 et 1931 n'a pas eu son Kipling. Elle a connu cependant ce double mouvement d'orgueil et d'inquiétude, de fierté pour l'œuvre accomplie mais aussi de crainte pour le destin que l'histoire risquait de lui réserver... Cette inquiétude se découvre dans le texte même où le gouverneur général Olivier, présentant l'exposition de Vincennes, s'efforce de dégager l'esprit qui a présidé à son organisation. Elle s'exprime avec plus de force encore dans le livre essentiel d'Albert Sarraut, *Grandeur et servitudes coloniales* : « La crise de la colonisation partout est ouverte, écrit Sarraut. Le problème est posé. » Et Gabriel Hanotaux, qui préside alors à la rédaction d'une monumentale et très académique *Histoire des Colonies françaises*, lui fait écho [1] :

« Qui eût dit aux créateurs de la fondation coloniale qu'avant que les derniers d'entre eux eussent disparu de la scène, le principe et la valeur de leurs entreprises seraient soumis au jugement et au contrôle des peuples sur lesquels ils prétendaient étendre leur protection ? Les défunts seraient confondus s'ils savaient où nous en sommes, après un si court espace de temps. »

Ainsi exalte-t-on un héritage, mais ainsi reconnaît-on en même temps, explicitement ou implicitement, ouvertement ou confusément, que cet héritage est menacé et que c'est pour sa sauvegarde que l'on entend mobiliser des énergies nouvelles.

La menace communiste

« Au moment même où nous essayons de nous rapprocher des « âmes » indigènes, d'autres influences tendent à les éloigner de nous. Un peu partout de grands mouvements qui agitent le monde menacent de faire vibrer les populations coloniales ; ici c'est le communisme, ailleurs la propagande pannègre transmise par les Noirs d'Amérique ; ailleurs encore le panislamisme, les menées révolutionnaires venues de l'Inde [...]. Ces mouvements se trouvent fréquemment déformés par les caractères et les traditions du milieu où ils pénètrent. Telle agitation communiste n'a de communiste que le nom. »

Ces lignes, extraites de la préface d'un petit livre

intitulé *Nos grands problèmes coloniaux*, publié en 1929 et œuvre de l'ancien directeur de l'Enseignement au Maroc, Georges Hardy [2], résument très clairement les deux sortes de menaces qui, au regard des observateurs les plus lucides, semblent se développer alors contre les vieilles dominations coloniales : les revendications des nouveaux nationalismes indigènes et l'action de l'Internationale communiste.

De ce double danger évoqué par Georges Hardy, c'est très certainement sur le premier qu'en fonction même des larges perspectives historiques qu'elle se trouve en mesure d'embrasser, l'analyse contemporaine mettrait principalement l'accent. Et l'on ne saurait oublier, en effet, que c'est dans la période de l'entre-deux-guerres qu'apparaissent dans les pays d'Afrique du Nord les premiers mouvements revendicatifs, les uns d'inspiration religieuse et panarabe comme le Destour tunisien fondé dès 1920 ou l'association des Oulémas en Algérie fondée en 1935, les autres d'inspiration moderniste et plus ou moins révolutionnaire comme l'Etoile Nord-Africaine qui date de 1926 ou le Néo-Destour qui date de 1931. C'est aussi dans cette période qu'éclatent en Indochine, plus précisément en Annam et au Tonkin, les premières révoltes nationalistes : dès 1925 commence une campagne systématique de terrorisme qui culmine, en 1930, avec l'attaque et le massacre de la garnison du petit poste de Yen Bay dans le Haut Tonkin. Si les débuts des mouvements nationalistes nord-africains semblent retenir assez peu l'attention du grand public, s'ils demeurent mal connus et peu étudiés, les événements d'Indochine ne sont pas en revanche sans provoquer une émotion considérable et qui s'exprime avec force aussi bien dans la presse qu'à la tribune du Parlement. L'opinion ne peut manquer d'être frappée, d'autre part, par les très graves difficultés que connaissent les Anglais en Egypte, où le protectorat britannique est supprimé dès 1922, et surtout aux Indes, où le mouvement gandhiste se développe dans toute son ampleur.

Il faut bien constater cependant que, dans la France de l'Exposition coloniale, l'exacte prise de conscience de ces périls n'appartient en fait qu'à des cercles assez restreints de spécialistes ou d'observateurs lucides et bien informés. Les premières manifestations des nationalismes asiatiques et africains ne sont nullement ignorées [3]. Il reste certain toutefois que le public français, dans son ensemble, et les milieux politiques eux-mêmes, dans leur grande majorité, paraissent bien davantage sensibles aux formes métropolitaines de l'anticolonialisme, c'est-à-dire aux violentes attaques menées, en France même, contre le principe et le système colonial. Attaques qui semblent d'autant plus graves qu'elles sont essentiellement le fait d'un parti de caractère révolutionnaire : en l'occurrence le jeune parti communiste français. Attaques qui paraissent, d'autre part, d'autant plus redoutables qu'elles sont ouvertement présentées par ceux qui les conduisent comme relevant d'un plan général d'action subversive, visant au total bouleversement de l'ordre établi et s'insérant dans une vaste stratégie révolutionnaire de dimension universelle.

Un fait essentiel ne peut, à cet égard, manquer d'être rappelé : les décisions adoptées dès 1920, par le deuxième Congrès de l'Internationale communiste, décisions qui préconisaient, devant l'effondrement des chances immédiates de l'établissement de la dictature du prolétariat en Europe, un déplacement décisif vers le monde colonial de l'effort et de l'action révolutionnaires [4]. Sans doute le Congrès avait-il refusé de se rallier à certaines thèses extrémistes, défendues notamment par le délégué indien N.N. Roy : selon ce dernier le destin de la révolution mondiale dépendait entièrement du succès de la révolution en Orient ; sans la victoire de la révolution dans les pays non européens, le mouvement communiste serait annihilé en Europe. Plus nuancé, Lénine s'était contenté de souligner l'importance de la révolution en Orient : c'est par l'action conjuguée du prolétariat européen et des masses colonisées que devait, selon lui, s'accomplir l'effondrement mondial du capitalisme, le rôle du prolétariat européen restant toutefois déterminant. Acceptant les thèses de Lénine, le deuxième Congrès n'en avait pas moins défini une véritable doctrine de la révolution coloniale. Dans les perspectives ainsi tracées, il était affirmé que la domination coloniale du capital devait s'écrouler sous les coups conjugués du « prolétariat révolutionnaire des pays avancés » et des « mouvements révolutionnaires de libération des pays arriérés ou des nationalités arriérées ». La collaboration, dans les pays « arriérés », des partis communistes locaux avec les mouvements nationaux de libération, même non prolétariens (c'est-à-dire avec les mouvements nationalistes « bourgeois ») était préconisée. Parallèlement, se trouvait développée toute une théorie de l'évolution des pays sous-développés : les masses des pays économiquement arriérés pouvaient, affirmait le deuxième Congrès, à condition d'être conduites par le « prolétariat conscient » des pays capitalistes développés, parvenir au communisme sans passer par les « différents stades du capitalisme ».

Au niveau des principes, les résolutions du deuxième Congrès établissaient donc un lien déterminant entre la révolution en Europe et la révolution dans les territoires coloniaux, entre la révolution sociale et les révolutions coloniales : en privant les nations capitalistes occidentales des « profits de monopole » réalisés par l'exploitation des pays asiatiques et africains, les révolutions coloniales devaient, selon les formules mêmes de Lénine, enlever à la bourgeoisie européenne la possibilité de « corrompre » la classe prolétarienne, c'est-à-dire de lui assurer un niveau de vie plus élevé et d'annihiler ainsi sa volonté révolutionnaire. Il en découlait très logiquement, pour tous les partis communistes locaux, que ce soit à l'intérieur des pays colonisés ou à l'intérieur des pays colonisateurs, l'obligation primordiale de placer « la lutte anti-impérialiste » au premier plan de leurs objectifs révolutionnaires. Cette obligation primordiale fut encore soulignée par le VIe Congrès de l'Internationale tenu en 1928. Définissant les lignes directrices d'une stratégie « classe contre classe», les résolutions du VIe Congrès insistaient sur la nécessité d'intégrer étroitement la lutte coloniale dans le mouvement révolutionnaire mené par le prolétariat mondial.

« Par rapport aux pays industriels qui sont en quelque sorte l'agglomération urbaine mondiale, les colonies représentent la campagne mondiale ; une alliance fraternelle de combat avec les masses travailleuses des colonies est, par suite, une des tâches principales du prolétariat industriel mondial ». « C'est seulement dans la mesure, affirmait encore le VIe Congrès, où les partis communistes des pays impérialistes établiront des rapports réguliers avec les partis communistes et les organisations révolutionnaires des pays coloniaux que leur position, au sujet du problème colonial, pourra être reconnue comme authentiquement bolcheviste. »

La IIIe Internationale resta fidèle à ces thèses — véritable charte imposée aux partis communistes européens en matière coloniale — jusqu'en 1935, date à laquelle les changements du contexte politique mondial semblent l'avoir conduite à un certain assouplissement de ses positions premières. Devant la montée des périls fascistes, la tactique du « Front commun », c'est-à-dire de la collaboration avec certains partis « bourgeois », va en effet se trouver alors substituée à la tactique « classe contre classe », préconisée dans les années précédentes. Le maintien de l'indépendance nationale des démocraties occidentales étant maintenant considéré comme nécessaire à la défense de la cause de la libération prolétarienne incarnée par l'U.R.S.S., tout ce qui paraît susceptible de compromettre et d'affaiblir cette indépendance peut être « objectivement » défini comme contraire aux intérêts immédiats de la Révolution. Il s'ensuit que le soutien aux mouvements nationalistes doit être momentanément interrompu et les mots d'ordre de la lutte « anti-impérialiste » provisoirement abandonnés, comme ne répondant plus aux données particulières de la situation présente. Paradoxalement c'est la propagande hitlérienne qui, dans les années précédant immédiatement la seconde guerre mondiale, va reprendre à son compte quelques-uns des principaux thèmes anticolonialistes et tenter de les utiliser contre les puissances occidentales. Et ce sont les dictatures fascistes qui vont alors se donner pour tâche d'aider et de stimuler les mouvements nationalistes coloniaux...

Avatars idéologiques et tactiques qu'il faut bien évoquer dans la mesure même où il ne paraît guère discutable que l'attitude du parti communiste français en matière coloniale n'ait fait que traduire, durant toute la période de l'entre-deux-guerres, une fidélité quasi totale aux grandes directives stratégiques définies par l'Internationale [5]. Fidélité qui s'exprime tout particulièrement par la poursuite discontinue, jusqu'à l'avènement du Front populaire en 1935, de très violentes campagnes « anti-impérialistes » dont la plus spectaculaire et la plus acharnée se situe sans doute entre 1925 et 1926 à l'occasion de la révolte rifaine d'Abd El-Krim. Contre la répression, contre la « guerre des banquiers et des capitalistes », pour « la reconnaissance de la République indépendante du Rif », « pour l'évacuation du Maroc et de toutes les colonies », les communistes français multiplient alors les grèves, les meetings et les manifestations. *L'Humanité* ne cesse de dénoncer « le massacre d'un peuple luttant pour son indépendance » et d'inviter les jeunes soldats du contingent à « fraterniser » avec les combattants rifains. Dans ses colonnes les appels se succèdent : « Contre les capitalistes associés, prolétaires français et rifains, fraternisez ! » « Fraternisation avec les révoltés marocains pour chasser les impérialistes quels qu'ils soient ! ». « Soldats fraternisez, impérialistes évacuez ! ». « Travailleurs dressez-vous contre la guerre du Maroc ! »...

« C'est à une besogne d'expropriation et de meurtre qu'est employée notre armée, s'écrie d'autre part à la tribune du Parlement, en février 1925, le jeune député communiste de Saint-Denis, Jacques Doriot, après avoir longuement stigmatisé l'accaparement des richesses marocaines par les grandes banques européennes. L'appareil militaire qui sert au Maroc est un des plus abominables systèmes de dictature et d'oppression qui existent dans le monde. » « Nous le disons hautement et fièrement, poursuit encore Doriot, nous lutterons contre l'occupation du Maroc parce qu'elle n'est pas faite dans l'intérêt des ouvriers français, parce que le paysan français ne veut pas vivre de l'exploitation de ses frères arabes. » Et le discours se termine par la reconnaissance hautement affirmée de la légitimité de l'insurrection rifaine et de la justesse de sa cause. « Aujourd'hui, Abd El-Krim lutte pour la paix, il veut la paix. Je déclare au nom de mon parti, que nous qui reconnaissons le droit à l'insurrection des ouvriers français, nous reconnaissons aussi aux indigènes le droit de se dresser contre les colonisateurs [6]. »

Les mêmes accents se retrouvent, témoignant de la même violence et de la même volonté d'intransigeance, quelques années plus tard, en 1930 et 1931, à propos des événements d'Indochine. Ici encore c'est, dans un inventaire quotidiennement dressé des « crimes du colonialisme », la même dénonciation véhémente des « horreurs de la répression », des excès des brutalités et des exactions de l'administration française outre-mer. C'est aussi la même condamnation globale du fait colonial, celui-ci se trouvant purement et simplement assimilé à l'exploitation économique des masses indigènes au profit des trusts et des monopoles européens. C'est enfin la même affirmation d'une totale solidarité avec le mouvement insurrectionnel dressé contre la colonisation. Les révoltés de Yen Bay sont salués comme les représentants d'une « grande révolution anti-impérialiste et agraire » devant bientôt s'étendre à l'Asie tout entière.

« Tout le peuple travailleur, celui des villes et des campagnes, est contre vous. Il en a par-dessus la tête de votre domination. Et il commence à utiliser les moyens qui conviennent pour reconquérir son pays et son droit à la vie. »

Ainsi s'exprime Jacques Doriot, à qui semble toujours revenir un rôle de premier plan dans la poursuite de la campagne anti-impérialiste, à l'adresse des tenants de l'ordre colonial [7]... Le ton très agressivement provocant de ces formules, leur dogmatisme abrupt allait sans doute, en ces années de triomphe impérial, trop à contre-courant de l'opinion pour pouvoir y susciter de larges résonances. Que le parti communiste ait même rencontré certaines difficultés à mobiliser et à entraîner ses propres troupes (en vérité encore fort réduites) sur le terrain de la lutte anticoloniale, bien des indices semblent le prouver. Il n'en est que plus remarquable de ne le voir atténuer en aucune circonstance la rigidité de ses positions. « Vive l'Indépendance de l'Algérie ! » titre *L'Humanité* à l'occasion des fêtes du Centenaire. « Cette apothéose est celle du crime », dit-on encore dans ses colonnes à propos de l'exposition de Vincennes.

On ne saurait cependant oublier que l'attitude du Parti communiste français connut un très sensible changement d'orientation à partir de 1935-1936 et dans les trois années qui précédèrent le second conflit mondial. Conformément aux nouvelles perspectives stratégiques tracées par l'Internationale, conformément aussi aux impératifs intérieurs de la politique du Front populaire, le parti fut alors amené, en effet, à réviser considérablement ses positions. Sans doute s'agit-il toujours de donner satisfaction aux « aspirations légitimes des peuples coloniaux ». Mais ce ne peut être désormais que pour renforcer leur « union indispensable avec la démocratie française », union présentée comme leur seule sauvegarde contre les ambitions et les entreprises du fascisme hitlérien et mussolinien... Nouveaux principes, nouvelle ligne de pensée et d'action qui se trouvèrent définis sans équivoque par Maurice Thorez lui-même, secrétaire général du P.C.F., dans un important discours prononcé à Arles en décembre 1937 en conclusion du IXe Congrès du parti :

« Si la question décisive du moment, déclare Maurice Thorez, c'est la lutte victorieuse contre le fascisme, l'intérêt des peuples coloniaux est dans l'union avec le peuple de France et non dans l'attitude qui pourrait favoriser les entreprises du fascisme et placer par exemple l'Algérie, la Tunisie et le Maroc sous le joug de Mussolini ou d'Hitler, ou faire de l'Indochine une base d'opérations pour le Japon militariste. » Afin de « créer les conditions de cette union libre, confiante et fraternelle avec notre peuple », des réformes sont nécessaires, que Thorez énumère : élargissement du droit de vote en Algérie, suppression du code de l'indigénat en Afrique noire, politique de grands travaux d'intérêt économique et social, extension aux territoires coloniaux des libertés publiques et de la législation sociale métropolitaine. Mais loin de conduire à une rupture avec la métropole, ces mesures doivent permettre au contraire d'éviter une sécession que désormais l'on repousse et l'on condamne. C'est au nom de « l'intérêt de la France » qu'elles sont réclamées, « pour ne pas laisser plus longtemps au fascisme les arguments démagogiques par lesquels il essaye de soulever certaines couches des populations indigènes contre notre pays ». « Le droit au divorce, souligne fortement Thorez, en reprenant une formule de Lénine utilisée à l'égard des populations musulmanes de l'Union soviétique, ne signifie pas l'obligation de divorcer. »

Nous sommes loin des éclats passionnés de Jacques Doriot exigeant, quelques années auparavant, l'évacuation immédiate par la France de toutes les terres soumises à son « oppression » [8].

Contre les abus de l'exploitation coloniale

Telles qu'elles se trouvent définies en 1937 par le Congrès d'Arles et par le discours de Maurice Thorez, les positions communistes tendent, à quelques nuances de vocabulaire près, à rejoindre celles auxquelles le parti socialiste S.F.I.O. n'avait depuis la fin de la dernière guerre mondiale, cessé d'être fidèle. La constatation ne fait que souligner davantage la situation d'isolement dans lequel s'est trouvé placé le parti communiste français, sur le plan colonial comme d'ailleurs sur tous les autres plans, au cours de la période antérieure, c'est-à-dire durant les quinze années de lutte « anti-impérialiste ». Sans doute ne saurait-on oublier qu'en dehors des limites précises du parti et appartenant aux milieux marginaux du socialisme français, quelques intellectuels, professeurs, écrivains, journalistes, vinrent à certains moments appuyer ses campagnes et apporter la caution de leur autorité morale à la cause des « peuples opprimés » luttant pour leur indépendance. Il faut à cet égard citer au moins le nom de Félicien Challaye, celui-là même qui avait en 1906 dénoncé avec éclat, dans un des *Cahiers de la Quinzaine,* les scandales de l'administration coloniale au Congo : allant très au-delà des positions très nuancées qui étaient alors les siennes, cet universitaire, professeur de philosophie, ne devait cesser, dans la période de l'entre-deux-guerres, de soutenir les thèses d'une condamnation radicale du système colonial, portée au nom des seuls principes de l'humanitarisme socialiste [9]. Il faut également mentionner la rencontre de tous les éléments communistes et non communistes, au sein d'une organisation de caractère international : *La Ligue contre l'oppression coloniale et l'impérialisme,* fondée à Bruxelles en 1927 et placée sous l'illustre présidence d'Albert Einstein. La Ligue entendait réaliser « la coordination des mouvements d'émancipation coloniale avec les mouvements travaillistes de tous les pays coloniaux et impérialistes » ; elle entendait encore, dit l'édition française de son *Bulletin* (au comité de rédaction duquel figure Félicien Challaye aux côtés d'Henri Barbusse), rassembler « toutes les personnes, toutes les organisations qui désirent travailler à améliorer le sort des indigènes de toutes les colonies, à établir l'égalité des droits de tous les individus sans distinction de race et à donner à tous les peuples du monde le droit à disposer d'eux-mêmes ». Ainsi offrait-elle la possibilité d'un vaste regroupement où les tenants de l'anti-impérialisme de type léniniste pouvaient se retrouver dans une action commune aux côtés de représentants d'une certaine pensée humanitaire d'inspiration sociale-démocrate en même temps qu'aux côtés des principaux leaders des premiers mouvements nationalistes africains et asiatiques [10].

L'épisode même demeure cependant significatif dans la mesure même où, dans la participation française à la *Ligue contre l'oppression coloniale* et au titre des adhésions collectives, les mouvements et les associations de stricte allégeance communiste, tels que la C.G.T.U., apparaissent comme très largement dominants. Il demeure significatif surtout, dans la mesure où, après quelques années d'existence, la *Ligue* ne tarda pas à se désagréger, victime de ses dissensions internes, les communistes se trouvant notamment en opposition violente avec ceux qu'ils ont été très vite amenés à traiter de « bourgeois nègres », de « nationaux réformistes » ou de « sociaux traîtres ». Les premiers entendaient maintenir les principes d'une condamnation globale du fait colonial et de toutes les conséquences, engager aussi le mouvement dans les voies immédiates de l'action révolutionnaire. Il s'agissait, pour les autres, soit de défendre des positions essentiellement ou exclusivement nationalistes, soit de lutter simplement contre les excès et les abus de l'impérialisme européen sans aller cependant jusqu'à une remise en cause totale de l'ensemble du système colonial.

« On dira, explique alors Henri Barbusse, défendant les thèses de l'extrémisme anticolonial, que ce n'est plus la lutte contre l'oppression coloniale, c'est la lutte contre le colonialisme lui-même. Eh ! bien oui, c'est vrai, mais qu'on nous montre sur la terre un seul cas où ces deux choses, l'oppression coloniale et la colonisation, peuvent être dissociées, un seul cas où la colonisation ne soit pas entachée de méfaits, d'abus ou de crimes. Laissez donc cette théorie de la colonisation idyllique dans le magasin des accessoires et commodités publics. Ce n'est qu'une casuistique qui ne vise qu'à maintenir un état de choses monstrueux. »

Le texte de Barbusse, comme les déchirements internes de la *Ligue anti-impérialiste* auxquels il se rapporte, illustre pleinement l'ampleur du fossé idéologique qui a séparé les positions de l'anticolonialisme systématique, défendu jusqu'en 1936 par le parti communiste et quelques alliés occasionnels et les positions de l'ensemble de la gauche non communiste française, notamment celles du parti S.F.I.O. [11]. Les socialistes français n'ont certes jamais cessé, dans la période de l'entre-deux-guerres, de dénoncer, et parfois en termes particulièrement violents, les scandales et les abus de la domination coloniale. Ils n'ont jamais cessé enfin de préconiser une politique progressive d' « émancipation », tout en reconnaissant d'ailleurs que cette politique devait s'adapter au degré d'évolution des peuples colonisés en même temps qu'à la diversité des types de colonisation (l' « émancipation » pouvant ainsi, selon les cas, déboucher soit sur l'assimilation, soit sur l'accession à l'indépendance). Mais c'est une condamnation sans appel qui se trouve portée par eux à l'égard de l'action « anti-impérialiste » menée par la Troisième Internationale. Déjà au Congrès de Tours, en 1920, la minorité Blum-Bracke avait déclaré se refuser à « confondre le mouvement de révolte des peuples opprimés avec le travail de libération prolétarienne », cette confusion « tendant à fausser la lutte des classes et à déclencher la guerre des races contraire à ses principes de fraternité et à sa volonté de paix ». Face au parti communiste, cette attitude ne fut jamais abandonnée.

« Le mouvement communiste, déclare encore en 1926 le député socialiste Renaudel, a beaucoup moins l'intention de libérer les colonies que de gêner leur métropole, aboutissant au seul résultat de provoquer de graves événements, à des massacres et à des coups de fusil. »

Ce serait en somme, répètent toutes les voix officielles de la S.F.I.O., trahir les principes même du socialisme que de céder au mot d'ordre communiste d'évacuation immédiate des territoires coloniaux. Dans l'état actuel de leur évolution, une brusque émancipation n'aurait en effet, pour le plus grand nombre d'entre eux, d'autres résultats que de les abandonner aux formes les plus diverses de la régression et de l'oppression ou que de les livrer à d'inévitables convoitises étrangères, faisant naître ainsi de nouvelles menaces pour la paix internationale.

Sans doute une analyse plus précise et plus nuancée devrait-elle tenir compte de l'existence, à l'intérieur même des rangs des socialistes français, d'un certain nombre de divergences en matière de politique coloniale, de la présence notamment de divers éléments, situés à l'aile gauche du parti et défenseurs de thèses sensiblement plus avancées que celles qui se trouvent définies par ses porte-parole officiels. Il ne reste pas moins vrai que c'est bien cette « doctrine coloniale socialiste », déjà ébauchée par certains dans les premières années du XXe siècle au nom du réalisme, au nom aussi des valeurs bien comprises du progrès, qui, de 1920 à 1939, tend à être de plus en plus clairement et de plus en plus hautement affirmée au sein du parti S.F.I.O. En riposte aux attaques communistes les dénonçant comme « les valets de l'impérialisme », c'est elle en tout cas que l'on voit développée par les socialistes français, en termes particulièrement explicites, à l'occasion de certains épisodes décisifs, et notamment à l'occasion de la révolte rifaine de 1925.

« Il y a une question de fait, écrit Pierre Renaudel dans *Le Populaire,* nous sommes au Maroc, nous y sommes en vertu d'accords internationaux qu'il y aurait péril à laisser rompre pour le maintien de la paix elle-même [...]. Jaurès tout en élevant une protestation de droit contre une occupation militaire et contre les brutalités d'un régime d'oppression possible à l'égard des Marocains ne se prononçait pas pour un total abandon du Maroc. Nous ne pousserons pas à des révoltes armées des indigènes qui ont pour contrecoup inévitable des incidents de guerre dans lesquels des soldats, nos frères, trouvent la mort. En revanche [nous agirons]... pour obtenir du gouvernement qu'il fasse tout ce qui est humainement possible pour arrêter l'effusion de sang. Ce faisant, les uns et les autres nous aurons servi à la fois le socialisme, l'humanité et la France [12]. »

Les mêmes thèmes et aussi les mêmes références à Jaurès se retrouvent exposés à la tribune du Parlement, dans l'intervention du porte-parole socialiste, Henri Fontanier, répliquant en février 1925 au discours tumultueux de Jacques Doriot :

« Toujours fidèles à la pensée de Jaurès, déclare le député socialiste, nous ne demanderons pas au gouvernement d'évacuer le Maroc, car — et vous me permettrez de faire une seconde citation — « ce que la France peut représenter au Maroc c'est un genre de civilisation supérieure ». Ces pensées sont encore les nôtres. Cela ne signifie pas que nous devions approuver complètement la politique pratiquée au Maroc, que nous ne devions pas dénoncer les injustices, les violences, les spoliations dont sont victimes les indigènes (...). Nous devons le faire sans doute, car pour nous, la colonisation ne peut se justifier que si cela apporte aux indigènes une civilisation supérieure et si les nations qui possèdent des colonies s'y présentent comme mandataires de la civilisation et de l'humanité tout entière [13]. »

Condamnation donc de tout ce que la domination coloniale peut comporter d'injustice et d'oppression, mais acceptation du fait colonial non dans sa légitimité définitive, mais comme une nécessité provisoire, liée aux impératifs du progrès humain. Effort pour amender, pour réformer, pour faire en sorte que, selon les formules d'un autre parlementaire socialiste, « les deux notions de civilisation et de colonisation » se rejoignent et se confondent, mais refus, au nom même des intérêts des peuples colonisés, d'une dénonciation systématique et globale du principe colonial. Ainsi peut être assez fidèlement résumée l'attitude d'ensemble du socialisme français face au problème colonial durant la période de l'entre-deux-guerres et il est bien évident que l'esprit réformiste dont elle témoigne essentiellement ne pouvait que se situer en opposition brutale avec les pétitions de principe de l' « anti-impérialisme » révolutionnaire.

Bien que ses auteurs soient loin de tous appartenir aux milieux du socialisme français ou même de se situer dans leur voisinage, c'est au fond la même attitude, c'est le même état d'esprit que traduit, dans son expression dominante, la très abondante littérature de dénonciation des abus du colonialisme publiée dans la France de l'entre-deux-guerres. Littérature aux formes diverses — reportages, enquêtes, études plus ou moins solidement documentées —, qui continue une très solide tradition commencée dès le début de l'expansion outre-mer, mais dont les témoignages se multiplient au cours même des plus belles années de l'apothéose coloniale. Parmi ceux-ci une place particulière doit sans doute être réservée, et du fait de l'autorité de leur auteur et du fait de très nombreuses polémiques qu'ils soulevèrent, à deux ouvrages d'André Gide, *Voyage au Congo*, publié en 1927, et *Retour du Tchad*, publié en 1928 [14].

Il s'agit en fait de notes de voyages recueillies par Gide, au cours d'un périple accompli en compagnie du cinéaste Marc Allégret et qui les avait conduits du Congo au Tchad avec un retour à travers le Cameroun. Notes très impressionnistes où Gide se montre surtout sensible aux paysages, aux couleurs du ciel, à la richesse de la végétation, à la splendeur des papillons et aux grâces des négrillons. Au détour de certaines pages le voyageur n'hésite pas cependant à dénoncer avec force, et aussi en termes précis, les intolérables abus commis à l'égard des populations indigènes par les représentants de l'une des dernières compagnies d'exploitation forestière, la compagnie du Sangha-Oubanghi. « Il ne suffit pas de me dire, écrit André Gide, comme l'on fait souvent, que les indigènes étaient plus malheureux encore avant l'occupation des Français. Nous avons assumé des responsabilités envers eux auxquelles nous n'avons pas le droit de nous soustraire. Désormais une immense plainte me hante : je sais des choses dont je ne puis prendre mon parti. »

Il est pourtant à remarquer que dans l'expression d'une indignation dont on ne saurait suspecter ni la profondeur ni la noblesse, Gide ne songe nullement à mettre en cause, dans sa légitimité essentielle, le principe même de la colonisation. S'il décrit sans complaisance les mœurs de certains Européens campés en terre d'Afrique, il réserve un éloge sincère au gouverneur de l'A.E.F., il rend hommage à l'ensemble des administrateurs qu'il a rencontrés et ne fait guère finalement que regretter que l'autorité de ces derniers ne soit pas plus largement et plus solidement établie. Il demeure significatif, d'autre part, que Gide ne semble porter aucune attention particulière aux civilisations de l'Afrique centrale, qu'il ne paraît pas en soupçonner ni la valeur, ni l'originalité. Les peuplades dont il traverse le territoire ne sont à ses yeux que de « tristes troupeaux humains sans bergers », des « races piétinées, non tant viles peut-être qu'avilies, n'aspirant qu'au plus grossier bien-être. » Et c'est, lorsqu'il arrive dans la région islamisée du Tchad, lorsqu'il quitte l'immensité de la forêt, la joie qu'il exprime de se trouver enfin « de l'autre côté de l'enfer », de reprendre contact avec « une autre civilisation, une autre culture, bien rudimentaire sans doute, mais apportant déjà l'affinement, le sentiment de la noblesse, de la hiérarchie, une spécialité sans but et le goût de l'immatériel ». Dénonçant les scandales et les excès d'une certaine forme mercantile de la colonisation, André Gide reste en somme fidèle aux conventions du siècle précédent. Le monde noir, celui de la forêt, de l'animisme et du tribalisme, demeure à ses yeux l'empire de la « barbarie » ; la notion d'une hiérarchie à établir entre les civilisations est toujours inséparable de sa vision globale du monde.

S'inscrivant dans un genre très traditionnel, celui des récits de voyage de style impressionniste, *Le Voyage au Congo* demeure également, et il n'est pas sans intérêt de le souligner, dans les limites habituelles de ce qu'on peut appeler le système mental colonial.

Exprimée avec plus de force encore (et peut-être aussi avec plus de véritable audace intellectuelle), c'est une même dénonciation des abus de la colonisation que l'on retrouve dans certaines enquêtes journalistiques publiées autour des années 1930 et consacrées à l'Indochine et aux événements sanglants qui viennent de l'éprouver. Enquêtes de valeur documentaire évidemment inégale, mais dont deux au moins, d'un très réel intérêt informatif et qui semblent avoir rencontré une assez large audience, ne peuvent manquer d'être signalées. Il s'agit du livre de Louis Roubaud, *Viet-Nam, la tragédie indochinoise,* publié en 1931 [15] et du livre d'Andrée Viollis, *Indochine S.O.S.*, publié en 1935 [16] et précédé d'une préface d'André Malraux.

Abordant le problème dans une perspective volontairement limitée, le second de ces ouvrages se présente essentiellement comme le dossier des excès de la répression policière consécutive aux troubles de Yen Bay : c'est un répertoire assez atroce dans sa précision et sa sécheresse de sévices et de brutalités de toutes sortes, de scènes de tortures et d'épisodes de représailles collectives. Plus ambitieuse l'enquête de Louis Roubaud contient toutes les données d'une analyse d'ensemble de la situation indochinoise. Le journaliste interroge : comment est né le nationalisme vietnamien, comment et pourquoi s'est-il développé ? Et il répond en évoquant les injustices du système fiscal, les pratiques scandaleuses de recrutement de la main-d'œuvre utilisées par les grandes entreprises industrielles et minières, les conditions de travail qui y sont imposées, la situation de subordination dans laquelle se trouvent maintenues les nouvelles élites locales, les modes de vie de la société coloniale et sa hauteur méprisante à l'égard de la population indigène...

Ici encore il faut pourtant retenir que la sévérité des conclusions auxquelles aboutit l'enquêteur n'implique en aucune façon une condamnation globale du fait colonial. Si Andrée Viollis se dérobe, esquive le débat (« Je ne me propose nullement d'embrasser dans son ensemble le problème de la colonisation française et du fait colonial en soi »), Louis Roubaud s'exprime sur ce point sans équivoque. La compréhension, la sympathie même qu'il témoigne à l'égard du jeune nationalisme indochinois, le souci qu'il ne cesse de montrer, de le présenter sous son véritable visage, ne l'empêchent nullement de juger dangereusement chimériques ses aspirations à l'indépendance. Les mœurs coloniales sont durement appréciées, mais les bienfaits essentiels de la colonisation restent célébrés, « l'œuvre gigantesque réalisée par la France », les routes, les voies ferrées, les barrages, les écoles.

« Par ses propres bienfaits, affirme Louis Roubaud, le bienfaiteur se crée des devoirs. La France n'a pas fini. Il ne faut pas qu'elle soit arrêtée dans son travail généreux par l'ingratitude de quelques-uns et l'égoïsme de quelques autres. »

Portant appel d'une colonisation mal conduite à une colonisation mieux éclairée, plus harmonieuse et plus humaine, ces phrases illustrent très clairement un certain type de réaction et de comportement. Les textes dont elles résument la portée et la signification visent à ébranler, à émouvoir, à attirer l'attention de l'opinion sur des réalités pénibles qui lui sont généralement dissimulées. Mais, mettant en cause les vices d'une institution, leur volonté de contestation s'arrête aux principes mêmes sur lesquels repose cette institution [17]. Ainsi contribuent-ils eux aussi à mettre en évidence l'étroitesse de la marge laissée, dans la France de l'entre-deux-guerres, à l'action militante d'un anticolonialisme doctrinal d'inspiration révolutionnaire.

« Le communisme, voilà l'ennemi »

L'isolement à peu près total du parti communiste français dans la poursuite de la lutte « anti-impérialiste », telle que l'avait définie l'Internationale en 1920 et en 1928 et telle qu'il l'a menée jusqu'en 1935, constitue donc un fait qui ne peut manquer d'être retenu. De ce fait il convient pourtant de souligner les conséquences : conséquences éminemment paradoxales, mais dont la portée risque d'apparaître comme beaucoup plus considérable que ne le laisserait supposer une agitation dont la violence ne saurait faire oublier les limites. Le quasi-monopole de l'anticolonialisme détenu par le parti communiste entre les deux guerres, la façon surtout dont cet anticolonialisme fut conçu et présenté par lui, n'ont-ils pas très fortement influé sur la vision globale qui fut celle de la masse de l'opinion à l'égard du problème colonial ? N'ont-ils pas, plus précisément, contribué à en fausser l'approche et à en obscurcir l'examen ? Considéré du point de vue de l'émancipation des peuples coloniaux, n'est-ce pas, en d'autres termes, bien davantage par ses résultats négatifs que par ses résultats positifs, que l'action du parti communiste français doit retenir la réflexion de l'historien ?

Ces questions méritent d'autant plus d'être évoquées qu'il faut bien constater que, conformément aux principes doctrinaux posés par l'Internationale, le problème colonial n'a jamais été appréhendé par les communistes français en lui-même et pour lui-même, en fonction de sa propre particularité et de sa propre originalité.

Les prises de position du Congrès de 1928 sont sur ce point sans équivoque : capitalisme et impérialisme ne constituant que les deux formes d'une même exploitation, colonisés et prolétaires des pays industriels étant victimes de la même oppression, la « lutte coloniale » ne représente que l'un des fronts de la lutte globale contre le capitalisme international. Il n'y a pas, en vérité, de révolution spécifiquement coloniale, mais une « lutte internationale du prolétariat mondial contre la bourgeoisie mondiale ». Le « combat colonial » reste donc complémentaire et finalement secondaire par rapport à celui que poursuivent les travailleurs industriels des pays économiquement développés à qui reste réservé le rôle d'avant-garde et de moteur de la révolution socialiste. « Contre les forces du capital financier puissamment organisé se dressent et s'organisent deux grandes forces révolutionnaires : d'une part les ouvriers des Etats capitalistes, d'autre part les masses populaires des colonies qui, écrasées par le joug du capital étranger, luttent sous la direction et l'hégémonie du mouvement prolétarien des métropoles. Les succès de l'édification socialiste dans les colonies sont conditionnés par l'appui des pays de dictature prolétarienne. »

Dans ces perspectives théoriques, les problèmes coloniaux ne sont abordés qu'en fonction d'une stratégie révolutionnaire dont l'Europe constitue toujours le centre principal de gravité. Les mouvements de revendication des peuples colonisés n'ont de signification « progressiste » que dans la mesure où ils s'intègrent dans le cadre de cette stratégie, c'est-à-dire dans la mesure où ils en admettent les directives et en acceptent les postulats. C'est avec les objectifs suprêmes de la « révolution prolétarienne » que se trouvent en somme confondus les objectifs des révolutions coloniales.

Enfermant dans une dogmatique abstraite l'analyse de la situation coloniale, négligeant la diversité de ses aspects et la complexité de ses données, une telle attitude n'était évidemment pas faite pour en favoriser une véritable compréhension. Elle conduisait invinciblement à en ignorer les réalités ou, plus exactement, à ne les apercevoir et à ne les présenter qu'à travers une succession de schémas théoriques aussi rigides que déformants. L'assimilation constante établie entre la cause des revendications coloniales et la cause de la révolution prolétarienne ne pouvait manquer, d'autre part, d'entraîner une opinion fort mal informée de certains problèmes à confondre systématiquement les impératifs de la défense impériale avec ceux de la « lutte antibolchevique ». Par un véritable contrecoup, elle fournissait ainsi à la bonne conscience coloniale de la masse un admirable alibi ; elle consolidait ses préjugés, elle préservait les commodités de son confort intellectuel et moral. Quelles que soient les données fournies par la littérature de dénonciation des abus coloniaux, quel que soit aussi le contenu réel des mises en accusation qui se multiplient alors en Asie et en Afrique à l'égard de l'Occident colonisateur, c'est « la main de Moscou » en effet que l'on a tout naturellement tendance à déceler derrière les premières manifestations des nationalismes indigènes, à qui on a tendance à attribuer tous les incidents et tous les troubles [18]. C'est sur la propagande et sur l'action communistes que se trouve finalement rejetée la responsabilité de tout malaise et de toute crise : « Le communisme, voilà l'ennemi », s'écrie Albert Sarraut lui-même, dans un discours retentissant prononcé à Constantine, le 22 avril 1927.

« L'insurrection coloniale, déclare Sarraut, la perte ou l'abandon par la France de ses colonies est l'un des articles essentiels du programme de déchéance française dont l'exécution méthodique est impérieusement tracée par une influence étrangère aux affiliés français servilement courbés sous sa loi. Une logique rigoureuse ordonne à cet égard les desseins de la troisième Internationale de Moscou. La France représente dans le monde la force morale la plus capable sans doute de résister victorieusement à l'entreprise universelle de désagrégation nationale et sociale d'où les dirigeants du communisme moscovite espèrent faire surgir leur nouvel impérialisme (...).

La colonisation a toujours été pour la France une création d'humanité et si le colonisateur est en droit de retirer de son œuvre de légitimes avantages, la doctrine française considère qu'elle n'est pas simplement un enrichissement national, mais un enrichissement universel (...). Avec son domaine d'outre-mer la France est une nation de cent millions d'habitants, riche d'incomparables richesses. Sa force militaire, c'est-à-dire sa sécurité et son avenir économique, dépendent largement, dépendront plus largement encore demain de ce potentiel colonial. Voilà donc ce qu'il faut annihiler (...). Pour le Gouvernement et le Parlement, comme pour les masses laborieuses, la devise, le mot d'ordre doit rester le même : le communisme, voilà l'ennemi. »

Douze ans plus tard, à la veille de la seconde guerre mondiale, la dénonciation des entreprises subversives de l'étranger se présentera sous une forme à peu près identique. Mais son objet aura changé : c'est de l'Italie fasciste et de l'Allemagne hitlérienne que sembleront alors venir les menaces majeures à l'égard de la souveraineté française outre-mer... Et certes il ne peut être question de nier la réalité historique de ces diverses menaces, d'oublier le rôle très positif de l'Internationale communiste et de la stratégie révolutionnaire, ni de passer sous silence l'appui que certains mouvements nationalistes coloniaux trouvèrent un moment auprès des puissances de l'Axe. L'historien des idées ne peut cependant négliger le fait qu'en ce qui concerne la défense de l'unité et de l'intégrité impériales, c'est sur la présence d'un danger extérieur, sur l'action séditieuse de menées étrangères que l'opinion française a été amenée à porter durant de longues années, l'essentiel de son attention. L'importance primordiale accordée à ce danger extérieur n'a-t-elle pas contribué à dissimuler certains dangers ou certains problèmes purement internes, nés de l'évolution même des sociétés coloniales ? N'a-t-elle pas contribué à façonner certains réflexes, certaines habitudes de penser que l'on retrouvera dans la période suivante, à l'heure des grands débats sur la colonisation et qui ne contribueront guère à en faciliter l'issue ? Le recul de l'histoire permet aujourd'hui de poser la question.

CHAPITRE VIII

La remise en cause de l'Occident

« Le préjugé de civilisation se délite », constatait en 1925 l'un des observateurs les plus lucides et les plus originaux de son temps, Lucien Romier. Fait décisif, insistait l'auteur, et qui doit être considéré comme particulièrement caractéristique d'une ère historique nouvelle ouverte par la première guerre mondiale : la foi dans la valeur suprême de la civilisation européenne, cette donnée implicite d'une éthique à peu près unanimement partagée, se trouve désormais profondément ébranlée ; elle rencontre des réserves de plus en plus nombreuses, elle soulève des mises en cause de plus en plus nettement formulées.

« Cette certitude [de la primauté de leur civilisation], pour la leur restituer [aux peuples d'Europe], il faudrait, poursuit Lucien Romier, que l'expérience maintînt éclatante leur supériorité morale et sociale, et il faudrait que la science donnât tort aux peuples non Européens. Or, qu'a révélé l'expérience ? Elle a révélé qu'il existe dans le monde des civilisations qui s'estiment différentes sans doute, mais égales, sinon supérieures à la civilisation européenne : telles les civilisations de l'Extrême-Orient, de l'Inde et de l'Islam. La prétention des peuples autrefois dits « barbares » à se juger les égaux en civilisation morale et sociale des Européens rencontre de moins en moins de résistance désintéressée chez les Européens eux-mêmes. Bien plus on voit des Européens fort cultivés adopter des civilisations exotiques. Et que fait la science ? La science démontre que les mœurs sont le produit d'un déterminisme local ou ethnique qui exclut implicitement toute idée de hiérarchie spirituelle [1]. »

Dans les milieux intellectuels tout au moins, le mouvement de contestation revêt en effet une ampleur non négligeable. C'est dans les années de l'après-guerre que paraissent dans leur traduction française *Le Déclin de l'Occident* d'Oswald Spengler et *Le Journal de voyage d'un philosophe* du comte de Keyserling, le premier annonçant que pour les peuples de la vieille Europe « l'heure du destin » a irrémédiablement sonné, le second opposant à l'intellectualisme desséchant de la pensée occidentale les richesses mystiques de la spiritualité hindoue. C'est dans ces années également que les philosophie orientales et extrême-orientales font l'objet d'une curiosité nouvelle et que la prédication passionnée du poète indien Rabindranah Tagore suscite de très ferventes admirations : l'Occident, affirme Rabindranath Tagore, se meurt de son culte de la technique, de son avidité matérielle, de sa soif d'argent et de sa puissance ; face au matérialisme qui le domine, il appartient à l'Orient d'incarner et de faire triompher les valeurs de l'esprit et de la contemplation désintéressée. Le doute, l'angoisse sont reconnus par ceux-là mêmes qui entendent lutter contre le vertige, résister à l'abdication.

« La civilisation d'Occident est aujourd'hui attaquée avec toutes les ressources, avec toutes les puissances, avec tous les masques, avec toutes les ruses qui sont de l'ordre de l'esprit », constate l'écrivain Henri Massis dont la retentissante *Défense de l'Occident*, publiée en 1927, s'efforce de jeter les bases de la contre-offensive. « Nous sommes menacés de périr par où nous avons cru vivre, écrit encore Henri Massis... C'est la civilisation, l'idée même de civilisation dont l'Europe se proclamait détentrice, qui se trouve le plus profondément atteinte [2]. »

La portée du phénomène dépasse en effet — même si le débat peut ne sembler intéresser qu'une fraction réduite de l'opinion —, celle des controverses passagères, des modes littéraires et philosophiques. Par-delà ces controverses, par-delà ces modes, c'est bien en réalité toute une vision de l'Europe, de son histoire et de son destin qui tend à se transformer et c'est aussi toute une conception des rapports entre les peuples et entre les civilisations qui commence à se modifier. Une certaine forme de mentalité, une certaine façon de penser et de sentir sont en train de basculer. C'est effectivement tout un système cohérent de convictions, d'assurances, de préjugés et de comportements qui s'effrite. Or, il convient de le rappeler : telles qu'elles avaient été formulées à la fin du siècle précédent, c'est précisément dans ce système que les idéologies de l'impérialisme européen s'étaient trouvées quasi organiquement intégrées. De façon implicite et explicite ce sont quelques-unes des bases morales les plus solides de la mystique colonisatrice de la génération de Ferry, de Rambaud, de Brazza ou de Garnier qui se voient donc désormais menacées. D'où pour la conscience coloniale, parallèlement aux inquiétudes provoquées par la contestation politique ou l'agitation révolutionnaire, moins visibles sans doute, moins aisément perceptibles et moins largement partagées, mais peut-être plus profondes et plus graves, d'autres sortes de craintes et d'autres sortes d'interrogations. D'où surtout de nouvelles ambiguïtés, de nouvelles équivoques dont les conséquences pèseront trop lourdement sur l'histoire de la période suivante pour qu'il soit permis d'en négliger l'analyse.

De la notion de pluralisme culturel au concept « d'acculturation »

L'ébranlement des orgueilleuses certitudes sur lesquelles l'Occident faisait reposer l'affirmation de la primauté de sa civilisation peut sans doute être considéré comme l'une des conséquences directes du premier conflit mondial : devant l'ampleur des massacres auxquels se sont livrés les peuples européens, devant l'étendue des ruines qu'ils ont accumulées, quel crédit attribuer aux valeurs d'humanité et de progrès dont ces peuples se sont si longtemps obstinés à se réclamer ?... On ne saurait cependant négliger à cet égard le rôle particulièrement important joué par la colonisation elle-même dans la mesure où, passée la période de pénétration et de conquête, celle-ci n'a pu manquer de conduire à une connaissance beaucoup plus large et beaucoup plus précise des peuples assujettis. Concept central de la pensée des grands anthropologues de la période victorienne, l'idée d'une stricte hiérarchie des sociétés et des civilisations humaines avait puissamment servi à légitimer à ses débuts l'entreprise coloniale, à la fonder en droit et en raison. Mais paradoxalement c'est à partir du fait colonial lui-même, à partir des données mêmes fournies par l'expérience colonisatrice que ce concept fondamental s'est bientôt trouvé remis en cause. Le mouvement s'esquisse déjà antérieurement à la première guerre mondiale et il se rattache à deux ordres de préoccupations : tout d'abord aux débats soulevés dès la fin du XIXe siècle autour des problèmes de gestion et d'administration des territoires d'outre-mer ; en second lieu au vaste travail d'étude et de recherche mené par les Européens à l'égard des sociétés indigènes sur lesquelles s'était étendue leur domination.

En ce qui concerne le premier point, il convient d'accorder une attention particulière au contenu des critiques souvent singulièrement acerbes, adressées par d'assez nombreux auteurs à l'égard de la politique « assimilationniste » poursuivie par la France dans ses territoires d'outre-mer. L'unité constitutionnelle de la nature et de l'histoire humaine, le caractère obligatoirement unilinéaire de l'évolution des sociétés et des civilisations, n'avaient cessé d'être affirmés, aux environs des années 1870, par tous les représentants de la jeune école anthropologique. « L'histoire de l'espèce humaine, avait affirmé Tylor, est une dans sa source, une dans son expérience, une dans son progrès. » Or ce sont précisément ces postulats doctrinaux que remet fondamentalement en cause, parmi quelques autres — mais sans doute avec plus d'ampleur que les autres —, un curieux ouvrage, œuvre de Léopold de Saussure, publié dès 1899 et intitulé *Psychologie de la colonisation française* [3].

Il s'agit en fait d'un réquisitoire particulièrement véhément à l'encontre de nos « errements coloniaux », globalement attribués au dogmatisme jacobin, centralisateur, niveleur et égalitaire sur lequel repose, selon l'auteur, la conduite de l'administration française en pays africain et asiatique. Mais Saussure, reprenant et développant certaines idées de Gustave Le Bon sur l'hérédité des caractères mentaux, soutient ce réquisitoire en partant du principe que, la nature de l'homme n'étant nullement identique dans l'espace et dans le temps, les sociétés humaines ne sont en aucune façon réductibles, tout au moins à court terme, les unes aux autres. Les éléments d'une civilisation se trouvant « intimement liés à une certaine constitution mentale héréditaire et stable », les institutions, la culture, la langue même des peuples européens ne sauraient être universellement imposées sans de graves dommages pour le colonisateur comme pour le colonisé. A la limite l'assimilation risque même de se faire dans le sens inverse de celui qui se trouve officiellement préconisé. Ce n'est plus le colonisateur qui intègre le colonisé dans ses institutions, ses croyances et ses mœurs, mais ce sont les institutions, les croyances et les mœurs de l'Europe qui, remodelées par les mentalités locales, se transforment, s'altèrent et se dégradent au contact des mentalités indigènes : « on sait ce qu'est devenue la langue française chez les Noirs des Antilles, les institutions civilisées à Haïti, les croyances chrétiennes chez les nègres africains ».

Comme celle de son maître Gustave Le Bon, la pensée de Léopold de Saussure demeure essentiellement anti-égalitaire. Elle ne remet nullement en cause l'image familière du « primitif », en l'occurrence le Noir africain (« son cerveau, affirme Saussure, est d'une couleur plus grise que celui des autres races »). Loin de l'atténuer, elle tend même à renforcer et à durcir encore la distinction hiérarchique traditionnelle entre « peuples supérieurs » et « peuples inférieurs ». Au demeurant la perspective dans laquelle elle se situe reste celle de l'intérêt prioritaire du dominateur européen. Mais on y trouve aussi l'idée originale et féconde que le modèle européen de progrès n'est pas le seul que l'on puisse concevoir et qu'il existe, pour les sociétés humaines, une pluralité possible des voies de développement : « les directions que peut suivre le développement de l'humanité sont infiniment variées », écrit Saussure. On y trouve également, formulée notamment à propos des civilisations indochinoises, la reconnaissance explicite de la valeur des institutions politiques et administratives issues du passé pré-colonial : celles-ci sont saluées comme parfaitement adaptées « au génie propre de la race » et comme réalisant entre les pouvoirs et entre les principes d'autorité et de liberté un équilibre beaucoup plus harmonieux que celui auquel pourrait prétendre l'introduction des institutions européennes... Durkheim lui-même ne dit guère autre chose lorsque, dans un article publié trois ans plus tard dans la *Revue de Paris* et lui aussi de tendance nettement anti-assimilationniste, il met en garde le colonisateur contre « la confiance illimitée qu'il manifeste trop souvent dans la vertu des principes qu'il n'essaie pas de confronter avec d'autres et que l'expérience n'ébranle pas ». Et à son tour il insiste sur la valeur spécifique des institutions indigènes : « Il ne faut juger les institutions d'un peuple, écrit-il, par rapport à un idéal arbitrairement défini ; elles ne valent que par la façon dont elles sont adaptées au milieu qui les a produites. On ne saurait interrompre brusquement une race sans déterminer un trouble profond [4]. »

Amorcé ainsi par la critique anti-assimilationniste, le changement d'attitude à l'égard des peuples situés en dehors de l'aire européenne de civilisation se trouve par ailleurs amplifié et précisé par les progrès considérables simultanément réalisés dans la connaissance des sociétés dites « primitives ». C'est ici surtout que la colonisation va constituer un facteur décisif, dans la mesure même où les contraintes sans cesse accrues de la pratique administrative vont en quelque sorte imposer au dominateur une approche beaucoup plus approfondie des groupes humains placés sous sa tutelle. Les enquêtes, les études monographiques vont donc se multiplier, ouvrant une étape nouvelle de la recherche anthropologique : ce qu'on appellera « l'anthropologie de terrain ». Dès 1895, Trentinian, gouverneur du Soudan, recommande le recensement systématique des « coutumiers » indigènes afin de servir de base solide et concrète à la juridiction des tribunaux de droit civil. Son exemple est suivi par le gouverneur Clozel, pour la Côte d'Ivoire en 1901 et par le gouverneur Roume, pour l'ensemble de l'A.O.F. en 1905. C'est à partir de quelques-unes de ces enquêtes, fruits d'un patient travail de contact et d'investigations, que Maurice Delafosse, alors chef des affaires civiles au gouvernement général de l'A.O.F. va publier en 1912 son premier grand ouvrage, *Haut Sénégal-Niger*. Le statut de la propriété, les structures familiales, les régimes matrimoniaux, sont désormais analysés, répertoriés et classés. Et c'est du même coup la vision traditionnelle du « sauvage », telle que la mythologie collective du XIXe siècle l'avait élaborée et entretenue, qui se trouve ébranlée. Celui-ci cesse d'être défini comme le simple négatif du « civilisé ». A la notion d'un état anarchique, livré aux seuls et élémentaires caprices des instincts individuels, tend à se substituer l'image de sociétés organisées, régies par des règles minutieuses et complexes, lentement façonnées par la tradition et par l'histoire.

C'est tout ce mouvement qui se poursuit dans la période de l'entre-deux-guerres, précipitant son rythme et élargissant son ampleur. Sans doute ne saurait-on négliger le développement considérable qu'ont également connu, au cours de ces années, les études relatives aux civilisations islamiques ou extrême-orientales. On ne saurait, d'autre part, oublier le dessein volontairement démystificateur à l'égard d'un certain légendaire colonial témoigné, au cours des mêmes années, par certains travaux historiques dont le principal demeure l'*Histoire de l'Afrique du Nord* de Charles-André Julien, édité pour la première fois en 1931 [5]. Par rapport à la période de l'impérialisme conquérant, le plus significatif demeure cependant l'essor continu des recherches africanistes et la véritable entreprise de réhabilitation de l'homme noir, de sa culture et de son passé que celles-ci viennent définitivement consacrer. C'est aux lendemains immédiats de la première guerre mondiale que Maurice Delafosse publie ses principaux ouvrages : *Les civilisations négro-africaines, Les Noirs de l'Afrique, L'âme nègre,* premières tentatives de synthèse, visant à présenter un tableau complet des civilisations africaines, de la linguistique, de l'histoire en passant par l'esthétique et la sociologie [6]. L'action de Maurice Delafosse se retrouve par ailleurs à l'origine de la fondation de nombreuses institutions savantes : le Comité d'Etudes historiques et scientifiques de l'A.O.F. en 1925, la *Revue d'Ethnographie* et l'Institut d'Ethnologie en 1924. Le relais est pris, une quinzaine d'années plus tard, par la publication de la traduction française de l'ouvrage monumental de Frobenius sur la *Civilisation africaine* [7]. Entre les deux paraissent en 1931 *Les Paysans noirs* [8], premier livre de Robert Delavignette, futur directeur de l'Ecole coloniale et qui fera bientôt figure, avec Georges Hardy, de chef de file d'une nouvelle génération de coloniaux : témoignage d'une année d'administration au Soudan, *Les Paysans noirs* constituent en fait une sorte de *Géorgiques* africaines, chronique attentive et affectueuse des travaux et des jours des villages africains. A ces noms les plus connus, bien d'autres viennent s'ajouter : ceux de Labouret, de Griaule, de Leiris, de Théodore Monod, etc.

Avec des nuances diverses, tous ces travaux disent la valeur trop longtemps méconnue des civilisations africaines, s'efforcent de les faire revivre dans la force de leurs richesses affectives et dans la plénitude de leur équilibre traditionnel.

« Il faut bien admettre, écrit Maurice Delafosse, que ces peuples ne méritent pas d'être traités d'inférieurs au point de vue intellectuel. » « Leur histoire, poursuit-il, n'est pas finie. Peut-être ne fait-elle que commencer. »

Quant à Robert Delavignette, il ne dissimule pas que c'est, avec *Les Paysans noirs*, un véritable hymne de tendresse qu'il entend élever à l'égard de la vieille Afrique rurale, « ses superstitions, ses peurs, ses tares inévitables, mais aussi ses chants, ses danses, son génie à la fois sédentaire et migrateur, et son pouvoir vital d'aimer ». Le mouvement s'étend bien au-delà d'un cercle restreint de spécialistes, comme en témoigne le nombre des publications consacrées à l'art nègre autour de 1925 et comme en témoigne aussi le succès réel rencontré par *L'Anthologie nègre* publiée par Blaise Cendrars dès 1921, abondant recueil de contes africains, de récits moraux ou mythologiques, de fables, de charades et de chansons [9]. Son ampleur est telle qu'on en retrouve même des échos dans le milieu le plus réticent à remettre en cause ses assurances traditionnelles, le plus réservé à l'égard de certains réajustements d'ordre moral et spirituel, il faut entendre par là le milieu missionnaire.

« Les Européens, écrit par exemple le Père Aupiais dans *la Revue apologétique* d'août 1929, se donnent comme première tâche dans les pays indigènes « d'instruire » les populations qu'ils croient profondément ignorantes. Celles-ci, au contraire, ont une grande culture : celle de tous les analphabètes qui sont très au courant de leur histoire, de leur religion, du code de leur morale, de leur droit coutumier, de leur folklore, de leurs chants populaires, de leurs danses rituelles, de leur pharmacopée, de l'empirisme médical accumulé par des siècles d'observation. Les poètes, les musiciens, les artistes, les annalistes, les prêtres, les médecins, mais c'est presque tout le monde dans ces pays fortunés, où les classes populaires se sont suffi à elles-mêmes dans tous les domaines [10]. »

Ainsi finissent par s'imposer les deux notions conjuguées et complémentaires d'un pluralisme des civilisations et d'un relativisme des cultures : chaque culture prise dans sa singularité, étudiée dans son originalité, possède sa propre valeur, ses propres richesses. La distinction fondamentale entre sociétés supérieures et sociétés inférieures, entre peuples civilisateurs et peuples à civiliser, se trouve vidée de l'essentiel de son contenu intellectuel et moral. Marcel Griaule par exemple insiste sur le fait que la culture du peuple Dogon dont il a fait l'objet de ses premières recherches, doit être considérée comme une branche parmi d'autres de la culture universelle : étudiée en elle-même, pour elle-même, elle révèle « des systèmes de pensée valables, perfectibles, vivants » ; elle recèle une « sophie », une sagesse, qui constitue une clé aussi acceptable que d'autres d'explication ordonnée du monde. Robert Delavignette a pu parler à cet égard d'un véritable « renouvellement de l'humanisme classique des Français ». Le champ de l'intelligence, de la curiosité et de la sensibilité humaines ne se limite plus seulement à un certain nombre de civilisations géographiquement circonscrites et saisies dans leur succession dans le temps ; il peut et doit maintenant s'étendre, à l'intérieur même de l'ère contemporaine, à la diversité et à la totalité de l'espace terrestre.

Certes dans l'esprit de la très grande majorité de ceux qui le professent, ce pluralisme culturel ne vise nullement encore à une remise en cause présente du fait de colonisation. Par bien de ses aspects même la démarche des anthropologues de la période de l'entre-deux-guerres peut continuer à apparaître, que ce soit en France ou en Grande-Bretagne, comme étroitement liée aux données immédiates de la politique et de l'administration coloniale. La plupart de ces anthropologues d'ailleurs, Delafosse, Labouret, Delavignette sont des « coloniaux » et c'est à la colonisation elle-même qu'ils rendent hommage de cette œuvre immense de découverte dans laquelle ils saluent la promesse d'un nouvel enrichissement de l'esprit humain : il est significatif à cet égard que ce soit à Paris, en 1931, à l'occasion et sous l'égide de l'Exposition coloniale, que se tienne le premier congrès de l'Institut international africain. Il reste cependant que l'une des bases morales essentielles de la bonne conscience colonisatrice des hommes du XIXe siècle, la conviction d'incarner face à la barbarie la seule forme valable de civilisation, se trouve définitivement démantelée : l'idéologie coloniale se voit contrainte de rechercher d'autres légitimations, de faire appel à d'autres systèmes de valeurs. Il reste surtout que l'accent ne va pas tarder à être mis sur les menaces que le contact dominateur de l'Occident ne peut manquer de faire peser sur ces civilisations extra-européennes dont viennent d'être dévoilées les richesses et l'originalité. Ce n'est pas en vain si la pensée anthropologique commence à cette époque à faire une place de plus en plus grande au concept de « choc culturel » ou de « déculturation », c'est-à-dire à l'observation des effets destructeurs exercés par la présence européenne sur les équilibres sociaux et culturels traditionnels. La colonisation ne conduit-elle pas à l'inévitable dégradation des anciens modes de vie, des anciennes formes de penser et de sentir dont on s'est précisément efforcé de démontrer l'irremplaçable valeur ? Ruinant les anciens usages et les antiques institutions, n'arrache-t-elle pas les peuples qu'elle a soumis à leur histoire, à leur passé, dans ce que ceux-ci peuvent encore avoir de plus vivant et de plus fécond ? Ne doit-elle pas en fin de compte être considérée comme la cause d'un irréparable saccage des sociétés et des civilisations non occidentales ? Ces questions, avec des nuances diverses, quelques-uns commencent déjà à les poser, ou du moins à les suggérer.

Assez curieusement la pensée anthropologique semble d'ailleurs avoir été précédée dans cette voie par certaines œuvres littéraires, notamment par deux ouvrages de caractère semi-romanesque publiés au cours des années précédant immédiatement la première guerre mondiale : *Les Imméroriaux* de Victor Segalen [11] et *La Fête arabe,* de Jérôme et Jean Tharaud [12].

Long récitatif, barbare et mélancolique, *Les Immémoriaux* racontent la déchéance d'un peuple, les Maoris du Pacifique, oubliant leur histoire, reniant la mémoire de leur passé au contact des Blancs et sous la pression de l'action missionnaire. En même temps que se perdent les vieilles traditions orales, « ces beaux parlers originels où sont enfermés l'éclosion des mondes, la naissance des étoiles, le façonnage des vivants, les ruts et les monstrueux labeurs des dieux Maoris », se trouve à jamais compromise une certaine harmonie entre les hommes, les choses et le sacré et à jamais détruite l'antique joie de vivre. La grande originalité de l'ouvrage réside cependant dans le fait que l'auteur ne se place pas, conformément aux règles habituelles de la littérature d'exotisme, dans la situation de l'observateur extérieur, décrivant et jugeant selon les normes intellectuelles et esthétiques qui sont celles de la société dont il est issu. C'est de l'intérieur, en se dépouillant de sa propre culture et se substituant lui-même à ses héros, qu'il entend pénétrer l'âme d'un peuple et retracer sa déchéance. De l'intérieur aussi qu'il tente de faire revivre les mentalités et les sensibilités, les coutumes, les fidélités et les croyances...

De forme beaucoup plus conventionnelle, le récit des frères Tharaud se situe, quant à lui, dans une oasis algérienne des confins sahariens. Visitée autrefois, la petite bourgade arabe avait laissé au narrateur une ineffaçable impression de poésie et de paix : accord entre les hommes et le paysage, gentillesse des mœurs, noblesse des gestes et des usages. Vingt ans plus tard, avec l'arrivée du chemin de fer et l'irruption d'une tourbe de nouveaux « colons », maltais, calabrais, espagnols, spoliateurs et accapareurs, le saccage est accompli : « la fête arabe » s'est soudainement arrêtée, les anciens équilibres économiques et sociaux sont bouleversés, les « loques européennes » ont remplacé les vêtements traditionnels, de nouveaux bâtiments se dressent, insolites et grossiers, détruisant irrémédiablement la grâce du vieux décor urbain. « Où était partie la gazelle ? Où s'était envolé le geai bleu ? Et les enfants, ces petits garçons si vifs, d'une grâce unique au monde, et leurs sœurs si charmantes, si ingénues et si coquettes ?... »

A l'inverse de celui de Victor Segalen, le livre des frères Tharaud n'est pas sans comporter très explicitement un certain contenu de revendication politique, en l'occurrence une protestation en faveur des musulmans d'Algérie et une demande d'amélioration de leur statut juridique et de leur condition sociale. Là encore l'essentiel n'est pas cependant à rechercher dans une contestation anticoloniale clairement formulée dont le principe n'entre indiscutablement pas dans les préoccupations majeures des auteurs : Victor Segalen est un médecin de marine, avant tout épris de recherche esthétique et les frères Tharaud, qui se situent alors politiquement dans le sillage d'un certain nationalisme barrèsien, se feront quelques années plus tard les chantres de l'œuvre marocaine de Lyautey. Mais dans les deux cas, l'accent reste mis, et avec une force assez exceptionnelle, sur les conséquences destructrices de la pénétration européenne. Dans les deux cas également, à l'exaltation de l'œuvre civilisatrice de l'Occident, se trouve substituée l'observation attristée de ses effets dévastateurs à l'égard d'antiques façons de vivre dont on tient à dire l'harmonie ou la grandeur. Nostalgie des paradis perdus, regret d'un monde en voie de disparition où la vie était plus pleine, plus riche et plus belle, mais aussi et par là même négation implicite des lois du progrès et des nécessités de la modernité sur lesquelles avait été et demeurait moralement fondée l'action conquérante de l'Europe sur les terres de présumée barbarie.

A TRAVERS « LA LITTÉRATURE COLONIALE »

Témoignages d'une certaine forme de sensibilité, d'un certain type de réaction, le livre de Victor Segalen et celui des frères Tharaud méritent d'autant plus de retenir l'attention que, plus ou moins accentuées, les tendances qu'ils révèlent vont se retrouver, postérieurement à la première guerre mondiale, dans un assez large secteur de ce qu'il est alors convenu d'appeler « la littérature coloniale [13] ». Certes bien des ouvrages classés sous cette rubrique ne font guère que poursuivre un genre très traditionnel, qu'il s'agisse de relations de voyages, de récits historiques et guerriers à l'usage de l'adolescence ou de romans d'aventure et d'intrigue. Le décor peut partiellement se renouveler, les héros changer parfois de statut social, l'écriture surtout se modifier en fonction de nouveaux goûts ou de nouveaux modes d'expression. Par rapport à la période précédente, le fond demeure à peu près inchangé dans la mesure où nous restons essentiellement dans le domaine d'une littérature d'évasion, où c'est aux éternelles puissances du vieux rêve exotique que les auteurs entendent avant tout faire appel... Inversement il ne semble pas que l'on puisse accorder une signification de caractère général aux pages atroces et sublimes où, dans le *Voyage au bout de la nuit*, Louis-Ferdinand Céline, évoque les aventures africaines de Bardamu, son héros [14]. Tableau hallucinant où, sous un ciel gris et moite, une humanité sordide, « comme des poulpes au fond d'une baignoire d'eau fadasse », se désagrège dans la fièvre, l'alcool et l'abandon. « Sous les grisailles pudiques d'Europe on ne fait, hors des carnages, que soupçonner la grouillante cruauté de nos frères, mais leur pourriture envahit la surface dès que les émoustille la fièvre ignoble des tropiques », écrit Céline. Lequel précise quelques pages plus loin : « la poésie des tropiques me dégoûte ». Admirable par sa puissance littéraire, le texte demeure à la fois trop personnel et trop exceptionnel pour ne pas apparaître comme marginal au regard de l'histoire générale des idées.

Indigènes du pays de Bambola-Bragamance où échoue le pitoyable Bardamu, écrasés « sous la charge énorme du soleil », « croupissant çà et là entre leurs puces et leurs mouches, abrutis par les totems et se gavant de manioc pourri ». Mystérieuses châtelaines des montagnes du Hoggar ou du Liban, chères aux lecteurs de Pierre Benoit, entre les griffes desquelles vont se perdre les beaux officiers du désert... Dans ce qu'elle a de plus spécifique, de plus original, et sans doute aussi de plus significatif, la « littérature coloniale » de la période de l'entre-deux-guerres tend à se tenir également à distance de ces deux visions de l'Outre-Mer. Ce qu'elle affirme au contraire, — et très clairement sous la plume de quelques-uns de ses théoriciens, — c'est son souci de l'exactitude, de la soumission au fait, sa volonté de « faire vrai ». Il s'agit d'aller au-delà de la couleur locale, au-delà du pittoresque facile, de l'exotisme et de ses décors ; « dans ces décors il y a des êtres humains, lesquels diffèrent de nous non seulement par la couleur de l'épiderme et le costume, mais aussi par les sentiments, les pensées, les mœurs ; ce sont ces mœurs, ces pensées, ces sentiments qu'il s'agit avant tout d'étudier ». Selon une formule du romancier Pierre Mille, l'un des principaux représentants du genre, l'écrivain doit « refléter la mentalité originale, les conceptions morales de la colonie ». La littérature de « tourisme » ou de « feuilleton » se trouve donc ostensiblement répudiée au profit d'une préoccupation dominante qui est celle d'un certain vérisme ou d'un certain naturalisme psychologique : le dépaysement n'est plus recherché dans l'étrangeté du paysage, mais dans une certaine vérité humaine, révélée par le contact des cultures et le heurt des civilisations.

D'où chez beaucoup d'écrivains coloniaux, reconnus et salués comme tels, un portrait souvent dépourvu de toute complaisance du colonisateur lui-même, — le colonisateur, replacé dans son milieu, saisi dans la réalité de la vie quotidienne. Sans doute l'attirance du pittoresque humain, le goût des caractères exceptionnels et des personnalités aux traits particulièrement accentués maintiennent-ils chez certains une sorte de rythme d'épopée : tel est précisément le cas de Pierre Mille dans le long cycle romanesque groupé autour de la figure centrale de Barnavaux, vieux soldat de l'infanterie coloniale, cynique, sceptique et gouailleur, et où la fréquente brutalité du récit se trouve corrigée par une sorte de grandeur allègre qui n'est pas sans rappeler le *western* américain [15]. Mais aussi combien de personnages médiocres dont la vie coloniale ne fait que mieux ressortir la pauvreté ou la mesquinerie : ainsi, et parmi bien d'autres, ce héros d'une nouvelle de Jean Ajalbert, Raffin Su-Su, administrateur au Laos dont la vie s'enlise lentement dans la paresse, la somnolence et le rêve [16] ; ainsi encore ces personnages peints avec une férocité minutieuse et appliquée par le romancier Robert Randau, fonctionnaires ternes ou cauteleux qui ne font que poursuivre au fond de l'Afrique les tristes intrigues d'une sous-préfecture de province [17]. Combien également de délirants ou de maniaques : tel ce Cadarosse dont Christian Mégret raconte l'histoire, ancien sous-officier entré dans l'administration et que grise le pouvoir sans contrôle dont il est investi, alcoolique et halluciné, obsédé de routes et de ponts et que la démence finit par emporter [18]. Ces récits sont d'autant plus à retenir qu'ils ne se situent nullement, comme on pourrait parfois le croire, dans le sillage de l'habituelle polémique anticoloniale. Dépourvus de toute arrière-pensée pamphlétaire ou doctrinale, le seul objectif dont ils se réclament est celui du vérisme le plus authentique dans la description des caractères et la peinture des mœurs.

Le plus important reste cependant l'intérêt souvent prioritaire qui se trouve maintenant accordé à « l'indigène », au colonisé, berbère des montagnes de l'Atlas, noir de la savane ou de la forêt, paysan des rizières indochinoises. Désormais celui-ci n'apparaît plus seulement comme le comparse du Blanc, son compagnon ou son adversaire, mais toujours appréhendé par rapport à lui ; il devient le héros principal, le personnage central du récit... Et ici encore il convient de souligner la situation privilégiée faite au Noir africain dont la brusque émergence dans la littérature romanesque coïncide très exactement avec le développement des études africanistes et la vogue des masques nègres dans les milieux parisiens. L'apparition sur le sol métropolitain, à l'occasion de la guerre, du personnage nouveau, pittoresque et très vite populaire du tirailleur « sénégalais » a sans doute précipité le mouvement : de nombreux livres lui sont en tout cas consacrés. La guerre terminée, bien d'autres ouvrages (dont le *Diato* d'André Demaison, chronique au jour le jour de la vie d'un piroguier soudanais, demeure le plus exemplaire) [19], vont le retrouver dans son milieu natal, le faire revivre dans la trame quotidienne de ses joies, de ses travaux et de ses peines. Mais c'est un livre retentissant qui ouvre la série : *Batouala,* prix Goncourt pour l'année 1921 et œuvre d'un fonctionnaire colonial d'origine antillaise, René Maran.

« Véritable roman nègre » indique le sous-titre, sa très simple intrigue — la trahison de Batouala le héros par l'une de ses femmes —, ne fait que servir de prétexte à une tentative de reconstitution de la vision du monde à travers une mentalité africaine. Un peu à la manière des *Immémoriaux* de Victor Segalen, René Maran s'efforce de montrer comment sont perçues, au fond d'un village de brousse, les valeurs de solidarité familiale, de hiérarchie sociale, du travail, de l'amour, de la poésie et du sacré. Ce n'est plus l'homme blanc qui observe le noir, le soumet à ses critères habituels de jugement et de raisonnement. C'est l'homme noir qui considère le blanc, personnage capricieux et incompréhensible, objet à la fois de terreur et de mépris. Batouala ne cesse de dire son regret du bon temps d'autrefois, celui qui a précédé l'arrivée du dominateur étranger, celui de la liberté, de l'insouciance, de la danse, de la chasse et de la guerre :

« Les belles journées que celles de cette époque ! Foin de souci ! Pas de partage. Pas de caoutchouc à faire, ni de routes à débrousser. On ne pensait qu'à boire, à danser, à dormir, à manger, à chasser et à chevaucher nos femmes. Yaba ! C'était le bon temps. »

Et le soir, au village, au milieu de ses compagnons, Batouala prêche la détestation du Blanc :

« Je ne me lasserai jamais de dire la méchanceté des Blancs.

Je leur reproche surtout leur duplicité. Que ne nous ont-ils pas promis ? Vous reconnaîtrez plus tard, disent-ils, que c'est en vue de votre bonheur que nous vous forçons à travailler. L'argent que nous vous obligeons à gagner, nous ne vous en prenons qu'une infime partie. Nous nous en servirons pour vous construire des villages, des routes, des ponts, des machines qui au moyen du feu marchent sur des barres de fer. Les routes, les ponts, les machines extraordinaires, où ça ? Mata ! Nini Rien, rien. Bien plus ils nous volent jusqu'à nos derniers sous [...]

Nous ne sommes que des chairs à impôt. Nous ne sommes que des bêtes de portage. Des bêtes, même pas. Un chien ? Ils le nourrissent et soignent leur cheval. Nous ? Nous sommes moins que ces animaux, nous sommes plus bas que les plus bas. Ils nous tuent lentement [20]. »

Dans la préface qui ouvre le récit, l'auteur lui-même semble reprendre à son compte quelques-unes des imprécations de son héros :

« Civilisation, civilisation, orgueil des Européens et leur charnier d'innocents... Tu bâtis ton royaume sur des cadavres. Quoi que tu veuilles, quoi que tu fasses, tu te meus dans le mensonge. A ta vue les larmes de sourdre et la douleur de crier. Tu es la force qui prime le droit. Tu n'es pas un flambeau mais un incendie. Tout ce à quoi tu touches tu le consumes. »

Le texte fit scandale et il demeure épisodique, non seulement par rapport à l'ensemble de la littérature coloniale, mais aussi par rapport à l'œuvre même de René Maran (dont l'un des derniers livres sera consacré à exalter la grandeur des *Pionniers de l'Empire*). On ne peut toutefois manquer d'être frappé par le fait que les deux thèmes les plus fréquemment évoqués par le roman colonial concernent très précisément les questions mêmes à travers lesquelles se pose avec le plus d'évidence et le plus d'intensité le problème général du contact des cultures et des civilisations : il s'agit en l'occurrence du thème du déracinement et de celui de l'union mixte.

C'est le déracinement qui constitue notamment le sujet central d'un ouvrage dont la publication suivit de très près celle de *Batouala* et qui fut même considéré en son temps comme une réplique du livre de René Maran : *Koffi*, « roman d'un Noir », œuvre cette fois encore d'un administrateur colonial Gaston Joseph, « grand prix de la littérature coloniale » pour l'année 1923 [21].

Histoire d'un jeune Noir qui, cédant à l'attraction de la ville, a quitté son village pour servir chez les Blancs et se trouve désormais écartelé entre deux mondes où il ne peut plus trouver sa place, le roman illustre l'affrontement de deux mentalités, de deux modes de vie, de deux types de comportement. En s'arrachant à son passé et en choisissant la civilisation des Blancs, Koffi s'est condamné à la déchéance ; seul le retour aux sources, la réintégration dans la vieille communauté villageoise, ses antiques usages et ses toutes puissantes solidarités, le rendront à sa dignité perdue. Moins agressif que celui de René Maran, plus mesuré et plus nuancé, le livre de Gaston Joseph n'en contient pas moins lui aussi la constatation des virtualités néfastes de l'extension des modèles européens de civilisation et la reconnaissance des richesses humaines incluses dans la vie des sociétés non occidentales... Reconnaissance plus évidente encore dans les très nombreux récits (« la proportion des romans coloniaux qui prennent pour héros un Blanc marié avec une Jaune ou avec une Noire est d'environ deux sur trois », constate un critique) dont le thème de l'union mixte constitue le sujet principal. Sans doute l'éphémère liaison du Blanc et de la jeune fille « indigène » peut-elle avoir parfois une conclusion tragique. L'essentiel reste cependant que le récit tend presque toujours à privilégier le personnage de l'héroïne féminine. Jeunes filles du Soudan, du Cambodge ou des îles du Pacifique, que de voix pour chanter la grâce de leur corps, l'harmonie de leurs gestes, la clarté de leur rire, la gentillesse de leur compagnonnage ! Ce sont elles qui bien souvent viennent corriger la maladresse du Blanc dans ses contacts avec la vie locale, l'introduisent dans la compréhension et dans l'amitié des mœurs, des usages et des coutumes (« La petite négresse qui civilisa un Blanc », la formule est de Raymond Escholier et sert de thème à l'un de ses romans). Ce sont elles aussi dont l'image semble parfois l'emporter sur celle de la jeune fille ou de l'épouse telle que la définit le code européen des conventions bourgeoises : image, nous disent quelques-uns, qui n'est plus celle d'une « dame », mais celle enfin retrouvée de la « femme », c'est-à-dire d'un être plus libre, plus vrai et plus spontané, à l'instinct plus profond et plus sûr [22].

Il faut certes se garder de forcer trop systématiquement l'expression d'un genre littéraire d'une très grande diversité, au contenu idéologique souvent imprécis et plus souvent encore contradictoire. Nombreuses sont très évidemment les œuvres où continue à s'exprimer sans réticence une confiance intacte dans l'action civilisatrice de l'Occident. Nombreuses même celles où s'affirment, avec plus ou moins d'ostentation, l'orgueil du conquérant et la conscience inentamée de sa supériorité. (L'exemple le plus caractéristique étant celui du cycle romanesque du *Sang des Races* où l'auteur, Louis Bertrand, entend célébrer l'œuvre des « colons » européens sur la terre d'Algérie et exalter, face à un Islam représenté comme figé dans la paresse, l'inertie et l'incurie, leurs vertus d'énergie, de travail, d'opiniâtreté et de commandement) [23]. Rares, d'autre part, sont celles où la présence d'une noble et grande figure de colonial (et il s'agit le plus fréquemment d'un officier ou d'un administrateur) ne vient pas compenser ce que peut avoir d'atroce, de pénible ou de ridicule la peinture de certaines mœurs européennes en terre de domination blanche. Comment d'ailleurs pourrait-il en être autrement alors que beaucoup de leurs auteurs, Pierre Mille, André Demaison, René Maran, Randau appartiennent ou ont appartenu à l'administration coloniale ?... Il reste toutefois l'écho assez troublant que l'on découvre assez fréquemment jusque dans certains récits d'aventures, très éloignés cependant de toute arrière-pensée démonstratrice. Au détour de plus d'une page, l'homme blanc, le colonisateur (ici encore il s'agit le plus souvent de l'officier), s'y interroge : à l'âge héroïque de la colonisation va succéder son âge mercantile ; certaines valeurs depuis longtemps disparues en Europe, mais encore présentes hors d'Europe — valeurs du sacré, de l'hospitalité, de l'esprit chevaleresque — vont se trouver à jamais compromises ; les vieilles hiérarchies vont s'effondrer, les vieux usages disparaître, un ordre vénérable s'écrouler. Psichari déjà avait salué dans l'aventure qui l'avait conduit au fond du désert de Mauritanie, la dénonciation hautaine « des turpitudes modernes ». Une telle attitude se retrouve dans la genèse de bon nombre de vocations coloniales : le dégoût d'une certaine forme de civilisation technicienne, la volonté d'échapper aux conformismes présents, l'image idéalisée d'un retour au passé pré-industriel, la nostalgie d'une vie autre, plus âpre, plus colorée et plus intense. « Quand on a entendu le rire laotien, tout autre rire paraît forcé », s'écrie un personnage type de la littérature coloniale. Mais par un inflexible enchaînement, dans la mesure même où elle véhicule avec elle le progrès, la modernité, l'Europe des marchands, des bureaucrates et des politiciens, la colonisation tend à apparaître comme fondamentalement destructrice des refuges qu'elle avait semblé offrir et préserver. A la limite c'est une nouvelle forme d'anticolonialisme d'inspiration et de nature fondamentalement antimoderniste, dont on commence ainsi à apercevoir l'esquisse ; c'est par respect à l'égard d'un ordre traditionnel dont on a découvert la signification et la noblesse, c'est aussi par méfiance à l'égard du monde et de la civilisation « moderne » que l'on en vient à mettre en doute la réalité du bienfait de l'entreprise coloniale.

La voix de la négritude

Quelques semaines avant la déclaration de la seconde guerre mondiale, dans sa livraison d'août 1939, la revue *Volontés* publiait un long poème dont l'ampleur du rythme et la toute puissance des images témoignaient de l'apparition d'un nouveau grand écrivain de langue française. Son titre : « Cahiers d'un retour au pays natal ». Son auteur : Aimé Césaire, alors âgé de vingt-six ans, fils d'un petit fonctionnaire de la Martinique, ancien élève de l'Ecole Normale Supérieure et professeur au lycée de Fort-de-France [24]. Longeant les côtes d'Haïti dans le bateau qui le ramène de la métropole, Césaire salue l'île qui fut la patrie de la première révolte noire devant la domination de l'homme blanc : « Haïti où la négritude se mit debout pour la première fois et dit qu'elle croyait à son humanité ». Mais son chant s'élève pour dire sa fidélité retrouvée au sang de ses ancêtres, les souffrances et la grandeur de la race noire, ses dons irremplaçables et son accord profond avec les grands rythmes du ciel, des saisons et de la nature :

Ma négritude n'est ni une tour ni une cathédrale
elle plonge dans la chair rouge du sol
elle plonge dans la chair ardente du soleil
elle troue l'accablement opaque de sa droite patience [...]
Eia pour ceux qui n'ont rien inventé
pour ceux qui n'ont jamais rien exploré
pour ceux qui n'ont jamais rien dompté
mais ils s'abandonnent saisis à l'essence de toute chose
ignorants des surfaces mais saisis par le mouvement de
[*toute chose*
insoucieux de dompter, mais jouant le jeu du monde
véritablement les fils aînés du monde
poreux à tous les souffles du monde

Le vieil Occident s'effondre, victime de son orgueil,

de sa volonté insensée de dominer, d'organiser, de rationaliser, « horriblement las de son effort immense » : « Pitié pour nos vainqueurs omniscients et naïfs. » Le temps est venu pour l'homme noir de retrouver sa fierté et de revendiquer le droit d'être rendu à lui-même.

La négraille aux senteurs d'oignon frit retrouve dans son sang répandu le goût amer de la liberté
Et elle est debout la négraille
la négraille assise
inattendument debout
debout dans la cale
debout dans les cabines
debout dans le vent
debout dans le soleil
debout dans le sang
debout
et
libre.

Le martèlement prophétique, la fulgurance insolite du verbe appartiennent en propre au génie d'Aimé Césaire. Si haut qu'elle s'élève, il ne s'agit pas cependant d'une voix isolée : le message qu'elle veut transmettre, cet « étrange orgueil » de sa race qui est soudain venu « illuminer » le poète et donner un sens à son destin (« Je ne me dérobe point, faites de ma tête une tête de proue »), d'autres voix s'efforcent simultanément de l'exprimer. Elles se font entendre dans les minces et éphémères revues (comme *Lucioles*, fondée en 1927 ou *Légitime défense* qui date de 1932) qui marquent l'apparition d'un jeune mouvement littéraire guyano-antillais où surréalisme et marxisme tendent à se rejoindre pour nourrir une contestation de plus en plus fortement affirmée [25]. Elles se font entendre surtout dans les milieux parisiens d'étudiants noirs qui semblent avoir connu, entre les années 1930-1935, une intense fermentation intellectuelle : au sentiment du déracinement, à la nostalgie d'une enfance lointaine et de ses paysages perdus, viennent s'ajouter les premiers échos des thèmes développés par le mouvement pan-nègre parti des Etats-Unis et relayé par Haïti ; viennent s'ajouter aussi les enthousiasmes neufs suscités par la redécouverte, à travers la lecture de Maurice Delafosse, de Frobenius et des écrivains africanistes, des valeurs culturelles de l'Afrique traditionnelle. C'est en fait dans ces milieux, autour de la personnalité de Césaire lui-même et autour de celle d'un autre universitaire, de quelques années son aîné et qui allait lui aussi se placer aux premiers rangs de la littérature négro-africaine de langue française, le sénégalais Léopold Sedar Senghor, qu'est né le concept de « négritude » et que s'est trouvé précisé son contenu : revendication de la reprise de possession par l'homme noir de son identité profonde, volonté de retrouver les sources originelles de son être, refus de ce que Senghor nomme « l'arrachement de soi à soi » (« à la langue de ma mère, au crâne de mon ancêtre, au tam-tam de mon âme »), c'est-à-dire des normes d'une civilisation occidentale considérée comme étrangère, oppressive et aliénante.

« Les secousses culturelles qui, entre les deux guerres, agitaient Montmartre et la Rive gauche, minant la tradition gréco-latine, eurent comme effet de nous faire retourner aux sources de la Négritude, expliquera plus tard Senghor... C'est donc à Paris, au contact de nos camarades directement ou indirectement au contact des artistes, écrivains, savants et philosophes que nous apprîmes à nous méfier de l'intellectualisme, je ne dis pas de l'intelligence, du rationalisme, je ne dis pas de la raison. C'est à Paris qu'*à la suite* des ethnologues nous redécouvrîmes la Négritude c'est-à-dire les valeurs culturelles de la civilisation négro-africaine : don d'émotion et don de sympathie, don du rythme et de la forme, don d'image et don du mythe, esprit communautaire et démocrate [...]. Ce retour aux sources... la défiance à l'égard des valeurs européennes tournait très vite au mépris [...]. Nous pensions et nous disions que nous étions, nous, Nègres, le sel de la terre, que nous étions porteurs d'un message inouï que nul ne saurait proférer que nous... »

Ainsi étaient-ce ceux-là même en qui semblaient s'incarner les plus indiscutables réussites de la politique d'assimilation et de la mission « éducatrice » de la colonisation, ces universitaires, ces agrégés, qui proclamaient bien haut leur volonté de récuser le modèle occidental de civilisation. Citoyens à part entière d'une communauté nationale à l'intérieur de laquelle ils pouvaient apparaître comme totalement intégrés, c'est avec une violence passionnée qu'ils manifestaient leur refus d'une certaine forme d'identification, leur orgueil de retrouver sous le « masque blanc » qui la recouvrait, la spécificité de leur « peau noire ». Il ne s'agissait plus pour eux de se ranger parmi ceux qui, selon Césaire, « disent à l'Europe : voyez, en somme, je ne suis pas différent de vous ; ne faites pas attention à ma peau noire : c'est le soleil qui l'a brûlée ». Il s'agissait au contraire d'affirmer leur différence, de rejeter tout un système de culture en même temps que l'ensemble des valeurs fondamentales sur lequel il semblait reposer et de lui opposer victorieusement un autre type de système culturel et d'autres types de valeurs. Quelles que soient les innombrables ambiguïtés et les non moins innombrables contradictions dont le concept de négritude se trouve de toute évidence chargé, l'apparition du thème se situe donc dans l'exact prolongement des débats engagés depuis longtemps autour de l'idée de civilisation et du grand mouvement de remise en cause de l'Occident pour une fraction non négligeable de ses propres élites intellectuelles : c'est Senghor lui-même qui, dans son analyse rétrospective, souligne que c'est « à la suite » des écrits des africanistes et en étroite corrélation avec les « secousses culturelles » de l'entre-deux-guerres que s'est définie son attitude et celle de ses compagnons. Mais par leur intervention, par la véhémence aussi de leur contestation, les intellectuels négro-africains de langue française relancent le débat et lui donnent une vigueur nouvelle. Le défi que d'autres avant eux avaient lancé, ils l'amplifient, ils le rendent plus pressant et plus âpre... Sur le simple plan de l'histoire de l'idée coloniale, il convient toutefois de souligner que ce défi n'est pas demeuré sans réponse. Ebranlée au plus profond de ses anciennes justifications morales, l'idéologie colonisatrice a vigoureusement réagi. De cette réaction vont témoigner, au cours des années 1930, et la recherche de nouvelles synthèses et la formulation de nouvelles définitions.

CHAPITRE IX

A la recherche d'un humanisme colonial

Les années où s'affirme le triomphe de l'idée impériale sont aussi, pour la France, celles où s'expriment les premières inquiétudes coloniales. Ce sont également celles où se trouvent formulées certaines interrogations majeures à l'égard de l'Occident, de son destin et de sa mission civilisatrice. Ambiguïté fondamentale qui éclaire et domine sans doute l'essai de renouvellement de l'idéologie et des doctrines coloniales auquel certains vont se consacrer dans les années qui précèdent immédiatement le second conflit mondial. Défendre l'héritage colonial, affirmer sa légitimité, justifier son maintien, mais en même temps donner à son contenu idéologique une signification plus ample, mieux adaptée à l'évolution des faits et aux exigences de la conscience contemporaine, tel va être l'objet de leurs études, de leurs recherches et de leurs débats. C'est l'expression de telles préoccupations que l'on retrouve dans l'approche nouvelle du problème colonial que s'efforcent alors de présenter certains porte-parole de l'opinion catholique. Mais c'est aussi un souci du même ordre qui s'exprime, en un étonnant parallélisme, dans divers milieux de la gauche rationaliste et laïque. C'est enfin à un même dessein et à une même ambition que répondent les écrits de quelques « coloniaux » méditant sur les problèmes nouveaux posés à l'exercice de leur vocation et sur le destin d'un Empire dont ils ont en charge la gestion et le développement.

CONSCIENCE CHRÉTIENNE ET DOMINATION COLONIALE

Il est assez remarquable que depuis l'essor des grands impérialismes de l'ère contemporaine, le besoin semble ne jamais s'être fait sentir, de la part de l'opinion catholique, de voir aborder la question coloniale dans toute son ampleur et dans toutes ses dimensions religieuses et morales. Mais comment s'en étonner ? Tout au long du XIXe siècle, une solidarité de fait s'était historiquement établie entre l'Eglise, dans la poursuite de son œuvre d'apostolat Outre-Mer, et l'Etat, dans la réalisation de ses ambitions impériales : aux yeux de la plus grande partie des croyants et aussi des non-croyants, les deux notions d'évangélisation et de colonisation n'avaient cessé d'apparaître comme étroitement associées. L'extension de son champ d'influence avait, dans le temps et dans l'espace, coïncidé pour l'Eglise avec la progression de la domination européenne. Presque toujours les missionnaires avaient eu tendance à s'appuyer sur l'Etat colonisateur, à solliciter sa protection et à collaborer efficacement à l'établissement et au maintien de son autorité politique. Parallèlement, la doctrine très communément admise par les pouvoirs publics était que l'action missionnaire apportait, en règle générale, une contribution importante à l'œuvre de colonisation, qu'elle était susceptible d'aider l'administration dans d'innombrables tâches — et notamment dans les tâches sanitaires et médicales —, que son influence enfin restait le plus souvent souhaitable du point de vue de l'éducation et de « la formation morale des indigènes ». Il est à cet égard assez significatif que les activités missionnaires n'aient été que très faiblement touchées, à la fin du XIXe siècle et au début du XXe, par les conséquences du conflit qui opposa l'Eglise et l'Etat républicain. Dans les colonies mêmes, des incidents locaux mirent parfois aux prises certains religieux et certains représentants du pouvoir administratif. Les mesures anti-congréganistes semblent avoir, à un certain moment, gêné le recrutement missionnaire. Les gouvernements les plus « laïques », voire les plus anticléricaux, paraissent toutefois avoir très délibérément évité d'étendre aux territoires d'Outre-Mer toute la rigueur de leurs principes. Mais il n'est pas non plus sans signification que le premier appel au ralliement de l'Eglise de France à la République ait été lancé en rade d'Alger, le 18 novembre 1890, par le cardinal Lavigerie, primat d'Afrique et symbole même de l'apostolat missionnaire...

L'impulsion décisive donnée entre les deux guerres, sous les pontificats de Benoît XV et de Pie XI, à la constitution d'un épiscopat et d'un clergé indigènes, ne pouvait certes manquer de mettre, à plus ou moins longue échéance, en cause la solidité des liens établis entre l'action missionnaire et la présence coloniale [1]. Quelques-uns semblent parfois en avoir eu l'intuition :

« La dépendance directe de telle ou telle puissance, lit-on par exemple, au détour d'une page de la revue des *Missions catholiques*, a pu avoir ses avantages, et le nationalisme chrétien a servi en maintes occasions, merveilleusement, la Propagation de la Foi ; ne pas le reconnaître serait une injustice et une ingratitude ; pourtant nous devons reconnaître aussi que cette situation de dépendance a ses inconvénients pour une doctrine divine qui doit se maintenir au-dessus de toute politique humaine [2]. »

De telles notations restent toutefois très exceptionnelles. De toute évidence l'opinion catholique française semble fort mal préparée à tirer toutes les conséquences des grandes encycliques missionnaires, *Maximum illud* de 1919 et *Rerum Ecclesiae* de 1926, où la préoccupation de dissocier la pérennité de la propagation du message évangélique des vicissitudes temporelles promises aux dominations impériales apparaît cependant sans équivoque. L'essor des églises autochtones d'Asie et d'Afrique inspire, dans les milieux confessionnels, de fervents commentaires ; mais la convergence de l'idéal missionnaire et de l'idéal colonial dans une œuvre commune de « civilisation » continue, d'autre part, de s'y trouver affirmée avec l'assurance inentamée d'une totale bonne conscience. C'est au cours des années 1930 et 1931, à propos de chacune des manifestations de l'apothéose coloniale, que le thème semble même connaître son expression la plus éclatante. C'est lui que développe le cardinal Verdier, archevêque de Paris, en présence du maréchal Lyautey, du ministre des Colonies, Paul Reynaud, du nonce apostolique et de nombreux cardinaux, lors de l'inauguration solennelle, le 3 juin 1931, du pavillon des Missions qui se dresse, à l'Exposition coloniale, le long de « la grande Avenue des Colonies françaises », face au pavillon de la Réunion et non loin de la haute tour élevée à la gloire des Forces armées. C'est lui encore que l'on retrouve, au cours des mêmes semaines, dans les colonnes de la presse catholique, lorsque sont jetées à Dakar les fondations de la cathédrale du « souvenir africain », dédiée « à la mémoire de tous les héros de l'épopée africaine, explorateurs, missionnaires, soldats, marins, administrateurs, commerçants, morts là-bas au service de la France, les uns en répandant glorieusement leur sang, les autres victimes ignorées de leur dévouement au pays ». « Les victoires de la France sont, par une sorte d'harmonie préétablie, des victoires du catholicisme », écrit l'*Année missionnaire* de 1931 [3].

Qu'au regard de l'ensemble de l'opinion catholique la présence de la Croix du Christ dans les terres lointaines semble toujours inséparable de celle du drapeau national, la constatation ne fait que donner plus de prix à certains textes publiés au cours des années 1930 et 1931. Essentiellement il s'agit des débats de la vingt-deuxième session des Semaines sociales tenue à Marseille en 1930, débats édités sous le titre : *Le problème social aux colonies* [4]. Il s'agit aussi d'un important ouvrage de Joseph Folliet, thèse de doctorat en théologie, *Le Droit de colonisation,* publié en 1931 [5]. Les préoccupations qui inspirent Joseph Folliet et les principaux participants des *Semaines sociales* de Marseille sont les mêmes. Il s'agit d'abord de définir les fondements théologiques et moraux de la légitimité de l'expansion coloniale. Il s'agit, en second lieu, de poser les principes d'une morale de la colonisation, d'édifier en d'autres termes une doctrine de « la juste colonisation ».

En ce qui concerne la légitimité de la colonisation, les arguments que développe Joseph Folliet se confondent avec ceux que présentent à Marseille deux théologiens éminents, le P. Délos, sous le titre *L'expansion coloniale est-elle légitime ?* et le P. Bruno de Solages, sous le titre *Devoirs, droits et responsabilités des puissances colonisatrices.* Les uns et les autres se réfèrent à une autorité théologique commune, celle de Francisco de Vittoria, ce dominicain espagnol du XVIe siècle à qui il avait appartenu d'arbitrer le premier grand débat qui avait alors déchiré la conscience chrétienne autour du principe même de la conquête coloniale. Selon Vittoria, le droit à la colonisation était essentiellement fondé sur le *jus communicationis,* c'est-à-dire le droit aux « relations » nécessaires à l'existence et au bien de la communauté humaine tout entière. Aucun peuple n'est moralement autorisé à rester endormi sur les sources de richesses dont l'ensemble de l'humanité a besoin et dont elle pourrait profiter. Il s'ensuit que tous les hommes ont droit à bénéficier de toutes les richesses de la terre. Il s'ensuit encore qu'il y a devoir, pour un peuple ayant atteint un niveau de civilisation plus développée, de faire participer à cette civilisation les sociétés moins développées. Dans cette tâche les puissances coloniales peuvent être considérées comme les mandataires de l'ensemble de la société internationale : celle-ci n'étant pas apte, du fait de son inorganisation et de ses divisions, à exercer la plénitude de ses obligations, c'est aux Etats les plus évolués qu'il appartient de prendre en charge les peuples les moins évolués.

« Nul peuple, écrit le Père Délos, ne peut, sous prétexte qu'il est le premier occupant et qu'il s'est approprié une portion des biens de la terre, se fermer aux concours extérieurs qui s'offrent pour activer l'exploitation bienfaisante des ressources naturelles, mettre en valeur les terres incultes, accroître par les progrès techniques, la productivité générale. Apporter ce concours est un droit humain, fondé sur la destination universelle des biens terrestres, sur l'ordre naturel et providentiel. »

La finalité de la colonisation apparaît ainsi comme « l'exploitation la plus fructueuse du potentiel terrestre, en vue du plein épanouissement économique, spirituel et moral de tous les peuples ».

La définition d'une telle finalité signifie d'ailleurs que la situation de domination coloniale ne saurait être considérée comme définitive.

« L'infériorité partielle ou totale de certaines civilisations par rapport à d'autres, la philosophie chrétienne ne permet pas de la considérer comme le fait d'une inégalité de nature, mais seulement comme le résultat d'un retard de développement ou d'une décadence accidentelle. »

Fondée temporairement au regard de la morale chrétienne, la colonisation ne peut donc être envisagée comme un droit intemporel : le droit cesse avec l'accession du peuple colonisé à la pleine maturité, c'est-à-dire lorsqu'il est arrivé au niveau de civilisation du peuple colonisateur. De même que toute œuvre d'éducation n'a de sens que si elle aboutit à un acte d'émancipation, de même toute légitime colonisation implique la perspective de sa propre cessation. L'abrogation de la tutelle coloniale, « l'émancipation » des peuples colonisés, sont toutefois susceptibles de prendre des formes diverses, soit que le peuple colonisé se constitue en Etat indépendant, soit qu'il s'intègre à la métropole à égalité de droits et de devoirs, — cette intégration pouvant elle-même se présenter sous l'aspect d'une totale assimilation ou sous l'aspect d'une communauté de type fédéral. L' « émancipation » des peuples colonisés devra, d'autre part, respecter un certain nombre de conditions que les théologiens s'efforcent de préciser. Elle devra s'opérer graduellement, c'est-à-dire être préparée par une participation croissante des indigènes à la gestion de leurs intérêts collectifs. Elle devra en second lieu tenir compte des « droits légitimes » acquis par le colonisateur. Il faudra enfin qu'elle corresponde chez le colonisé, non à la seule volonté d'une minorité, mais au meilleur épanouissement matériel et moral du plus grand nombre. Si l'institution coloniale peut avoir, en effet, conformément au bien du peuple indigène, le devoir de mourir, elle peut aussi, malgré les aspirations de beaucoup, avoir celui de se maintenir : « se retirer prématurément, même pour faire plaisir aux meneurs des populations indigènes, au risque de les laisser retomber dans l'anarchie, serait, pour une puissance, trahir sa mission colonisatrice »...

UNE MORALE DE LA COLONISATION

Ainsi, légitimé dans sa situation présente, — mais non comme une institution définitive, — le droit à la colonisation ne peut manquer de comporter, pour le colonisateur, un certain nombre de devoirs. Devoirs d'ordre multiple, à la fois intellectuel, moral, social, politique et religieux. Il importe d'abord que le colonisateur veille à ce que les biens nouvellement créés soient « mis à la disposition » des peuples indigènes. Il importe encore que le colonisateur s'impose la tâche d'une éducation « civilisatrice totale » à l'égard des colonisés : « l'éducation de la communauté indigène, écrit à ce propos le P. de Solages, apparaît à la fois comme un droit, pour l'humanité qui en a besoin, de la donner et un devoir corrélatif pour l'indigène de la recevoir ; mais aussi comme un droit, pour l'indigène qui en a besoin, de la recevoir et un devoir corrélatif pour l'humanité, en la personne d'une puissance colonisante, de la donner ». En bref, et selon une formule du même auteur, « le bien de l'indigène doit être l'objet direct de la sollicitude de la puissance colonisante ». Il s'ensuit dans l'immédiat, pour le chrétien, la définition d'une morale pratique de la colonisation que Joseph Folliet résume ainsi dans la conclusion de sa thèse :

« Dans le monde colonial, désaxé par les souvenirs et les espérances de la Grande Guerre, par les excitations des meneurs bolchevistes, par les transformations sociales pressées, par les injustces et les douleurs, chaque minute a son importance irremplaçable. Travaillons à éduquer l'opinion publique des colonies et des métropoles. Proposons des solutions positives. Répandons l'esprit chrétien. Collaborons à l'œuvre missionnaire. Suscitons parmi nos jeunes, de belles et apostoliques vocations coloniales. »

Sur le plan théologique comme sur le plan moral, c'est donc bien, en définitive, à la notion d'une « juste colonisation » qu'aboutit cet ensemble de considérations. Juste colonisation que l'on s'efforce de définir contre les excès et les abus du colonisateur, mais aussi contre les prises de position d'un anticolonialisme de principe et de système. Les premiers sont condamnés comme trahissant le sens profond, l'esprit même de la colonisation, « œuvre collective de charité », pour reprendre la formule d'une très haute autorité religieuse du temps, le cardinal Mercier. Mais les secondes sont également écartées comme contraires au bien commun des sociétés humaines. L'héritage colonial doit être corrigé, amendé, spirituellement rénové, mais il doit être aussi dans l'immédiat conservé. Telle est en somme la conclusion pratique du débat, et que l'on retrouve exprimée avec force dans les dernières pages de la thèse de Joseph Folliet :

« L'argumentation anticoloniale, écrit Joseph Folliet, se brise à l'énormité d'un fait : l'existence même de la colonisation. Des nations occupent des territoires coloniaux, que conseiller à leurs sujets ? La révolte ? Alors on déclenche une guerre longue et dure, qui apportera peut-être aux rebelles au lieu de l'indépendance, l'anéantissement ou le redoublement d'oppression. Et que diront les anticoloniaux aux peuples colonisateurs ? De s'en aller sans délai ? Mesure inconsidérée d'où sortiraient d'immenses inconvénients : une grave perturbation économique, le retour de continents entiers à la sauvagerie, la ruine et probablement le massacre des petits colons fixés au sol, incapables de se déplacer en vitesse. Seuls tireraient leur épingle du jeu ces gros capitalistes que les anticoloniaux vouent aux gémonies. La masse des peuples colonisés aurait-elle avantage à cet exode ? Elle tomberait sous l'impitoyable domination des chefs indigènes ou sous la coupe d'autres puissances colonisatrices moins scrupuleuses [6]... »

Dans le cadre de ces conclusions, comment d'ailleurs

ne pas remarquer que l'attitude définie par les moralistes chrétiens rejoint assez curieusement celle qui se dégage de l'ouvrage d'Albert Sarraut, *Grandeur et servitude coloniales*, publié au cours des mêmes années ? Entre les réflexions des théologiens et l'humanisme laïque du vieux radical du sud-ouest c'est, autour du problème colonial, une paradoxale mais très réelle concordance qu'il faut bien en effet constater.

Pour légitimer, dans son principe essentiel, le fait colonial, c'est à un impératif finalement très proche du *jus communicationis* invoqué par la doctrine catholique que se réfère Albert Sarraut : « le droit de l'espèce humaine de vivre sur la planète une vie meilleure, par l'usage plus abondant des biens matériels et des richesses morales susceptibles d'être distribués à l'ensemble des vivants ». Tous les peuples devant pouvoir « jouir de la richesse totale répandue sur la planète », c'est « au nom du droit de vivre » de l'humanité tout entière que la colonisation doit « prendre en charge la mise en valeur, la mise en circulation des ressources que des possesseurs débiles détenaient sans profit pour eux-mêmes et pour tous ». Le postulat de base étant ainsi posé en termes très voisins (les obligations du droit naturel se trouvant seulement substituées à celles de l'ordre providentiel), les conclusions de portée morale qui en découlent se confondent en une quasi totale similitude. « Le principe essentiel imposé au colonisateur, écrit Sarraut, est d'agir en premier lieu pour le bien du colonisé. » « La France, écrit-il encore, ne peut avoir deux visages, celui de la liberté tourné vers la métropole, celui de la tyrannie tendu vers les colonies. »

Dans sa fidélité hautement invoquée à la tradition républicaine, Sarraut se montre ainsi d'accord avec les orateurs des *Semaines sociales* pour affirmer que « les devoirs du colonisateur sont aussi impérieux que ses droits sont certains ». D'accord également pour envisager, pour les peuples coloniaux, une substitution progressive des principes d'une libre association aux liens de domination, pour fixer comme terme idéal et lointain à la colonisation ce que le Père Délos avait désigné de son côté comme « une société des peuples libres et solidaires, organisés au mieux des intérêts de la civilisation ».

Un autre rapprochement ne peut, au demeurant, manquer d'être souligné. Quelques mois après la réunion des *Semaines sociales* de Marseille, en mai 1931, à Vichy, la *Ligue des Droits de l'Homme* tenait un congrès spécialement consacré au thème suivant : « La colonisation et les Droits de l'Homme ». Deux thèses s'y opposèrent en un affrontement souvent tumultueux. L'une défendue par Félicien Challaye tendait, au nom du droit des peuples à disposer d'eux-mêmes, à une condamnation globale du fait colonial, la colonisation y étant essentiellement définie comme « la mainmise d'un peuple économiquement et militairement fort sur un peuple d'une autre race économiquement et militairement faible ». L'autre, soutenue à la fois par Albert Bayet et Maurice Viollette, le premier universitaire, le second parlementaire, mais tous deux membres influents du parti radical, tendait au contraire à montrer que l'acceptation du principe colonial ne signifiait en aucune façon une trahison à l'égard d'un idéal de progrès et de démocratie. Sans doute, dans quelques-uns de ses aspects, la colonisation française est-elle entachée de graves abus « d'actes arbitraires et de tyrannie » qu'il importe de dénoncer et de corriger. Sans doute une évolution progressive doit-elle amener à faire des peuples colonisés des « associés et non plus des sujets ».

« Mais, déclare Albert Bayet « de ce que l'action colonisatrice s'accompagne trop souvent d'abus, avons-nous le droit de conclure qu'elle en est inséparable ? Je ne le crois pas. Viciée, la colonisation est un danger pour le monde, purifiée, elle peut être un bienfait. »

Et Albert Bayet poursuit, après avoir évoqué les grands exemples de la Grèce et de Rome :

« D'où il suit que la colonisation est légitime quand le peuple qui colonise apporte avec lui un trésor d'idées et de sentiments qui enrichira d'autres peuples ; dès lors la colonisation n'est pas un droit, elle est un devoir [...] Il me semble que la France moderne, fille de la Renaissance, héritière du XVIIe siècle et de la Révolution, représente dans le monde un idéal qui a sa valeur propre et qu'elle peut et doit répandre dans l'univers.

Apporter la Science aux peuples qui l'ignorent, leur donner routes, canaux, chemins de fer, autos, le télégraphe, le téléphone, organiser chez eux des services d'hygiène, leur faire connaître enfin les Droits de l'Homme, c'est une tâche de fraternité [...] Le pays qui a proclamé les Droits de l'Homme, qui a contribué brillamment à l'avancement des sciences, qui a fait l'enseignement laïque, le pays qui, devant les nations, est le grand champion de la liberté, a, de par son passé, la mission de répandre où il le peut, les idées qui ont fait sa propre grandeur [7]. »

Que les thèses d'Albert Bayet et de Maurice Viollette l'aient emporté à une très forte majorité au congrès de Vichy témoigne assez de la faible résonance rencontrée alors par les principes d'un anticolonialisme de système dans les milieux de la gauche libérale française. Mais il reste surtout significatif qu'une même préoccupation ait dominé les débats de la *Ligue des Droits de l'Homme* et ceux de la vingt-deuxième session des *Semaines sociales :* la volonté d'apporter, selon une formule même de Maurice Viollette, « une solution moralisatrice au problème colonial ». Significatif également que, les valeurs d'une philosophie du progrès venant ici se substituer aux impératifs théologiques du *jus communicationis,* une même justification et une même définition aient été données à l'action coloniale, celles d'une très grande tâche collective de solidarité et de fraternité... Sans doute, et même exprimés sous cette forme, aucun de ces thèmes ne peut-il être considéré comme véritablement nouveau. Les préoccupations humanitaires, le souci hautement affirmé de faire œuvre d'éducation et de promotion, tiennent on le sait, dès les premières années de la Troisième République, une place primordiale dans la genèse de la formulation d'une idéologie coloniale française. On ne peut cependant manquer d'être frappé par l'insistance témoignée dans tous ces textes à mettre l'accent sur les devoirs du colonisateur, à préciser et à codifier ses obligations à l'égard du colonisé. La pensée coloniale tend ainsi, chez beaucoup de ses interprètes, à dépasser les perspectives d'un point de vue prioritairement métropolitain. Elle tend à se nuancer en même temps qu'à s'élargir. Elle se limite moins facilement à la simple exaltation de l'ordre des choses établies. Elle se montre soucieuse d'adaptation, d'évolution, d'un avenir nouveau à prévoir et à préparer. Très certainement il faut voir là l'une des expressions des premières inquiétudes coloniales de l'entre-deux-guerres, une riposte indirecte à l'égard des grandes mises en question formulées du fond de l'Afrique et de l'Asie face à l'œuvre impériale de l'Occident. Mais il faut voir là aussi la manifestation indiscutablement sincère d'un esprit d'aménagement et d'une volonté d'approfondissement. Attaquée, ébranlée la conscience coloniale française se voit contrainte de s'interroger sur elle-même. Mais elle est ainsi amenée, au-delà de la recherche d'une justification nouvelle, à s'ouvrir à d'autres formules et à s'enrichir d'autres significations.

Vers la notion de Communauté

C'est dans la ligne de ces préoccupations, mais bien au-delà cependant de simples perspectives réformistes, que se situent par ailleurs les réflexions présentées au cours des mêmes années par un certain nombre de « coloniaux », administrateurs civils ou militaires. Réflexions qui ne font sans doute que prolonger, que développer dans leurs ultimes conséquences, les postulats posés par quelques-uns de leurs plus illustres devanciers, et notamment par Gallieni et par Lyautey, dans la définition de ce qu'on nommait alors « la politique indigène ». Mais réflexions mûries aussi à l'épreuve de l'expérience, au contact des civilisations indigènes et dans la reconnaissance progressivement faite de la valeur et de l'originalité propres à chacune d'entre elles, riches d'une volonté de compréhension, de rapprochement et d'amitié à l'égard de ces hommes à qui les lie leur destin. Réflexions de praticiens sans doute, mais de praticiens qui s'interrogent sur la finalité de leur tâche et qui, de la poursuite de celle-ci, s'efforcent de dégager une éthique, un enseignement d'ordre moral de portée très générale. Ainsi se trouvent exposés les principes de ce que certains ont appelé un nouvel « humanisme colonial » et dont, entre beaucoup d'autres, les ouvrages de Robert Delavignette semblent fournir le meilleur témoignage : *Les Paysans noirs* sans doute, mais aussi *Les vrais chefs de l'Empire*, publié en 1938 et peut-être surtout *Soudan-Paris-Bourgogne* publié trois ans auparavant, recueil de notes et de souvenirs d'un ton singulièrement attachant [8].

Par beaucoup de ses aspects, « l'humanisme colonial » peut, lui aussi, apparaître comme une défense du principe de la colonisation face aux premières revendications des nationalismes extra-européens et face aux mots d'ordre de la contestation anti-occidentale. Défense présentée avec nuances, mais aussi avec une fermeté sans réticence ni équivoque : « Nous avons puissamment rénové l'Afrique, écrit Robert Delavignette. Au nom de quel prétendu réalisme ignorerait-on nos réalisations ? » On ne saurait admettre en effet l'interprétation selon laquelle l'action colonisatrice n'aurait constitué, pour les hommes sur lesquels elle s'est exercée, qu'un facteur d'amoindrissement, une appauvrissante réduction à l'unité imposée par le conquérant. Pour le colonisé, le fait colonial signifie au contraire l'espérance d'un plus large épanouissement, d'un plus libre développement de toutes les virtualités morales, intellectuelles et spirituelles qu'il recèle : « Nous voulons sauver les civilisations africaines, nous voulons rendre les Noirs à eux-mêmes, mais pour les rendre en même temps à la personne humaine ». Dans la pensée de Robert Delavignette la fonction attribuée à la colonisation est ainsi assimilée à celle d'une greffe : brisant l'isolement des sociétés extra-européennes, les réintégrant dans la modernité, leur infusant une part du génie technique et organisateur de l'Occident, elle constitue pour ces sociétés un moyen privilégié de revitalisation. A d'antiques civilisations enlisées dans leur déclin elle apporte la promesse d'une renaissance, d'un essor neuf où leurs valeurs traditionnelles pourront plus hautement et plus fortement s'affirmer. Tel est bien le thème majeur, la signification profonde des *Paysans noirs* où l'on voit comment l'implantation d'une huilerie dans la brousse soudanaise a pu permettre aux vieilles exploitations agricoles de caractère familial de retrouver un nouvel équilibre et les conditions d'une nouvelle prospérité. La Machine apportée par les Blancs n'a pas tué la vie paysanne africaine ; elle l'a au contraire revigorée :

« Libérés de l'oppression, les soukkalas avaient su retrouver leurs coutumes communautaires de travail et leur forme familiale de propriété, et marier leur mode de vie africaine avec l'usine des Européens. Et la preuve avait été faite que Blancs et Noirs étaient capables de travailler ensemble, de gagner la paix dans une certaine manière d'accomplir ensemble une œuvre commune qui mêlait leur sueur et leur esprit. »

Mais le fait colonial étant ainsi défendu et réhabilité dans sa légitimité essentielle, il s'agit de donner à celle-ci tout son sens et toute sa portée. Il s'agit notamment de tenir compte des profondes mutations opérées, du fait même de la colonisation, dans les vieilles sociétés indigènes : dans la mesure où celles-ci se sont « réveillées », leurs élites ont pris conscience de l'originalité de leur culture ; elles n'acceptent plus une simple attitude de soumission à l'égard du colonisateur et de total effacement à l'égard de l'ordre qu'il incarne. Ayant franchi les premières étapes de la conquête et de la mise en ordre administrative, la colonisation est donc susceptible d'une interprétation nouvelle. Elle apparaît maintenant dans ses perspectives véritables qui sont celles d'une rencontre, d'une confrontation de civilisations : confrontation qui implique la possibilité et le devoir d'un mutuel enrichissement, d'une mutuelle fécondation. L'idéal de la colonisation doit en fin de compte être défini comme celui d'une symbiose (« à la fois africain et français ») où chacun, tout en restant lui-même, se trouve prêt à recevoir de l'autre ce que celui-ci peut lui apporter de meilleur. C'est un idéal d'échange, de don mutuel, de compénétration et d'apport réciproque. Et c'est aussi un idéal de fraternité, de cette sorte de fraternité que l'on peut appeler la fraternité dans la différence. « Nous goûtions la douceur d'être différents et ensemble », écrit encore Robert Delavignette évoquant, dans l'une des pages les plus prenantes de *Soudan-Paris-Bourgogne*, le souvenir d'une longue nuit de dialogue avec un notable musulman africain.

Certes, et il faut le répéter, les filiations idéologiques sont ici évidentes : Lyautey déjà avait magnifié l'idéal colonial comme celui d'une synthèse entre le passé et le présent, entre la sauvegarde des traditions et la connaissance des lois de l'évolution, entre les valeurs héritées de « l'Autrefois » et les nécessités de « l'Aujourd'hui ». De toute évidence cependant, dans son expression présente, la pensée de cette élite administrative dont Robert Delavignette représente l'un des porte-parole les plus exemplaires, se montre très fortement marquée par les préoccupations dominantes qui sont celles des années 1930. Elle participe très largement (et se situe par là sur un tout autre plan que celui des rationalistes libéraux de la *Ligue des Droits de l'Homme*) à cette vaste réflexion sur la « Crise » — ou plutôt sur les crises : crise de l'Occident, crise de la civilisation technique, crise de la société française —, que l'on retrouve alors dans tant d'écrits et qui suscite la prolifération de tant de cercles, de revues et de groupes d'études. Le fait n'est pas négligeable, car c'est précisément dans la mesure où elle s'intègre aux innombrables recherches menées de toutes parts, en ces années incertaines, autour d'un « ordre nouveau » à définir et à construire, qu'elle apporte à l'idée coloniale un contenu de valeur morale d'une indiscutable orginalité. Défini comme un contact de civilisations, comme un phénomène de greffe réciproque, le fait colonial apparaît ainsi pour le vieil Occident fatigué, plein « d'empires morts et de républiques malades », comme la promesse d'une rénovation. Il appartient sans doute à l'Europe de « réveiller » les peuples placés sous sa tutelle, de les initier au progrès des connaissances, de les réintroduire dans le contexte du monde moderne. Mais à un Occident que le gigantisme de ses ambitions économiques risque d'entraîner à sa perte, le moindre des villages africains est susceptible d'apporter en échange son irremplaçable enseignement : c'est à son exemple notamment qu'il pourra réapprendre le sens oublié de la vie communautaire, les valeurs du sacré, la sagesse coutumière, les antiques vertus terriennes. Sur le plan moral, la symbiose coloniale est ainsi présentée comme une réponse aux grandes interrogations de l'entre-deux-guerres. Tel est bien le sens de l'appel que Robert Delavignette lance dans les dernières pages de *Soudan-Paris-Bourgogne*, aux jeunes hommes de son pays :

« Servez-vous du Soudan pour refaire la Cité en France même. L'Afrique salut de l'Europe ! Oui, si elle vous conduit à réformer la France. Colonies, capitale, province, mêlez ces trois mots dans votre tête, sans leur donner de sens hiérarchique ; tout cela se vaut pour vous : tout cela n'est que le même travail du nouvel Occident qui vous appelle [9]. »

Dans l'ordre politique, une telle conception ne pouvait manquer d'introduire le principe de très importantes mutations. Le problème colonial n'étant plus posé en terme de suprématie, il s'agit de définir, par une sorte de contrat mutuel, les fondements d'un destin commun pour le colonisateur et pour le colonisé, de trouver de communes raisons de vivre libres et la main dans la main, « vous le Noir et moi le Blanc ». Il s'agit plus précisément pour la métropole, de renoncer définitivement à ce qu'Albert Sarraut, de son côté, avait déjà appelé « l'esprit de conquête » ou « l'esprit colon ».

« C'est méconnaître les tendances actuelles de la colonisation, écrit dès 1929 un historien de la colonisation dont la pensée paraît très proche de celle de Robert Delavignette (et qui d'ailleurs a précédé celui-ci à la direction de l'Ecole Coloniale), Georges Hardy, d'y voir avec obstination, l'assujettissement d'une société par une autre. Nous sommes bien loin de cette conception et même de cet état de fait. Nous allons de plus en plus vers des associations qui laisseront aux uns et aux autres leurs personnalités, leurs institutions, leurs coutumes et qui seront fondées à la fois sur une solidarité d'intérêts et sur une entente morale. » En évoquant ce qui lui paraît devoir être l'inexorable évolution des empires coloniaux dans le cours du XXe siècle, Georges Hardy poursuit : « Ainsi se conçoivent des régimes également éloignés de la sujétion et de l'indépendance, propres à protéger les faibles ou les attardés sans nuire à leur développement ou à leur vraie liberté, et c'est vraisemblablement vers ces sortes de symbioses qu'il faut voir, pour les nations colonisatrices qui sauront se maintenir à la hauteur de leur tâche, les formules de l'avenir [10]. »

Bien que le terme continue à être normalement utilisé, à la notion d'Empire, et au concept de domination qu'elle implique, se trouve ainsi progressivement substituée celle d'une communauté de caractère pluriracial et reposant sur le libre consentement et la libre détermination de chacun de ses membres.

Les deux termes d'Empire et de Communauté se trouveront d'ailleurs significativement rapprochés dans un petit livre, *La Communauté impériale française*, publié en 1945 mais rédigé au cours de la seconde guerre mondiale et œuvre commune de trois auteurs, un métropolitain Robert Lemaignen, un Cambodgien le prince Sisowath Youtévong et un Africain, en l'occurrence Léopold S. Senghor [11].

Par l'essentiel de son contenu l'ouvrage représente l'aboutissement et la synthèse des préoccupations et des recherches des « humanistes coloniaux » des années précédentes. Léopold Senghor y définit l'Empire comme « un groupement d'humanité à la recherche d'une commune raison de vivre ». « Le problème colonial, y déclare-t-il encore, reprenant à peu près textuellement certains termes de Robert Delavignette, n'est rien d'autre au fond qu'un problème provincial, un problème humain. » Quant à un autre des trois auteurs, le prince Sisowath Youtévong, il s'interroge sur la possibilité de faire reposer « l'unité impériale française » sur une véritable base morale et hors de toute idée de contrainte. Il en vient ainsi à mettre essentiellement l'accent sur « une volonté commune de s'unir », dont la réalité lui paraît évidente et qu'il commente en ces termes :

« Chercher des explications à un fait humain, le vider de son contenu magique, c'est souvent le rendre encore plus obscur. Ce qu'il ne faut pas faire c'est voir dans cet attachement une sorte de fatalisme ou une résignation de vaincus : la France a groupé autour d'elle plusieurs civilisations qui ont marqué dans l'histoire artistique, philosophique et spirituelle de l'humanité ; ces civilisations, affaiblies dans leurs assises matérielles, restent parfaitement conscientes de leur existence et de leur valeur ; elles consentent à s'enrichir, à aimer et à servir, mais non à abdiquer d'elles-mêmes. Ce qui se crée dans l'habitude de la vie en commun, volontairement acceptée ou non, ce n'est pas un lien de servitude mais un lien *d'amour*. C'est en cela que le problème humain dépasse les données matérialistes et arrive à la transcendance [12]... »

Et c'est bien en effet, dans les années qui précèdent la seconde guerre mondiale, l'établissement de ce « lien d'amour » qui domine la pensée de toute une élite coloniale. Rêve illusoire de quelques esprits bien intentionnés, mais oublieux des véritables données de la condition du colonisé ? Réalité effective, vivante dans les esprits et les cœurs, susceptible de constituer, pour un édifice impérial rénové, une base morale d'une toute puissante solidité ? Le débat reste ouvert, plus complexe sans doute que ne tendraient à le faire croire les courants dominants de l'opinion de notre temps, mais dont l'examen n'entre en aucune façon dans le cadre de cette étude. On ne peut en revanche manquer de s'interroger sur la portée pratique d'un courant de pensée dont on ne saurait sous-estimer ni la richesse, ni la ferveur. Cette élite coloniale, malgré l'autorité morale de ses porte-parole, quelle audience réelle a-t-elle rencontrée ? De quel poids surtout a-t-elle pesé sur les événements et sur les déterminations du pouvoir ? « L'heure des dominations paresseuses et stériles est passée », écrivait Albert Sarraut en 1931. Indiscutablement, dans le lourd climat de l'avant-guerre, ce sont des solutions neuves qui s'ébauchent, des synthèses nouvelles qui se construisent. Il est permis de penser que les préoccupations de l'humanisme colonial ont progressivement trouvé de larges échos dans les milieux et aux différents échelons de l'administration d'Outre-Mer, qu'elles ont ainsi contribué à façonner un état d'esprit qui s'affirmera avec force dans la période suivante. Mais au niveau des instances gouvernementales, dans la définition d'ensemble de la politique coloniale de la France, ont-elles suscité le profond mouvement d'adaptation et de réforme qu'elles semblaient devoir impliquer ? Il serait téméraire de répondre par l'affirmative. Sans négliger l'importance de certaines réformes réalisées en matière de législation coloniale par la Troisième République à son déclin, le contraste ne reste pas moins évident entre l'élan, l'audace novatrice de certaines recherches et de certaines aspirations, et les timidités, les atermoiements et les faiblesses de l'action gouvernementale.

Le problème colonial rejoint par là un problème beaucoup plus général, le problème même qui domine l'histoire de la France dans la période de l'entre-deux-guerres. De toute évidence cette France n'a souffert ni de sclérose, ni de paresse intellectuelle. Il faut bien, en revanche, constater une sorte d'engourdissement, de paralysie des centres moteurs de la décision et de l'action. De cette contradiction entre la richesse des spéculations et le statisme des comportements, l'étude de l'idéologie coloniale vient apporter un nouveau témoignage.

TROISIÈME PARTIE

LES TEMPÊTES DU REFLUX

CHAPITRE X

Devant la décolonisation

Pour tout esprit sensible à une certaine dimension tragique de l'Histoire, c'est un assez beau thème qu'offre à la réflexion l'effondrement des grands empires coloniaux édifiés par l'Europe libérale et bourgeoise du siècle dernier. Peu de dominations, en vérité, et d'une aussi indiscutable ampleur, se sont si précipitamment écroulées. Pour la France, comme pour la Grande-Bretagne, moins d'un demi-siècle sépare le moment de l'apogée et celui de la chute. L'enfant qui a visité l'Exposition de Vincennes dans l'émerveillement de sa dixième année a vu, dans son âge d'homme, se désagréger cet Empire dont on lui avait enseigné, sur les bancs de l'école, à admirer la puissance et à croire en la pérennité. C'est en 1934 que s'achèvent, au Maroc, les derniers combats de la conquête impériale et déjà s'annoncent, nettement perceptibles, les premiers signes du reflux. De 1950 à 1962, il n'a fallu en somme qu'une douzaine d'années, pour que s'efface des cartes des atlas l'immense tache rose qui témoignait de la souveraineté mondiale de la France [1].

On le sait : c'est une crise d'une singulière gravité qu'a provoquée, au plus profond de la conscience nationale, l'écroulement des grandes certitudes impériales. Devant la décolonisation et devant ses problèmes, l'opinion française a manifesté des réactions particulièrement vives. Les partis se sont heurtés, divisés à l'intérieur d'eux-mêmes, les passions progressivement exaspérées : c'est dans un climat de guerre civile que s'achève, en 1962, la dernière étape de la dissolution de la France d'Outre-Mer. Le fait a été décisif dans l'histoire morale de toute une génération et il prend, au regard de l'analyste, d'autant plus de valeur qu'il peut apparaître comme relativement singulier : dans aucun autre pays colonisateur de la vieille Europe, la fin des dominations impériales n'a suscité des débats d'une telle ampleur, provoqué des affrontements d'une telle violence. Pourquoi ces débats ? Pourquoi ces affrontements ? A quelles conditions particulières les rattacher ? Comment, en d'autres termes, expliquer la spécificité du cas français ? C'est à cette interrogation que l'historien des idées ne peut manquer d'abord de se trouver confronté.

La persistance de l'idéologie impériale

« Prêtez l'oreille attentivement à ce formidable murmure, car vous n'êtes plus seuls dans le monde susceptibles de l'entendre. » C'est en ces termes que, le 10 août 1947, un député musulman d'Algérie, d'ailleurs fort modéré, du nom de Cadi Abd el-Kader, adjure le Parlement français de prendre conscience de l'immense mouvement d'émancipation qui, de l'Afrique à l'Asie, secoue les peuples colonisés. Depuis la fin de l'année précédente la guerre fait rage en Indochine. Deux ans auparavant, le 8 mai 1945, le jour même de la victoire des Alliés sur l'Allemagne hitlérienne, une brusque flambée de révolte (et très brutalement étouffée) a ensanglanté le Constantinois. Quelques mois plus tôt, dans la nuit du 29 au 30 mars 1947, se sont allumés, à Madagascar, les premiers foyers d'une puissante insurrection. Le 10 avril précédent, enfin, le sultan du Maroc, rompant publiquement avec une longue tradition d'allégeance et de fidélité, s'est présenté, dans un discours prononcé à Tanger, comme le porte-parole des jeunes revendications « nationalistes ». Autant de faits qui devraient apparemment assurer une large résonance à l'avertissement du parlementaire algérien. Autant de faits cependant qui ne semblent ni troubler la masse de l'opinion française, ni même réellement émouvoir la plus grande partie des milieux politiques. Paradoxe surprenant et dont les conséquences vont s'avérer capitales : deux ans après la fin de la seconde guerre mondiale, alors que de toutes parts les craquements se multiplient dans le vaste édifice de ce que beaucoup continuent de nommer la France d'Outre-Mer, les grandes certitudes héritées de la période précédente paraissaient à peu près inentamées. C'est plus tard que viendra l'heure du tumulte et des déchirements. En ce mois d'août 1947, les paroles de Cadi Abd el-Kader se perdent dans l'indifférence ou le scepticisme. Plus exactement elles se heurtent à une sorte d'assurance massive, de foi partagée par presque tous [2] : assurance de la cohésion, foi dans la solidité de la communauté des peuples rassemblés sous la domination ou la protection du pavillon de la France.

Aussi généralement répandu, cet état d'esprit peut rétrospectivement étonner. Pour qui se situe dans le contexte idéologique de la France des premières années du second après-guerre, hantées encore par les souvenirs de la lutte qui venait de s'achever, il demeure cependant très aisément explicable. Depuis l'écroulement de 1940, c'est, en vérité, un rôle décisif que les territoires d'Outre-Mer avaient tenu dans le destin national. Au regard de tous les Français, l'Empire semblait avoir échappé à l'immense effondrement de la défaite : son sol, en dehors de la lointaine Indochine, était resté libre de l'occupation ennemie ; ses forces étaient demeurées intactes, son intérêt stratégique mis en évidence par quelques-unes des péripéties capitales du conflit. Selon l'expression consacrée, l'Empire était, d'autre part « demeuré fidèle » : quelles que soient les vicissitudes politiques dont il avait été le théâtre, les compétitions des hommes et des factions dont il avait été l'objet, l'allégeance à la France n'avait jamais été mise en cause ; dans l'ensemble la volonté d'appartenance à la communauté nationale n'avait pas été révisée ; le bloc qu'il constituait n'avait été que très marginalement et très accidentellement atteint dans son unité [3]. Enfin et surtout, c'était dans l'Empire, ultime refuge de ce qui restait de la souveraineté française après l'occupation totale du territoire métropolitain, que s'étaient forgées les armées qui, sous le drapeau et sous un commandement national, devaient contribuer à la libération du pays. A partir de 1942, un immense effort de mobilisation en hommes et en ressources y avait été accompli : ce sont des troupes que l'on est en droit de qualifier de « coloniales », c'est-à-dire dont la plus grande partie des effectifs était constituée de contingents levés directement dans les territoires d'outre-mer, qui avaient combattu en Italie sous les ordres de Juin, débarqué en Provence sous les ordres de De Lattre de Tassigny — et les tombes musulmanes sont particulièrement nombreuses, mêlées aux croix chrétiennes, dans tous les cimetières qui jalonnent les dernières campagnes du conflit. Déjà aux lendemains de la première guerre mondiale, une certaine notion de solidarité de combat et de fraternité de sang versé avait fortement contribué à la diffusion et à la popularisation de l'idée impériale. Cette notion retrouve maintenant une signification nouvelle, plus largement encore et plus évidemment reconnue.

« Sans l'Empire, la France ne serait aujourd'hui qu'un pays libéré, déclare Gaston Monnerville devant l'Assemblée consultative le 25 mai 1945, quelques jours après la capitulation de l'Allemagne. Grâce à son Empire, la France est un pays vainqueur. »

Plate-forme de départ pour la reconquête militaire de la France occupée, l'Empire avait constitué, par ailleurs, un enjeu décisif dans le déroulement de la lutte qui, durant toute la période et au nom de la revendication à la seule légitimité nationale, n'avait cessé d'opposer le gouvernement de Vichy aux pouvoirs rivaux instaurés à Londres ou à Alger. L'armistice signé et la métropole pratiquement livrée à la loi du vainqueur, l'Empire ne pouvait en effet manquer d'apparaître comme l'un des derniers atouts, et peut-être le seul d'une incontestable importance, dont pouvaient encore disposer ceux qui entendaient parler au nom de la France. Du maintien de son allégeance ou de sa défection avait dépendu, pour le gouvernement de Vichy, la possibilité de conserver une certaine liberté d'action sur le plan international, de préserver une certaine autonomie à l'égard de l'Allemagne et de continuer à bénéficier d'une marge relative de manœuvre. De son hostilité ou de son ralliement avait parallèlement dépendu, pour le Comité de Londres et pour le général de Gaulle, la reconnaissance par les Alliés de leur ambition à représenter la France. Dans les péripéties souvent dramatiques de leur rivalité et de leur compétition pour le contrôle de l'Empire, c'était en somme le droit de chacune des parties en présence d'assumer seule le destin national qui s'était trouvé engagé. A la limite tout s'était produit comme si, à certains moments capitaux de la guerre, non seulement l'initiative politique mais aussi le siège et le principe même de la souveraineté nationale étaient passés de la métropole à son Empire, de la France continentale à la France d'Outre-Mer.

Ainsi sans doute prend toute sa signification la place primordiale qu'occupe l'idée impériale dans l'univers affectif et moral du régime de Vichy aussi bien que dans celui de la France Libre. Il n'est guère de semaines, au cours des deux années qui suivent l'armistice, où les actualités cinématographiques diffusées par la propagande de Vichy n'exaltent la solidarité des territoires d'Outre-Mer avec la métropole souffrante : drapeaux tricolores flottant haut sous les cieux tropicaux, défilés militaires aux accents des vieux airs de la « coloniale », bateaux chargés de colis et de vivres partant pour les ports français. Parmi les exemples proposés à une jeunesse que l'on entend élever dans le sens du devoir et dans l'esprit de sacrifice, un rôle privilégié se trouve réservé à l'évocation des grandes figures de notre passé colonial. L'iconographie, la littérature officielle multiplient les références à la « vocation impériale » qui, quelle que soit l'issue de la lutte, doit demeurer celle de la France. Et c'est au nom même des principes de l'unité et de l'intégrité nationales que se trouve affirmée la volonté de défendre l'Empire contre toutes les attaques et toutes les manœuvres de « sécession » dont il peut faire l'objet.

« Le régime nouveau, proclame le maréchal Pétain, le 11 octobre 1941, défendra d'abord l'unité nationale, c'est-à-dire l'étroite union de la métropole et de la France d'Outre-Mer. »

L'hommage à l'Empire, à sa fidélité, à sa cohésion, à son dévouement ne cesse de revenir dans les déclarations du maréchal.

« Je veux rendre hommage à l'Empire, proclame-t-il encore le 7 janvier 1942, à l'Empire fouetté de tous les coups du destin et qui m'a manifesté son éclatante fidélité : à l'Afrique, prolongement de la France au-delà de la Méditerranée ; à l'Indochine, si fière dans l'épreuve, si grande dans sa sérénité ; à Madagascar, éloignée mais confiante [...]. Nos officiers, nos administrateurs, nos missionnaires, nos colons, y ont rivalisé de courage. Nos indigènes, associés à nos charges comme à nos épreuves, s'y sont révélés de vrais fils de la commune patrie. Je leur exprime mon admiration et mon remerciement [4]. »

Les mêmes thèmes, et dans les mêmes termes, se trouvent simultanément développés à Londres : exaltation de la grandeur de l'Empire, foi dans sa fidélité, affirmation de son unité [5]. C'est dans les forces intactes de l'Empire que, dès le 18 juin 1940, le général de Gaulle avait déclaré puiser sa confiance dans la possibilité pour la France de continuer la lutte. C'est sous la forme d'un *Conseil de défense de l'Empire,* créé le 27 octobre 1940 et ayant « pour mission de maintenir la fidélité des territoires à la France, et de veiller à leur sécurité intérieure et extérieure », que la France Libre avait trouvé l'une de ses premières structures institutionnelles. Que « l'Empire reste la possession de la France », la préoccupation est sans cesse présente dans l'action et les déclarations du général de Gaulle. « L'unité nationale ne se sépare pas de l'unité impériale », « la France veut que son Empire ne soit ni divisé, ni neutralisé, l'Empire est un élément essentiel à l'avenir et nécessaire à la grandeur de la nation... », « notre Algérie, notre Maroc, notre Tunisie », « l'Algérie terre française », « le Maroc lié à nous par des liens que rien n'a pu et ne pourra rompre », ces formules vont revenir à chacune des péripéties de la chronique militaire et politique des années de guerre [6]. « Pour nous l'Empire est un et indivisible », déclare sans équivoque le général Catroux, le 3 juin 1943, devant les Délégations financières d'Algérie.

L'idée impériale se trouve d'ailleurs affirmée avec d'autant plus de force, au sein de la France Libre, que les « coloniaux », administrateurs et surtout officiers, constituent une fraction importante de la poignée de

Français qui ont, dès le début, rallié la cause du général de Gaulle. Ainsi l'œuvre coloniale de la France ne cesse-t-elle d'être célébrée avec une particulière insistance et dans la plus totale fidélité aux formules et aux stéréotypes traditionnels.

C'est René Pleven qui souligne avec orgueil « la libération, par l'œuvre française, des grands fléaux qui ravagent les sociétés primitives, maladie, superstition, ignorance, tyrannie, corruption, exploitation ». C'est le gouverneur général Laurentie qui assure que « la France a obtenu la seule réussite légitime, la seule authentique : la confiance des hommes qu'elle guide... Sous le rapport de la conscience morale, nous n'avons cessé d'être conformes à nos engagements ». C'est René Cassin encore qui, après avoir constaté « l'essor prodigieux » des colonies françaises au cours des vingt-cinq dernières années, affirme que « les populations de l'Empire ne paieront jamais mieux leur dette de gratitude envers la France qu'en formant les armées destinées à délivrer la mère-Patrie... ».

Mais les citations de ce genre pourraient être multipliées à l'envi. Pour certains même que leur vocation a fait héritiers et dépositaires de la vieille fierté coloniale, du sentiment du caractère exceptionnel de leur destin par rapport à celui de la masse métropolitaine, la notion du rôle privilégié que les circonstances réservent à l'Empire leur fait retrouver le thème que les romans de Vogüé avaient autrefois illustré : celui de l'Outre-Mer, réservoir pour la France de forces neuves, école d'énergie et de discipline, élément essentiel du redressement national. « Les hommes de la France d'Outre-Mer referont la France » proclame le colonel de Larminat dans un manifeste diffusé à Brazzaville en août 1940.

Qu'au-delà de leurs oppositions, les appels de Vichy et de Londres se soient référés — et avec une telle insistance — à une semblable vision de la grandeur impériale de la France, qu'ils n'aient cessé l'un par rapport à l'autre de surenchérir dans l'expression d'une même fidélité à un patrimoine colonial assimilé au patrimoine national et dans l'affirmation d'une même volonté d'en défendre l'unité et l'intégrité, le fait ne pouvait manquer de laisser des traces profondes dans la conscience collective des Français. « Depuis 1940, le mot Empire a acquis un prestige quasi magique, constatait Léopold Sedar Senghor en 1945 : il a été un des pôles de la pensée politique française... » Et sans doute le terme même d'Empire devait-il rapidement disparaître de la rhétorique officielle, en même temps que la naissance de la IVe République allait s'accompagner de très profonds remaniements de l'ancien système de domination et de gestion. Préparée par l'action réformatrice, à l'intérieur de la France Libre, du gouverneur général Eboué, la Conférence de Brazzaville, qui se tient au début de l'année 1944, jette les bases d'un vaste programme de « recommandations » d'ordre administratif, économique et social visant non seulement à réprimer les abus les plus criants de l'exploitation coloniale, mais aussi à assurer une plus libre représentation indigène. Deux ans plus tard, la Constitution de 1946 met en place non sans de longs débats et de violents affrontements, les institutions nouvelles de « l'Union française [7] » : à l'ancien régime colonial caractérisé par la totale domination de la métropole et par la distinction entre deux catégories de statut juridique, celle de sujet et celle de citoyen, se trouve substitué un système d'association reposant sur une libre volonté commune et sur la notion de l'égalité des droits et des devoirs ; pour les départements et territoires d'Outre-Mer, définis comme partie intégrante de la République française, le droit de citoyenneté est étendu à tous dans le respect de la diversité de leur culture et de leurs intérêts.

« La France, déclare le préambule de la Constitution, forme avec les peuples d'Outre-Mer, une union fondée sur l'égalité des droits et des devoirs, sans distinction de race ni de religion.

« L'Union française est composée de nations et de peuples qui mettent en commun leurs efforts en coordonnant leurs ressources et leurs efforts pour développer leurs civilisations respectives, accroître leur bien-être et assurer leur sécurité.

« Fidèle à sa mission traditionnelle, la France entend conduire les peuples dont elle a pris la charge à la liberté de s'administrer eux-mêmes et de gérer démocratiquement leurs propres affaires, écartant tout système de colonisation fondé sur l'arbitraire ; elle garantit à tous l'égal accès aux fonctions publiques et l'exercice individuel ou collectif des droits et libertés proclamés et confirmés ci-dessus. »

Le statut de l'Algérie, voté en 1947 et qui élargit très sensiblement les droits politiques de la communauté musulmane, complète cette série de réformes structurelles. Toutefois, quelle que soit l'ampleur, en vérité considérable, de ces mutations institutionnelles, rien ne serait plus faux que de voir dans leur acceptation l'expression d'une renonciation ou d'une révision fondamentale de la conception traditionnelle du destin réservé outre-mer à la France. La Conférence de Brazzaville avait certes marqué l'aboutissement de toute une politique de réformes depuis longtemps préconisées par une élite de coloniaux, traduit dans les faits l'esprit et les tendances de l'école de l' « humanisme colonial » dont le gouverneur général Eboué avait été, dans les rangs de la France Libre, l'un des plus efficaces et des plus fidèles interprètes [8]. Mais témoignages, selon la formule utilisée par le général de Gaulle, d' « une volonté ardente et pratique de renouveau », les solutions préconisées ne mettaient nullement en cause le principe essentiel de la souveraineté de la France : le caractère « définitif » du lien établi « entre la métropole et l'Empire » est souligné avec force par le général lui-même dans son discours d'ouverture ; toute possibilité d'évolution « hors du bloc français » se trouve résolument écartée [9]. (« Les populations, assure de son côté René Pleven qui préside la Conférence, n'accepteraient jamais des changements qui mettraient en cause leur appartenance à la famille française. ») Si ambigus que puissent par ailleurs apparaître certains de ses articles, le statut de l'Union Française reposait, dans son principe même, sur la notion de l'unité organique des peuples rassemblés autour de la France. Le délégué du gouvernement en Indochine, Emile Bollaert, reste indiscutablement fidèle à l'esprit des constituants de 1946 lorsqu'il affirme à Hodong, le 10 septembre de l'année suivante, que « l'Union Française » ne peut avoir qu'une armée, de même qu'elle ne peut avoir qu'une diplomatie... L'Union Française ne peut être divisée contre elle-même ou alors elle n'est pas ». De même, le général de Gaulle, lorsqu'il déclare à Bordeaux le 15 mai 1947 :

> « Pour nous dans le monde tel qu'il est et tel qu'il va, perdre l'Union Française ce serait un abaissement qui pourrait nous coûter jusqu'à notre indépendance. La garder et la faire vivre, c'est rester grands et par conséquent, rester libres. »

Sans doute sur les conditions de cette sauvegarde et de cette survie, les points de vue restent-ils profondément opposés, les uns acceptant une évolution jugée irréversible vers certaines formes d'autonomie interne accordée aux peuples d'Outre-Mer, les autres s'efforçant de l'arrêter ou de la ralentir. Mais, de façon plus générale, subsistent, à peu près intacts, aussi bien le sentiment de la permanence de l'héritage légué par la conquête coloniale que la conscience de sa légitimité et de sa nécessité. Au regard de la masse de l'opinion le thème de l'Union Française ne fait guère que prendre le relais du vieux thème impérial ; il reste lié aux mêmes images, s'exprime dans les mêmes formules, se charge des mêmes valeurs affectives. La permanence des schémas traditionnels à travers les manuels scolaires mis en circulation sous la Quatrième République constitue à cet égard un témoignage particulièrement révélateur [10]. Les bienfaits de la présence française, le rôle civilisateur joué par notre pays sur les terres placées sous la protection de son drapeau continuent à s'y trouver exaltés dans les mêmes termes qu'au cours de la période précédente. L'existence d'une France d'Outre-Mer y est toujours présentée comme la condition indispensable de la grandeur nationale.

(« Ce sont ses territoires d'Outre-Mer qui confèrent à la France son rang de grande puissance » ; « la France d'Europe est une puissance moyenne, avec la France d'Outre-Mer c'est une grande puissance, l'Union Française ». Ces formules se retrouvent dans deux des manuels de géographie les plus fréquemment utilisés dans l'enseignement secondaire en conclusion des chapitres consacrés à l'Union Française.)

L'importance des mutations institutionnelles de l'après-guerre n'est certes pas ignorée. Mais que le vieil édifice impérial ait changé de visage, qu'il ait été remanié, rénové, adapté aux lois du progrès et aux nécessités du présent, n'est-ce pas là un témoignage supplémentaire de sa solidité ? N'est-ce pas là également un gage de confiance pour l'avenir ?

Guerre froide et déchirements intérieurs

Bonne conscience, certitudes originelles que les revendications des nouveaux nationalismes ne sont venues que lentement et très progressivement entamer. On ne saurait trop insister à cet égard sur le fait que (un peu comme il en avait été pour la colonisation elle-même dans la première partie du siècle précédent) ce n'est pas globalement, dans son aspect général, que le problème de la décolonisation s'est de façon concrète posé à l'opinion française, mais fragmentairement et à partir de cas particuliers successivement évoqués : l'Indochine d'abord, le Maroc et la Tunisie ensuite, l'Algérie enfin. L'opinion française a été ainsi amenée à prendre parti pour ou contre la continuation de la guerre d'Indochine, pour ou contre une politique de conciliation à l'égard des revendications nationalistes marocaines et tunisiennes, pour ou contre le principe de l'indépendance algérienne. Mais ces questions n'ont été pratiquement appréhendées que les unes après les autres et chacune dans un contexte qui pouvait sembler lui être spécifique. Il en est résulté un morcellement considérable de l'approche, de l'étude et de l'examen : c'est une masse imposante que constitue la somme des ouvrages publiés en France entre 1947 et 1960 et consacrés aux divers problèmes posés par chacun des territoires de l'Union Française ; c'est presque sur les doigts en revanche que se comptent les œuvres écrites en notre langue et d'où se dégage une vue générale du phénomène de la décolonisation évoqué dans son ensemble. Il en est résulté aussi, dans beaucoup de milieux politiques, ce qui peut aujourd'hui apparaître comme une déconcertante discontinuité d'attitude et de comportement. Les exemples ne sont pas rares en effet de ceux qui, selon les cas, semblent avoir abandonné une attitude « libérale » de conciliation pour une attitude d'intransigeance, ou témoigné, à l'inverse, du mouvement contraire. Le cas le plus significatif demeurant celui de Pierre Mendès France, président du Conseil en 1954, négociateur des accords de Genève qui mettent fin à la guerre d'Indochine, promoteur des accords de Carthage qui accordent à la Tunisie son autonomie interne et qui, quelques semaines plus tard, devant les débuts de l'insurrection algérienne, affirme sans équivoque la volonté de résistance de son gouvernement et son dessein de maintenir intacte « l'intégrité du territoire national ».

« On ne transige pas lorsqu'il s'agit de défendre la paix intérieure de la nation, l'unité, l'intégrité de la République, déclare Pierre Mendès France, le 12 novembre 1954, devant l'Assemblée nationale. Les départements d'Algérie constituent une porte de la République française. Ils sont français depuis longtemps et d'une manière irrévocable [...]. Plusieurs députés ont fait des rapprochements entre la politique française en Algérie et en Tunisie. J'affirme qu'aucun rapport n'est plus erroné, qu'aucune comparaison n'est plus fausse. Ici, c'est la France. »

Mais, faut-il s'étonner de ces affirmations ? Faut-il délibérément n'y voir qu'illogisme et contradiction ? Ce serait oublier que ce n'est qu'en fonction d'une mythologie sommaire, bien que trop généralement répandue, que la colonisation peut être considérée comme « un bloc ». Selon les temps, selon les nations colonisatrices et selon les pays occupés, la colonisation européenne a présenté, durant sa longue histoire, des formes très profondément différentes. En ce qui concerne l'œuvre même de conquête coloniale réalisée par la France au cours du siècle dernier, il faut bien reconnaître que celle-ci avait abouti à une singulière diversité de situations. Date plus ou moins ancienne de l'implantation française, éloignement plus ou moins considérable du pays colonisé, statut juridique et politique, importance des échanges économiques, densité du réseau des communications sociales, place tenue dans la mémoire collective et dans la conscience nationale, autant de facteurs dont la combinaison avait déterminé la nature essentiellement variable des liens existant entre la métropole et les territoires d'Outre-Mer. Comment comparer, de ce point de vue, les très proches départements algériens si étroitement liés à l'histoire politique, militaire et morale de plusieurs générations de Français et la lointaine Indochine, au faible peuplement européen, mal connue de la masse de l'opinion, marginale par rapport à l'axe essentiellement africain autour duquel s'était organisée la souveraineté impériale française ? Comment, d'autre part, ne pas tenir compte de la diversité des problèmes internes propres à chacun des territoires coloniaux ? Non seulement les mouvements revendicatifs ne s'y exprimaient pas sous une même forme, ne se manifestaient pas avec la même force et la même ampleur, ne rencontraient pas la même marge d'adhésion. Mais on se trouvait encore en présence de sociétés situées à des niveaux très différents d'évolution politique et nullement comparables dans leurs structures économiques et sociales. On se trouvait aussi en présence de communautés d'origine européenne d'importance très inégale et implantées de façon multiple à l'intérieur des populations autochtones. Etant donné l'extrême complexité de l'héritage colonial, il était en vérité assez naturel qu'à la pluralité des situations ne corresponde pas l'uniformité des réactions.

On ne saurait, d'autre part, oublier que le mouvement général de décolonisation s'est historiquement développé dans un contexte international dominé par le violent affrontement de deux blocs politiquement et idéologiquement opposés. Sans doute est-il bien évident que l'évolution de la guerre froide et l'essor des nationalismes coloniaux se situent, dans l'ensemble, sur deux plans bien distincts que l'analyse objective se doit de ne pas confondre. Entre les deux ordres de faits cependant il n'y a pas eu seulement coïncidence chronologique. Il y a eu également d'innombrables interférences auxquelles l'opinion ne pouvait demeurer insensible et dont les hommes d'État ne pouvaient, de leur côté, s'abstenir de tenir compte. Le cas le plus caractéristique dans sa complexité même est à cet égard celui de l'Indochine, où la guerre menée par la France s'est poursuivie jusqu'en 1954, alors que depuis quatre ans le principe de l'indépendance de ses anciennes possessions du Sud-Est asiatique avait été pleinement reconnu par elle. Le but de guerre officiellement déclaré n'était plus alors ni la défense du statut colonial, ni celle de la souveraineté française. Il ne s'agissait plus, pour les troupes françaises, de se battre pour sauvegarder l'héritage de Francis Garnier et de Jules Ferry. Il s'agissait de se battre pour arrêter en Asie la pénétration communiste, pour y préserver les valeurs du « monde libre ». Très logiquement donc, la guerre d'Indochine ne pouvait manquer d'être appréhendée, du moins à partir d'une certaine date, non pas comme un épisode de la décolonisation mais comme un épisode de la lutte entre l'Occident libéral et l'expansionnisme communiste. Telle est d'ailleurs la signification que lui donna explicitement le général de Lattre de Tassigny lorsqu'il prit, à la fin de l'année 1950, le commandement du corps expéditionnaire français. « Je suis venu ici pour accomplir votre indépendance, non pour la limiter, déclare le général aux Vietnamiens, le 19 avril 1951. L'armée française n'est ici que pour la défendre. » Le combat est en fait assimilé à celui que mènent simultanément en Corée, sous le signe de l'O.N.U., les troupes américaines, présenté comme un élément déterminant d'une stratégie globale de dimension planétaire... En fonction de l'exemple indochinois et par référence à lui, c'est dans le cadre du conflit Est-Ouest que, dans les années qui suivirent, beaucoup eurent tout naturellement tendance à replacer chacune des grandes questions posées à la France par le mouvement général de décolonisation.

Interprétation fort discutable sans doute que celle qui conduisait ainsi à ne voir dans toute revendication ou dans toute révolte nationaliste qu'une simple entreprise de subversion soviétique. Interprétation qui révèle, d'autre part, avec évidence la persistance tenace, dans les profondeurs de l'opinion française, de certaines réactions et de certaines habitudes de penser héritées de l'époque précédente. « Le communisme, voilà l'ennemi », il faut se souvenir de la célèbre apostrophe lancée dès 1927 par Albert Sarraut au nom de la défense de l'unité et de l'intégrité impériale. Il faut se souvenir aussi de l'assimilation très généralement acceptée qui avait eu tendance à s'établir, autour des années 1930, entre la cause de la révolution bolchévique et la cause des revendications anticoloniales... Mais était-il si facile en vérité, au plus fort de la guerre froide et compte tenu de la très réelle imbrication des facteurs idéologiques, politiques et stratégiques mis en cause par l'affrontement des deux blocs d'isoler les problèmes, de tracer entre eux une ligne rigoureuse et suffisamment claire de démarcation ? Etait-il possible de ne considérer la lutte menée par le Vietnam en Indochine que sous le seul aspect d'une révolte nationale et d'ignorer les très graves conséquences que ne pouvait manquer d'avoir l'issue de cette lutte sur le futur équilibre des forces dans le Sud-Est asiatique ? Etait-il permis d'ignorer par ailleurs les liens très tangibles établis pendant longtemps entre le parti communiste français et certains mouvements nationalistes africains, tels que le *Rassemblement démocratique* dans sa première phase ou l'*Union des Populations camerounaises ?* Il y a là un élément majeur de différenciation qui semble avoir été le plus souvent négligé des divers essais de comparaison esquissés entre la décolonisation française et la décolonisation britannique. Commencée beaucoup plus tôt, ayant connu son point maximum d'acuité bien avant le développement de la guerre froide, la décolonisation britannique a très largement échappé à l'inexorable enchevêtrement des problèmes nés de l'essor des mouvements d'indépendance nationale et des problèmes posés par la rivalité et le heurt de deux grands systèmes idéologiques violemment dressés l'un contre l'autre. L'insignifiance politique du communisme en Grande-Bretagne a, d'autre part, évité au regard de l'opinion anglaise les ambiguïtés, les ambivalences et les rapprochements qui n'ont pu manquer de très fortement s'imposer à l'opinion française à une époque où un parti communiste particulièrement puissant dénonçait la « sale guerre » d'Indochine et soutenait ostensiblement la plupart des nationalismes coloniaux. Ce décalage chronologique, ce poids très lourd d'un côté, cette quasi-inexistence de l'autre de la présence communiste expliquent sans doute bien des divergences d'attitude et de comportement.

Observation qui en appelle une autre d'une importance non moins déterminante : historiquement inscrite dans une période de tension internationale, la décolonisation française correspond, par ailleurs, sur le plan intérieur, à une période d'instabilité et de confusion politique, dominée par les affrontements et les rivalités des partis, leurs coalitions éphémères, leurs stratégies subtiles et mouvantes. Reposant, jusqu'à l'instauration de la Cinquième République, sur des majorités précaires et fluides, le pouvoir se trouvait ainsi particulièrement vulnérable à l'action des divers groupes de pression dont l'influence sur le jeu parlementaire pouvait à certains moments se révéler capitale : on ne saurait oublier par exemple, le rôle parfois décisif joué par les groupements des Français d'Afrique du Nord dans le déroulement des crises tunisienne et marocaine. Surtout, dans un climat d'incessantes luttes partisanes, les crises coloniales ne pouvaient manquer de fournir aux uns et aux autres (et dans un sens ou dans l'autre) un certain nombre de thèmes polémiques facilement exploitables et d'une indiscutable puissance mobilisatrice. L'appel aux réactions nationalistes, la dénonciation de la « trahison » ont tenu une large place dans les campagnes menées contre certains hommes politiques partisans d'une attitude de conciliation à l'égard des nationalismes d'Outre-Mer. Mais inversement, l'appel aux sentiments pacifistes, la dénonciation de la guerre, de ses charges, de ses misères et de ses horreurs ont été non moins largement utilisés. Les passions mises en cause par le débat colonial ont eu certes leur réalité autonome, et bien souvent d'une pathétique dimension. Il reste cependant que, développées dans le cadre d'un régime aux assises mal établies et à la légitimité mal assurée, liées à toutes les compétitions pour le pouvoir et à toutes les tensions d'une situation très généralement conflictuelle, elles se sont trouvées par là même amplifiées et exacerbées.

Exaspération qu'est venu par ailleurs considérablement aggraver le fait que, de 1945 à 1962, le déroulement du processus de la décolonisation française s'est pratiquement confondu, pour l'ensemble de l'opinion, avec celui de deux guerres successives et à peu près ininterrompues. Guerres longues et cruelles, mais aussi guerres d'un type particulier posant en elles-mêmes des problèmes d'une tragique complexité et d'une approche singulièrement difficile. Ni en Indochine, ni en Algérie, ce ne sont en effet des campagnes coloniales traditionnelles, comparables à celles du siècle précédent qu'eut à conduire l'armée française. Contre elle, l'adversaire Viet-Minh, puis l'adversaire F.L.N. mettait en œuvre toutes les ressources de ce qu'on a désigné du terme de « guerre subversive » et qu'il vaudrait sans doute mieux appeler « guerre populaire » ou « guerre dans la foule » : pratiques généralisées de la guérilla, utilisation systématique du terrorisme individuel ou collectif, effort d'encadrement et de mobilisation de la population tout entière au service de la lutte. Se trouvait ainsi soulevée une première question et qui était celle des méthodes de la répression : pouvait-on admettre que celles-ci se situent hors des règles habituellement admises du droit des gens et du respect de la personne humaine ? L'emploi du terrorisme légitimait-il celui de la torture ? Les représailles collectives ne devaient-elles pas être *a priori* condamnées ?... Se trouvait, d'autre part, mis en cause le rôle même de l'armée dans ses tâches de « pacification » et de « maintien de l'ordre ». Pour remplir la mission qui lui était assignée, celle-ci devait obligatoirement s'adapter aux formes de combat qui lui étaient imposées, c'est-à-dire jouer elle aussi le jeu de la « guerre dans la foule », se charger des besognes policières, faire œuvre de propagande et de formation politique, encadrer les masses, tenter de les faire « basculer » de son côté en leur offrant l'espoir d'une vie meilleure et plus juste. Mais n'allait-elle pas dans ces conditions élargir démesurément le champ de son autorité et de ses responsabilités ? N'allait-elle pas substituer sa propre politique à celle définie par le pouvoir civil ? N'allait-elle pas à la limite, et pour assurer la victoire de la cause dans laquelle elle était engagée, constituer une menace, en métropole même, à l'égard des libertés traditionnelles et des institutions démocratiques ?

D'où, venant non seulement se juxtaposer au débat colonial mais souvent aussi se confondre inextricablement avec lui, de nouveaux débats, de nouveaux conflits, de nouveaux affrontements. D'un côté, s'élève une contestation d'ordre moral : un combat est-il légitime alors que sa poursuite entraîne et suppose l'emploi de moyens intrinsèquement condamnables ? Une cause peut-elle être défendue alors que cette défense implique l'acceptation de la torture, des camps d'internement et des exécutions sommaires ? Dans la lutte qu'elle s'acharne à mener, la France n'est-elle pas en train de perdre son âme, de renier les valeurs de justice et de liberté qu'il est de sa vocation d'assumer ?... Mais n'est-ce pas, d'un autre côté, trahir la solidarité nationale que de mettre en cause une armée au combat et qui ne fait qu'exécuter les missions qu'elle a reçues du seul gouvernement légal ? N'est-ce pas compromettre irrévocablement la cohésion de la collectivité française que de renier ceux qui luttent, souffrent et meurent en son nom ? N'est-ce pas également renforcer la cause de l'adversaire, le durcir dans son intransigeance, accroître son autorité et son prestige sur l'esprit des populations qu'il s'efforce de dominer et finalement retarder toute issue raisonnable du conflit ? Mettant en cause les principes essentiels de toute morale collective, ce n'est pas à un niveau médiocre que se situe la confrontation et l'on comprend qu'elle ait, de part et d'autre, provoqué tant de déchirements, suscité à la fois tant de ferveurs et tant d'outrances [11]. Mais le problème colonial n'est plus ici abordé en lui-même. Il tend à se perdre dans une mêlée idéologique d'une particulière intensité et qui vient considérablement en altérer les termes.

Le problème des finalités coloniales

Autant d'éléments liés à l'ensemble du contexte politique, extérieur et intérieur, de la période de l'après-guerre, liés aussi à l'ensemble de son contexte moral, et qui expliquent sans doute la singulière complexité des aspects sous lesquels le problème de la décolonisation s'est posé à la conscience française et est apparu au regard de l'opinion. Autant d'éléments auxquels on ne saurait cependant omettre d'ajouter une donnée d'un autre ordre, moins aisément perceptible, mais dont l'importance doit être tenue pour capitale : les obscurités, les innombrables équivoques qui n'avaient jamais cessé d'entourer la définition de la finalité que, tout au moins sur le plan politique, la France entendait donner à son œuvre coloniale. En fait, bien que dans la période antérieure l'extension du principe de la souveraineté nationale à l'ensemble des territoires coloniaux n'ait jamais cessé d'être proclamée, la situation de domination coloniale, c'est-à-dire du maintien des peuples assujettis dans un statut d'infériorité juridique, avait toujours été définie comme un état provisoire, appelé fatalement à disparaître. Lorsqu'ils soulèvent le problème, qu'il s'agisse de Lyautey ou qu'il s'agisse de Sarraut, la quasi-totalité des théoriciens ou des praticiens de la colonisation française s'accorde autour d'une même vision de l'avenir : liée à un moment déterminé de l'histoire, légitimée par les différences de civilisation, de développement et de niveau technique, la subordination du colonisé au colonisateur ne saurait être considérée comme définitive ; inéluctablement des rapports d'une autre nature devront un jour être instaurés sur la base d'une égalité réciproque des droits et des devoirs. Théoriquement admise par tous, cette conception n'était pas toutefois sans présenter deux graves équivoques : l'une concernant le moment de « l'émancipation » et l'autre concernant ses modalités.

Quand l'échéance coloniale devait-elle arriver à son terme ? Qui en déterminerait l'heure et selon quels critères celle-ci serait-elle fixée ? A ce premier ordre de questions n'avaient jamais été données que des réponses d'une extrême imprécision. L'abolition du système était bien considérée comme inévitable, mais pratiquement rejetée dans un avenir aussi lointain qu'indécis [12]. Lorsque l'œuvre coloniale aurait achevé de porter ses fruits, lorsque les colonisés auraient atteint leur « maturité », lorsque serait effacé le décalage qui les séparait de la métropole : telles étaient les formules les plus communément utilisées, sortes d'actes de foi dans un futur indéterminé, échappant apparemment à toute possibilité de calcul et de prévision. Bien rares en tout cas, au lendemain de la seconde guerre mondiale, ceux qui ne pensaient pas que de longues étapes devraient encore être parcourues avant que l'entreprise coloniale ne trouve, dans sa liquidation, son achèvement et sa consécration.

Quelles formes, d'autre part, prendrait l' « émancipation » du colonisé par rapport au colonisateur ? Quel serait le destin des peuples coloniaux ? Comment, sur quelles bases, dans quel cadre institutionnel, s'établiraient leurs relations avec l'ancienne métropole ? A l'expression de ce second ordre de préoccupations, correspondait généralement la formulation de deux types d'hypothèses : ou bien les peuples colonisés viendraient totalement s'intégrer dans la communauté politique française, assurant leur promotion par la pleine accession à la citoyenneté de chacun de leurs membres ; ou bien (et c'est ainsi que Lyautey envisageait le destin du Maroc) ils évolueraient vers le statut de nations indépendantes et souveraines, restant toutefois liés à la France dans une communauté de souvenir, de fidélité, de culture et d'intérêt. Solutions bien distinctes donc, et dont la contradiction ne faisait de toute évidence que prolonger la traditionnelle opposition entre deux formes de politique coloniale, celle de l'assimilation et celle de l'association. Le passé en l'occurrence commandait très largement l'avenir. Or, le passé, on le sait, avait toujours été dominé sur ce plan par l'impuissance à choisir, les oscillations successives, les tentatives de compromis et les essais de conciliation entre les doctrines divergentes. Dans l'ensemble et compte tenu de l'extrême diversité des situations juridiques, le système colonial français avait progressivement glissé des pratiques de l'assimilation à celles de l'association. Mais parallèlement avait toujours été, et à une certaine époque de plus en plus hautement affirmée la notion de l'unité et de l'indivisibilité des territoires placés sous la souveraineté de la République française. Dans une perspective à long terme d'évolution émancipatrice, le principe de l'association impliquait logiquement l'accession au droit d'auto-détermination, c'est-à-dire la possibilité de sécession. Comment cependant ce droit pouvait-il être admis, comment cette possibilité pouvait-elle être envisagée dans la logique jacobine de l'absolu de la souveraineté, dans le cadre conceptuel d'une « plus grande France » étendue à l'échelle de l'Empire et unie dans une même solidarité de destin ?

Au cours de la période précédente, celle de la conquête et de la gestion, un certain accommodement tacite avait pu, tant bien que mal, s'établir entre la rigueur des dogmes officiels et les nécessités de l'empirisme politique et administratif. Les ambiguïtés subsistaient, sous-jacentes ; elles ne posaient pas toutefois de trop dramatiques problèmes. Ouvrant l'ère des réformes l'élaboration du statut de l'Union Française allait brusquement les révéler et, en tentant de les résoudre, allait aussi très considérablement les aggraver. Nouveau compromis venant s'ajouter à tant d'autres, le statut de 1946 traduisait en effet l'expression simultanée des deux tendances contraires qui avaient traditionnellement dominé notre histoire coloniale : la tendance assimilationniste, aboutissant à l'affirmation du principe de l'égalité individuelle de tous les êtres humains appartenant au domaine français, et la tendance fédérale, dérivée de la notion d'association et aboutissant à la reconnaissance d'une égalité collective établie entre les peuples et les nations ayant choisi d'appartenir à l'Union. La France devait-elle être considérée comme un « vaste Etat polyethnique » se composant d'Algériens, de Noirs africains ou d'Océaniens aussi bien que d'Européens [13] ? Ou bien se situait-elle au centre d'un large ensemble multinational dont elle assumait provisoirement la direction ? A cette question aucune réponse ne pouvait être fournie, ou plus exactement deux réponses affirmatives pouvaient être données à la fois. Théoriquement donc, dans les perspectives d'une évolution « émancipatrice », deux voies se trouvaient ouvertes : la voie vers l'intégration complète dans la souveraineté unitaire de la République française et la voie de l'accession à l'indépendance nationale dans la pleine reconnaissance des attributs juridiques de cette indépendance. Et sans doute certains pouvaient-ils penser que n'engageant pas l'avenir, cette dualité de virtualités n'était pas sans correspondre à une plus grande possibilité d'adaptation aux nécessités inconnues du lendemain. La contradiction demeurait cependant majeure, d'autant plus grave qu'elle s'inscrivait dans un contexte politique et idéologique qu'avait toujours dominé, et que continuait à dominer une longue tradition de centralisation unificatrice. Pour n'avoir pas su la résoudre, pour n'avoir pas bien souvent même, dans le présent comme dans le passé, accepté de la reconnaître, l'impérialisme français allait se trouver devant elle tragiquement désarmé.

CHAPITRE XI

Quatre types d'anticolonialisme

« La colonisation est peut-être l'institution qui a causé le plus de douleurs, fait verser le plus de larmes [1]. » La formule est de Félicien Challaye et elle date de 1935. Exprimée sous cette forme, la récusation systématique et globale du principe colonial n'était alors, dans une France sur laquelle s'appesantissait déjà la menace de la seconde guerre mondiale, que le fait de quelques hommes et de quelques groupes très étroitement minoritaires. Dix ans plus tard, aux lendemains immédiats de la paix retrouvée, ces hommes et ces groupes semblaient encore s'être réduits en nombre et en influence. Mais que passent dix années encore, alors que s'achèvent les derniers combats d'Indochine, qu'éclate la rébellion algérienne, que se posent avec une gravité sans cesse croissante les questions marocaine et tunisienne, et la situation va se trouver très profondément modifiée. Tardivement sans doute, mais irrésistiblement, la grande vague idéologique de l'anticolonialisme atteint la France, vient battre les vieilles certitudes, s'étend sur des secteurs de plus en plus larges de l'opinion. Les crises qui, de toutes parts, déchirent l'Empire suscitent des interrogations inattendues, accélèrent les prises de conscience, sollicitent et multiplient les remises en cause. En même temps, ce sont les protestations mêmes des colonisés, les échos de leurs revendications ou de leurs révoltes qui se font de plus en plus hautement, de plus en plus puissamment entendre. Pendant une longue période, les premières manifestations des jeunes nationalistes asiatiques et africains n'avaient guère entamé l'indifférence ou l'incompréhension du grand public métropolitain. Désormais, les livres se font de plus en plus nombreux, et dont quelques-uns connaissent une importante diffusion, où s'exprime directement la voix contestataire de l'*intelligentsia* colonisée [2]. De plus en plus nombreuses également, dans la presse et dans les milieux intellectuels, les tribunes ouvertes à l'exposé de ses griefs et à l'affirmation de ses aspirations. Ainsi multipliés, toujours plus présents et toujours plus pressants, les témoignages et les appels immédiatement issus de l'immense mouvement de révolte anti-coloniale ne peuvent manquer de trouver de nouvelles résonances. Toute une forme d'expression de l'anticolonialisme métropolitain s'est en fait nourrie de ses thèmes, de ses mots d'ordre et de ses justifications doctrinales.

Ce n'est que rétrospectivement cependant, et dans le cadre d'une histoire très artificiellement simplifiée et tronquée, que, de la lutte contre la guerre d'Indochine aux campagnes pour « la paix en Algérie », les prises de position anticoloniales peuvent apparaître comme relevant d'un système idéologique unique, homogène et cohérent. Depuis les débuts de l'expansion française Outre-Mer, l'hostilité à la politique impériale avait pris des formes diverses, s'était réclamée de motivations multiples et souvent contradictoires : dénonciation, au nom du seul intérêt national, d'une absurde dilapidation de « l'or et du sang de la France » ; condamnation morale des excès, des injustices ou des crimes de la conquête et de la domination ; souci de préserver dans l'unicité de leurs traditions les vieilles civilisations placées sous le joug de l'Occident ; volonté d'abattre la société bourgeoise et capitaliste en la frappant dans l'un de ses fondements supposé essentiel. La diversité de ces motivations se retrouve dans tous les débats et toutes les controverses qui ont accompagné, pour la France, les drames de la décolonisation. A travers ces débats et ces controverses, ce sont, en réalité, quatre types d'argumentation, quatre types d'attitude qu'il semble permis de distinguer : un anticolonialisme de formulation et d'aspiration révolutionnaire, un anticolonialisme de protestation morale, un anticolonialisme de repli hexagonal et un anticolonialisme de grandeur nationale. La distinction risque sans doute de sembler quelque peu arbitraire dans la mesure où, au niveau de leur expression et de leur formulation, certains thèmes se sont souvent trouvés confondus ou simultanément développés. L'analyse de quelques textes essentiels, la description de quelques itinéraires intellectuels et de quelques formes particulièrement représentatives d'engagement la font toutefois apparaître en toute clarté et en toute légitimité.

Anticolonialisme et messianisme révolutionnaire

En fait, il n'est sans doute pas inutile de remarquer que les formes extrêmes de l'anticolonialisme ont trouvé leur expression la plus significative dans les milieux culturellement situés aux limites du monde occidental et du monde colonisé et plus spécialement dans ce milieu intellectuel antillais qui, dans les années précédentes, avait déjà servi de relais entre le développement du mouvement pan-nègre américain et les premières protestations de la négritude. Milieu sociologiquement original où les oppositions sociales tendent à se confondre avec les contradictions de race, où les clivages de couleur de peau viennent se juxtaposer aux discriminations d'ordre économique. Milieu culturellement complexe, d'autre part, où une élite noire façonnée aux modes de pensée de l'Europe continue cependant à entretenir, au plus profond d'elle-même, de douloureux sentiments d'aliénation et de non-identification. C'est parmi ces intellectuels, « bâtards de l'Europe et de l'Afrique », « partagés entre ce père qui les renie et cette mère qu'ils ont reniée », que s'était constitué, dans la période de l'entre-deux-guerres et prétendant puiser son inspiration à la fois dans le surréalisme et le marxisme, tout un courant de contestation anti-assimilationniste. C'est parmi eux encore que vont s'élever, contre le système colonial, les deux voix les plus fortes, les plus véhémentes, les plus radicalement négatrices : celle d'Aimé Césaire et celle de Frantz Fanon.

Poète de la négritude et du « retour au pays natal », Césaire se fait, aux lendemains de la seconde guerre mondiale, chantre et militant de la décolonisation. Engagé dans l'action politique parmi les rangs du parti communiste (qu'il quittera en 1956), député et maire de Fort-de-France, le *Discours sur le colonialisme*, qu'il publie dès 1950, continue rétrospectivement à apparaître comme l'un des témoignages littéraires les plus éloquents, les plus vibrants de colère et d'audace, de toute une forme de protestation. Quant à Frantz Fanon, lui aussi antillais de Fort-de-France mais sensiblement plus jeune que Césaire (il est né en 1925), sa vie brève, fiévreuse et pathétique semble n'avoir été dominée que par la passion et les tourments de la lutte. Médecin psychiatre, il se trouve à l'hôpital de

Blidah lorsque éclate la rébellion algérienne. Il adhère aussitôt à la cause des révoltés, qu'il identifie à celle de tous les affamés et de tous les opprimés, rejoint le F.L.N. à Tunis en 1957, collabore à sa presse, la représente dans diverses missions. Il meurt en 1961, laissant deux ouvrages où s'exprime l'essentiel d'une pensée tumultueuse : *L'An V de la Révolution algérienne,* publié en 1959, et surtout *Les Damnés de la terre,* publiés l'année même de sa mort, précédés d'une importante préface de Jean-Paul Sartre.

De tous les textes d'Aimé Césaire postérieurs à la seconde guerre mondiale, le *Discours sur le colonialisme* n'est sans doute ni le plus riche, ni le plus original, ni même le plus représentatif de la très complexe personnalité de son auteur [3]. Du point de vue de l'étude du mouvement des idées, il demeure cependant historiquement le plus important aussi bien par les résonances qu'il a suscitées que par la puissance de diffusion des thèmes qui s'y trouvent développés. Pamphlet d'une assez étonnante violence, il ne s'agit en fait rien d'autre que d'une remise en cause globale, sans ambiguïté et sans concession, de l'œuvre colonisatrice de l'Europe prise dans son ensemble, depuis ses premières manifestations jusqu'à ses formes les plus immédiatement contemporaines. Essentiellement celle-ci se trouve définie comme une immense, et abominable, entreprise de déshumanisation : « de toutes les expériences coloniales accumulées, de tous les statuts coloniaux élaborés, écrit Césaire, on ne saurait réussir une seule valeur humaine ». Déshumanisation du colonisateur lui-même que son action de conquérant et son statut de dominateur tendent « objectivement à transformer en bête », à « réveiller aux instincts enfouis, à la convoitise, à la haine raciale, au relativisme moral ». Nul, pour Césaire, ne colonise innocemment, « nul non plus ne colonise impunément » : « le très humaniste, très chrétien bourgeois du XXe siècle [...] porte en lui un Hitler qui s'ignore... ». Déshumanisation surtout du colonisé, perdant la libre disposition de lui-même, arraché aux racines les plus profondes de son être. Le bilan de la colonisation, ce sont, écrit encore Césaire, « des millions d'hommes arrachés à leurs dieux, et à leur terre, à leurs habitudes, à leur vie, à la vie, à leur classe, à leur sagesse ». Et le réquisitoire se poursuit dans toute son intransigeante insistance : « On me parle de progrès, de « réalisations », de maladies guéries, de niveaux de vie élevés. Moi, je parle de sociétés vidées d'elles-mêmes, de terres confisquées, de religions assassinées, de magnificences artistiques anéanties, d'extraordinaires possibilités supprimées. »

Pour l'écrivain, pour le militant l'objectif à atteindre s'impose donc avec évidence : abattre le système dans son intégralité, faire revivre ce qui a été détruit, ressusciter les patries et les civilisations anéanties. Tâche inséparable, annonce la dernière page du *Discours*, de la révolution prolétarienne qui, détruisant « l'étroite tyrannie » d'une bourgeoisie « déshumanisée », assurant l'avènement de la seule classe qui « souffre dans sa chair de tous les maux de l'histoire, de tous les maux universels », viendra enfin « purifier » l'Europe et la sauver d'elle-même. Assimilant la cause de la révolution coloniale à celle du combat pour la dictature du prolétariat, Césaire — le Césaire de 1950 — tend ainsi à affirmer sa fidélité aux dogmes essentiels du marxisme-léninisme auxquels son action politique reste encore attachée : définie dans le cadre de la dialectique du maître et de l'esclave, la situation du colonisé est confondue avec celle du prolétaire, l'un et l'autre se trouvent réunis dans une même lutte et dans une même espérance... Convient-il cependant d'accorder une importance majeure à l'énoncé de ces postulats doctrinaux ? Dans sa démarche essentielle, dans l'expression de ses préoccupations primordiales, la pensée d'Aimé Césaire semble, en vérité, très sensiblement éloignée de la vision marxiste du destin des sociétés humaines. Au plus profond de lui-même, l'auteur du *Discours sur le colonialisme* demeure toujours le prophète de la négritude, c'est-à-dire de la réhabilitation des vieilles civilisations noires et de leurs valeurs irréductibles de spiritualité, de poésie, d'art et de solidarité. C'est par rapport à l'image détruite de ces anciennes sociétés et par rapport à la fidélité qu'il leur conserve que, fondamentalement, le fait colonial se trouve jugé et condamné. L'anticolonialisme de Césaire présente sans doute une puissante portée révolutionnaire. Sans doute conserve-t-il également une authentique valeur d'universalité, celle-là même qu'affirmait déjà le poète du *Cahier du retour au pays natal* lorsqu'il proclamait sa solidarité avec tous les opprimés, tous les humiliés et tous les affamés (« Il n'y a pas dans le monde un pauvre type lynché, un pauvre homme torturé, en qui je ne me sens assassiné et humilié. ») Mais il est d'abord mouvement de passion, protestation lyrique, chant d'exil, de refus et de révolte.

Bien que celle-ci tende à se situer sur un plan plus largement « théorisateur », c'est le même cri de protestation lyrique que l'on retrouve aux sources profondes de l'œuvre de Frantz Fanon. Œuvre foisonnante, exubérante, tout entière soutenue par une poésie âcre et sombre qui n'est pas sans curieusement rappeler certains textes allemands de l'époque préhitlérienne, l'appel à la lutte armée, l'exaltation et la légitimation de la violence en constituent l'un des thèmes les plus fortement exprimés, ou du moins les plus immédiatement saisissables. La colonisation, pour le psychiatre qu'est Fanon, doit être essentiellement définie comme un traumatisme au sens médical du terme : le colonisé est un malade, un aliéné, un être humain amputé d'une partie de lui-même. La violence, l'affrontement armé avec son dominateur, lui permettront de retrouver son équilibre et son harmonie, le ramèneront à la normalité humaine [4].

« Cette violence irrépressible, commente Sartre, ce n'est pas une absurde tempête, ni la résurrection d'instincts sauvages, ni même un ressentiment, c'est l'homme lui-même se recomposant... Nous étions homme à ses dépens, il se fait homme aux nôtres. Un autre homme de meilleure qualité. »

La lutte sera donc d'autant plus authentiquement « libératrice » qu'elle sera plus acharnée, plus âpre et plus sanglante et c'est avec un sentiment de solennelle attente que Fanon en salue l'inexorable déroulement. Elle sera purification, épreuve mystique, retour initiatique aux sources, extase collective, effusion communautaire, redécouverte fraternelle.

« Chaque point ainsi réveillé du sommeil colonial vit à une température insupportable. Une effusion permanente règne dans les villages. Une générosité spectaculaire, une bonté désarmante, une volonté jamais démentie de mourir pour la cause. Tout cela évoque à la fois une confrérie, une église, une mystique. »

Pour les masses colonisées, la victoire sur le champ de bataille ne signifie pas cependant la conclusion de leur combat. Selon Fanon en effet, l'accession à l'indépendance, l'obtention de la souveraineté nationale ne constituent en aucune façon la finalité suprême de la lutte anticoloniale. L'indépendance n'est qu'imposture et mystification si elle n'aboutit qu'à l'avènement d'un nouvel Etat-nation, créé sur le modèle occidental et dominé par une « bourgeoisie nationale » dont le pouvoir ne fera que prolonger celui de l'ancien colonisateur. Le but essentiel est celui de la transformation révolutionnaire du globe : à l'égard de l'Occident, exploiteur et dominateur, l'ère des revendications ne peut être close tant que ne sera pas définitivement abattue sa puissance de spoliation. L'impérialisme européen n'a jamais été qu'une immense entreprise de pillage. Au-delà de toutes les formules juridiques et politiques, c'est le droit des pauvres qu'il importe avant tout de faire prévaloir, c'est à l'échelon universel une nouvelle répartition des richesses qu'il importe d'instaurer, une tâche de récupération qu'il convient de mener.

« Le colonialisme et l'impérialisme, écrit Fanon, ne sont

pas quittes avec nous quand ils ont retiré de nos territoires leurs drapeaux et leurs forces de police. Pendant des siècles, les capitalistes se sont comportés dans le monde sous-développé comme de véritables criminels de guerre. Les massacres, le travail forcé, l'esclavagisme ont été les principaux moyens utilisés par le capitalisme pour augmenter ses réserves d'or et de diamants, ses richesses et pour établir sa puissance [...]. La réparation morale de l'indépendance nationale ne nous aveugle pas, ne nous nourrit pas. La richesse des pays impérialistes est aussi notre richesse [...]. Très concrètement l'Europe s'est emplie, de façon démesurée, de l'or et des matières premières des pays coloniaux [...]. L'Europe est littéralement la création du Tiers Monde. Les richesses qui l'étouffent sont celles qui ont été volées aux peuples sous-développés [...]. Et quand nous entendons un chef d'Etat européen déclarer la main sur le cœur qu'il faut venir en aide aux malheureux peuples sous-développés, nous ne tremblons pas de reconnaissance. Bien au contraire, nous disons, « c'est une juste réparation » qui va nous être faite [...]. Cette aide doit être la consécration d'une double prise de conscience, prise de conscience par les colonisés que cela leur est dû et par les puissances capitalistes qu'effectivement elles doivent payer [5]. »

« Le Tiers Monde, écrit Sartre, se découvre et se parle par cette voix. » La vision historique esquissée par Fanon dépasse singulièrement en effet les premiers postulats de la contestation anticoloniale. Vision révolutionnaire, si elle reste fidèle au schéma de la lutte des classes, elle le transpose sur le plan de l'affrontement de deux types de sociétés : d'un côté, les sociétés occidentales prises en bloc et définies globalement comme impérialistes, de l'autre les peuples anciennement colonisés pris également en bloc et globalement assimilés au monde sous-développé. Les deux notions de colonisation et de sous-développement se trouvent confondues : le prolétariat des pays occidentaux se voit ainsi pratiquement exclu du mécanisme de la Révolution mondiale, considéré comme solidaire de l'exploitation capitaliste du globe, déchu du rôle moteur que le marxisme lui avait attribué dans la marche de l'histoire. Aux peuples du Tiers Monde, Fanon lance l'exhortation de se détourner définitivement du vieil Occident, de rejeter ses modèles de penser et de vivre en même temps que sa suzeraineté, de répudier la tentation des « mimétismes nauséabonds ». L'évolution de la civilisation occidentale, de ses techniques et de son code de valeurs ne les concerne plus. Il leur faut « dès maintenant changer de bord », « quitter cette Europe qui n'en finit pas de parler de l'homme en le massacrant partout où elle le rencontre, à tous les coins de ses propres rues, à tous les coins du monde ». Il appartient au Tiers Monde de dégager les voies autonomes de sa révolution. Il lui appartient aussi de construire, dans sa spécificité et son originalité, un nouveau système de valeurs.

« Allons, camarades, le jeu européen est définitivement terminé, il faut trouver autre chose. Nous pouvons tout faire aujourd'hui à condition de ne pas singer l'Europe, à condition de ne pas être obsédés par le désir de rattraper l'Europe... »

Que *Les Damnés de la Terre* aient été publiés précédés d'une longue introduction de Jean-Paul Sartre, le fait n'est pas négligeable : non seulement parce que l'œuvre de Fanon n'a pu manquer de bénéficier du rayonnement de l'autorité intellectuelle de son préfacier, mais surtout parce qu'elle se trouve par là même intégrée à tout un vaste mouvement de renouvellement de la pensée révolutionnaire. Dès 1956, dans la livraison d'avril de la revue *Les Temps modernes*, Sartre avait déjà défini le colonialisme comme un système global de spoliation et d'exploitation, portant le racisme inscrit en lui-même.

(« Le racisme est là, porté par la *praxis* colonialiste, engendré à chaque minute par l'appareil colonial, soutenu par ces relations de production qui définissent deux sortes d'individus : pour les uns, le privilège et l'humanité ne font qu'un ; ils sont hommes par le libre exercice de leurs droits ; pour les autres, l'absence de droits sanctionne leur misère, leur faim chronique, leur ignorance, bref la sous-humanité. »)

Mais dans sa préface des *Damnés de la Terre*, l'écrivain va plus loin dans son analyse. Le développement des luttes anticoloniales marque, selon lui, le rôle privilégié qu'il convient désormais d'attribuer à la paysannerie des pays sous-développés, seule classe véritablement « radicale », dans la marche vers la révolution socialiste. Il témoigne, d'autre part, de l'agonie définitive du vieil humanisme occidental, idéologie menteuse, « exquise justificatrice » du pillage et des massacres. Cette violence salvatrice, grâce à laquelle le colonisé retrouve enfin son identité, c'est en Occident, parmi les anciens dominateurs, qu'elle devra maintenant étendre ses effets libérateurs :

« Peut-être le dos au mur, débriderez-vous enfin cette violence nouvelle que suscitent en vous de vieux forfaits récents. Mais ceci, comme on dit, est une autre histoire. Celle de l'homme. Le temps approche, j'en suis sûr, où nous nous joindrons à ceux qui la font... »

Ainsi exprimées, ces affirmations doctrinales sont susceptibles sans doute d'être mises en corrélation avec un phénomène idéologique beaucoup plus profond, plus diffus aussi et plus obscur. Phénomène qu'il serait permis d'interpréter comme celui d'un transfert, à l'intérieur de certaines consciences, des ferveurs militantes et de l'éternelle espérance révolutionnaire du prolétariat au Tiers Monde, de la classe ouvrière des pays industrialisés aux peuples colonisés luttant pour leur indépendance. En voie d'intégration dans le système en place, soucieux avant tout d'amélioration immédiate de sa condition matérielle, le prolétaire des sociétés néo-capitalistes a cessé d'apparaître comme l'instrument privilégié de la transformation révolutionnaire du monde. Simultanément, c'est la puissance d'attraction de l'Union soviétique et de la troisième Internationale qui chancelle. Conséquence de la déstalinisation et de ses avatars, conséquence aussi de la répression de la révolte hongroise, la « grande lueur » qui s'était levée à l'Est ne brille plus aussi intensément devant les imaginations et les cœurs ; la fascination qu'elle avait si longtemps exercée s'estompe ou s'éloigne. Pour beaucoup de ceux qu'il habite encore, le messianisme révolutionnaire tend à se faire erratique : il est à la recherche d'un nouveau combat, d'une nouvelle foi... La cause de l'anticolonialisme a très probablement bénéficié de cette mise en disponibilité de certains élans et de certaines aspirations. Tandis que le thème de l'aliénation coloniale prend le relais de celui de l'aliénation ouvrière, toute une mythologie affective tend à se construire autour de l'image privilégiée du héros des guerres de « libération populaire », du guérillero vietnamien ou du maquisard algérien. C'est, à la limite, une nouvelle forme de romantisme politique que l'on est en droit d'évoquer et dont l'attraction est loin d'avoir été négligeable sur toute une fraction de l'*intelligentsia* française contemporaine.

La protestation humaniste

Plus ample, mais aussi plus multiple et plus divers, le second courant d'opposition anticoloniale est certainement moins aisé à cerner et à appréhender. Essentiellement il peut être défini comme une protestation d'ordre moral, dominée par l'affirmation des principes fondamentaux autour desquels s'est construit l'humanisme occidental : principes d'équité, de liberté, de respect de l'autre, de sa personne, de ses droits et de sa dignité. Nombreux d'ailleurs sont ceux qui s'en sont faits les interprètes et pour lesquels il s'est agi, tout au moins au départ, beaucoup moins d'une contestation globale du système colonial (dont on concède qu'il a pu être, dans l'histoire, momentanément ou partiellement bienfaisant) que d'une récusation véhémente des excès, des abus de toutes sortes que le maintien de ce système ne peut manquer d'entraîner. Renouant avec une longue tradition, la condamnation porte donc d'abord sur les formes de la répression pratiquée à l'égard des troubles et des révoltes coloniales, les méthodes de la « pacification », les sanglantes et inutiles brutalités des forces chargées du « maintien de l'ordre ». Amorcée dès 1947, à l'occasion de la dure répression des troubles de Madagascar, le mouvement de protestation ne cesse de prendre de l'ampleur pour atteindre son point culminant aux heures les plus tragiques de la guerre d'Algérie, lorsqu'au terrorisme systématique pratiqué par les rebelles, certains éléments de l'armée répondent par l'utilisation non moins systématique des usages les plus contestables de l'investigation policière. Désormais, à partir de 1956 et durant plusieurs années, sous forme de livres, de témoignages, d'articles et de manifestes, les campagnes vont se succéder « contre la torture », « contre la terreur », « pour la paix en Algérie ». Moments de déchirement et de passion, marqués par toute une série de retentissantes et scandaleuses affaires [7] et qui tiennent une place importante dans l'histoire idéologique et morale de la France contemporaine. Moments de ferveur aussi pour beaucoup, où de très nombreux intellectuels ont uni leurs voix pour la défense de ce qu'ils estiment la cause même de la justice et des droits de l'homme, où, dans le secret de certaines consciences, se sont nouées des résolutions, pris des engagements considérés comme décisifs. Certains ouvrages, tels que *Contre la torture* de Pierre-Henri Simon, *L'examen de conscience* de Louis-Martin Chauffier, *La guerre d'Al-*

gérie de Jules Roy, en demeurent, sur le plan littéraire, quelques-unes des plus remarquables illustrations [8].

Il n'est guère aisé cependant d'assumer la défense de certaines victimes sans prendre position sur la cause même que celles-ci ont choisi de servir. Pendant une longue période, et notamment entre les deux guerres, une très abondante littérature de dénonciation des abus coloniaux, avait entendu condamner les tares d'un système tout en évitant d'en mettre en cause le principe. Une telle attitude devenait singulièrement difficile à partir du moment où le débat colonial se trouvait posé dans toute son ampleur, où partout s'affirmait la volonté des jeunes nationalismes et où la domination impériale française ne se trouvait plus seulement attaquée dans ses faiblesses ou dans ses vices, mais dans les fondements mêmes de sa légitimité. Quelques-uns sans doute, notamment dans les premières années de la guerre d'Algérie, choisirent de se borner à condamner les moyens utilisés, tout en évitant de porter un jugement sur les finalités de la lutte [9]. Pour la plupart cependant la condamnation morale des excès de la répression devait très explicitement se confondre avec celle de l'ordre tout entier au nom et au service duquel était menée cette répression. Celle-ci tend alors à apparaître comme d'autant plus abominable qu'elle s'abat sur les combattants d'une juste cause. Les militants des jeunes révoltes nationalistes sont assimilés aux résistants de la seconde guerre mondiale luttant contre la domination étrangère et l'oppression totalitaire. Le combat pour l'indépendance des peuples coloniaux est celui de la liberté contre la tyrannie, de l'équité contre toutes les formes d'injustice, de progrès social contre la misère. S'en déclarer solidaire, c'est assurer la défense du droit des pauvres, des humiliés, des opprimés.

Les hommes de la rébellion algérienne, écrit Pierre-Henri Simon en 1957, « portent l'opprobre d'une masse énorme de misère et d'inculture dont la France en cent vingt ans n'a pas su libérer leur peuple, sans compter les humiliations de la vassalité et l'irritation de la sueur et du sang versé pour d'autres ».

Mais deux ans auparavant, dans un numéro spécial intitulé « Arrêtons la guerre d'Algérie », la revue *Esprit* (qui peut apparaître comme particulièrement caractéristique de toute une attitude et dont le rôle a été considérable dans la formulation et la diffusion de certains thèmes) affirmait déjà :

« ... La violence [en Algérie] réside du côté français : c'est le mépris racial de l'Arabe, le truquage des élections, la misère des bidonvilles et l'émigration de la faim ; la violence était constante dans l'usage hypocrite des principes démocratiques aux fins d'une oppression de fait, la violence n'a cessé d'habiter les mœurs, les institutions, l'économie d'une Algérie faussement française. Il faut l'avouer : cette violence n'a été vraiment révélée que par le recours aux armes. Ce que tant d'articles et de témoignages n'avaient pu faire, l'insurrection l'a fait. Des élections truquées, un statut incomplètement appliqué, un million d'hommes sans travail et un million d'enfants sans écoles : toutes ces vérités restaient le lot confidentiel de quelques gauchistes obstinés : il a fallu les coups de fusil des fellaghas pour les faire entendre du grand public [10]. »

Par-delà les cas d'espèce, c'est toute la « situation coloniale » (c'est-à-dire la situation faite au colonisé dans ses rapports avec son dominateur et dans le cadre de l'univers social et mental qui lui a été réservé) qui va se trouver ainsi de plus en plus hautement dénoncée. Situation qui n'est pas seulement analysée en termes d'exploitation économique — étant entendu que les fruits du travail du colonisé lui sont en grande partie arrachés pour le seul bénéfice d'une minorité étrangère — qui est aussi, et peut-être surtout, définie en termes d'aliénation morale.

L'écrivain d'origine tunisienne, Albert Memmi, l'affirme dans un essai mordant et rapide, publié en 1957 et intitulé *Portrait du colonisé* [11] : la colonisation « tue spirituellement » le colonisé, bien plus encore qu'elle ne le tue matériellement. Etre d'oppression, il devient fatalement un « être de carence ». Privé de toute responsabilité politique et sociale, mis « hors de jeu », impuissant à agir sur son destin, le colonisé n'est plus qu'un objet de l'histoire : « il a fini par perdre l'habitude de toute participation active à l'histoire, il ne la réclame même plus. Pour peu que dure la colonisation, il perd jusqu'au souvenir de sa liberté ; il oublie ce qu'elle coûte ou n'ose plus en payer le prix ». Essentiellement conservatrice, la colonisation le fige par ailleurs dans l'immobilité de structures rétrogrades : elle interdit tout mouvement, toute promesse d'ascension, tout renouvellement des vieilles hiérarchies. Soumis enfin à ce que Memmi appelle un « conditionnement négatif », le colonisé se voit coupé de ses racines profondes, arraché à ses traditions, à sa culture, à son histoire. Vidé de ce qui faisait sa personnalité authentique, sans être réellement en mesure de s'adapter au modèle proposé par le colonisateur, il n'est plus qu'un être mutilé, écartelé entre deux systèmes de penser et de vivre, impuissant à retrouver un nouvel équilibre...

Déjà esquissés, dans la « littérature coloniale » de l'entre-deux-guerres — mais dans de tout autres perspectives et dans un tout autre climat —, ces thèmes vont désormais être repris, diffusés, vulgarisés. Leur formulation va beaucoup contribuer à répandre, dans de nombreux milieux de la bourgeoisie cultivée, un certain état d'esprit de méfiance ou d'hostilité à l'égard du fait colonial : état d'esprit souvent confus, fluide, mal défini mais qui ne contraste pas moins de façon frappante avec le caractère favorable de l'ensemble des préjugés dominants de l'époque antérieure.

L'une des expressions les plus hautes et les plus

amples de l'humanisme anticolonial, il faut cependant la rechercher dans un livre publié en 1964 sous le titre *Dépossession du monde* et œuvre d'un orientaliste éminent, Jacques Berque, professeur de sociologie musulmane au Collège de France [12].

En l'occurrence, l'accusation majeure portée à l'égard du fait colonial est d'avoir « faussé l'Histoire ». Asservissant une partie de l'humanité à une autre, brisant par là même le libre développement des civilisations extra-européennes, la colonisation doit être essentiellement définie comme une entreprise de « dénaturation » : « interceptant la nature de l'autre pour l'exploiter, supplantant dans tous les domaines, politique, artistique et linguistique, l'expression de l'Autre, le colonisateur a répandu sur l'Autre une opacité que la littérature exotique et l'ethnographie du primitif, n'avaient pas peu contribué à obscurcir ». Le colonisé a été coupé de son histoire, amputé de l'héritage et des richesses de son passé. Il s'est vu contraint de reconstruire sa personnalité en fonction du modèle imposé par son dominateur. Ainsi la colonisation a-t-elle conduit à une aliénation culturelle plus grave et plus douloureuse même que l'aliénation prolétarienne. Ainsi a-t-elle, d'autre part, abouti à une appauvrissante réduction à l'unité des sociétés humaines, à « la liquidation du divers » dans le monde et à son affligeante uniformisation.

Reprenant les thèmes habituels de « l'aliénation coloniale », le réquisitoire peut ne pas sembler très neuf. La véritable originalité de l'ouvrage réside toutefois dans son effort pour donner à la décolonisation un contenu positif, pour la charger de valeurs propres et qui ne soient pas de simple protestation. Au regard de Jacques Berque, le mouvement des peuples colonisés accédant à l'indépendance apparaît en effet comme un tournant décisif de l'histoire humaine, tournant que caractérise et domine un immense phénomène de « réintégration ». Avec l'écroulement des souverainetés impériales, le colonisé réintègre son histoire : celle-ci lui avait été usurpée par l'homme de l'Occident ; elle lui est maintenant restituée. Le colonisé réintègre également « l'espace géographique » qui lui est propre : libéré de l'aire occidentale de civilisation dans laquelle il avait été absorbé, il pourra conclure une « nouvelle alliance » avec le sol, procéder en fonction de la spécificité de ses normes culturelles à un nouvel aménagement de la nature. Le colonisé réintègre enfin sa personnalité, son âme, l'unicité de lui-même : « dans la lutte pour l'indépendance, écrit Jacques Berque, le peuple fait ressurgir le fond de lui-même, l'oublié et l'éludé [...]. De moins en moins conditionné par l'Autre, il ose de plus en plus être lui-même ». La décolonisation est donc « resourcement », redécouverte d'elles-mêmes et réconciliation avec elles-mêmes d'innombrables collectivités humaines. Ce que l'on attend d'elle, c'est un jaillissement de forces neuves en même temps que l'espoir d'une « nouvelle philosophie de la terre », d'un remodelage plus harmonieux du globe. Une « différenciation » fructueuse viendra avec un échange fécond d'influences, se substituer à la morne uniformité imposée par l'homme blanc du XIXe siècle.

L'historien des idées est familier du paradoxe. C'est donc sans étonnement excessif qu'il retrouvera dans quelques-uns de ces thèmes certaines des préoccupations essentielles qui, vingt-cinq ans auparavant, avaient été celles des « coloniaux » de l'école de Maurice Delafosse, de Georges Hardy ou de Robert Delavignette. La restauration et la revitalisation des civilisations extra-occidentales, la reconnaissance de leur individualité, la promesse pour elles d'un nouvel épanouissement, à la limite l'espoir d'une confrontation pacifique des cultures et de leur mutuel enrichissement, telles sont bien les finalités que toute une famille d'esprit avait, entre les deux guerres, fixées à l'œuvre de colonisation. Les mots d'ordre se trouvent maintenant inversés, mais les filiations n'en existent pas moins, indiscutables, entre les aspirations de l'humanisme colonial et celles de l'humanisme anticolonial... Filiations qui peuvent trouver leur illustration concrète dans quelques cas exemplaires, dont le plus significatif est sans doute celui de cet autre grand nom des études orientalistes : Louis Massignon [18].

Maître incontesté de l'école arabisante française, spécialiste de l'histoire religieuse du monde musulman en même temps que catholique de foi ardente illuminée de ferveur mystique, Louis Massignon avait consacré sa vie à la cause du rapprochement de la Chrétienté et de l'Islam. Fondateur en 1953 du « Comité France-Maghreb », les jeunes nationalistes nord-africains — et plus généralement toutes les victimes coloniales des répressions métropolitaines — trouvèrent en lui un protecteur, un défenseur et un porte-parole dont le prestige intellectuel et le rayonnement moral constituèrent un atout non négligeable en faveur de leur lutte. Jamais cependant il ne songea à renier une jeunesse tout imprégnée du grand rêve impérial du début du XXe siècle et qu'avaient intimement marquée l'amitié du Père de Foucauld, l'admiration portée à Lyautey, les contacts avec certaines grandes figures de l'armée d'Afrique, les débuts exaltants de la pénétration française au Maroc. L'action de la France Outre-Mer avait été vue et comprise par lui non comme une entreprise de spoliation, mais comme un don ; c'est par rapport à un idéal de justice, et plus encore de communication entre les hommes et entre les peuples dans le respect de leurs usages et de leurs traditions, qu'il l'avait essentiellement définie. La tragédie algérienne le déchira et jusqu'à la veille de sa mort, survenue en 1962, il resta fidèle à l'image d'une Algérie, prolongement de la France et lieu privilégié de rencontre entre deux races et deux cultures. Et sans doute a-t-on pu parler à son propos des contradictions d'un vieil homme partagé entre l'inflexibilité de ses principes moraux et son inadaptation aux conditions nouvelles de l'histoire de son temps. Plus profondément, et au-delà de ces contradictions, l'exemple semble témoigner de l'ambivalence de certaines valeurs susceptibles d'être invoquées au profit d'attitudes très apparemment opposées — valeurs longtemps intégrées aux expressions les plus hautes de l'impérialisme français et maintenant revendiquées et absorbées par l'idéologie décolonisatrice.

La fin des empires et le destin national

Dans le contexte politique et moral de la France des années 1950 c'est tout le contenu de la vieille ferveur révolutionnaire que semble avoir un moment pris en charge une certaine forme d'anticolonialisme. Pour d'autres, c'est sur le plan de la protestation éthique, au nom des valeurs de l'humanisme traditionnel, que celui-ci soit d'inspiration laïque ou d'inspiration chrétienne, que s'est d'abord située la contestation anticoloniale. Au service (au moins apparent) d'un même but, on ne saurait toutefois oublier la présence d'arguments d'une inspiration tout autre et que l'on est en droit de qualifier de fondamentalement nationaliste. En d'autres termes, c'est en fonction d'une certaine conception de l'intérêt, voire de la grandeur nationale, en fonction d'un postulat patriotique hautement revendiqué que certains, et non des moindres, ont cru devoir élever la voix et plaider la cause du désengagement impérial... Inspirés d'un même souci prioritairement « national », encore convient-il cependant de distinguer à cet égard deux types d'attitude, deux types de comportement. Le grand débat colonial de la fin du siècle précédent avait été dominé par l'affrontement de deux nationalismes : un nationalisme d'expansion mondiale et un nationalisme de rétraction continentale, les interprètes du premier se réclamant de la vocation universelle de la France, les porte-parole du second manifestant leur hostilité à l'égard de rêves aventureux hors de proportion avec les forces présentes de la collectivité nationale. Ces deux courants se retrouvent, intensément présents, dans les controverses anticoloniales des dernières années de la Quatrième République, à cette différence près que certains de leurs représentants ne se sont plus trouvés, du moins momentanément, dans des camps opposés. Parmi les forces idéologiques qui se sont exercées en faveur de la décolonisation, il faut tenir particulièrement compte de la résurgence, presque inattendue après une période d'effacement quasi total, des vieux thèmes de l'opposition antiferryste : la dénonciation d'un inutile gaspillage du patrimoine national, l'accent mis sur les notions de rentabilité et de profit, l'intérêt prioritaire porté aux problèmes d'aménagement et de développement intérieur. Mais c'est aussi au nom de la fidélité à une certaine idée du rayonnement mondial de la France, de la volonté de maintenir, en l'adaptant aux exigences du présent, la présence française Outre-Mer que quelques-uns ont entendu légitimer et défendre une politique de compréhension et de négociation à l'égard des mouvements d'émancipation coloniale.

L'une des meilleures illustrations de ce dernier type d'attitude est sans doute fournie par un livre de François Mitterrand, publié en 1957 et intitulé *Présence française et abandon* [14].

L'ouvrage est de toute évidence de circonstance. Il s'agit pour son auteur de présenter un plaidoyer en faveur de la politique du gouvernement Mendès France dont il fut l'un des principaux ministres, plus précisément de défendre cette politique (en l'occurrence les accords de Genève sur le Viet-Nam et les accords de Carthage accordant à la Tunisie l'autonomie interne) contre les accusations de « trahison » multipliées contre elle : le véritable patriotisme, soutient essentiellement François Mitterrand, est de notre côté, non de celui de nos détracteurs. Mais, par-delà les polémiques du moment, la thèse tend à une portée de caractère général. Ses postulats sont simples : condamnée d'avance à l'échec, la conduite d'une politique systématique de refus et de répression à l'égard des nationalismes coloniaux risque d'entraîner la disparition totale de la présence française Outre-Mer ; la politique inverse, celle de « l'évolution et de la négociation », est susceptible au contraire de préserver, sous une autre forme, tout ce qui peut être sauvegardé de l'héritage accumulé par la France sur les continents étrangers. « Où sont les vrais patriotes ? » interroge François Mitterrand. « Parmi ceux qui compromettent la présence de la France pour la défense d'intérêts secondaires ou parmi ceux qui souhaitent qu'elle reprenne conscience de sa mission traditionnelle ? » En d'autres termes, il ne s'agit pas pour la France de renoncer à sa vocation de rayonnement extérieur : « sans l'Afrique, écrit encore François Mitterrand, il n'y aura plus d'histoire de France au XXIe siècle ». Il s'agit seulement de considérer que les formes anciennes de la domination coloniale sont inéluctablement périmées et d'adopter une nouvelle politique aux grandes mutations de l'histoire. « La démission, la capitulation de la France n'ont pas résulté de son renoncement aux privilèges de la domination, mais de ses hésitations et de ses refus devant les nécessaires transformations d'un monde où la tutelle coloniale n'a plus de place. » Il convient donc de renoncer à s'obstiner dans la défense d'une attitude de « faux prestige » qui ne peut plus conduire qu'à un irrémédiable abandon et de sauver la réalité de « la présence française » en lui substituant, avec les peuples dont on aura reconnu la volonté de libération, une politique de « vrais contrats et de libres engagements ».

Développées trois ans plus tard et adaptées au cas particulier de l'Algérie, les mêmes thèses se retrouvent dans un autre ouvrage non moins caractéristique : celui du député socialiste Alain Savary, publié sous le titre *Nationalisme algérien et grandeur française* [15].

La naissance et la reconnaissance d'un Etat national algérien risquent-elles de compromettre la survie de la grandeur française ? Telle est la question fondamentale que pose l'auteur qui déclare s'adresser avant tout aux cadres de l'armée et aux Français d'Algérie. La réponse est sans équivoque : loin de menacer ou de renier la grandeur historique de la France, la reconnaissance de l'indépendance algérienne doit au contraire lui « donner des dimensions nouvelles ». Seule conforme à l'analyse objective des données de la situation algérienne, cette solution, affirme Alain Savary, est également la seule susceptible de satisfaire les impératifs de l'intérêt national, la seule compatible avec le souci réellement compris d'un patrimoine à préserver. Il ne s'agit pas en effet pour la France d' « abandonner » l'Algérie. Il s'agit au contraire de l'attacher plus solidement à elle « par des liens d'un nouveau genre, économiques et humains », de créer entre les deux peuples les conditions d'une nouvelle vie commune. Substituer « de nouveaux rapports aux liens que la période coloniale avait établis avec les peuples d'Outre-Mer », doit être au demeurant considéré, pour un peuple comme le nôtre, non comme une manifestation de faiblesse, mais comme un signe de vitalité et de puissance. Pour la France contemporaine existe-t-il même une tâche plus noble, plus exaltante, plus conforme à la fois aux traditions de son histoire et à une authentique affirmation de grandeur que « d'aider une nation nouvelle à se former, à construire un nouvel Etat ? ».

De toute évidence, ces propositions relèvent d'abord, de la part de leurs auteurs, des préoccupations et des calculs d'un empirisme politique très immédiat. Empirisme politique que résume assez bien la formule : « partir pour mieux rester », accepter, en d'autres termes, le principe des indépendances pour mieux maintenir les liens d'association, renoncer aux formes anciennes de la domination pour mieux assurer la pérennité de la présence. Au-delà cependant de l'aspect strictement tactique de ces spéculations, c'est à travers leur expression, la persistance de toute une conception traditionnelle de la France qu'il est permis d'apercevoir. En fait, pour mesurer exactement la signification d'une telle attitude (que l'on retrouve d'ailleurs chez certains des interprètes de l'humanisme anticolonial [16]), il faut évoquer Michelet célébrant les drapeaux des nationalités nouvelles nées à la Liberté, apparues sur la scène de l'histoire grâce à la France et à l'intervention émancipatrice de son génie. Il faut également songer à une certaine image de la France particulièrement chère aux cœurs des hommes de la génération de 1848 et inséparable de tout un nationalisme d'origine révolutionnaire : celle d'une France glorieuse et généreuse — et glorieuse parce que généreuse ; d'une France protectrice et inspiratrice des peuples opprimés luttant pour leur indépendance, assurant sa grandeur spirituelle et matérielle grâce aux nations nouvelles qu'elle a su appeler à la vie. Cette conception universaliste du destin national n'est pas en fin de compte infidèle à l'essentiel des grands rêves de rayonnement missionnaire qui avaient en leur temps inspiré les premiers doctrinaires d'un impérialisme français fondamentalement défini comme libérateur et émancipateur. Il s'agit bien en l'occurrence d'un souci d'adaptation bien plus que d'une volonté de reniement.

Au service des mêmes objectifs immédiats et bien que se référant eux aussi, fondamentalement et prioritairement, à l'intérêt national, c'est toutefois sur un plan très différent que d'autres situent leur attitude. Attitude dont l'expression la plus claire, la plus retentissante aussi, se trouve définie dans la série d'articles publiés au cours des mois d'août et septembre 1956, dans l'hebdomadaire *Paris-Match*, par un journaliste de renom, Raymond Cartier[17]. Par sa formation intellectuelle, comme par ses sympathies politiques, celui-ci apparaît comme totalement étranger à tout anticolonialisme de sentiment ou de doctrine : il avait jusqu'alors, à propos de l'Indochine et de l'Afrique du Nord, fermement soutenu les principes de la défense de l'Empire, liés à ceux de la défense de l'Occident. Mais, au retour d'une longue enquête à travers les territoires français de l'Afrique centrale et devant la décevante réalité qu'il découvre, le journaliste est conduit à poser quelques questions décisives : « Cette Afrique noire nous est, comme le reste, un bilan. Que vaut-elle ? Que coûte-t-elle ? Que rapporte-t-elle ? Quels espoirs autorise-t-elle ? Quels sacrifices mérite-t-elle ? » Et sans doute Raymond Cartier se garde-t-il de répondre de façon trop péremptoire, reconnaissant et soulignant « l'immense apport de l'homme blanc » au continent africain. Du strict point de vue de l'intérêt métropolitain, et plus précisément de son intérêt économique, le « bilan » dressé ne demeure pas moins strictement négatif : le coût, pour la métropole, du maintien de la tutelle française en Afrique, est hors de proportion avec le profit que qu'elle en retire. L'effort considérable d'équipement et d'investissement consenti par la France après 1945 apparaît le plus souvent comme un gigantesque gaspillage. Par rapport aux sommes englouties, les résultats sont généralement dérisoires.

Là se dresse un « lycée d'un quart de milliard pour quatre cents élèves qu'il est impossible de trouver dans tout le territoire ». Autre part, des halles en béton, « hautes comme une cathédrale » et « non occupées par les Africains qui préfèrent les marchés traditionnels en plein vent ». Ici « le pont est là. Mais la route manque. La route ne verra jamais le jour, sa construction ayant été abandonnée quand on eut pris conscience de l'énormité de son coût et de sa faible valeur économique. Le pont avait devancé la route, si bien qu'il reste là, sans voie d'accès, sans véhicules et sans passants, comme l'arc de triomphe de la mégalomanie et de la légèreté qui se sont emparées de l'Afrique noire après la Libération ».

A quoi bon donc tous ces efforts, alors qu'ils ne suffisent pas à assurer à la France la gratitude d'une population indigène de plus en plus sensible aux appels de la contestation anticoloniale ? Notre pays ne risque-t-il pas de s'épuiser dans une entreprise trop apparemment démesurée par rapport aux moyens financiers et humains dont il dispose ?

« Le véritable problème, écrit Raymond Cartier, est de savoir si les ressources de la France seule sont suffisantes pour transformer son immense portion de la partie la plus pauvre d'un continent ingrat. »

Dans ces conditions, la colonisation, considérée dans son ensemble, ne risque-t-elle pas d'apparaître comme une « coûteuse philanthropie » ? Ces écoles, ces hôpitaux, ces routes, ces ouvrages d'art construits en Afrique, n'aurait-il pas été plus sage de les édifier sur le sol d'un hexagone métropolitain encore sous-équipé ? N'eût-il pas « mieux valu construire à Nevers l'hôpital de Lomé et à Tarbes le lycée de Bobo-Dioulasso ? ». La formule rappelle, presque terme pour terme, les arguments de ceux qui, soixante-dix ans auparavant, opposaient aux rêves de l'expansion Outre-Mer l'immédiat souci de préserver « l'or et le sang » de la France. Au nom d'un intérêt national bien compris et de la suprême légitimité de ses exigences, c'est en fin de compte une incitation explicite au désengagement colonial qui se trouve énoncée :

« ... Le pays le plus riche et le plus stable d'Europe, la Suisse, n'a jamais eu un mètre carré d'Outre-Mer, insiste Raymond Cartier... La Suède, autre phénomène de prospérité, est dans le même cas [...]. Le cas de la Hollande est plus frappant encore. Il était admis comme un axiome que son existence était basée sur les Indes orientales, bouquet de trésors, pétrole, caoutchouc, riz, thé, café, étain, coprah, épices. Or, la Hollande a perdu ses Indes orientales dans les pires conditions au moment où elle était dévastée, noyée, privée de ses marchés allemands anéantis par les bombes, et il a suffi de quelques années pour qu'elle connaisse plus d'activité et de bien-être qu'autrefois. Elle ne serait peut-être pas dans la même situation si, au lieu d'assécher son Zuyderzee et de moderniser ses usines, elle avait dû construire des chemins de fer à Java, couvrir Sumatra de barrages, subventionner les clous de girofle des Moluques et payer des allocations familiales aux polygames de Bornéo [18]. »

De ces prises de position, dominées par le plus

immédiat souci de l'intérêt économique, on ne peut évidemment rapprocher sans beaucoup de scrupules et sans beaucoup de nuances celles adoptées par Raymond Aron à l'occasion du problème algérien et présentées dans deux petits livres, incisifs et secrètement passionnés : *La Tragédie algérienne* d'une part, publié en 1957 ; *L'Algérie et la République*, d'autre part, publié en 1958 [19]. Prenant parti dans le débat algérien, et non sans courage dans le climat de l'époque, c'est sur le plan de la réflexion politique la plus générale que Raymond Aron a toujours eu le dessein de se situer. Altérée dans son ton par l'âpreté de la controverse et par l'obstination mise à convaincre, l'analyse ne prend pas moins de la hauteur ; c'est dans toute leur ampleur et dans toute la multiplicité de leurs données qu'elle entend poser quelques interrogations majeures concernant le destin même de la France en tant que grande puissance impériale et mondiale. Quelles que soient les différences de perspectives et de niveau d'observation qui séparent Raymond Aron de Raymond Cartier, on retrouve pourtant, chez l'un comme chez l'autre, une même préoccupation d'empirisme, une même volonté d'aborder le débat en dehors de tout *a priori* idéologique ou sentimental, une même insistance enfin à dénoncer comme contraire aux intérêts généraux de la collectivité nationale une certaine vision traditionnelle de la grandeur impériale. C'est au nom d'une même référence au raisonnable et au possible, au nom aussi d'une même conception réaliste du patriotisme que l'un et l'autre prétendent s'exprimer.

Face à la tragédie algérienne, Raymond Aron invite donc les Français à accepter une solution négociée avec le F.L.N., à se résigner en d'autres termes à l'abandon de la souveraineté nationale sur les départements d'Outre-Méditerranée. Il le fait sans complaisance à l'égard d'une quelconque mystique politique, ne dissimulant en aucune façon les graves inconvénients que cette solution risque d'entraîner pour la France sans doute, mais surtout pour l'Algérie. (Nous sommes loin en l'occurrence de l'optimisme, de principe, manifesté par d'autres, et notamment par Alain Savary, au service de conclusions semblables). Issue douloureuse, celle-ci ne constitue pas moins un moindre mal par rapport aux dramatiques conséquences que représenterait la poursuite de la politique de l'« Algérie française ». A l'extérieur, l'obstination à réduire par les armes la rébellion nationaliste contribue à isoler la France, à réduire sa liberté d'action et sa marge d'initiative en même temps qu'à compromettre irrémédiablement les chances de la politique de construction européenne. A l'intérieur, elle n'aboutit qu'à aggraver les dissensions et les déchirements de la conscience nationale ; elle fait, d'autre part, peser sur les libertés traditionnelles une menace de plus en plus pressante : la crainte n'est pas vaine de voir « la France elle-même gouvernée par les méthodes employées pour maintenir l'Algérie française ». Plus gravement et à long terme, l'intégration des populations algériennes au sein de la collectivité française ne saurait être réalisée sans affecter de façon décisive, économiquement, socialement et moralement, le destin même de la nation : le ralentissement, sinon l'arrêt, de la progression du niveau de vie en métropole, le bouleversement des données de la vie politique française par l'importance sans cesse accrue de la représentation parlementaire algérienne en seront en tout cas les inévitables contreparties. Ce n'est pas l'intégration de l'Algérie à la France, « mais celle de la France à l'Algérie » qui risque en fin de compte de se produire. L'entreprise n'apparaît-elle pas, dans ces conditions, « plus déraisonnable encore que grandiose » ?...

La prise de position de Raymond Aron est donc avant tout invitation à la sagesse, à la mesure, à une juste approximation des forces réelles dont dispose la France dans le monde contemporain. L'Algérie française serait pour notre pays une charge trop lourde, une entrave trop aliénante par rapport à l'acquis positif que cela représenterait pour la communauté nationale. Sans doute, Raymond Aron se défend-il de prêcher un repli étroit sur l'hexagone métropolitain : avec une Algérie indépendante, il souhaite le maintien d'une politique d'aide, d'amitié et de collaboration. Mais l'affirmation essentielle, autour de laquelle s'articule toute son analyse, est que « de l'Afrique ne dépendent ni la richesse, ni la grandeur, ni l'avenir de la France ». « Refaire la force de la France, commente-t-il, c'est construire des logements, des laboratoires, des usines, subsidiairement, si l'on veut, une bombe atomique. » Le maintien de la souveraineté française serait certes matériellement profitable aux populations algériennes. Mais dans l'état présent de la France métropolitaine, étant donné la situation économique et démographique qui est la sienne, l'obstination dans les vieux rêves de grandeur impériale ne peut qu'hypothéquer l'avenir national, que compromettre ses chances de développement.

« Les machines, les experts, les professeurs, les techniques et les techniciens que la France ne possède pas en nombre suffisant pour elle-même, jusqu'à quel point doit-elle les dispenser à travers l'Union française ? »

Encore une fois, le point de départ de la réflexion de Raymond Aron est celui d'une vue qui se veut impérativement réaliste du strict intérêt national. « La France, écrit-il, a besoin d'une cure de vérité. » En fait, elle ne peut plus prétendre jouer le rôle d'une puissance mondiale. Le débat algérien qui la divise ne fait que « marquer son passage de la puissance mondiale à la puissance continentale ». Le premier devoir pour notre pays est de réajuster ses ambitions et ses rêves aux moyens désormais limités dont il dispose. Ce n'est pas en vain que Raymond Aron met en exergue de *L'Algérie et la République* cette citation de Jules Cambon :

« Si l'opinion française ne se meut plus que par l'amour-propre et n'a plus le sens du réel, nous sommes condamnés à faire une politique à l'espagnole et, par suite, à avoir le sort de l'Espagne. »

Compte tenu des différences du contexte historique, la hantise de la menace allemande ayant notamment disparu, la mise en garde n'est pas, elle non plus, infidèle aux avertissements prodigués par les porte-parole de l' « anticolonialisme » dans les premières années de la République opportuniste, alors que le rêve d'une « plus grande France » était en train de devenir vérité officielle.

ANTICOLONIALISMES ET LÉGITIMITÉ NATIONALE

Il n'est nullement évident que ce soit cette vision réaliste d'une nouvelle phase imposée au destin national, cette acceptation lucide d'une amputation de puissance et de responsabilité qui aient fini par l'emporter dans l'esprit de la majorité des Français. Nullement évident surtout que, sur le plan des décisions politiques, ce soit ce type de considération qui ait prévalu au regard des hommes d'Etat qui ont choisi de clore l'aventure algérienne et, avec elle, le dernier et le plus dramatique épisode de la décolonisation française. Il ne fait guère de doute cependant que, parmi les arguments qui ont pu contribuer à ébranler dans les profondeurs de l'opinion les certitudes massives de la période antérieure, une importance particulière ne doive être attribuée à ceux qui se sont réclamés de l'intérêt national, de ses urgences et de ses nécessités. Peu importe même en l'occurrence, si l'on se place sur le seul plan de l'efficacité, qu'ils se soient inspirés de motivations différentes, référés à des conceptions contradictoires de l'avenir mondial de la France. Appels à une certaine forme de repli hexagonal ou invitations à rechercher de nouveaux moyens de rayonnement et de grandeur, ils ont agi dans le même sens dans la mesure où ils ont concuremment aidé à lever l'obstacle essentiel auquel se heurtait, au départ, toute remise en question de la notion traditionnelle de la souveraineté impériale de la France : un interdit d'ordre patriotique, les réactions élémentaires d'un nationalisme diffus, mais très généralement partagé.

Trois quarts de siècle d'histoire avaient pratiquement intégré le mythe impérial à l'idéologie nationale, telle du moins que celle-ci se trouvait comprise, sentie et vécue par le plus grand nombre des Français. Au regard de ce plus grand nombre, le problème posé par la décolonisation ne pouvait donc manquer d'être *a priori* appréhendé comme un problème majeur de légitimité, mettant en cause les principes mêmes par lesquels se définissaient et l'allégeance et le devoir national. Ni la condamnation morale du fait colonial, ni moins encore les exhortations de l'anticolonialisme d'inspiration révolutionnaire ne se trouvaient en mesure d'entamer sérieusement ce bloc cohérent et singulièrement puissant de souvenirs et de préjugés, d'interdits et de fidélités. Leur argumentation ne pouvait guère trouver de prise sur une résistance qui tendait à apparaître, au plus profond de la conscience collective, comme l'expression incontestée du plus élémentaire des patriotismes. Légitimer la décolonisation au nom même de l'intérêt national, c'était au contraire, et quelles que soient les ambiguïtés du terme, replacer le débat à l'intérieur du code des valeurs les plus communément admises et les plus généralement acceptées. C'était opposer une certaine conception du patriotisme à une autre conception du patriotisme. C'était tourner — tout en se situant sur son propre terrain, celui des exigences du salut public

— l'impératif primordial autour duquel s'articulait tout le système de défense de l'héritage impérial. Et c'était, par là même, offrir au patriotisme français d'autres issues, d'autres formulations, le préparer aussi, sur le plan politique, à l'acceptation définitive de déchirantes révisions.

CHAPITRE XII

La défense de la souveraineté française

LES prises de position anticolonialistes de ces vingt-cinq dernières années ne relèvent en fait, d'aucune unité de principes ni d'aucune unité de doctrine. C'est sous des formes très diverses qu'elles se sont définies ; c'est à des motivations politiques, intellectuelles et morales très souvent contradictoires qu'elles ont correspondu. Très évidemment, le plan sur lequel se placent les écrits algériens de Raymond Aron, n'a aucun rapport avec celui sur lequel se situe Jean-Paul Sartre dans sa préface aux *Damnés de la terre* de Fanon. Très évidemment encore l'invitation « cartiériste » au repli métropolitain, relève d'une tout autre conception idéologique que les arguments avancés par ceux qui attendent de la reconnaissance des nouveaux nationalismes un élargissement de l'influence mondiale de la France... Face à la multiplicité de ces attaques, la défense de la souveraineté française peut sembler présenter un front plus cohérent et plus homogène :

si l'on se place par exemple dans les premiers mois de l'année 1958, c'est autour des mêmes mots d'ordre, dans une même terminologie, dans un même système d'argumentation que se trouvent regroupés, au service de la cause de l'Algérie française, des hommes comme Michel Debré, Jacques Soustelle ou Georges Bidault, certains intellectuels dits « de droite », un nombre non négligeable de socialistes, beaucoup de radicaux et beaucoup de modérés.

Analysé de plus près, le mouvement de « résistance à l'abandon », pour reprendre les termes mêmes de ceux qui s'en sont faits les interprètes, laisse toutefois apparaître une complexité idéologique beaucoup plus grande que ne semblent l'indiquer les schémas assez élémentaires où l'on a généralement tendance à l'enfermer. Négliger cette complexité, serait historiquement trahir la signification profonde d'un certain type de refus et d'un certain type de protestation. Complexité des thèmes où, à côté des plus traditionnels, d'autres relativement nouveaux et liés au contexte le plus immédiatement contemporain vont se trouver développés. Mais complexité également des attitudes et des comportements où viennent se rencontrer et se mêler des réactions, des passions et des aspirations d'origines diverses et elles aussi fréquemment contradictoires. La constatation vaut pour tous les moments de la chronique des décolonisations françaises, depuis les années 1950 où la cause de la défense de la souveraineté nationale bénéficie de la sympathie et de l'appui de la majorité de l'opinion, jusqu'aux tout derniers mois du drame algérien où ne combattent plus pour elle que quelques poignées d'irréductibles. Elle vaut également à tous les niveaux de l'expression idéologique, qu'il s'agisse des déclarations des intellectuels, des prises de position des états-majors politiques ou des dénonciations les plus sommaires de la littérature polémique.

De la défense de la souveraineté nationale à la défense du monde libre

Depuis les grands débats de la république opportuniste, c'est autour de quelques thèmes essentiels que s'était définie l'idéologie coloniale française et qu'elle s'était progressivement diffusée dans l'opinion. Thèmes incessamment repris, développés par les orateurs des banquets coloniaux du début du siècle, hautement proclamés par les hommes d'Etat de l'entre-deux-guerres, répandus par l'immense littérature des manuels scolaires. Faut-il s'étonner que, face aux revendications des nationalismes asiatiques et africains, ce soit encore sur eux que repose très largement la défense des droits traditionnels de la présence française outre-mer ?... Il y a le thème de la grandeur du passé impérial français et de l'importance de l'œuvre réalisée par notre pays dans ses possessions extérieures : souvenir des figures légendaires de notre histoire coloniale, rappel de leurs luttes, de leurs travaux, de la foi qu'ils avaient en la mission, bilan des transformations économiques, sociales et morales réalisées sous l'égide de la France. Cet héritage légué par plusieurs générations, les Français d'aujourd'hui ont-ils le droit d'en faire table rase, ont-ils le droit de le « brader » ?... Il y a le thème des droits acquis par les Français d'Outre-Mer : la métropole peut-elle, du point de vue des impératifs les plus élémentaires de la solidarité nationale, abandonner ceux que l'on représente comme les meilleurs, les plus audacieux, les plus fidèles de ses enfants ? (Et l'argument prend évidemment d'autant plus de force lorsqu'il s'agit, comme pour les Français d'Afrique du Nord par exemple, d'une population relativement dense et dont l'installation sur le sol africain remonte souvent à plusieurs générations...) Il y a le thème des intérêts économiques, liés à la présence coloniale française et considérés comme devant être obligatoirement perdus dans le cas où cette présence serait condamnée à disparaître ; débouchés pour notre industrie et notre commerce, fret pour notre flotte, richesses minières que d'autres viendront exploiter à notre place, indépendance énergétique assurée à la France par le contrôle des pétroles sahariens, etc. Renoncer à ces avantages, n'est-ce pas compromettre les chances les plus sûres du développement économique, ruiner beaucoup d'entreprises, condamner au chômage d'innombrables Français ?...

Il y a surtout les deux thèmes fondamentaux et toujours étroitement associés de la grandeur et de la souveraineté. Renoncer à la souveraineté de la France sur les terres au-dessus desquelles flotte son drapeau, c'est, affirme-t-on, s'engager irrémédiablement sur les chemins de la déchéance, accepter pour une nation riche d'un immense passé une amputation décisive de sa puissance, un recul irréversible de son prestige et de son rang. Dans toute la littérature consacrée à la défense de l'héritage colonial, il n'est guère de mot plus souvent prononcé que celui de décadence : privée de ses prolongements extra-européens, la France est condamnée à l'abdication ; elle devra se résigner à ne plus être, dans l'ordre mondial, qu'une nation de deuxième ordre, confinée dans la médiocrité de son destin, impuissante désormais à agir sur les grandes décisions de l'histoire... Mais renoncer à la souveraineté de la France, c'est aussi trahir l'une des lois fondamentales du droit public français, celle de l'inaliénabilité du patrimoine national, de l'unité et de l'indivisibilité de la République. Nul, aucun homme, aucun parti, aucun gouvernement, n'a, ni moralement, ni juridiquement licence de porter atteinte à l'intégrité du territoire national : ce principe essentiel n'a cessé d'être évoqué à propos de chacune des étapes de la décolonisation française et à propos de chacun des problèmes posés par celle-ci.

« Souveraineté de la France, déclare le général de Gaulle le 18 août 1947, en prenant position contre le statut de l'Algérie élaboré par la IVe République, cela signifie d'abord que nous ne devons laisser mettre en question, sous aucune forme, ni au dedans, ni au dehors, le fait que l'Algérie est notre domaine. Cela signifie encore qu'il n'y a aucune matière concernant l'Algérie, où les pouvoirs publics français, exécutif, législatif, judiciaire, puissent aliéner leur droit et leur devoir de trancher en dernier ressort. »

Et sept ans plus tard, le 12 novembre 1954, François Mitterrand, alors ministre de l'Intérieur, s'écriera à son tour pour condamner l'insurrection qui vient d'éclater dans les Aurès :

« Des Flandres au Congo, il y a la loi, une seule nation, un seul parlement. C'est la Constitution et c'est notre volonté. »

Ainsi apparaissent, dans toute leur ampleur et dans toute leur logique, les conséquences mêmes de la vision d'ensemble que les hommes de la IIIe République avaient entendu donner de leur œuvre d'expansion coloniale et de la légitimation qu'ils n'avaient cessé d'en présenter. Ce n'est pas en vain que furent tant de fois évoquées et l'idée d'une « France de cent millions d'habitants » et l'image d'une même « communauté française » étendue sur toutes les parties du monde. L'assimilation, si souvent faite, des territoires coloniaux aux provinces métropolitaines aboutit à peu près nécessairement à étendre à l'ensemble des domaines placés sous la souveraineté ou la tutelle françaises le principe primordial du respect de l'unité du territoire national et du maintien de son intégrité. Ce n'est pas en vain, d'autre part, si les considérations de grandeur et de puissance ont tenu, dans l'argumentation coloniale, la place essentielle. Depuis Ferry, et à tous les moments décisifs du destin national, d'innombrables voix l'avaient répété : c'est par son Empire que la France peut encore faire figure de grande puissance mondiale, par son Empire qu'elle demeure à l'échelle et à la mesure des nécessités politiques du monde contemporain. Mais le postulat ne pouvait manquer d'avoir pour corollaire la conviction que l'Empire perdu signifierait pour la France une obligatoire condamnation à l'abdication et au renoncement. Durant plusieurs générations, les jeunes Français avaient appris, sur les bancs de l'école publique, à considérer comme l'un des pires épisodes du « malheureux règne de Louis XV », la signature du « honteux traité » de Paris, qui avait livré aux Anglais le Canada et l'Inde. En fait devant la désagrégation de l'Union française, c'est tout le système des valeurs élaboré par l'enseignement du civisme républicain et considéré, jusqu'aux lendemains de la seconde guerre mondiale, comme constituant le fondement même de la conscience nationale qui est apparu, aux yeux de beaucoup, comme brusquement et totalement remis en cause. Et c'est aussi dans la fidélité à ce système de valeurs que beaucoup ont trouvé la justification passionnée de leur attitude.

Motivations profondes, liées à l'héritage de tout un passé idéologique, auxquelles viennent cependant s'ajouter d'autres préoccupations, relevant d'un tout autre ordre et se rapportant directement aux données générales de la conjoncture internationale dans la seconde moitié du XXe siècle : en l'occurrence les impératifs majeurs de la « défense du monde libre » et de la lutte contre l'expansion du communisme soviétique. On le sait, le thème n'est pas entièrement original dans la mesure où il ne fait que très largement prolonger la vieille idée de la « défense de l'Occident », si souvent évoquée déjà dans les années de l'entre-deux-guerres. Vingt ans plus tard, le problème se pose cependant en termes renouvelés et surtout singulièrement aggravés. Il faut encore une fois le répéter : dans la chronologie de l'histoire contemporaine, l'époque de la guerre froide coïncide avec le mouvement général de la décolonisation. Or, pour beaucoup, les revendications des nouveaux nationalismes demeurent plus que jamais indissociables des menées et des menaces de l'impérialisme soviétique. Paralysé en Europe par la menace nucléaire américaine et la cohésion du bloc atlantique, l'expansionnisme soviétique n'a-t-il pas la volonté de tourner, par l'Asie et par l'Afrique, le dispositif de la défense occidentale ? Plutôt que de courir le risque d'une conflagration générale en heurtant de front les nations « libres » sur le *limes* allemand, n'est-il pas plus judicieux pour l'adversaire de tenter de réduire celles-ci à merci par une vaste manœuvre d'encerclement partant des mers de Chine et débouchant sur les rivages de la Méditerranée ? Se retirer dans ces conditions des territoires d'Outre-Mer, n'est-ce pas immanquablement les livrer, à plus ou moins longue échéance, aux forces de la Révolution ? N'est-ce pas par là même, en lui abandonnant des positions stratégiques déterminantes, permettre au communisme de poursuivre librement sa marche vers la conquête du monde ?

Très souvent exposées entre 1950 et 1960, ces préoccupations se trouvent exprimées avec une force particulière dans les milieux militaires et dans ce qu'on peut appeler leur immédiate périphérie, c'est-à-dire dans les secteurs de l'opinion où s'exerce plus ou moins directement leur influence [1]. Elles constituent même l'essentiel de la doctrine que professe toute une génération d'officiers très profondément marquée par la guerre d'Indochine. Expérience décisive où ils ont, à la fois, découvert sur le terrain les formes et les méthodes de la lutte subversive et puisé, dans la lecture des théoriciens militaires soviétiques et chinois, la conviction des prétentions à l'expansion universelle de l'idéologie du marxisme-léninisme. La nouvelle pensée militaire va donc se trouver désormais dominée par la conception d'une « guerre révolutionnaire » — guerre permanente, globale et multiforme — menée par le communisme international dans des perspectives stratégiques de dimensions mondiales. C'est dans ce cadre doctrinal qu'elle va tendre à faire entrer l'interprétation de tous les conflits et de toutes les tensions du monde contemporain. La rébellion algérienne notamment, lorsqu'elle éclatera en 1954, sera tout naturellement appréhendée et présentée par elle comme une nouvelle phase, phase considérée d'ailleurs comme décisive, de la lutte communiste pour la domination du globe. Ce n'est donc pas seulement au nom des droits de la souveraineté française, que le combat contre le F.L.N. se trouve légitimé, mais aussi au nom des grands impératifs stratégiques qui commandent ce que l'on considère comme le déroulement du « troisième conflit mondial ». Parmi les innombrables textes qui développent ces principes, aucun sans doute n'est plus significatif que la conclusion d'une conférence prononcée au S.H.A.P.E., le 15 novembre 1957, par le général Allard, alors commandant du corps d'armée d'Alger :

« Entretenant habilement, déclare le général Allard, l'intérêt et l'inquiétude du front, par une alternance de périodes de détente et d'intimidation, de sourires ou de menaces, l'U.R.S.S. a réussi à cristalliser la défensive du monde libre sur un seul objectif : persuader l'adversaire éventuel de renoncer à la guerre totale. Elle masquait ainsi à beaucoup que son axe d'effort principal, était non pas l'axe direct Est-Ouest, mais une vaste courbe enveloppante passant par la Chine, l'Extrême-Orient, les Indes, le Moyen-Orient, l'Egypte et l'Afrique du Nord afin d'encercler l'Europe. C'est maintenant presque une réalité, il ne manque plus pour atteindre le but que d'arracher l'Algérie à la France [...]. Et ensuite l'encerclement et l'isolement du monde libre pourraient continuer à se développer. Il n'est pas exclu de supposer que dans la pensée des maîtres du Kremlin, le processus de contamination ne doive alors gagner tout le continent noir, franchir l'Atlantique et atteindre les pays d'Amérique du

Sud et du Centre. Quelles seront alors les chances de survie des peuples que nous représentons ? A la réalisation de ce plan qui est, je le pense, moins utopique qu'il peut paraître, il y a un obstacle. Cet obstacle c'est la détermination de la France à ne pas se laisser évincer d'Algérie [...]. Déjà la France avait tenté de dresser un barrage contre l'expansion du communisme au Tonkin [...]. Le monde libre n'a pas compris la portée de ces tentatives et ce fut un échec. La ligne de défense arrière, la dernière, passe par l'Algérie [2]. »

Ainsi le maquisard du F.L.N. se trouve-t-il pratiquement assimilé au combattant du Viet-Minh : commencée dans les rizières d'Indochine, c'est la même lutte et contre le même ennemi qui se poursuit dans les djebels du Constantinois. Dans ces perspectives, il ne s'agit plus exactement de défendre l'Empire, comme on l'aurait dit encore quinze années auparavant. Il s'agit de défendre les bastions essentiels du monde libre. Commentant en 1957, la conclusion d'un débat de l'O.N.U. sur le problème algérien, une publication militaire l'affirme en ces termes :

« Le problème algérien est enfin posé publiquement et en toute clarté comme une phase tactique de la guerre révolutionnaire permanente. La prise de conscience de cette réalité par les responsables civils et militaires, par l'opinion française et, souhaitons-le, par l'opinion libre tout entière, constitue la condition première du salut. Car il doit être enfin clair aux yeux des plus aveugles que nous sommes engagés depuis des années dans la troisième guerre mondiale, la guerre de la révolution pour la conquête du monde, guerre universelle et permanente qui traduit sur tous les fronts, intérieurs autant qu'extérieurs, plus ou moins chaudement selon la tactique du moment, l'incompatibilité fondamentale entre deux conceptions de l'homme, l'impossibilité forcenée de coexister entre deux types de civilisation humaine [3]. »

En faisant face à la rébellion algérienne, la France se trouve donc en première ligne du front de la guerre révolutionnaire. Elle ne se bat pas pour la seule sauvegarde de ses intérêts nationaux. Elle se bat pour le salut de l'Occident tout entier et pour la survie de toute une forme de civilisation. Ces prises de position se situent en fin de compte en un assez exact parallélisme avec les postulats soutenus simultanément par les écrivains et les doctrinaires des *Temps modernes*. Pour ces derniers, les revendications des peuples coloniaux se trouvaient confondues avec la cause de la Révolution mondiale. C'est en fonction d'une menace révolutionnaire globale que, de l'autre côté de la barricade, certains entendent essentiellement justifier leur volonté de résistance. Le rapprochement est assez curieux pour mériter, semble-t-il, d'être souligné.

PRINCIPES DE SOLIDARITÉ ET « REVIVAL » NATIONALISTE

Rappel des droits historiques de la nation française sur les terres sur lesquelles s'étend la protection de son pavillon. Rappel des impératifs fondamentaux de la lutte anticommuniste et de la défense de l'Occident. Il faut ajouter encore, sur un tout autre plan, celui de la morale et celui de la solidarité, l'évocation des obligations majeures qui sont celles du colonisateur à l'égard des populations qu'il a entendu placer sous sa tutelle, mais dont il doit désormais porter la charge et assumer la responsabilité. Le fait colonial doit être considéré, par la puissance dominante, comme un échange de droits et de devoirs : devoirs de protection, devoirs d'éducation et devoirs de promotion. Telle était la conception qui avait fini par s'imposer, dans la période de l'entre-deux-guerres, comme une sorte de charte morale acceptée par tous. Or, n'est-ce pas trahir cette charte, trahir ces devoirs, répudier les engagements contractés, que de se résigner à l'abandon, que d'opérer une retraite prématurée ? N'est-ce pas refuser à ceux à qui on l'avait promis la possibilité d'un avenir meilleur ?...

La meilleure expression de ce thème, il faut sans doute la chercher dans les deux ouvrages consacrés par Jacques Soustelle à l'Algérie, *Aimée et souffrante Algérie*, où l'auteur dresse le bilan de son action à la tête du gouvernement général de l'Algérie en 1955, et surtout *Le drame algérien et la décadence française*, publié en 1957 et qui est une réponse aux premières prises de position de Raymond Aron sur le problème algérien [4]. Raymond Aron s'était essentiellement placé dans les perspectives du réalisme politique et du pragmatisme économique. Jacques Soustelle réplique en évoquant les obligations moralement impératives qui sont celles de la communauté française à l'égard des populations algériennes. Abandonner l'Algérie au F.L.N., ce serait livrer ces populations au despotisme et à la terreur. Ce serait aussi les livrer à la régression et à la misère.

« La France, écrit-il, représente pour l'Algérie la différence entre la vie et la mort [...]. Je pense à la honte insoutenable que signifierait pour notre pays l'abandon des musulmans d'Algérie parce qu'ils nous coûtent cher. Ils auraient pour le coup le droit de nous haïr et de nous mépriser. »

En établissant sa souveraineté sur la terre d'Algérie, la France a explicitement contracté d'irrémédiables engagements. Elle ne saurait s'en délier sous le seul prétexte qu'ils entraînent à trop d'efforts et à trop de sacrifices.

« Qu'on ne s'y méprenne pas, écrit encore Jacques Soustelle, ce qui se passe en Algérie nous engage tous et engage la France pour cent ans. Quelle illusion que d'imaginer qu'il suffirait de renoncer, de commettre cette mauvaise action que serait le retrait de la France pour nous débarrasser de l'Algérie.

On ne se débarrasse pas à la sauvette d'une province

qui fut française avant Nice et la Savoie, et dont tant de fils sont tombés pour défendre la métropole et même pour la libérer.

Quand un Français d'Algérie s'appelle Pierre ou Jacques, il a droit à notre affection parce qu'il est et qu'il a toujours été l'un de nous.

Quand un Français d'Algérie s'appelle Antonio ou José, il a deux fois droit à notre affection, parce qu'il a choisi ou que ses parents ont choisi d'être parmi nous.

Quand un Français d'Algérie s'appelle Rachid ou Belkacem, il a trois fois droit à notre affection parce que c'est nous, nos pères, notre pays qui l'avons entraîné sur un chemin difficile et dangereux et que nous avons le devoir de le conduire jusqu'au terme avec nous, dans le respect et dans l'égalité [...].

Or au bout du compte c'est bien d'eux qu'il s'agit, de ces hommes et de ces femmes qui peuplent ce vaste pays et dont nous sommes responsables. De cette responsabilité, nul ne saurait nous délier [...].

Nous avons à les sauver de la terreur, puis à bâtir avec eux une maison nouvelle où ils puissent vivre mieux qu'hier [5]. »

Les préoccupations essentielles relèvent donc ici d'une certaine éthique de la solidarité humaine. C'est l'intérêt des populations locales, intérêt moral aussi bien que matériel, qui se trouve prioritairement invoqué. Les rejeter hors de la France, c'est les rejeter hors du progrès ; c'est accepter de voir se fermer pour elles le dispensaire et l'école ; c'est les exposer aux menaces de la faim et au retour des vieilles anarchies ; c'est leur refuser les chances les plus sûres d'accéder à la justice et à la dignité personnelle. Les garder dans la communauté nationale, c'est assurer les conditions de leur développement, de leur évolution vers une vie plus heureuse et plus libre. Et l'apologue revient, souvent cité, du vieux Kabyle abandonné au milieu du gué :

« Vous nous avez entraînés malgré nous, déclare le vieux Kabyle à son interlocuteur métropolitain, très loin de la rive où nous étions traditionnellement installés. Mais vous ne nous avez pas encore fait parvenir à l'autre rive, celle du monde et de la civilisation modernes. Allez-vous nous laisser au milieu du gué ? En avez-vous le droit ? »

Le passé colonial impose, en d'autres termes, à la conscience métropolitaine des devoirs devant lesquels celle-ci ne saurait se dérober. Les imperfections de l'œuvre entreprise, les erreurs même qui l'ont entachée, commandent de la mener définitivement à bien. L'abandonner dans les circonstances les plus tragiques et alors qu'elle reste inachevée, ce serait trahir les valeurs fondamentales dont nous nous réclamons, ce serait commettre un « impardonnable attentat » à l'égard de l'esprit de progrès et de liberté auquel la civilisation occidentale entend rester fidèle.

Et ce serait aussi pour l'ensemble de la collectivité nationale donner le témoignage définitif de son renoncement et de son abdication.

« Notre peuple, écrit Georges Bidault le 20 mars 1957, est fatigué des humiliations... Notre pays cherche le moyen de se retrouver, de préserver son patrimoine de fierté, de continuer à apporter à un monde ravagé d'égoïsme et d'hypocrisie, une leçon de libéralisme, d'honneur et de fraternité [6]. »

Formules particulièrement significatives dans la mesure où elles rattachent sans équivoque la défense de l'héritage moral de la France coloniale, le rappel de ses devoirs toujours présents et de ses charges non encore périmées, à ce profond mouvement de sursaut nationaliste qui semble emporter, dans les trois dernières années de la IVe République, une fraction de plus en plus considérable de l'opinion française. La défaite de Dien Bien Phu en mai 1954, suivie quelques mois plus tard de l'abandon des protectorats tunisien et marocain dans des circonstances assez peu flatteuses pour l'amour-propre collectif, constitue à cet égard une date capitale dans l'histoire idéologique de la

France contemporaine. Réveil de la conscience nationale, crispation de chauvinisme blessé, les qualificatifs importent peu en l'occurrence. Ce qui compte c'est qu'un certain nombre de thèmes — thème de l'humiliation, d'un juste orgueil meurtri, d'un patrimoine qui se défait, d'une grandeur qui se délite — vont se trouver de plus en plus fréquemment développés dans la presse, dans la littérature politique, à la tribune même du parlement. Ce qui compte aussi, c'est que ces thèmes vont apparemment éveiller des échos de plus en plus profonds, susciter des déterminations de plus en plus nombreuses.

Sans doute l'expression la plus systématique de ces thèmes, la plus constante, la plus véhémente, demeure-t-elle le fait de certains milieux politiques : les milieux de ce qu'il est convenu d'appeler « l'extrême-droite », il vaut mieux dire la droite nationaliste et antiparlementaire. Mais il reste précisément significatif que ce courant idéologique connaisse alors une très évidente résurgence : des journaux, des revues apparaissent qui tendent avec plus ou moins de bonheur de reprendre ou de rénover les principes du vieil héritage maurrassien ; de jeunes écrivains, Jacques Laurent, Roger Nimier, Michel Déon, qui quelques années auparavant faisaient profession de refus ironique ou désinvolte à l'égard de toute forme d'engagement politique, retrouvent les chemins d'une opposition qui veut se définir comme essentiellement « nationale » ; divers, complexe mais multiple, allant de petits groupements fascisants aux réseaux « gaullistes » et aux mouvements d'anciens combattants, un certain type d'activisme fait sa réapparition qui reprend la vieille tradition de l'agitation de rues, de la violence ou de la conspiration... Il reste surtout significatif que le *revival* nationaliste des dernières années de la IVe République dépasse très largement les limites, toujours relativement restreintes, d'une certaine famille politique. C'est en s'appuyant sur lui, en le transposant au plan de la démagogie populaire, que le « poujadisme », à l'origine simple mouvement de revendication professionnelle, va connaître un moment, à l'échelle nationale, un indiscutable succès. De ce *revival* nationaliste, on retrouve même assez paradoxalement les échos en 1954 dans l'expression de l'idéologie « mendésiste », comme on retrouve aussi sa pression dans la politique pratiquée par le gouvernement Guy Mollet en 1956. En fait, la poussée semble venir du plus profond de la conscience collective ; elle se fait sentir aussi bien chez les socialistes que chez les radicaux ou que dans les milieux de la droite modérée. Rapprochant des hommes que tout dans leur passé semblait opposer, faisant craquer les cadres habituels des doctrines et des partis, elle finit par constituer un formidable butoir — et c'est sur ce butoir que vont longtemps et très fermement s'appuyer (pratiquement jusqu'à ce que le gaullisme au pouvoir détourne, chez la plupart, vers d'autres directions les élans essentiels de ce néo-nationalisme français) les tenants de la « résistance à l'abandon ».

Il faut lire sans doute, comme l'un des meilleurs et des plus sûrs témoignages de cet état d'esprit, le livre du romancier Jean Dutourd, intitulé *Les taxis de la Marne* publié à la fin de l'année 1956 [7]. Elevé dans la tradition républicaine, sympathisant du parti communiste au lendemain de la Libération, l'auteur ne renie nullement son passé et ses fidélités de « gauche ». Mais il a découvert, en 1940, dans la défaite, puis à travers la période de l'occupation, le visage d'une Patrie bafouée et humiliée, et c'est au nom de cette Patrie toujours déchue, toujours souffrante qu'il entend élever un cri qui veut être à la fois de ferveur et de protestation. Le livre tout entier s'articule autour du thème de la grandeur perdue, de l'évocation nostalgique d'un passé d'honneur, de plénitude et de gloire, opposé à un présent de médiocrité et de renoncement.

« Hélas ! je n'ai pas connu les triomphes de la France, écrit Jean Dutourd. Je ne suis arrivé à l'âge d'homme que pour voir la patrie détruite et déshonorée, objet de dédain et de dérision, paillasse du nouveau monde. J'en suis réduit avec mes pareils à regarder notre dernière victoire vieille de trente-huit ans qui s'éteint dans le passé comme une comète très ancienne dans le ciel. » « Autrefois, poursuit-il encore, la France criait à ses gouvernements « étonne-moi », aujourd'hui elle leur murmure « fous-moi la paix ». Formule à double sens, pas de guerres au-dehors, pas d'histoires au-dedans, elle se recroqueville dans son coin d'Europe comme ses sœurs, comme l'Angleterre, l'Espagne, l'Italie ; il est étrange vraiment qu'aucune Russie, qu'aucune Amérique n'ait encore posé la main sur ces spectres. » Et le livre de Jean Dutourd se termine sur ces lignes : « A dix-neuf ans, j'étais encore un citoyen de la République des Droits de l'Homme et du Citoyen, de la guerrière, de la pacificatrice, de la colonisatrice. A vingt et un ans je me retrouvais sujet du roi de Bourges. J'avais dégringolé de six cents ans. Dix ou quinze ans de réflexion là-dessus... et je m'aperçus que mon cœur avait changé du tout au tout. C'est le cœur d'un sujet du roi de Bourges précisément, saignant de mille plaies, appelant de tous ses vœux un peu de naïveté et un peu de gloire, haïssant de toutes ses forces l'anarchie frivole de son pays et de son temps. De cette haine est sorti ce livre. »

« La France est-elle une cause perdue ? » interroge Jean Dutourd. Mais dans son mouvement profond, l'anxiété dont son livre porte témoignage n'est pas de nature différente de celle qu'expriment simultanément bien d'autres voix, se réclamant d'une tout autre tradition idéologique. Tel cet article de la *Nation française*, hebdomadaire d'inspiration néo-maurrassienne, publié en avril 1957 et intitulé « Enfants humiliés, enfants enragés » :

« Parce qu'il est vieux de plus de huit siècles, écrit le collaborateur de la *Nation française*, parce qu'il est lié à un passé lourd de grandeur, d'héroïsme ou de sainteté, l'orgueil français serait-il le seul à ne pas avoir le droit de souffrir, le seul à ne pas avoir le droit de dire sa souffrance ? [...] Nous avons été les piètres vaincus d'une défaite sans gloire, puis les héros vite déconfits d'une fausse victoire masquée de mensongère jactance. Nous voyons aujourd'hui nos drapeaux envoyés aux musées ; nous voyons les hommes de notre race et de notre sang quitter sans esprit de retour les terres qu'ils ont fécondées pour aller se perdre dans d'autres races et dans d'autres sangs. Un pavillon que l'on baisse ; la morne promenade d'un général vaincu devant des tombes que l'on abandonne, telles sont les images d'Epinal offertes à notre maturité [...] » Et pour conclure, cet avertissement lourd de menaces implicites : « Que l'on prenne garde cependant aux réflexes inattendus de la fierté bafouée. Ce ne sont ni la misère, ni la faim qui ont fait lever Spartacus. On sait combien d'absurdes vexations infligées à de justes amours-propres, ont aidé et préparé la révolte des peuples coloniaux. Le sentiment de notre honneur brisé, la nostalgie d'une grandeur perdue risquent de se muer tôt ou tard, avec nous ou après nous, en explosions d'insolite audace. Plus profondément, plus cruellement encore que l'a dit Bernanos, nous avons été des enfants humiliés ; le temps n'est peut-être plus très loin des enfants enragés [8]. »

Pour peu qu'il soit attentif à un certain ton, à certaines vibrations, l'historien ne pourra manquer de souligner l'importance, à travers ces témoignages, de la référence à la défaite de 1940. Jean Dutourd et le collaborateur de la *Nation française* appartiennent à la même génération : ils ont eu sous les yeux, aux environs de leur vingtième année, le même et accablant spectacle d'une armée qui s'effondre, d'une nation qui se dérobe, d'un peuple qui se rend. Quinze ans plus tard, ils ont — et ils le disent — la conviction d'assister à une même tragédie, de voir se poursuivre ou recommencer le même drame. Le grand mouvement de retraite coloniale est tout naturellement et très sincèrement assimilé par eux à une nouvelle capitulation, à une nouvelle défaillance du courage et de la volonté. Il est imputé aux mêmes causes, il est ressenti de la même façon. Homme « de gauche » ou homme « de droite », leur patriotisme s'est développé dans un même climat d'angoisse ; il reste dominé par lui, hanté par l'idée de la déchéance. Il ne s'agit plus ici de l'affirmation d'un nationalisme triomphant, sûr de lui, de ses forces, d'une grandeur inébranlablement assise. Il s'agit bien au contraire de l'expression d'un nationalisme d'anxiété, de rétraction et de doute. Le phénomène n'est pas nouveau dans l'histoire morale de la France contemporaine et il n'est pas interdit de le rapprocher de certaines des grandes « fièvres » nationales, pour reprendre les thèmes du vocabulaire barrésien, de la fin du siècle précédent.

Ma jeunesse a souffert d'un mal que rien n'apaise
Le partage du sol, la défaite au combat...

avait chanté Déroulède. Dans ce qu'elle a de plus profond, la défense de la souveraineté française face à la décolonisation relève peut-être d'un même type de réaction. « Tout Français de bonne race devrait sentir la brûlure du fer rouge et le remords des trahisons », lance Georges Bidault, dans un éditorial de l'hebdomadaire *Carrefour*, à propos des événements d'Afrique du Nord. Le ton même de la formule demeure significatif, comme est significative la personnalité de son auteur : nul doute que pour l'ancien président du Conseil National de la Résistance il ne s'agisse, en s'engageant farouchement dans la lutte pour la défense du vieil héritage de la France d'Outre-Mer, de rester fidèle aux déterminations majeures de la période de la seconde guerre mondiale. Tous ceux qui l'accompagneront ou le rejoindront dans son engagement, ne se réfèrent certes pas au même passé et aux mêmes fidélités. De toute évidence cependant, les mots d'ordre communs qui ont été les leurs, n'auraient pas trouvé la même résonance s'ils n'avaient correspondu à un profond ébranlement de la sensibilité nationale.

La cristallisation algérienne

Ainsi, à l'arrière-plan du mouvement de résistance à l'abandon colonial, l'écrasant souvenir de la défaite de 1940 reste-t-il tragiquement présent. La libération du territoire, le fait de se retrouver finalement dans le camp des vainqueurs n'ont pas suffi à effacer une tonalité dominante d'humiliation et d'angoisse. Tout se passe comme si la conscience collective avait conservé, au plus profond d'elle-même, la mémoire infiniment douloureuse d'une certaine amertume non encore éteinte, d'une certaine blessure non encore cicatrisée, d'une certaine honte non encore abolie... Réactions affectives rarement explicitées, mais toujours présentes, sursauts mêlés d'anxiété et de fierté blessée auxquels, pendant huit longues années, de 1954 à 1962, l'Algérie et le problème algérien vont servir de catalyseur, de point extrême de cristallisation [9].

En fait l'ampleur et la violence des passions provoquées par la tragédie algérienne ne peuvent manquer d'être comprises en fonction de la place particulière occupée par l'Algérie dans l'ensemble impérial français et du caractère spécifique des liens qui l'unissaient à la métropole. Statut juridique d'abord : un ensemble de départements, sans doute dotés d'un statut administratif autonome, mais faisant constitutionnellement partie intégrante du territoire de la République française au même titre que n'importe quels autres départements. Présence ensuite d'une population d'origine européenne de près d'un million d'hommes, fortement enracinée au sol et parfois depuis plusieurs générations, mais bénéficiant d'autre part de tous les attributs de la citoyenneté française. Importance enfin des attaches de tous ordres, morales, affectives et matérielles, établies à travers la Méditerranée entre les départements algériens et les départements métropolitains : ancienneté de l'implantation française, place tenue dans le légendaire national, épreuves partagées en commun d'un long passé militaire, rôle de refuge et de plate-forme joué durant la seconde guerre mondiale, densité du réseau des échanges économiques et des échanges entre les hommes, relative familiarité, entretenue dès l'école, avec les sites, les paysages, les noms de lieu, etc. Autant de facteurs (auxquels il convient d'ajouter l'aspect particulièrement peu rassurant présenté par le nationalisme algérien au regard des critères habituels de l'idéologie libérale) qui faisaient du cas algérien un cas limite, et particulièrement complexe, de décolonisation. Autant de facteurs aussi qui expliquent que tous les thèmes de défense et de légitimation du maintien de « la présence française », et notamment les deux thèmes essentiels de la souveraineté et de la solidarité, aient trouvé à propos de l'Algérie leur terrain privilégié d'application.

Bien plus que tous les autres combats engagés au nom de la défense du vieil héritage impérial, la lutte pour « l'Algérie française » s'est donc nourrie de la conviction singulièrement tenace que, de son issue, dépendait l'avenir, le destin même de la communauté nationale. L'enjeu est décisif puisqu'il s'agit, pour la nation française, de sa survie en tant que grande puissance ou de son irrémédiable déchéance.

« Le drame, écrit Jacques Soustelle, n'est pas seulement celui de l'Algérie, c'est celui de la décadence. C'est la question, le défi comme dirait Toynbee, qui nous est posée à tous et à chacun : acceptez-vous la décadence de la France ? » « Abandonner l'Algérie, écrit-il encore, c'est condamner la France à la décadence ; sauver l'Algérie c'est donner le coup d'arrêt à l'affreux processus de dégradation, c'est rendre à notre pays, à son peuple, à sa jeunesse, leurs chances et leurs espoirs. »

Se dérober devant le défi, céder devant l'épreuve, c'est, pour la France, accepter l'enlisement dans l'impuissance, à long terme même la dépossession d'elle-même, l'engagement dans l'inexorable engrenage qui la condamnera à disparaître, « noyée dans une petite Europe sous tutelle américaine. » Et c'est en même temps répudier les responsabilités morales qu'elle a pour vocation d'assumer, trahir ses devoirs à l'égard de tout un ordre de civilisation. « Ce qui est en danger, déclare de son côté Georges Bidault, ce n'est pas seulement l'œuvre de la France, l'ordre qu'elle a institué, le progrès social qu'elle a apporté et qui, tout imparfait qu'il soit, disparaîtrait avec elle ; c'est toute une civilisation digne de ce nom, tout espoir de voir s'établir la liberté individuelle, la dignité de la femme, la loi égale pour tous ». Vieux thème inséparable de toutes les traditions et de toutes les expressions du nationalisme français : là où recule la France, régressent aussi les droits les plus sacrés de la personne humaine. La déchéance de la France ne concerne pas seulement son peuple. Elle signifierait aussi, pour d'innombrables hommes, un dramatique effondrement des valeurs universelles de liberté, de justice et de progrès.

Il convient par ailleurs d'indiquer et de souligner que, contrairement à ce qui a pu se passer dans d'autres cas et dans d'autres circonstances, la poursuite même de la lutte menée par l'Etat français contre la rébellion nationaliste n'a pas été sans créer de nouveaux liens, et parfois singulièrement puissants, entre la métropole et ses « prolongements » d'Outre-Méditerranée. La guerre d'Algérie a constitué un exemple particulièrement significatif de « guerre dans la foule », c'est-à-dire d'une lutte dont l'enjeu ne réside plus essentiellement dans la conquête du terrain, mais dans celle, politique, psychologique et morale, de masses humaines qu'il s'agit, pour chacun des camps en présence, de contrôler, de gagner à sa cause et de mobiliser à son profit. La guerre d'Algérie a très largement pris, d'autre part, le caractère d'une guerre civile, une fraction relativement importante de la population musulmane se refusant à suivre le F.L.N. et continuant à affirmer sa volonté d'allégeance au principe de la souveraineté française. C'est donc sur la population elle-même qu'a tout naturellement porté l'effort principal de l'action de « pacification » confiée à l'armée : il s'est agi de confirmer dans leur fidélité les éléments pro-français et de les engager activement dans la lutte ; il s'est agi aussi de rallier les adversaires et de faire « basculer » dans un certain sens la masse des hésitants. Pour atteindre ces objectifs, l'un des principaux arguments utilisés fut l'assurance, solennellement affirmée et prodiguée durant de nombreuses années à tous les échelons de la hiérarchie civile et militaire, de la volonté inébranlable de la France de poursuivre et de gagner le combat, de maintenir sur le sol algérien et l'autorité de sa souveraineté et la présence de son drapeau. Mais dans la mesure où ces assurances étaient données, dans la mesure surtout où elles étaient suivies d'actes d'engagement positif de la part de certains éléments de la population musulmane [10], de nouvelles attaches étaient nouées que le prolongement même de la guerre tendait de plus en plus à resserrer. Née de l'aventure vécue et du risque affronté en commun, c'est une nouvelle forme de fraternité d'armes qui se développe. Ce sont aussi de nouvelles responsabilités qui se trouvent créées. Ces hommes qui ont cru en des serments prononcés au nom de la France, peut-on les abandonner aux représailles de l'adversaire ? A-t-on le droit de les repousser devant le seuil qu'on les avait, et de façon si pressante, invités à franchir ? Plus généralement n'est-ce pas trahir les principes les plus élémentaires de la solidarité collective que de rejeter hors de la communauté nationale des citoyens membres de cette communauté et qui entendent le rester ?

Questions d'autant plus graves qu'en même temps qu'elles se posent c'est, pour l'Algérie, un statut nouveau à l'intérieur d'une collectivité nationale élargie que les contraintes de la lutte amènent parallèlement à définir. Très tôt en effet est apparue, au regard du pouvoir et surtout de ses représentants locaux, la conviction que, même lorsqu'elle pouvait sembler acquise, la certitude du maintien de la souveraineté française ne constituait pas un barrage d'une suffisante efficacité pour résister à la puissance mystique que proposait et véhiculait avec elle la rébellion nationaliste. Il s'agissait bien plus profondément d'opposer une autre foi à la foi qui animait les rebelles, une autre vision d'avenir à la vision d'avenir dont ils se faisaient les interprètes. Ces masses musulmanes, en grande partie « clochardisées », de plus en plus dominées par un sentiment d'aliénation et de frustration, avides d'espoir, travaillées par de puissants levains révolutionnaires, était-il possible de gagner leurs cœurs, de mobiliser en faveur de la cause française leurs énergies et leurs enthousiasmes sans leur apporter l'espérance concrète d'une vie meilleure et plus digne ? En fin de compte ce qui va, de façon plus ou moins explicite, se trouver proposé aux foules algériennes, c'est l'assurance de profondes réformes, bouleversant les structures établies et visant à détruire les inégalités traditionnelles. C'est, affirme-t-on, une autre Algérie où tous les citoyens bénéficieront de droits identiques et de chances semblables, qui doit naître de l'épreuve. Les Algériens de demain seront, affirme-t-on encore, quelle que soit leur communauté d'origine, des « Français à part entière ».

Vaste programme que va résumer la formule de « l'Algérie française » et que beaucoup traduiront par un mot : « l'intégration ». Sans doute serait-il erroné de penser que, pour ceux qui les utilisèrent, la formule et le mot se sont toujours trouvés chargés d'une signification institutionnelle extrêmement précise. Une assez large diversité d'opinion n'a, en réalité, jamais cessé d'exister, dans les milieux mêmes qui s'en sont réclamés, sur la nature des nouveaux liens juridiques et administratifs destinés à unir les départements algériens aux départements métropolitains, les uns se montrant partisans d'une politique d'assimilation rapide, les autres de la reconnaissance d'une certaine « personnalité » algérienne dotée de structures originales et d'institutions particulières. En fait les formules de « l'Algérie française » et de « l'intégration » semblent avoir essentiellement correspondu à la synthèse de ces trois éléments majeurs, considérés comme les impératifs fondamentaux de toute politique algérienne : maintien de la souveraineté française, promotion des musulmans à la pleine égalité civique, effort de progrès économique et social.

« L'intégration, écrit la revue militaire *Contacts*, c'est la reconnaissance de l'égalité des droits de tous les citoyens d'Algérie entre eux et leurs frères métropolitains, c'est la mise en commun de toutes les ressources matérielles de l'Algérie et de la métropole [11]. »

Comprise dans ce sens, l' « intégration » a constitué, pour beaucoup, l'idée-force, le « mythe » que l'on entendait proposer aux rêves des foules algériennes et opposer à la mystique de l'indépendance. Il reste toutefois indiscutable que l'énoncé de ces principes a représenté bien plus qu'un simple calcul ou qu'une élémentaire manœuvre de propagande. Ce qu'ils impliquaient, en effet, c'était la définition de toute une politique et, par-delà cette politique, celle d'une promesse et d'un engagement : l'abrogation complète du régime semi-colonial qui était celui de l'Algérie jusqu'en 1954, l'édification d'une Algérie authentiquement nouvelle, plus humaine, plus fraternelle et plus juste.

Dans ces perspectives la lutte pour « l'Algérie française » n'apparaît plus sous le seul aspect d'un combat défensif. Elle s'affirme novatrice et créatrice, tournée vers un avenir à construire bien plus encore que vers un passé à sauvegarder. Il ne s'agit pas seulement de vaincre la rébellion nationaliste et de maintenir les départements algériens dans le cadre de la souveraineté nationale. Il s'agit en même temps d'entreprendre sur la terre algérienne une grande œuvre de rénovation et de transformation, à la fois économique, sociale et morale, susceptible de mobiliser à son profit l'ensemble des énergies nationales. L'Algérie est ainsi présentée comme devant constituer, pour une France en voie de renouvellement, un passionnant terrain d'expérience, un immense chantier, une sorte de « nouvelle frontière ». Elle doit l'entraîner vers de nouvelles tâches, précipiter ses nécessaires mutations intérieures, lui apporter un surcroît de vie et d'espoir.

« Ce n'était pas, sur la terre d'Algérie, de conserver qu'il s'agissait d'abord, écrira après la conclusion des accords d'Evian un défenseur de la cause de l'Algérie française, mais bien davantage d'offrir, de donner et de créer. Les droits d'une citoyenneté française à défendre et à étendre ne sauraient, à cet égard, en aucun cas être confondus avec les privilèges, d'un ordre traditionnel à maintenir. Bien plus qu'un enclos à préserver, qu'un patrimoine à sauvegarder, l'Algérie représentait pour la France un immense chantier à ouvrir, un nouveau champ d'action offert à la générosité, à l'énergie et à l'ambition créatrice de plusieurs générations. Et ce n'était pas, après tout, un rêve médiocre que ce grand défi lancé à la misère, que cette vaste aventure collective qui, de la mer du Nord aux frontières du Hoggar, prétendait jeter les fondements d'une fraternité nouvelle. Notre peuple échappait enfin à l'étroit repliement sur lui-même, sur ses vieilles querelles moisies, sur ses égoïsmes tenaces de petit bourgeois étriqué. Nous avions trouvé notre Ouest. L'heure des pionniers avait de nouveau sonné. Au-delà de la Méditerranée, une société nouvelle était à construire, débarrassée de la misère, délivrée de la violence et de la peur [12]. »

Ainsi voit-on s'exprimer le thème d'une nécessaire « révolution algérienne », qui doit et ne peut se faire que par la France et dans la France, mais qui doit aussi aboutir à l'édification Outre-Méditerranée d'une société neuve et constituer, pour la métropole, la promesse d'une grande entreprise collective à la mesure de notre temps. Ainsi voit-on parallèlement se développer dans certains milieux, aux environs de 1958, ce qu'il faut bien appeler tout un romantisme algérien. Sans doute ce romantisme de défi et de combat, de mutation à la fois guerrière et créatrice, est-il loin d'avoir été ressenti chez tous ceux qui se sont réclamés du mot d'ordre de l' « Algérie française ». On ne saurait nier cependant qu'il ait suscité de très puissantes ferveurs, animé de très ardents dévouements militants. On ne saurait s'étonner, d'autre part, que ces dévouements et ces ferveurs aient été le plus souvent inspirés par le contact direct de la réalité algérienne, soient nés d'un attachement presque physique à l'égard d'une terre âpre et violente, mais singulièrement prenante. Le caractère intensément tragique de la guerre qui s'y est livrée a provoqué chez certains une réaction d'horreur et de refus. Il a marqué en sens inverse d'autres sensibilités qui y ont trouvé, en une communion indissociable, et la joie d'agir, de bâtir et de créer et le frémissement d'une aventure de sang risqué et versé.

Deux ouvrages, et d'autant plus caractéristiques qu'ils ont tous deux été écrits par de jeunes officiers de réserve après leur retour d'Algérie, illustrent clairement cet état d'esprit : *Nous avons pacifié Tazalt* de Jean-Yves Alquier et *Au lieutenant des Taglaïts* de Philippe Héduy [13]. La lutte difficile, presque le combat individuel, avec les hommes de la rébellion, le décor désolé des montagnes et des ravins, la fraternité d'armes avec les musulmans engagés à nos côtés, l'effort de ralliement des populations, les villages dévastés que l'on reconstruit, les écoles que l'on ouvre, cete guerre déconcertante qui se livre les armes à la main mais aussi dans les esprits et dans les cœurs, tout cela est évoqué avec une particulière intensité de passion : « un territoire immense à la mesure de notre gigantesque mouvement d'âmes », ainsi Philippe Héduy évoque-t-il l'Algérie. Terme ultime d'une certaine forme d'engagement lyrique : à la fidélité affirmée à l'égard d'une Algérie misérable, souffrante et combattante va se trouver opposé le mépris inspiré par une France métropolitaine enlisée dans « le confort et le renoncement ». Les drames grandioses des djebels opposés à la sécurité petite bourgeoise de « la France des week-ends, de l'automobile et du frigidaire », l'intensité de vie d'une Algérie déchirée mais fiévreuse mise en parallèle avec la médiocrité d'un hexagone dominé par les seuls impératifs de la consommation, l'antithèse prendra au regard de certains une valeur de symbole [14].

« Lieutenants morts en décembre, capitaines de juillet, officiers égrenés au long des mois, pourquoi aviez-vous combattu, pour qui ? interroge encore Philippe Héduy. Qu'étiez-vous venus défendre dans ces montagnes ignorées ? Quelle course vaine commencée dans les rizières du delta tonkinois se poursuivait dans les douars du Constantinois ? Nous étions quelques-uns encore vivants et qu'une peur panique poussait maintenant, un tremblement majeur : nos amis tués seraient-ils morts inutilement, au nom d'une France inutile et moribonde ? »

On ne peut négliger de tels accents. Ce sont eux qui expliquent, en métropole même, le caractère irréductible de certains engagements dans les dernières phases du drame, alors qu'abandonnée par le pouvoir, devenue suspecte aux yeux de la majorité de l'opinion, la cause de l'Algérie française ne pouvait plus inspirer que les derniers sursauts du défi et de la révolte. Pour bon nombre de jeunes hommes, l'Algérie avait fini par incarner, selon une formule de Jacques Soustelle, « l'énergie, la jeunesse, la souffrance et l'espoir ». Autour d'elle s'était développée, et par opposition peut-être à l'évolution même de la société française contemporaine, une étonnante puissance de rêve. Rêve d'action créatrice en même temps que de refus des normes de la France bourgeoise, rêve d'aventure collective en même temps que de fuite à l'égard d'une certaine époque et d'une certaine société, ce rêve n'était sans doute pas infidèle, dans son mouvement le plus profond et dans ses contradictions mêmes, à celui qui avait entraîné, à la fin du siècle précédent, la poignée de conquérants de la France d'Outre-Mer. Pour ceux qu'a hanté le rêve algérien, la tragédie est venue sans doute de ce qu'ils n'étaient plus portés par la même vague de l'histoire.

Conservateurs et réformistes

Que les formes mêmes prises par la décolonisation aient paradoxalement fait naître, autour de la vieille idée de la France d'Outre-Mer, de nouveaux mythes, de nouvelles images et de nouvelles espérances, le fait n'est pas sans signification dans l'histoire morale de la France contemporaine. Au-delà de l'expression de ces mythes, au-delà de l'affirmation de ces espérances, l'analyse se doit pourtant de très nettement distinguer, coexistant dans le système général de défense de la souveraineté française, deux types d'attitude, deux modèles de comportement. (Etant évidemment entendu qu'il ne s'agit en l'occurrence que de deux pôles extrêmes entre lesquels une étude plus précise conduirait à multiplier les nuances intermédiaires.) La première attitude peut être définie comme strictement conservatrice : c'est celle qui domine jusqu'à une certaine date dans les assemblées parlementaires de la IVe République et qui s'attache essentiellement au maintien du *statu quo*, à la défense de l'ordre établi et des institutions existantes, qui vise à interdire ou à freiner toute mutation, toute réforme, toute évolution. La seconde attitude, très délibérément réformiste et qui finira par déboucher sur la doctrine de « l'intégration algérienne », accepte la remise en cause des institutions établies, déclare se soumettre à la loi inéluctable de l'évolution des peuples coloniaux et s'efforce de définir, dans certaines formes et sous certaines conditions, les fondements d'un ordre nouveau plus conforme aux principes de la justice et de l'équité.

Difficulté supplémentaire : à bien des points de vue, les prises de position liées à cette seconde attitude rejoignent et recoupent les préoccupations des partisans d'une certaine politique de « mouvement », situés cependant de l'autre côté de la barricade, mais qui demeurent essentiellement soucieux de préserver sous des formes nouvelles le maintien de la présence française Outre-Mer. Envisagé rétrospectivement, le débat (mais y a-t-il eu véritablement débat ? N'y a-t-il pas eu seulement échange d'affirmations contradictoires ?) semble dans ces conditions beaucoup moins porter sur les principes mêmes que sur les modalités de leur application. Il porte sur l'urgence des réformes à promouvoir. Il porte sur leur importance et sur leur nature. Il porte surtout sur l'attitude à adopter face aux mouvements revendicatifs indigènes, c'est-à-dire pratiquement sur l'interprétation qu'il convient de donner à ceux-ci. Les hommes qui en ont pris la tête peuvent-ils ou non prétendre à la qualité « d'interlocuteurs valables » ? Sont-ils, en d'autres termes, représentatifs d'aspirations profondes ou n'incarnent-ils que le fanatisme d'une minorité extrémiste sans appuis dans la masse ? Sont-ils capables d'assumer la gestion des peuples dont ils se disent les porte-parole ? Doivent-ils être considérés comme des adversaires définitifs et irréductibles de la France et de la présence française ?... Les réponses apportées à ces questions conduisent en fait à deux politiques opposées : politique de « négociation » réclamée par les uns, politique de refus, de résistance et de lutte préconisée par les autres. Entre certains « libéraux » et certains de leurs adversaires, il ne reste pas moins vrai que, du moins sur le plan des principes, le fossé a été souvent beaucoup moins profond que ne semble l'indiquer l'exaspération des polémiques. Il faut bien reconnaître notamment qu'entre certaines conceptions de « l'Algérie française » et certaines conceptions d'une « Algérie algérienne » « étroitement liée à la France », la ligne de démarcation doctrinale reste parfois singulièrement difficile à tracer, puisqu'il s'agit dans l'un et l'autre cas de répondre à un double impératif semblablement reconnu et semblablement accepté : assurer le maintien de la présence française et promouvoir une réforme fondamentale du statut politique et juridique des populations algériennes.

... Mais il importe peu sans doute de s'attarder nostalgiquement sur les malentendus que ne manque jamais de comporter tout affrontement idéologique, à partir de l'instant où celui-ci se situe à un certain niveau de violence et de passion. Il importe en revanche de souligner la très réelle dualité des attitudes chez ceux que les communes nécessités du combat à mener n'ont pas tardé à mêler et à confondre. Il serait sans doute permis de reprendre à cet égard la distinction présentée par Joseph Folliet, lors du débat sur la décolonisation tenu en 1953, au *Cercle des Intellectuels catholiques* [15] : distinction entre le « colonialisme » et « l'esprit de colonisation ». Même si les termes en sont un peu forcés, nul doute qu'elle ne corresponde, chez les défenseurs des droits de la souveraineté française, à une authentique différenciation. Il y a, d'une part, ceux qui, par intérêt ou par refus idéologique de tout mouvement, entendent sauvegarder dans leur plus grande intégralité, les privilèges de l'ancienne domination. Il y a ceux, d'autre part, qui se veulent essentiellement fidèles à l'image d'une communauté française élargie à l'échelle du monde, mais se montrent en même temps disposés à accueillir ou même à accélérer une transformation décisive de l'ordre antérieurement instauré. Entre les uns et les autres, l'équivoque n'a pas toujours été clairement perçue : elle est cependant restée constante et n'a pu manquer de peser lourdement sur les formes, sur la poursuite, et sur l'issue de la lutte où ils se sont trouvés ensemble engagés.

CHAPITRE XIII

Familles de pensée et débat colonial

CES mots d'ordre contradictoires qui durant plus de dix années n'ont cessé d'entretenir le débat colonial et autour desquels tant d'hommes se sont déchirés, quels échos ont-ils suscités dans la masse de l'opinion, quelles résonances y ont-ils trouvées ? Comment les groupes organisés, les partis, les syndicats, les Eglises, les organismes représentatifs des grands intérêts économiques ou professionnels, ont-ils réagi à leur égard ? Les clivages qu'ils ont définis ont-ils correspondu aux clivages traditionnels de la vie politique française ? Dans quelle mesure s'inscrivent-ils dans le cadre de la vieille dialectique de la Droite et de la Gauche ? Les diverses familles de pensée, entre lesquelles l'histoire idéologique a pris l'habitude de partager les Français, se retrouvent-elles, intactes et cohérentes, dans chacun des camps en présence ?... Questions décisives, mais auxquelles il ne semble guère possible, du moins dans l'immédiat, de fournir des réponses réellement satisfaisantes. Si elles permettent de suivre dans leurs grandes lignes les oscillations de l'esprit public, les enquêtes d'opinion n'en restent pas moins très pauvres et déplorablement imprécises pour tout ce qui touche l'arrière-plan social et politique du débat. L'action des grandes forces collectives, le jeu des groupes de pression n'apparaissent la plupart du temps que de façon sporadique et confuse au regard de l'observateur. En ce qui concerne même les seuls partis politiques, les recherches manquent, pour beaucoup sinon pour le plus grand nombre d'entre eux, qui permettraient de marquer les étapes des évolutions, de jalonner les itinéraires, d'analyser les prises de décisions. Dans l'état présent de nos informations et de nos connaissances, quelques cas cependant peuvent être isolés qui ne laissent subsister qu'une marge relative d'approximation. Quelques problèmes surtout peuvent être posés dont les données apparaissent avec une certaine netteté et dont l'étude est susceptible d'éclairer quelques-uns des principaux aspects de l'histoire morale de la France contemporaine.

LE CÔTÉ DE L'ALGÉRIE FRANÇAISE

L'histoire de la défense de l'Algérie française n'a pas encore été écrite et, pour celui qui l'entreprendra, la tâche ne s'annonce pas très aisée. Il lui faudra d'abord tenir compte des périodes et des dates : de 1954 à 1962 les thèmes n'ont certes pas changé, mais l'audience qu'ils ont rencontrée s'est sensiblement modifiée ; si dans les premières années de la crise, ils apparaissent comme l'expression d'une orthodoxie quasi officielle, s'ils bénéficient de l'appui de la plus grande partie des organes d'information et se trouvent assurés d'une large résonance dans l'opinion, ils ne seront plus revendiqués dans la période finale que par un groupe relativement restreint de protestataires, suspects au regard du plus grand nombre, isolés par rapport aux tendances dominantes des milieux dirigeants. Il lui faudra d'autre part tenir compte de la pluralité et de la diversité des engagements militants, ceux-ci se répartissant globalement en trois centres principaux, trois foyers distincts d'influence : la population européenne d'Algérie, l'armée et une certaine fraction de l'opinion métropolitaine. En ce qui concerne la population européenne d'Algérie, bien que l'expression politique de son attitude ait sans doute été plus complexe que l'on n'a le plus souvent tendance à la représenter, l'interprétation apparaît comme relativement simple : collectivité ethnique progressivement installée en Algérie au cours du siècle dernier, écartelée entre sa fidélité à la citoyenneté française et sa fidélité à sa terre natale, menacée dans ses foyers, dans ses habitudes, dans ses traditions et dans ses modes de vie, il n'y a rien de surprenant que, dans sa quasi totalité, elle ait réagi devant cette menace avec toutes les nuances du refus, de la violence puis du désespoir. En ce qui concerne en revanche et l'armée et la fraction de l'opinion métropolitaine mobilisée autour du mot d'ordre de l'Algérie française, l'analyse devient infiniment plus difficile [1].

Il convient certes de le rappeler : tant par la diversité de ses origines que par celle de ses structures, le corps militaire français ne saurait en aucune façon être considéré comme constituant un groupe social d'une parfaite cohésion et d'une totale homogénéité. Entre les armes, entre les grades, entre les types de carrière et entre les familles d'esprit, les éléments de différenciation ont en fait toujours existé ; l'armée n'a jamais cessé, d'autre part, d'être parcourue de courants intellectuels divergents et souvent contradictoires. Face au problème algérien il est apparu cependant, du moins à une certaine époque, un accord suffisamment large autour de quelques points essentiels, une communauté suffisamment forte de réactions et de comportements pour qu'il soit possible de parler d'une « attitude » ou d'un « état d'esprit » de l'armée sans commettre de véritable abus de langage... Attitude, état d'esprit qu'explique d'abord le poids de l'histoire, celui des souvenirs, des traditions et des fidélités. Le rôle décisif joué par l'armée au XIXe siècle et au début du XXe siècle, dans l'édification de l'empire colonial français constitue à cet égard un fait essentiel et qui n'a pas été sans marquer durablement toute une mentalité collective. En ce qui concerne l'Afrique du Nord surtout, que des liens et combien puissants, pour unir l'armée à l'héritage du vieux passé impérial ! Et c'est, sans dépasser les limites chronologiques de l'histoire d'une génération, la légende de Lyautey, le rappel des grandes heures de l'épopée marocaine, réalités toujours vivantes entretenues dans les conversations des mess et les leçons des écoles militaires. C'est le rôle de refuge et de plate-forme joué par le Maghreb au cours de la seconde guerre mondiale. C'est encore l'aspect de « sanctuaire » conservé par les garnisons nord-africaines dans les premières années de l'après-guerre : le milieu militaire y jouissait d'une vie matérielle plus aisée, d'une considération qui resta longtemps intacte. Ce sont enfin les contacts innombrables que ce même milieu a toujours eus avec les populations musulmanes : un grand nombre d'officiers ont commandé dans les unités nord-africaines ou ont combattu à leurs côtés ; des liens profonds de camaraderie, d'estime, souvent d'affection se sont noués et n'ont cessé d'être entretenus. Autant de facteurs qui, dans ce que l'on peut appeler la géographie sentimentale de l'armée française, ont contribué à donner à l'Afrique du Nord une place privilégiée, aussi importante et peut-être même plus importante que celle qu'avaient longtemps tenue les marches de l'Est au cours de la période antérieure.

Attitude, état d'esprit du corps militaire qu'explique, d'autre part, un certain nombre d'événements de caractère conjoncturel, étroitement liés à toutes les incertitudes de l'histoire française de la décolonisation. Sentiments d'amertume et d'humiliation laissés par la défaite d'Indochine et qui s'expriment avec une particulière intensité parmi les jeunes cadres de l'armée, les plus durement éprouvés par les combats d'Extrême-Orient, les plus résolus aussi à ne pas se retrouver une fois encore dans le camp des vaincus. Large diffusion à l'intérieur du milieu militaire des doctrines de la guerre révolutionnaire qui tendent à présenter l'Algérie comme l'un des ultimes bastions de la défense du « monde libre » devant l'offensive du communisme mondial. Surtout engagement de plus en plus profond, pour ceux à qui se voit officiellement confier la tâche de la « pacification » algérienne, dans un engrenage de caractère quasi inexorable. Non seulement en effet les nécessités de la lutte contre la rébellion vont conduire à remettre aux autorités militaires des responsabilités de plus en plus importantes. Mais, bien davantage encore, c'est vers une œuvre très large de reconquête psychologique et morale de la population que l'action de l'armée va se trouver systématiquement orientée. Il en est résulté d'abord un processus de militarisation de l'Algérie, l'armée tendant à assumer une large part des tâches administratives autrefois dévolues à l'autorité civile. Il en est résulté ensuite la multiplication des contrats passés, à tous les niveaux de la hiérarchie, avec les éléments de la population musulmane dont il s'agissait de conserver ou de regagner l'allégeance. Ces serments solennels, selon lesquels « la France ne partira pas », peu nombreux sont les officiers servant en Algérie qui n'ont cru de leur devoir (et conformément aux impératifs mêmes de la mission qui leur était assignée) de les prononcer ! Le poids de ces engagements pèsera lourd dans certaines consciences, comme pèseront lourd également le souvenir des morts, le souci que le sacrifice de tant de vies humaines ne demeure pas inutile...

Sans doute va-t-on assister, dans la dernière phase de la lutte, à un très sensible infléchissement de certaines prises de position. En faveur d'une attitude de retrait et de détachement, d'autres forces vont s'exercer : adhésion réfléchie de certains à la politique de dégagement préconisée par le pouvoir, sentiment de lassitude éprouvé par d'autres devant l'ampleur des tâches qui leur étaient imparties et pour lesquelles ils n'étaient en aucune façon préparés, volonté chez beaucoup de ne pas se couper irrémédiablement de la communauté nationale en s'opposant à ce qui apparaissait désormais comme l'expression de sa volonté, plus généralement encore soumission aux règles ou aux réflexes traditionnels de l'obéissance passive. L'obstination à poursuivre le combat jusqu'au bout, la conviction de servir une légitimité d'ordre moral supérieure aux principes mêmes de la légalité vont cependant conduire une certaine fraction du corps militaire à l'aventure du putsch d'avril 1961, puis à ce dernier geste de refus et de défi que représenta, sur la terre algérienne comme sur le sol métropolitain, la tentative insurrectionnelle de l'O.A.S.

Mais il n'entre pas dans le cadre de cette étude de retracer une nouvelle fois l'histoire de ce que fut, au cours de ces années, la crise militaire française, de ce que furent aussi ses nombreuses implications politiques. Ce qu'il importe en revanche de souligner c'est le rôle d'entraînement, la fonction de stimulant joués, durant toute cette période, par l'armée à l'égard d'une partie relativement importante de l'opinion métropolitaine. On ne saurait en effet négliger le fait, en vérité essentiel, que c'est en quelque sorte par son intermédiaire, dans ses rangs et dans le cadre du combat où elle se trouvait engagée, que des centaines de milliers de jeunes Français furent immédiatement confrontés avec la réalité du drame algérien. (La date de 1956 apparaît à cet égard comme particulièrement significative : c'est avec la décision du gouvernement Guy

Mollet d'envoi du contingent en Algérie que le problème s'impose véritablement au premier rang des préoccupations françaises.) Or il faut le répéter : décevante pour beaucoup, odieuse pour certains, l'expérience fut vécue par d'autres positivement, parfois même passionnément, et ce n'est sans doute pas en vain si quelques-uns des témoignages les plus prenants, écrits en faveur de l'Algérie française, ont été l'œuvre de jeunes officiers de réserve appelés ou rappelés sous les drapeaux. Il va de soi, d'autre part, que cette Algérie en armes ne pouvait manquer de constituer un puissant foyer d'attachement à l'égard de tous ceux qui, par souvenir ou par idéologie, conservaient le culte d'une certaine fidélité militaire. D'où l'engagement actif, notamment à la veille de la crise du 13 mai 1958, d'un certain nombre d'associations d'anciens combattants : l'*Union nationale des Combattants, Les Anciens de la 2e D.B.*, l'*Association des Combattants de l'Union française*, etc. D'où aussi l'établissement de divers organes de transmission entre certains milieux militaires et certains milieux civils : tel le *Centre d'Etudes de la Défense nationale* (C.E.D.N.), fondé par un groupe non négligeable de jeunes officiers de réserve ; tel encore l'hebdomadaire *L'Esprit public*, créé à la fin de l'année 1960 et dont l'équipe rédactionnelle réunit très étroitement divers intellectuels parisiens et quelques officiers toujours en activité de service. L'épisode de l'O.A.S. viendra, à la fin de la crise et en métropole même, consacrer cette interpénétration intime des ultimes sursauts de l' « activisme » militaire et d'un certain type d'engagement révolutionnaire des derniers milieux d'irréductibles.

L'influence directe ou indirecte exercée par l'armée ne doit pas cependant faire oublier l'extrême diversité des hommes, l'exceptionnelle hétérogénéité des milieux et des forces politiques regroupés, en métropole même, pour la défense de la cause de l'Algérie française. Au regard de l'analyse la plus élémentaire rien ne paraît plus faux à cet égard que l'assimilation si souvent faite dans les polémiques du moment, avec une extrême droite traditionnelle, héritière des ligues « nationales » de l'entre-deux-guerres ou simplement soucieuse d'assurer la revanche rétrospective du régime de Vichy. Le « Bottin » de l'Algérie française se révèle en fait d'une singulière complexité. Dans ses divers types d'expression, groupements fascisants tel que *Jeune Nation*, cercles catholiques intégristes comme la *Cité catholique* ou organes d'obédience maurrassienne, ce qu'il est convenu d'appeler l'extrême-droite y figure bien en effet presque tout entière. (A l'exception toutefois d'un petit milieu survivant de la Collaboration et déclarant ouvertement ses sympathies pour le panarabisme nassérien.) Mais le gaullisme militant s'y trouve de son côté, tout au moins jusqu'en 1959, très abondamment représenté, groupé autour de deux de ses principaux chefs de file, Jacques Soustelle et Michel Debré. Tandis que les sympathies sont nombreuses dans les milieux « modérés », les noms de Georges Bidault et de plusieurs des personnalités dirigeantes du M.R.P. attestent la présence de la démocratie chrétienne. La gauche radicale, elle aussi, doit être mentionnée en bonne place avec les noms des anciens ministres Bourgès Maunoury et André Maurice, avec ceux de Jules Romains et d'Albert Bayet, figure éminente de la vieille *Ligue des Droits de l'Homme*, avec aussi l'action militante d'une certaine fraction de la Maçonnerie réunies dans la Grande Loge de France. On ne saurait omettre enfin de signaler la fidélité tenace témoignée par certains socialistes d'importance politique non négligeable tels que les anciens ministres Max Lejeune, Robert Lacoste ou Maurice Naegelen... La même diversité se retrouve à tous les moments de la lutte, aussi bien dans ses débuts, alors que les mots d'ordre de l'Algérie française bénéficiaient dans l'opinion d'une indiscutable et très large audience, que dans ses ultimes sursauts, alors qu'ils n'avaient plus pour les défendre que quelques groupes d'intraitables. En 1956, l'*Union pour le renouveau et la sauvegarde de l'Algérie française* (U.R.S.A.F.), fondée par Jacques Soustelle, regroupe dans son comité de patronage des personnalités aussi différentes que celles d'Albert Bayet et du cardinal Saliège, archevêque de Toulouse, de Georges Pompidou et du général de Montsabert, d'Edmond Michelet et de Maurice Viollette, ancien ministre du Front populaire, de Robert Delavignette et du recteur Sarrailh. Mais en avril 1962 encore, dans les dernières semaines de la crise, les trois quotidiens parisiens qui s'obstinent à manifester leur opposition à la politique algérienne du pouvoir se trouvent être *Combat*, qui n'a jamais cessé de se réclamer d'une certaine tradition socialisante, *L'Aurore* de fidélité et d'orientation radicales et *Le Parisien libéré* que dirige Emilien Amaury, vieux militant de la démocratie chrétienne et ancien secrétaire de Marc Sangnier.

Du point de vue idéologique, la cause de l'Algérie française apparaît ainsi comme une zone de confluence où viennent converger et se joindre des courants issus des horizons les plus opposés. Sans doute peut-on assez justement estimer que c'est à « droite », quelle que soit la pluralité d'attitudes que recouvre cette étiquette, que se sont recrutés les plus nombreux de ses militants. Parmi les diverses familles politiques françaises, il n'en est guère cependant qui ne se soit trouvée représentée. Héritiers de la tradition jacobine et héritiers de la pensée contre-révolutionnaire, défenseurs chevronnés de la cause laïque, démocrates chrétiens et catholiques « intégristes », républicains de vieille souche radicale et nationalistes maurrassiens, toutes les fidélités se rencontrent, toutes les filiations se croisent. Fait important à souligner : à l'intérieur de ce microcosme idéologique la tradition libérale elle-même (et dans son expression la plus authentique) demeure puissamment présente — et cela dans la mesure où, dans la pensée de beaucoup, ce n'est pas dans les perspectives d'une émancipation collective, mais sur le seul plan de la promotion individuelle que passe, pour les peuples colonisés, la voie réelle du progrès. Dans les conditions présentes du développement de ces peuples, la revendication à l'indépendance ne doit-elle pas en effet être considérée comme antinomique avec le souci de la vraie liberté ? Vieux défenseur des droits des colonisés contre les abus de la domination européenne, l'ethnologue Paul Rivet l'affirme en 1957, dans un article du *Monde* qu'il demande à ses lecteurs d'accepter comme une suprême mise en garde.

« Ces populations déshéritées qui parviennent à l'indépendance, écrit Paul Rivet, sont menacées de sombrer dans le désordre et l'anarchie et de ce fait exposées à subir la dictature d'un homme ou d'une minorité. Toute l'histoire de ces cinquante dernières années démontre à l'évidence cette troublante et cruelle vérité. Indépendantes elles ignorent la vraie liberté [2]. »

Céder sans discernement à toutes les pressions des nouveaux nationalismes, ne serait-ce donc pas en fin de compte trahir les véritables exigences, politiques, sociales, économiques et morales, de la libération de l'homme ?...

Cette rencontre entre tant de courants idéologiques divers doit-elle cependant être considérée comme purement accidentelle ? Ne faut-il y voir qu'une certaine forme de confusionnisme idéologique liée à un événement de caractère particulier, ne relevant en quelque sorte que d'un hasard de la conjoncture historique ? On sait que l'opposition entre deux types de nationalisme français a été souvent soulignée, et nul doute qu'elle n'ait correspondu et ne corresponde toujours à une très évidente réalité [3] : d'un côté un nationalisme que l'on qualifiera de « gauche », humanitaire, universaliste, liant l'attachement à la patrie à la fidélité aux principes des Droits de l'Homme, de l'autre un nationalisme que l'on dira de « droite », conservateur, autoritaire, et de tendance plus ou moins antidémocratique ; d'un côté la tradition de Michelet, de l'autre celle de Maurras. Mais il faut se souvenir que, tel que l'avaient défini les principaux théoriciens et praticiens de l'impérialisme français, le *credo* colonial de la fin du XIXe siècle avait précisément montré que la contradiction ne saurait être considérée comme véritablement irréductible. Il ne s'agit pas seulement en l'occurence d'un héritage commun de représentations collectives, de thèmes, d'images et de références. Il s'agit aussi, et plus profondément, d'une conscience identique d'une vocation privilégiée attribuée, à travers les siècles, au destin de la nation française. Jamais en fait, et même chez les plus étroits doctrinaires d'un certain type de nationalisme, l'idée de la France ne s'est trouvée séparée d'une « certaine idée de la France », c'est-à-dire d'une certaine conception de la patrie considérée comme un instrument décisif de civilisation et de progrès. L'hétérogénéité des origines politiques de ceux qui se montrèrent les plus ardents et les plus tenaces militants de la cause de l' « Algérie française » ne doit donc pas surprendre. Sur le plan de l'argumentation doctrinale une semblable hétérogénéité se retrouve, dans le camp opposé, dans le groupe de ceux qui se sont faits les défenseurs de la cause anticoloniale en invoquant à la fois et l'intérêt national, mesuré en termes de puissance, de rayonnement ou de prestige, et les impératifs moraux liés à la mission libératrice traditionnellement assignée à la France. A des titres divers et sous des formes différentes, les deux faits ne font sans doute qu'illustrer une nouvelle fois la présence de ce fonds idéologique commun qui, quelles que soient les très apparentes oppositions de ses expressions politiques, n'a jamais cessé d'assurer au nationalisme français une relative, mais très réelle unité.

L'ÉGLISE, LES CATHOLIQUES ET LA DÉCOLONISATION

Des catholiques d'indiscutable fidélité religieuse se sont trouvés, en proportion assez importante, dans les rangs des derniers et des plus irréductibles défenseurs de la cause de l'Algérie française. L'action positive qu'aurait exercée, en faveur de la décolonisation, une Église de France rompant avec une certaine conception traditionnelle de sa vocation missionnaire n'en a pas moins été soulignée, et relativement tôt, par de nombreux commentateurs, catholiques ou non catholiques. Constatation et affirmations apparemment contradictoires qui illustrent assez bien les redoutables difficultés auxquelles se heurte, sur ce sujet, toute tentative d'analyse. Déterminer ce que fut, durant ces années et face à la crise de décolonisation, l'attitude du catholicisme français, la question soulevée apparaît d'autant plus importante — et d'autant plus riche en enseignements — qu'elle touche un milieu où l'idéal colonial avait fini par trouver, au cours de la période précédente, quelques-unes de ses formes les plus vigoureuses d'expression. Comment toutefois l'aborder en termes généraux, alors que de toute évidence son approche ne peut manquer de tenir compte de l'existence de plusieurs niveaux d'observation, au plan desquels les perspectives sont loin de se trouver nécessairement convergentes [4] ? Le premier niveau est celui de la masse des pratiquants et des fidèles, telle du moins que les opinions qui s'y expriment et les courants qui la traversent peuvent être appréhendés à travers les prises publiques de position d'un certain nombre de personnalités ou d'un certain nombre de groupements susceptibles d'être considérés comme particulièrement représentatifs. Mais l'on ne saurait oublier que l'on se trouve en présence d'une société globalement organisée, structurée, étroitement subordonnée, en tant que collectivité autonome, aux impulsions ou aux directives d'une hiérarchie ecclésiastique dont il importe de définir et la pensée et l'attitude. On ne saurait oublier, d'autre part, que cette société se trouve elle-même intégrée dans une institution de dimension supranationale et de caractère monarchique, fortement centralisée autour d'un centre universel de décision. D'où, s'exerçant sur le plan politique, des forces d'une extrême complexité, articulées les unes aux autres et dépendantes les unes des autres, mais dont il demeure très malaisé de mesurer l'importance relative et dont il serait singulièrement téméraire d'affirmer qu'elles agissent toutes et toujours dans une même direction.

En ce qui concerne les instances suprêmes de décision, c'est-à-dire l'autorité pontificale, les orientations générales, bien que toujours exprimées avec nuance, prudence et modération, n'en apparaissent pas moins d'une évidente clarté [5]. Elles ne font que poursuivre et précipiter une évolution déjà largement commencée dans la période antérieure et dominée par le dessein essentiel de la constitution de communautés chrétiennes autochtones, dotées d'un clergé local et pleinement responsables d'elles-mêmes. Donner au message évangélique une valeur de plus en plus universelle en l'adaptant plus profondément aux cultures originales de toutes les sociétés humaines, acceptées dans la diversité de leurs traditions et de leurs modes de vie, tel est bien l'objectif fondamental que définissent, en 1951 et en 1957, les grandes encycliques apostoliques *Evangeli praecones et Fidei donum* et auquel ne cessent de se référer d'innombrables messages des papes Pie XII et Jean XXIII. Dans cette perspective globale, le lien, si manifestement et si étroitement établi au cours du siècle précédent, entre l'évangélisation et la colonisation tend à ne plus apparaître que comme un simple accident historique.

« La dissociation de ce lien, écrit Marcel Merle dans une substantielle étude consacrée au problème [6], signifie de la part des Eglises, bien plus qu'une manœuvre tactique inspirée par les circonstances ; elle s'inscrit plus justement dans un ressourcement qui vise à établir l'authenticité et l'universalité du message chrétien, inévitablement, mais momentanément compromis par la contamination du fait colonial. »

Volonté donc — au départ essentiellement religieuse — d'un retour, après une longue période de confusion et de compromission, à l'authenticité du seul message évangélique. Mais volonté qui n'est pas sans présenter, d'autre part, certaines implications politiques dans la mesure même où le transfert des responsabilités religieuses aux dirigeants locaux des jeunes Eglises ne pouvait manquer de servir d'exemple et de stimulant pour le passage d'autres formes de responsabilité des mains du colonisateur à celles du colonisé. C'est ainsi sans doute qu'il faut comprendre les paroles prononcées en 1953 par Mgr Chappoulie, évêque d'Angers :

« Le chrétien pensera que, dans la perspective de l'histoire, le statut colonial ne saurait constituer qu'une phase de l'évolution des peuples. Aussi l'influence qu'il peut exercer dans la vie publique tendra à faciliter l'accession des pays colonisés à leur indépendance. A mesure que se multiplieront prêtres et évêques autochtones sur les territoires où s'exerce encore l'autorité d'une puissance coloniale, le catholique sentira que les temps sont plus mûrs pour un changement de régime. »

A ces préoccupations générales, et qui sont d'ordre fondamentalement apostolique, d'autres considérations sont d'ailleurs venues s'ajouter dont l'importance relative ne saurait être sous-estimée. Considérations d'ordre moral sans doute : rappel du principe de l'égalité des hommes, des races et des peuples ;

affirmation du droit pour toute collectivité humaine, ayant pris conscience d'elle-même, de choisir librement son destin ; condamnation de la violence, de l'oppression, de l'exploitation de l'homme par l'homme, etc. Mais aussi considérations relevant d'un souci d'opportunité tactique, celles-ci tendant à se faire de plus en plus présentes à mesure que le mouvement général de décolonisation se développait en puissance et en ampleur : essentiellement la volonté, lorsqu'il en est encore temps, de se désolidariser des vieilles dominations coloniales, apparemment appelées à disparaître, afin de ne pas être définitivement compromis et entraîné dans leur chute. Miser sur la victoire des jeunes nationalismes, c'est dans cette optique se placer dans le « sens de l'histoire » et assurer ainsi le maintien de la présence de l'Eglise sur les terres d'ancienne domination coloniale. (Attitude que résume en toute clarté la formule prêtée à un prélat d'un protectorat nord-africain : « La France s'en va, l'Eglise reste. ») C'est également opposer le barrage d'un nationalisme modéré aux tentations et aux menaces de la subversion marxiste et, par là même, faire obstacle à la pénétration communiste dans les pays en voie de libération. (Le péril de l'extension du « communisme athée » est, sous le pontificat de Pie XII, invoqué à de nombreuses reprises dans les déclarations du Vatican pour hâter le développement et la promotion d'un clergé indigène [7].) Ces calculs n'ont certes jamais été ouvertement énoncés. Selon la formule de Marcel Merle, on ne peut cependant ne pas « les considérer comme sous-jacents » dans l'énoncé de certaines déclarations aussi bien que dans la définition de certaines prises de position.

« Le chrétien, écrit encore Mgr Chappoulie en 1953, cherchera à harmoniser son attitude dans les problèmes d'outre-mer avec la ligne de conduite spirituelle de son Eglise [8]. » Dans les territoires coloniaux il ne fait aucun doute que la volonté de suivre la « ligne de conduite spirituelle » tracée par l'autorité pontificale ne se soit traduite, de la part du clergé et de l'épiscopat missionnaires, par une attitude générale de bienveillance, parfois même de sympathie agissante à l'égard des jeunes forces de revendication nationale. En ce qui concerne, en revanche, l'opinion catholique métropolitaine, l'énoncé très général de l'orientation vaticane, son souci de ne pas aborder de façon directe les problèmes politiques, les nuances même souvent exprimées à propos du fait précis de l'indépendance ne se trouvaient guère en mesure d'empêcher les divisions, les conflits et les déchirements nés de la confrontation immédiate avec les drames de la décolonisation. Parler à ce sujet d' « une prise de position cohérente et continue des chrétiens [9] » ne relève que de la mythologie partisane. (Ou plus précisément du souci rétrospectif de placer globalement l'Eglise de France dans le camp des vainqueurs.) En fait ce sont, à l'intérieur du même milieu confessionnel, les prises de position les plus contradictoires que l'on voit s'affronter, les polémiques les plus violentes que l'on voit se développer. Sans doute faut-il souligner le rôle précurseur et particulièrement actif joué en faveur de la cause anticoloniale par certaines publications d'inspiration chrétienne, la revue *Esprit*, l'hebdomadaire *Témoignage chrétien*, et par certains intellectuels catholiques, journalistes, professeurs et écrivains, auxquels le plus illustre d'entre ces derniers, François Mauriac vint apporter l'appui de son talent et l'autorité de son patronage [10]. Sans doute faut-il également mentionner, au moment de la guerre d'Algérie et dans le mouvement de protestation contre l'action répressive du pouvoir, la place d'avant-garde tenue par de nombreux militants des groupements catholiques de jeunesse. Sans doute se doit-on encore de signaler l'engagement actif de certains religieux de la Mission de France dans les organisations de soutien au F.L.N. algérien. Mais il n'est, relevant toujours du catholicisme français, aucun nom, aucune attitude, aucune forme d'engagement devant lesquels on ne puisse mettre en parallèle, dans le camp adverse, d'autres noms, d'autres attitudes et d'autres types d'engagement : aux positions d'un hebdomadaire comme *Témoignage chrétien* s'opposent celles d'un autre hebdomadaire comme la *France catholique,* à l'attitude des intellectuels « libéraux » ou « progressistes » celle des groupes de pensée « intégristes », au militantisme de certains ecclésiastiques en faveur de la révolte algérienne l'appui moral apporté par d'autres ecclésiastiques à la cause de l'activisme militaire. Au-delà des engagements extrêmes, les dissonances sont perceptibles jusque dans le débat organisé, en 1953, par le « Centre catholique des intellectuels français » autour du thème « Colonisation et conscience chrétienne » : reconnaissant la nécessité d'une rapide évolution des rapports coloniaux, mais affirmant leur fidélité à « l'esprit de colonisation » et à « l'image d'une grande communauté française dans le monde fondée sur la recherche de bases humaines entre peuples différents », les interventions de Joseph Folliet et de Robert Delavignette y apparaissent notamment en très net retrait par rapport à certaines des formules du texte introductif, rédigé par Mgr Chappoulie [11].

Sur le plan théologique même, il est assez caractéristique d'observer que, partant des mêmes postulats doctrinaux, des voix également autorisées aient pu aboutir à des conclusions sensiblement différentes.

Deux textes peuvent à cet égard être utilement comparés : une étude du Père Joseph Michel, responsable de l'aumônerie générale des étudiants d'Outre-Mer pour la région parisienne, publiée en 1954 et intitulée *Le devoir chrétien de décolonisation* [12] et un livre d'un dominicain le Père Ducatillon, publié en 1957 et intitulé *Patriotisme et Colonisation* [13]. L'un comme l'autre, les deux auteurs se réfèrent à l'autorité traditionnelle de l'Eglise en la matière, c'est-à-dire à l'enseignement de Vittoria et aux deux notions essentielles autour desquelles celui-ci s'organise : celle du « droit de communication » et celle du bien commun de l'humanité. L'un comme l'autre, suivant en cela de très près les commentateurs des « Semaines sociales » de Marseille de 1930, ils définissent la colonisation comme un état provisoire, comportant pour le colonisateur à la fois des droits et des devoirs et destiné à trouver dans sa disparition son ultime légitimation. Mais, pour le Père Michel, l'heure de cette disparition a de toute évidence sonné : la retarder, s'opposer aux revendications à l'indépendance des peuples coloniaux, c'est trahir les principes fondamentaux posés par l'Eglise et se montrer infidèle aux clauses du contrat moral dans lesquelles celle-ci avait entendu enfermer l'entreprise colonisatrice. Pour le Père Ducatillon au contraire le droit des peuples à disposer d'eux-mêmes ne saurait être reconnu comme « un droit absolu et inconditionnel ». Il ne peut être pleinement admis qu'à deux conditions : que soient respectés, chez les nations nouvellement émancipées, les droits inaliénables de chaque personne humaine, que soient respectés par ailleurs les « intérêts légitimes » historiquement acquis par l'ancienne puissance colonisatrice [14]. De part et d'autre se retrouve une même conception universaliste de la morale chrétionne. Les interprétations qui en sont données en fonction de la situation présente n'en sont pas moins divergentes. Elles ne peuvent surtout manquer, dans l'immédiat, de conduire à deux formes opposées de l'engagement temporel.

Au-delà de cette incontestable dispersion, de cet évident morcellement de l'opinion catholique (ou du moins de ceux qui prétendent s'adresser à elle et dont les prises de position apparaissent comme publiquement inséparables de leur appartenance confessionnelle), convient-il d'accorder une importance particulière à l'attitude de l'épiscopat métropolitain ? Intervenant à plusieurs reprises dans le débat, notamment à propos de la poursuite des opérations militaires en Algérie, les cardinaux et les évêques français n'ont-ils pas défini une voie moyenne, éloignée des engagements extrêmes, mais finalement favorable au mouvement général de décolonisation ? N'ont-ils pas ainsi contribué, et de façon décisive, à faire accepter par la masse disciplinée des fidèles certaines prises de position à l'égard desquelles celle-ci demeurait au départ très sensiblement éloignée ?... Bien que soutenu dans les études les plus sérieuses consacrées au sujet [15], le point de vue semble appeler un certain nombre de réserves d'importance nullement négligeable. Non seulement en effet l'intervention de l'épiscopat français peu apparaître comme relativement tardive, son abstention étant restée totale durant tout le déroulement de la crise indochinoise. Mais surtout lorsque cette intervention s'est produite, c'est-à-dire à l'occasion de la guerre d'Algérie, on ne peut manquer d'être rétrospectivement frappé par son caractère d'extrême prudence. Aucune des déclarations publiques faites par l'épiscopat français, pas plus en 1961 qu'en 1957 ou 1955, ne se trouve en fait impliquer la définition d'une quelconque option d'ordre politique à l'égard du problème général de la décolonisation ou plus précisément du problème algérien. C'est sur le plan des principes moraux les plus généraux que se place essentiellement la hiérarchie : condamnation du « terrorisme aveugle » et de tous les excès « contraires au droit naturel et à la loi de Dieu », invitation au respect de la dignité humaine, appel à l'apaisement et à la réconciliation [16]... Il est très probable que plus d'un catholique, défenseur des mots d'ordre de l'Algérie française, ait regretté l'absence d'engagement positif de l'épiscopat en faveur de sa cause. Mais il est peu raisonnable de penser qu'assuré de la légitimité morale de celle-ci, persuadé que les objectifs qu'il avait choisi de servir étaient ceux d'une fraternité retrouvée et d'une plus juste reconnaissance des droits de la personne humaine, il se soit senti directement visé, dans ses convictions et dans son action, par les mises en garde épiscopales.

Il semble difficile d'ailleurs que la hiérarchie — et cela en dehors même de toute considération concernant l'extrême complexité des aspects moraux du problème — ait pu aller au-delà de l'affirmation de quelques principes généraux alors que, selon toutes les apparences, elle se trouvait elle-même divisée en tendances divergentes. (A l'action militante en faveur de la décolonisation d'un prélat comme Mgr Chappoulie comment par exemple ne pas opposer l'attitude du cardinal Salièges, archevêque de Toulouse et grande figure religieuse de la Résistance, qui adhère publiquement à l'U.R.S.A.F. de Jacques Soustelle ?) Difficile surtout alors que la légitimité du combat mené par l'armée française en Algérie se trouvait consacrée par l'autorité du pouvoir légal et que, pendant de longues années, le but officiellement fixé à ce combat était celui du maintien des départements algériens dans la souveraineté française. Que sous la Quatrième et dans les premières années de la Cinquième République, la ligne définie dans son ensemble par l'épiscopat métropolitain se soit trouvée, non pas en contradiction, mais en retrait par rapport aux mots d'ordre de la politique gouvernementale, qu'on ne puisse y déceler aucune trace du vieil esprit de Croisade, le fait n'est certes pas sans signification. Peut-on cependant, sans s'exposer à déformer la réalité des faits et à dépasser la stricte interprétation des textes, parler d'autre chose à son propos que d'expectative ou de neutralité [17] ?

En fin de compte c'est un problème d'un intérêt tout particulier que celui qui se trouve ainsi posé, puisqu'il ne s'agit de rien de moins que d'apprécier l'importance relative des facteurs religieux dans l'évolution générale de la conscience collective française à l'égard d'un fait politique majeur, en l'occurrence le fait de décolonisation. L'évolution de l'opinion catholique, considérée au niveau du plus grand nombre de ses représentants, a-t-elle été différente de celle de la moyenne de l'opinion nationale ? Y a-t-il eu, en d'autres termes, autonomie, spécificité du milieu catholique par rapport à l'ensemble de la communauté nationale ? Sans doute faudrait-il, pour répondre avec précision à ces questions, disposer d'un nombre beaucoup plus grand d'enquêtes, de monographies et de dépouillements exhaustifs tenant compte de toutes les modalités d'expression de la littérature confessionnelle [18]. Contrairement à l'opinion le plus souvent développée, il ne paraît toutefois nullement évident que l'on soit véritablement en droit de tenir pour acquise, face au débat colonial, une authentique originalité de l'attitude générale des catholiques français, par rapport au reste de leurs compatriotes. Il suffirait même, semble-t-il, de quelques sondages opérés dans la collection du journal *La Croix* durant la période de la guerre d'Algérie pour faire assez clairement apparaître que, compte tenu de quelques nuances particulières et notamment d'un plus grand souci accordé aux aspects moraux du problème, l'orientation et l'évolution générale de ce que l'on peut considérer comme l'organe officiel du catholicisme français ne témoignent d'aucune discordance essentielle avec celles de la grande presse non confessionnelle...

Ce qui reste hors de discussion, et n'est d'ailleurs nullement secondaire, c'est le rôle particulièrement actif joué aux premiers rangs de la contestation anticoloniale par certains groupes ou certaines personnalités catholiques, intellectuels, responsables des mouvements de jeunesse, militants syndicalistes, etc. (Mais comment situer exactement ces personnalités ou ces groupes par rapport à la masse des fidèles ? Comment mesurer leur audience, apprécier leur marge d'influence ?) Ce qu'il convient également de reconnaître, et c'est bien sur ce plan que l'attitude de l'épiscopat français est susceptible d'apparaître comme réellement significative, c'est l'importance du tournant que semblent marquer ces années de débat et de crise dans l'histoire des mentalités religieuses de la France contemporaine. Ce qu'elles consacrent en effet c'est la fin de toute une époque où, au regard de la très grande majorité des catholiques français, clergé et fidèles réunis, une certaine forme de patriotisme et une certaine forme de fidélité religieuse paraissaient indissolublement liés, où selon une formule du Père Ducatillon, « le service de la France par l'épée et celui de l'Eglise par l'Evangile, l'œuvre du soldat et celle du missionnaire s'épaulaient, se corroboraient, s'harmonisaient et se complétaient ». « Dieu et Patrie, poursuit le Père Ducatillon, l'Eglise et la France ! L'ensemble des catholiques français ne concevait pas que ce double idéal pût être disjoint, que l'on pût servir l'un sans servir en même temps l'autre, ni porter une atteinte à l'un qui n'affectât immédiatement l'autre. » Cette tradition, l'œuvre d'expansion coloniale menée par la France au siècle précédent, avait considérablement contribué à la renforcer, à la développer, à l'enraciner dans les esprits et les consciences. Que ce soient les drames de la décolonisation qui aient provoqué, sinon les premières, du moins les plus évidentes manifestations de sa remise en cause, témoigné peut-être le plus sûrement de son inéluctable déclin, le fait ne peut être considéré comme un simple accident historique [19].

DES AMBIGUITÉS COMMUNISTES A LA NAISSANCE D'UNE « NOUVELLE GAUCHE »

Autre société organisée, structurée et hiérarchisée, intégrée elle aussi dans un système institutionnalisé de dimension internationale : le parti communiste français. Parti à vocation essentiellement politique, il est bien évident que son attitude face au fait de décolonisation soulève des problèmes d'interprétation d'une nature très différente de ceux que pose un milieu religieux dont les aspirations communes comme les liens de solidarité se situent par définition sur un tout autre plan. Il ne reste pas moins vrai que, si dans ce cas, l'on se trouve en présence d'une « ligne générale » très officiellement définie, réclamée de tous et imposée à tous, celle-ci n'a pas manqué de connaître, au cours d'une période de plus de vingt années, de très nombreux méandres et de non moins nombreux tournants. Tournants qu'explique sans doute la complexité des facteurs en fonction desquels cette « ligne » s'est trouvée déterminée et tracée. Stratégie globale de la troisième Internationale étroitement liée à l'évolution générale des rapports de force entre les puissances, place particulière du parti communiste français dans le système politique national et notamment dans le jeu des alliances et des coalitions parlementaires ou électorales, nécessaire prise en considération de certaines pressions de l'opinion publique, de ses aspirations et de ses refus, état des relations avec les partis communistes établis Outre-Mer : autant d'impératifs, d'ordre interne ou externe et d'importance plus ou moins pressante selon les moments, dont la combinaison, toujours mouvante, a commandé l'orientation de toute une politique et se trouve à l'origine de ses très apparentes variations. La démarche principale de l'observateur n'est donc plus ici de déterminer, à travers un même milieu, des niveaux différents d'analyse. Elle consiste bien davantage à suivre une évolution, c'est-à-dire à souligner chronologiquement une succession de phases et à tenter, pour chacune d'entre elles, d'en saisir la genèse et d'en définir les principaux aspects [20].

La première période est celle des débuts de la Quatrième République, correspondant assez précisément aux années où les communistes français participent au pouvoir et où le développement de la guerre froide ne domine pas encore la vie internationale : période où, dans un climat extérieur de bons rapports franco-soviétiques, le parti communiste atteint le point culminant de ses effectifs, rencontre ses plus larges assises électorales et se trouve le plus étroitement intégré au système politique en place. En matière de politique coloniale l'attitude officielle du parti est celle d'un réformisme relativement avancé, préconisant conformément au programme du Comité national de la Résistance, « l'extension des droits politiques, sociaux et économiques de la population indigène et coloniale » et se réclamant d'autre part d'une interprétation très large, et particulièrement libérale, du statut de l'Union française. Mais parallèlement le principe même de l'Union ne se trouve en aucune façon mis en cause : si le droit des peuples coloniaux à disposer d'eux-mêmes se voit théoriquement reconnu, l'accent reste mis sur la nécessité de leur « union libre, confiante et fraternelle avec le peuple de France ». La revendication à l'indépendance ne cesse d'être présentée comme contraire aux intérêts mêmes des populations coloniales [21] : la sécession ne les condamnerait pas seulement à la misère ; elle les livrerait inéluctablement aux ambitions et aux convoitises des « impérialismes étrangers ». (« Ceux qui veulent se séparer de la France », affirme à propos de l'Algérie le secrétaire du parti communiste algérien au Xe congrès du P.C.F. de juin 1945, « sont des agents conscients ou inconscients d'un autre impérialisme. »)

C'est ainsi qu'en mai 1945 l'insurrection du Constantinois est dénoncée comme un « complot fasciste », une « provocation d'agents hitlériens » devant être immédiatement et sévèrement réprimée : « Il faut tout de suite, réclame un communiqué du Comité central, châtier impitoyablement et rapidement les organisateurs de la révolte et les hommes de main qui ont dirigé l'émeute ». C'est ainsi encore qu'au début de l'année 1947 les nécessités prioritaires du « maintien de la solidarité ministérielle » sont rappelées par les plus hautes instances du parti pour expliquer le fait que les ministres communistes, toujours présents au gouvernement, aient accepté de se trouver implicitement associés à la répression des troubles de Madagascar et à l'octroi de nouveaux crédits militaires pour la poursuite de la guerre d'Indochine. Sans doute, en ce qui concerne ce dernier point, le groupe parlementaire communiste s'abstient-il de voter des crédits demandés par le gouvernement. Sans doute aussi la « politique de force » menée contre le Viet-Minh se trouve-t-elle de plus en plus hautement condamnée et dénoncée. Il reste néanmoins significatif que, si à cette « politique de force » est exigé que soit substituée une « politique de négociation » et de juste reconnaissance des revendications nationales vietnamiennes, les impératifs de la sauvegarde de l'Union française ne cessent de se trouver invoqués. Ce sont toujours les « intérêts inséparables de la République, de la France et de l'Union française » dont la prise en considération continue à être présentée comme la base essentielle de toute politique d'Outre-Mer.

La seconde période s'ouvre avec l'éviction des ministres communistes du gouvernement Ramadier, le 5 mai 1947. Tandis que s'accentuent les tensions de la guerre froide et que l'isolement du parti communiste se fait de plus en plus total à l'intérieur de la gauche française, la campagne contre la guerre d'Indochine augmente progressivement en violence et en ampleur pour atteindre son point culminant autour des années 1950 et 1951. Mise à part l'insistance avec laquelle « l'intérêt national » continue à être mentionné parmi tous les arguments invoqués pour exiger une politique immédiate de négociation et de retrait, le ton n'est pas sans rappeler celui des grandes luttes anti-impérialistes de la période de l'entre-deux-guerres. Contre la « sale guerre », « guerre de brigandage colonial », « école de pourriture et de crime pour des milliers de Français », militants et sympathisants sont appelés à unir leurs efforts. Des « actions de masse » sont organisées en vue d'immobiliser les transports de troupes et de matériel militaire. Se référant à l'illustre exemple des mutins de la mer Noire, une campagne de désobéissance s'esquisse à l'intérieur même du corps expéditionnaire. Parallèlement la vieille notion reparaît, sur le plan doctrinal, selon laquelle, ruinant « les arrières » du capitalisme international, la crise du système colonial doit contribuer à en précipiter l'effondrement. A ce titre la solidarité avec tous les peuples coloniaux luttant pour leur indépendance, avec tous les mouvements de « libération nationale » se trouve de nouveau très expressément affirmée. Les mouvements nationalistes maghrébins notamment, considérés comme suspects au cours de la période antérieure, souvent même dénoncés comme réactionnaires, se voient désormais reconnaître une pleine signification « progressiste [22] ».

Positions clairement définies, très fermement soutenues dans l'ensemble et qui contrastent de façon évidente avec les ambiguïtés, les obscurités, la gêne aisément perceptible qui caractérisent, dans l'histoire du parti communiste français, le déroulement de la troisième période, celle que dominent les événements d'Algérie. Au regard du parti en effet les données du problème se trouvent, par rapport à la situation indochinoise, profondément modifiées. Sur le plan local, le parti communiste algérien se voit très rapidement contraint d'abandonner l'ambition, qu'il semble avoir un moment entretenue, de s'assurer le contrôle du mouvement insurrectionnel. Sur le plan intérieur français, la poussée à gauche et le rapprochement avec les socialistes qui marquent les élections de 1956 font renaître le vieil et tenace espoir d'un nouveau Front populaire, d'une réintégration possible dans le système politique et l'appareil gouvernemental : il ne convient donc ni de se couper de la S.F.I.O. ni de heurter trop brutalement les sentiments dominants de l'opinion. Sur le plan extérieur enfin, la crainte paraît avoir été certaine (et elle s'est trouvée souvent exprimée) de voir un « autre impérialisme », en l'occurrence l'impérialisme américain, substituer en Afrique du Nord son influence à celle de la France. D'où une stratégie singulièrement fluide, hésitante, souvent confuse : si, en novembre 1954, *L'Humanité* apparaît comme le seul organe de la presse quotidienne française, à légitimer la rébellion naissante et à « dénoncer » les mesures de violence prises pour tenter de briser le mouvement national algérien », si la campagne « contre la répression » s'intensifie au cours de l'année 1955, le groupe parlementaire communiste ne vote pas moins, en mars 1956, l'octroi au gouvernement Guy Mollet des « pouvoirs spéciaux » qui vont permettre à celui-ci de poursuivre plus efficacement la lutte. D'où également une incertitude longtemps persistante dans l'interprétation doctrinale du phénomène nationaliste algérien : il faut attendre deux ans environ pour que soit définitivement abandonnée la vieille formule de Maurice Thorez de l'Algérie « nation en formation » et que soit clairement reconnue la réalité d'un « fait national algérien » ; il faut aussi attendre la fin de l'année 1957 pour que disparaisse de la terminologie officielle du parti toute référence à la constitution d'une « véritable Union française », assurant dans l'égalité des droits la permanence de certains liens politiques, économiques et culturels entre la métropole et ses anciennes possessions d'Outre-Mer. D'où encore une constante réticence à l'égard de certaines formes extrêmes de l'engagement protestataire : ne considérant comme seule valable que « l'action de masse », c'est-à-dire contrôlée et organisée dans le cadre des syndicats et des grandes organisations politiques, les instances du parti ne cessent de dénoncer toute activité militante qui tendrait à s'en écarter ; l'insoumission, la désertion, l'aide individuelle au F.L.N. algérien sont à ce titre formellement condamnées. En fin de compte ce n'est que dans la dernière phase du conflit que, face au problème algérien, la politique du parti communiste semble avoir retrouvé une entière netteté de formulation et une pleine rigueur de détermination : lorsque les mots d'ordre de paix et de négociation auront enfin trouvé de larges résonances dans la masse de l'opinion et que son action pourra alors s'intégrer et se confondre dans un vaste mouvement de revendication populaire...

Sans doute est-il possible de ne voir dans tous ces détours, de ne considérer dans tous ces méandres que de simples variations tactiques, nécessitées par la diversité des circonstances et des situations historiques, mais s'inscrivant finalement dans le cadre d'une même politique, ne mettant en aucune façon en cause la poursuite d'une même finalité [23]. On comprend cependant que beaucoup, parmi les militants ou les sympathisants, se soient trouvés déconcertés par certaines, et trop apparentes, ambiguïtés. On comprend aussi que ce soit en dehors des cadres du parti communiste français (et finalement contre le parti lui-même) que certaines formes de l'anticolonialisme militant aient tenté de rechercher et de trouver et leurs modes d'expression et leurs moyens d'action [24]... Le point de départ du mouvement se confond avec le développement de la campagne, menée à partir de l'année 1955, contre la poursuite des opérations militaires en Algérie en même temps que contre les méthodes de répression mises en œuvre par l'armée. Un certain nombre de comités apparaissent, *Comité de jeunes pour la paix en Afrique du Nord, Comité de Résistance spirituelle, Comité Maurice Andin,* etc., qui s'efforcent surtout de dénoncer les excès et de mobiliser l'opinion à leur sujet [25] : placés sous l'égide d' « intellectuels », écrivains, professeurs et journalistes, ces comités présentent le trait caractéristique de se situer en marge des partis politiques traditionnels. Une même exigence de protestation s'exprime, d'autre part, à travers les diverses manifestations qui opposent à l'appareil militaire, notamment au cours de l'année 1956, un certain nombre de jeunes gens appelés ou rappelés sous les armes : tels par exemple, ces deux cents jeunes soldats, réunis le 28 septembre 1956 dans les locaux paroissiaux de l'église Saint-Séverin à Paris, et qui affirment publiquement « leur angoisse et leur honte à servir par la violence une cause qui n'est plus celle de l'ensemble des Français ». Se trouvent ainsi regroupés, dans un même engagement, des hommes venus d'horizons très différents ; responsables de mouvements catholiques de jeunesse, militants de certaines organisations étudiantes, trotskystes, libertaires, dissidents du parti communiste. Entre eux, initialement du moins, rien d'autre qu'un même type de refus et qu'une même volonté de l'affirmer.

A partir de 1960 toutefois le mouvement se radicalise. Du simple refus certains entendent passer à « la résistance active », de la protestation morale à la participation à la lutte, de la revendication de la paix au soutien direct apporté aux insurgés algériens ; des appels à l'insoumission et à la désertion sont lancés, l'action commune aux côtés du F.L.N. préconisée. D'autres groupes apparaissent (*Jeune résistance*, le *Groupe Nizan*, le *Front de solidarité à la Révolution algérienne*), éphémères et mouvants, tandis que s'organisent divers « réseaux » clandestins se donnant pour tâches soit l'aide apportée aux militaires déserteurs et insoumis, soit certaines formes de collaboration avec les organisations métropolitaines du F.L.N. En septembre 1960 les poursuites engagées contre l'un de ces réseaux, fondé et dirigé par l'écrivain Francis Jeanson, fournissent à 121 « intellectuels » l'occasion de publier, sous la forme d'un manifeste promis à un large retentissement, une déclaration commune où se trouvent non seulement condamné

« le combat absurde et criminel » mené par l'armée en Algérie, mais aussi légitimés certains des engagements les plus extrêmes de l'action protestataire.

« Nous respectons et jugeons justifié, affirme le Manifeste des 121, le refus de prendre les armes contre le peuple algérien. Nous respectons et jugeons justifiée la conduite des Français qui estiment de leur devoir d'apporter aide et protection aux Algériens opprimés au nom du peuple français. La cause du peuple algérien, qui contribue de façon décisive à ruiner le système colonial, est la cause de tous les hommes libres... »

Les noms d'hommes de science comme Laurent Schwarz ou d'écrivains comme Jean-Paul Sartre, Simone de Beauvoir, André Breton ou Françoise Sagan se rencontrent parmi les signataires.

De l'avis même de ceux qui ont pris l'initiative et assumé la responsabilité, ni la signification ni la portée du document n'étaient dépourvues de toute ambiguïté : acte formel d'engagement politique pour certains de ses signataires, il ne fut considéré par d'autres que comme un geste de solidarité à l'égard des « réfractaires » emprisonnés ou poursuivis. La même hétérogénéité se retrouve sans doute, dans les motivations aussi bien que dans les aspirations, à l'intérieur de la poussière de petits groupes entraînés dans l'action clandestine ou semi-clandestine. Sur le plan idéologique l'important reste toutefois le très net glissement qui semble s'être opéré, au sein de ces groupes et au fur et à mesure que montait l'exaspération des passions, vers une attitude de plus en plus fortement affirmée de contestation globale et de volontarisme révolutionnaire. Dans un milieu très largement dominé par les intellectuels, des schémas théorisants se mettent en place selon lesquels la cause du F.L.N. est identifiée à celle de la Révolution socialiste, « la guerre à la guerre d'Algérie » assimilée à la lutte contre le pouvoir capitaliste, l'appel à la désertion présenté comme une « stratégie défaitiste » visant à abattre les fondements mêmes de la société bourgeoise. Parallèlement « l'opportunisme », « l'électoralisme », « le chauvinisme petit-bourgeois » du parti communiste sont dénoncés avec une véhémence croissante comme autant de trahisons à l'égard du combat révolutionnaire. Face à la « vieille gauche », celle des partis et des appareils politiques en place, accusée d'impuissance et de stérilité, considérée comme définitivement intégrée dans le système en place, est opposée l'image d'une « nouvelle gauche », forgée au sein d'une « seconde Résistance », appuyée sur des forces neuves et ayant retrouvé, au contact de la révolte algérienne, sa rigueur doctrinale en même temps que son élan conquérant. De la victoire du nationalisme algérien finit par être attendu le choc libérateur qui viendra précipiter l'effondrement des structures existantes. On ne peut douter de certains témoignages : la fin de la guerre d'Algérie sera, dans ces perspectives fiévreuses, ressentie par quelques-uns comme une déception, une douloureuse frustration de leurs attentes et de leurs espoirs.

Revenant, quelques mois à peine après la signature des accords d'Evian, sur ces années de combat et de passion, s'efforçant d'en dresser objectivement le bilan, l'un de ces « intellectuels », ayant traversé toutes les vicissitudes de l'engagement algérien, laisse échapper ces réflexions désabusées [26] :

> « Sept ans qui, malgré beaucoup de manifestes, de témoignages, de cris politiques, ont laissé à peu près intacte « la gauche » ; sept ans qui, dans les sphères officielles militantes des partis et des groupes, n'ont rien produit de bien nouveau. »

La « bataille des intellectuels » n'aurait finalement abouti à la formulation d'aucune pensée, d'aucune structure, d'aucune attitude politique authentiquement neuves. Non seulement ceux qui l'ont menée ou suivie sont passés, sans les comprendre, à côté des réalités de la France contemporaine, mais plus encore à côté de celles de cette Algérie insurrectionnelle qu'ils entendaient servir. Autour du F.L.N., devenu le symbole mythique d'une pureté révolutionnaire retrouvée, ils n'ont fait, associant l'angélisme et le terrorisme, que cristalliser de très vieux fantasmes.

« A force de valoriser le F.L.N., on l'oubliait... Ils n'avaient pas épousé vraiment l'Algérie martyre, mais les chimères de leur mauvaise conscience... »

L'historien des idées peut-il cependant, au-delà de la très évidente médiocrité des résultats immédiats obtenus par de petits groupes toujours restés très étroitement minoritaires, ne pas prêter attention au mouvement même — mouvement de foi, de passion ou de rêve —qui les a emportés ? Que le drame algérien ait été l'occasion d'une renaissance et d'une reformulation du vieux messianisme révolutionnaire, le fait n'est, en lui-même, nullement négligeable. A travers la répudiation de la « vieille gauche », de ses hommes, de ses états-majors et de ses tactiques, ce n'est pas seulement un certain type de radicalisme protestataire qui tente de s'exprimer. C'est aussi, à gauche du parti communiste français et contraignant celui-ci à se défendre sur un autre front, une certaine forme d'engagement et d'action politique qui tend à s'affirmer. Forces marginales et précaires, sans véritable cohésion doctrinale, divisées et instables, elles ont certes été impuissantes à s'organiser et à se structurer. Les hommes qu'elles ont un moment rassemblés n'ont pas tardé à se disperser. Un milieu s'est trouvé toutefois défini, une mentalité s'est développée, dont la présence et l'influence se retrouveront, quelques années plus tard, à l'origine de nouvelles crises et dans la genèse de nouveaux affrontements.

Le retournement d'une opinion

Pour qui accepte de se placer au niveau le plus général de l'étude des phénomènes d'opinion, le fait déterminant demeure cependant ce lent et tout puissant mouvement qui, du début du drame algérien à sa conclusion, paraît avoir emporté dans le sens inverse de leurs résolutions premières, du refus de la sécession à l'acceptation de l'indépendance, l'ensemble des partis et des organes d'information, des cercles politiques et des milieux socio-professionnels. En dehors des groupes de part et d'autre les plus fortement engagés, le glissement semble avoir été général et s'être traduit de façon à peu près identique — avec seulement quelques décalages plus ou moins importants dans le temps — pour presque tous les secteurs de l'esprit public. Rien de plus caractéristique à cet égard que de feuilleter parallèlement la collection de deux quotidiens d'orientation aussi différente que *Le Figaro* et *Le Populaire :* entre le journal modéré et l'organe officiel du parti socialiste français sans doute existe-t-il toujours des nuances dans l'expression de la pensée ; dans ses grandes lignes l'évolution reste pourtant la même, jalonnée par les mêmes dates, définissant les mêmes types d'attitude. En 1954, devant les débuts de l'insurrection algérienne, même affirmation d'une irréductible volonté de « maintenir » l'Algérie dans la France, même détermination à souligner le danger mortel que représenterait la sécession pour l'avenir de la communauté nationale, mêmes jugements portés sur la rébellion, mêmes qualificatifs appliqués à ses hommes, mêmes insistance aussi à dénoncer dans leur action des manipulations étrangères. En 1962, devant les accords d'Evian, la même adhésion est exprimée, et dans les mêmes termes, à l'égard d'une solution présentée comme conforme aux règles de la raison et aux nécessités de l'intérêt national. En huit ans le centre de gravité de l'opinion a basculé de façon décisive. Il est hors de doute que, dans les premières années du drame, la majorité des Français ait soutenu et approuvé la politique officielle de lutte contre la « rébellion ». Hors de doute également que cette même majorité se soit retrouvée pour finalement approuver la rupture définitive des derniers liens de la souveraineté impériale. Par son caractère apparemment irrésistible, submergeant les déterminations individuelles, emportant les refus les plus fermement exprimés, le mouvement fait songer à celui qui s'était produit dans la direction contraire soixante-dix ans auparavant, dans les dernières années du siècle précédent, et qui avait conduit à l'acceptation consciente du fait colonial par une opinion au départ très largement réticente ou hostile.

Lente diffusion des thèmes de l'anticolonialisme, venant peu à peu ébranler les rassurantes certitudes de la bonne conscience impériale ? Lassitude, abdication de la volonté devant un effort trop lourd et trop longtemps prolongé ? Résignation devant ce qui tend peu à peu à être considéré comme inéluctable ? Prise de conscience progressive, à l'épreuve d'une lutte douloureuse et sanglante, d'une réalité infiniment plus complexe que celle que proposait aux esprits le légendaire traditionnel ? Pour expliquer ce qui constitue, face au fait colonial, et en l'espace de quelques années, un déplacement décisif du *consensus* national, les éléments d'interprétation ne manquent pas. Ici encore, cependant, le rapprochement ne peut manquer d'être établi avec l'époque, tout compte fait si proche dans la succession des générations, où l'idée coloniale avait fini par s'imposer à la plus grande partie de l'opinion. Dans l'acquis de cette victoire, le rôle de l'Etat, l'action du pouvoir, avaient constitué un facteur que l'on est en droit de considérer comme largement déterminant. Dans l'acceptation par la masse des Français du fait de décolonisation, il est légitime de penser que l'accent doit encore une fois être mis et sur le rôle de l'Etat et sur l'action du Pouvoir — plus précisément sur le rôle et sur l'action de l'homme dans la personne duquel et cet Etat et ce Pouvoir se sont trouvés incarnés à partir de 1958, en l'occurrence sur le rôle et l'action de Charles de Gaulle. Il est trop tôt sans doute, pour pouvoir véritablement suivre, dans la réalité objectivement établie des faits, ce qu'a été la politique algérienne du général de Gaulle et il est par ailleurs vraisemblable que cette politique fut sensiblement moins cohérente dans sa détermination, moins continue dans ses orientations et plus hésitante dans ses modalités d'application que toute une littérature officieuse ou officielle a tendu, après sa conclusion, à la représenter. L'essentiel pour l'histoire de la conscience nationale reste que, tout au moins à partir de la fin de l'année 1960, l'État a délibérément usé de tout le poids de son autorité, de toute la puissance de coercition, de pression et de persuasion dont il pouvait disposer pour orienter l'opinion dans une voie différente de celle où cette opinion s'était trouvée jusque-là officiellement engagée : les obligations de la légalité, le respect de la loi, les principes de l'obéissance au pouvoir légitimement établi ne s'exercent plus dans la même direction, supposent d'autres règles de conduite, commandent d'autres formes d'allégeance.

L'essentiel reste surtout que l'interdit d'ordre patriotique auquel se heurtait fondamentalement la poursuite, jusque dans ses conséquences ultimes, de toute politique de décolonisation, s'est trouvé brusquement levé. Au nom de Charles de Gaulle restaient attachés trop de souvenirs et trop de symboles de l'intransigeance nationale pour que, aux yeux du plus grand nombre, une quelconque suspicion ait pu, à cet égard, entourer sa personne. Les adversaires mêmes de sa politique n'ont jamais manqué de le souligner :

dans la conjoncture du moment, lui seul pouvait sans doute, au nom d'une certaine conception de la grandeur française, dénouer les liens que le souci de cette même grandeur maintenait si étroitement resserrés. Lui seul était susceptible d'assurer à la masse de l'opinion la promesse de la paix publique et d'une tranquille jouissance des bienfaits de l'expansion économique tout en la libérant d'une certaine inquiétude, d'une certaine hantise de la déchéance et de l'humiliation. Lui seul, en fin de compte, bénéficiait d'un crédit moral suffisant pour pouvoir infléchir toute une conception traditionnelle de la légitimité, diriger vers d'autres aspirations et d'autres rêves la puissante poussée nationaliste qui avait précipité la chute du régime précédent. Ce serait trahir l'extrême complexité de ce jeu incessamment mobile que dessine l'histoire collective des mouvements d'idées et des mouvements de sensibilité que de ne pas y introduire, lié à un certain type d'événement, le rôle d'un certain type d'homme.

A titre d'épilogue

Moins de dix ans après la signature des accords d'Evian le débat colonial semble définitivement clos. Au tumulte des polémiques, aux grands cris de la passion a succédé même un assez étrange silence. Silence qu'explique peut-être, pour les vaincus, l'obligation de constater que l'Histoire n'a pas, du moins dans l'immédiat, confirmé les plus sombres de leurs prévisions : la communauté nationale a, dans son ensemble, supporté beaucoup plus aisément qu'ils ne l'avaient annoncé les conséquences de la décolonisation ; les Etats nouveaux, d'autre part, nés de la dislocation de l'Union française, n'ont dans leur plus grande majorité ni basculé dans le camp du marxisme-léninisme, ni totalement répudié la présence de la France. Silence qu'explique aussi, pour les vainqueurs, le rapide et profond désenchantement qui a suivi le triomphe de leur cause : les réalités de l'indépendance n'ont guère répondu à leur attente et c'est, dans beaucoup de milieux, un assez morne désintérêt qui est venu finalement succéder à l'enthousiasme des heures de lutte. Sans doute les rancœurs nées de plusieurs années d'affrontement et de déchirement sont-elles loin de se trouver totalement effacées. Mais si certaines subsistent, et parfois singulièrement tenaces, du moins hésitent-elles à trop hautement et trop explicitement s'affirmer.

Ce soudain silence ne saurait cependant faire oublier ni l'ampleur, ni surtout la complexité du débat. Les termes d' « ultras » et de « libéraux », nés de la polémique partisane et vulgarisés par une très large presse, risquent à cet égard de se montrer trompeurs. En fait, entre les deux camps en présence, c'est en vain que l'on cherche un critère idéologique simple et suffisamment rigoureux permettant de tracer une ligne clairement définie de démarcation. Ce n'est pas seulement d'un même côté de la barricade qu'ont été invoqués les impératifs de la grandeur nationale. Ce n'est pas non plus d'un même côté de la barricade que les préoccupations d'intérêt économique ont été présentées comme essentielles. Des deux côtés les valeurs de progrès, de promotion, de liberté, de dignité humaine se sont trouvées revendiquées. Des deux côtés encore le mot de « révolution » n'a pas manqué d'être prononcé. Sans doute faut-il tenir compte chez les uns et les autres d'une certaine part de tactique, chacun des adversaires s'efforçant de retourner contre l'autre les arguments auxquels celui-ci était censé être le plus sensible. Il serait absurde cependant de mettre en cause la sincérité profonde des principaux antagonistes à l'égard des valeurs essentielles dont ils se sont réclamés. Invoqués dans le débat, ce sont en fin de compte à peu près tous les thèmes fondamentaux des grandes controverses du XIXe et du XXe siècle que l'on retrouve. Mais on les retrouve paradoxalement associés, mêlés et brassés dans chacun des camps opposés. Certains ont parfois rapproché cette dernière des grandes crises de la conscience française d'une autre crise morale, celle de l'Affaire Dreyfus. Par la violence des passions exprimées, le rapprochement n'est peut-être pas fallacieux.

Mais du point de vue des thèses défendues, on ne saurait honnêtement dire où se trouvent les « dreyfusards » et où se trouvent les « anti-dreyfusards ». Les partisans de l'Algérie française ont été convaincus qu'ils défendaient les impératifs de la justice autant que les exigences de l'intérêt national. Mais beaucoup de leurs adversaires ont été également convaincus qu'ils servaient la cause du patriotisme autant que celle de l'équité.

Témoignage sans équivoque, sans doute, de l'enrichissement progressif du contenu idéologique et moral de la notion d'Empire au cours de trois quarts de siècle de l'histoire française. La controverse ouverte dans l'opinion au moment où la République opportuniste lançait la France dans l'aventure d'Outre-Mer avait certes déjà posé, en son temps, un problème d'une particulière gravité. Mais les données en étaient restées relativement simples dans leur définition et leur formulation. Le débat, d'autre part, n'avait remué que passagèrement et presque accidentellement la conscience collective, bien peu s'étant rendu réellement compte de l'importance de l'opinion qui avait fini par prévaloir. Acquis dans l'indifférence du plus grand nombre, c'est au contraire dans un climat de guerre civile que s'est effondré l'Empire. Sa dislocation a touché tous les secteurs de l'opinion : elle n'a laissé indifférente aucune des familles politiques, intellectuelles et spirituelles constitutives de la communauté nationale ; elle les a atteintes au plus profond de leurs traditions, au plus profond de leurs aspirations et les a le plus souvent divisées à l'intérieur d'elles-mêmes. Dans l'histoire morale de la France contemporaine, l'idée coloniale a agi en somme comme un très puissant facteur de cristallisation : de génération en génération, elle semble s'être chargée de plus en plus de signification, d'un poids de plus en plus lourd de références, de souvenirs, de fidélité ou d'hostilité.

Il faut bien au demeurant constater qu'en fonction même de leur complexité, les prises de position des adversaires en présence ne furent pas sans présenter en elles-mêmes de redoutables contradictions. Contradictions chez les défenseurs de l'intégration algérienne dont les principes relevaient en fait d'une logique d'ordre révolutionnaire, alors que, pour la plupart d'entre eux, leurs milieux d'origine, leurs fidélités idéologiques, leurs appartenances politiques étaient d'ordre essentiellement conservateur. Le rêve d'une France nouvelle étendant égalitairement sa souveraineté de Dunkerque à Tamanrasset ne supposait pas seulement en effet un total bouleversement de l'état de choses établi dans les départements d'Outre-Méditerranée. Il supposait aussi, dans la métropole même, un immense effort constructeur inséparable de profondes mutations opérées dans l'ensemble des structures nationales. Il supposait enfin l'acceptation délibérée d'un déplacement décisif du centre de gravité historique de la communauté française. Combien, et même parmi les plus sincères, se trouvaient préparés à assumer totalement les conséquences de leur option ? Cette dissonance fondamentale explique peut-être le fait que rien de positivement durable n'ait apparemment survécu au rassemblement de tant de fidélités, de ferveurs et de dévouements un moment regroupés autour du mot d'ordre de l'Algérie française. Le mouvement s'est à proprement parler désintégré dès l'immédiate consommation de sa défaite. Et sans doute cette défaite a-t-elle laissé des marques singulièrement profondes à l'intérieur de certaines consciences et de certaines sensibilités. Sur un plan plus général, celui de la vie politique et morale de l'ensemble de la collectivité nationale, il faut bien toutefois constater qu'elle ne se trouve à l'origine d'aucune inflexion, d'aucune détermination nouvelle.

Mais contradictions aussi, et peut-être plus graves encore chez les porte-parole de l'anticolonialisme militant, chez ceux du moins qui se réclamèrent dans la poursuite de leur combat des grands principes du progressisme libéral et de l'humanisme personnaliste, que celui-ci ait été d'inspiration laïque ou qu'il ait été d'inspiration chrétienne. Le point de vue du réalisme politique pouvait certes logiquement présenter la poursuite d'une certaine politique de décolonisation comme l'acceptation nécessaire d'une évolution historique jugée inéluctable. L'appui au mouvement de libération des peuples coloniaux entrait assez normalement, d'autre part, dans les perspectives d'un messianisme révolutionnaire de portée universelle. L'œuvre de l'Occident sur les terres soumises à sa domination pouvait enfin être très légitimement mise en cause au nom des principes d'une pensée essentiellement traditionaliste, respectueuse de toutes les valeurs sociales, religieuses et esthétiques léguées par le passé et soucieuse de leur conservation. Attendre du triomphe des nouveaux nationalismes asiatiques et africains un progrès dans le sens de la morale des Droits de l'Homme, une promotion de la personne et de plus larges possibilités de liberté procurées à l'individu, constituait toutefois une gageure d'une singulière audace que l'histoire n'a pas tenue et qu'elle ne pouvait sans doute que très difficilement tenir. Compris, senti et vécu par la plupart de ceux qui s'en sont fait l'interprète comme une lutte contre toutes « les forces d'oppression », l'anticolonialisme militant a vu sa victoire paradoxalement couronnée par la prolifération de régimes autoritaires et la multiplication de systèmes totalitaires. Dans les nouveaux Etats-nations récemment nés à l'indépendance comment même ne pas remarquer que la marge existante de libéralisme ne fait assez généralement que coïncider avec ce qui subsiste d'un certain héritage colonial ?

Comment d'autre part ne pas remarquer que, libérés des liens de la dépendance politique, les peuples anciennement assujettis sont dans l'ensemble restés fidèles à deux des principaux modèles imposés ou proposés par l'ex-dominateur : le modèle du développement technique et celui de l'organisation étatique et administrative. Les outils et leurs modes d'emploi viennent toujours des pays hautement industrialisés, c'est-à-dire pratiquement des anciens pays colonisateurs. De ceux-ci viennent également les conceptions généralement admises de l'État-nation et du devenir collectif. Ainsi la rupture des liens coloniaux n'a-t-elle nullement ralenti l'expansion conquérante de la plupart des formes de la civilisation occidentale, de ses modes de pensée, de ses mœurs, de ses attitudes et de ses comportements. Elle n'a pas arrêté, comme certains en avaient exprimé l'immense et généreux espoir, la marche vers l'uniformisation du monde et la « liquidation du divers ». Elle n'a abouti, pour les sociétés humaines marquées de l'empreinte de l'impérialisme triomphant, ni à un nouvel aménagement de leur espace naturel ni à une nouvelle restructuration de leur histoire : les sols n'ont pas cessé de couler vers la mer, les bidonvilles de s'étendre, les ruptures avec le passé de s'approfondir. A la limite il serait même permis de soutenir, qu'en les assujettissant beaucoup plus durement qu'autrefois aux lois de la croissance économique et technique, la volonté témoignée par tous les jeunes Etats de consolider et d'affirmer leur indépendance n'a fait bien souvent qu'aggraver, par rapport à leurs anciens maîtres, les formes si souvent dénoncées de l'aliénation et de « la dépossession de soi ».

« L'expansion de la civilisation industrielle se poursuit après l'indépendance, reconnaissait Jacques Berque dès 1965. Elle se précipite même après l'émancipation, laquelle semble parachever la colonisation au moment même où elle l'abolit. »

Mais n'est-ce pas par là même implicitement admettre que certaines données de la controverse anticoloniale avaient été dès le départ mutilées ou faussées et que la liquidation des Empires a laissé pratiquement intacts la plupart des grands et douloureux problèmes dont on en attendait si ardemment la solution ?

Derniers paradoxes offerts après tant d'autres à la réflexion de l'historien. Considéré dans son ensemble et replacé dans le contexte général de l'impérialisme européen de la fin du XIXe siècle, c'est en effet sous l'aspect d'une assez surprenante aventure que ne peut manquer d'apparaître le fait même de l'expansion coloniale française : l'aventure d'un peuple à la démographie fléchissante, faiblement touché par l'élan de l'expansion économique, contraint de faire face à de redoutables divisions intérieures, vivant enfin dans l'appréhension presque constante du péril extérieur et tournant une partie de ses forces vers la conquête et la gestion d'un immense domaine d'Outre-Mer... Entre les données réelles de la situation intérieure et extérieure qui étaient celles de la France à la fin du siècle dernier et l'effort que supposait le plein accomplissement de ses tâches coloniales, le recul du temps fait pleinement apparaître cette contradiction majeure sur laquelle les adversaires de Ferry, avaient, dès 1884, appuyé l'essentiel de leur argumentation. Il faut se souvenir des apostrophes de Clemenceau :

« Vous êtes en face d'un pays où se dressent les problèmes les plus graves pour une nation... Et vous trouvez qu'il n'y a pas là un domaine suffisant pour une ambition humaine et que l'idée d'augmenter la somme de savoir, de lumière dans notre pays, de développer le bien-être, d'accroître la liberté, le droit, d'organiser la lutte contre l'ignorance, le vice, la misère, d'organiser un meilleur emploi des forces sociales, vous ne trouvez pas que tout cela puisse suffire à l'activité d'un homme politique, d'un parti ? »

Apostrophes vite oubliées sans doute devant l'orgueil des premières réussites d'Outre-Mer. Apostrophes dont la formulation mettait cependant l'accent sur ce qui ne peut manquer de constituer, au regard de la réflexion historique, l'originalité essentielle de l'œuvre coloniale entreprise par la République.

La constatation ne saurait être trop fortement soulignée : l'impérialisme de la France républicaine n'est pas né d'une surabondance de forces, n'est pas issu d'un surcroît de vitalité ; il n'a pas été porté par l'affirmation conquérante d'un dynamisme collectif entraînant la nation tout entière. Il est significatif, bien au contraire, que ce soit dans la prise de conscience d'une diminution, dans la reconnaissance d'une certaine forme d'abaissement que les plus nombreux et les plus illustres de ses doctrinaires aient cru devoir trouver ses principales justifications. Réparer le désastre et effacer l'humiliation de 1870, compenser par un apport de forces neuves les faiblesses d'une natalité chancelante, élargir un horizon national devenu trop étroit dans l'échelle nouvelle des puissances, réveiller les énergies assoupies et les mettre au rythme du monde moderne, tels sont les thèmes qui, dès ses premiers théoriciens, n'ont cessé d'être développés en faveur de l'expansion Outre-Mer. L'idéologie impériale française se rattache par là à ce mouvement d'inquiétude, à cette crispation d'orgueil et d'angoisse mêlés qui, dans la France de la fin du XIXe siècle, demeurent inséparables des principales manifestations du sentiment national. Jusque dans les moments de son apothéose, elle est restée dominée par la hantise d'une déchéance à éviter, d'une grandeur perdue ou menacée à reconquérir ou à préserver. Ce qu'elle exprime avant tout, c'est le refus obstiné d'un destin médiocre, indigne d'un grand passé de puissance et de gloire.

« Le parti républicain a montré, réplique Ferry à Clemenceau, qu'il comprenait bien qu'on ne pouvait pas proposer à la France un idéal politique conforme à celui des nations comme la libre Belgique et comme la Suisse républicaine ; qu'il faut autre chose à la France ; qu'elle ne peut pas être seulement un pays libre, qu'elle doit être aussi un grand pays. »

Par bien de ses aspects, l'aventure coloniale apparaît ainsi, dans l'histoire contemporaine du nationalisme français, comme un phénomène de compensation, visant à rétablir, par le drapeau planté sur les terres d'Afrique et d'Asie, les conditions détruites d'un ancien ordre de primauté politique.

Au niveau des destins individuels, il reste cependant que, durant plus de trois quarts de siècle, l'Empire à conquérir, à gérer ou à défendre a ouvert l'un des rares chemins d'évasion hors des normes familières de la France bourgeoise, hors de ses habitudes et hors de ses conventions. Sans doute ne saurait-il être question d'idéaliser une réalité humaine essentiellement contrastée et où le sordide trouve largement sa place à côté de l'épopée. La vocation coloniale a d'abord représenté pour certains l'occasion de profits plus faciles, de carrières plus rapides, d'un surcroît de prestige et de puissance souvent acquis à bon compte, comme elle a d'abord répondu pour d'autres à la passion de découvrir et de connaître, à l'appel de l'apostolat missionnaire, à l'ambition de créer et de fonder. Pour tous cependant elle a signifié une plus grande intensité de vie, des horizons plus larges et plus amples, une plus libre affirmation de la personnalité. Pour tous elle a représenté aussi une rupture, des mers à franchir, des climats nouveaux à affronter, des mœurs étrangères à pénétrer. Dans une société assez étroitement repliée sur elle-même, difficilement ouverte sur l'extérieur, elle a maintenu la vision d'un certain dépassement, la persistance d'un certain rêve d'aventure et d'audace... Et c'est bien d'ailleurs la persistance tenace de ce rêve à travers plusieurs générations de Français qui — la décolonisation achevée, l'Empire effacé des cartes du monde — ne peut manquer de poser quelques questions essentielles. « La France sans l'Afrique du Nord sera une autre France », écrivait Raymond Aron en 1957 prêchant l'acceptation de cette « autre France ». « Un peuple peut-il vivre sans rêve, et le grand rêve algérien par quel autre le remplacer ? », interrogeait de son côté en 1962, après la défaite de sa cause, un défenseur de l'Algérie française. Dans quel sens en d'autres termes, vers quelles directions nouvelles, au service de quelles causes, vont désormais se porter les enthousiasmes, les ferveurs et les énergies laissées disponibles par la fin de l'aventure coloniale ?

Multiples, sans doute et contradictoires demeurent encore les possibilités de réponse. Les mythes de l'expansion économique venant prendre le relais des mythes de la prépondérance politique, il se peut que la disparition de la France d'Outre-Mer coïncide avec le plein épanouissement d'un nationalisme de repli territorial, soucieux avant tout de développement et d'aménagement intérieurs, de sécurité et de mieux-être. Il se peut aussi que — l'image d'un nouveau grand dessein extérieur venant se substituer à celle d'un autre grand dessein — l'idée d'une communauté européenne à construire au-delà du cadre traditionnel des vieux Etats et des vieilles nations vienne réveiller et recueillir à son profit les vastes espérances autrefois soulevées par l'édification de la communauté impériale. Il se peut enfin que, sous une forme nouvelle et dans un contexte politique nouveau, les mêmes appels retentissent vers les terres et les peuples d'Afrique et d'Asie et suscitent, dans les esprits et dans les cœurs, les mêmes échos. Il est à cet égard assez remarquable que l'idéal officiellement présenté par l'actuelle politique d' « aide » et de « coopération » ne se montre pas, à tout prendre, très sensiblement différent de celui qu'exprimaient en leur temps les grands doctrinaires de l'action coloniale essentiellement définie comme une « mission de solidarité » ou une « œuvre collective de charité ». Sa formulation recouvre les mêmes élans désintéressés et la même sincérité dans la générosité ; elle recouvre également, maintenus dans un semblable et très discret arrière-plan, les mêmes calculs, les mêmes arrière-pensées, les mêmes présomptions et les mêmes vanités. A travers elle se retrouvent, d'autre part, à peine inchangées, la même conception des rapports de civilisation, la même assurance dans la bonne conscience, la même certitude dans la supériorité des modèles occidentaux de progrès humain qui avaient si longtemps donné aux vieux impérialismes européens leur légitimation morale et stimulé leur dynamisme conquérant. Témoignage de l'inextinguible volonté de messianisme du vieil Occident, de son inaltérable puissance de survie, les forces qu'elle tend à mobiliser ne semblent guère, en tout cas, prêtes à s'éteindre.

Quels qu'en soient les cheminements et si multiples qu'ils risquent d'apparaître, nul doute pourtant que l'idée coloniale n'ait, dans la conscience nationale, son histoire posthume. Au fil des dernières générations françaises, tant d'enfants ont rêvé sur les pages du *Journal des Voyages* ou de *La Croisière noire.* Tant de jeunes hommes aussi ont connu, sur les quais de Bordeaux ou de Marseille, l'émotion du départ, les mouchoirs que l'on agite, le tournoiement des mouettes et le soudain grondement des machines. Puis la mer qui s'ouvre devant l'étrave...

Novembre 1971

Notes et références

CHAPITRE PREMIER

1. L'attitude de l'opinion française à l'égard du fait colonial lors de l'avènement de la Troisième République est largement évoquée dans le livre capital de BRUNSCHWIG (Henri). — *Mythes et réalités de l'impérialisme colonial français.* Paris, A. Colin, 1960, 205 p. Les points de vue développés par H. BRUNSCHWIG doivent cependant être complétés et nuancés en fonction des données fournies par deux articles importants : MASSON (André). — « L'opinion française et les problèmes coloniaux à la fin du Second Empire ». *Rev. franç. d'Hist. d'Outre-Mer,* 69, 1962, pp. 336 et suiv. et surtout VALETTE (Jacques). — « Note sur l'idée coloniale en 1871 ». *Rev. d'Hist. moderne et contemporaine,* avril-juin 1967, pp. 158 et suiv. On consultera d'autre part les histoires générales de la colonisation française dont la plus récente est celle de GANIAGE (Jean). — *L'expansion coloniale de la France sous la Troisième République (1871-1914).* Paris, Payot, 1968, 434 p.

2. GARNIER (Francis). — *Voyage d'exploration en Indochine effectué pendant les années 1866, 1867 et 1868.* Paris, Hachette, 1873, 2 vol.

3. COFFIN (J.-T.). — *Les questions du jour des colonies et de l'Afrique centrale.* Paris, Delagrave, 1879, 46 p.

4. C'est ce mécanisme qui, beaucoup plus tard, et sur un plan général, sera fort bien décrit par un ancien haut fonctionnaire colonial, Jules Harmand : « Après un premier débarquement, le pays occupé, il est impossible de s'en retirer. On y reste parce qu'on y est, parce que l'on veut alors se persuader que la poursuite de l'affaire est possible désormais sans grands efforts, parce que l'on ne veut pas perdre le bénéfice escompté des sacrifices déjà accomplis, parce que l'on est retenu par la

considération des intérêts nationaux et indigènes qui s'attachent aussitôt à ce genre d'entreprises, parce qu'enfin l'honneur des armes et le prestige du drapeau, parfois l'existence des cabinets, s'y trouvent engagés » *in* HARMAND (Jules). — *Domination et colonisation*. Paris, E. Flammarion, 1910, 371 p.

5. Sur l'attitude des grands économistes libéraux face à la colonisation se référer à MERLE (Marcel). — *L'anticolonialisme européen de Las Cases à Karl Marx*. Textes choisis et présentés par Marcel Merle. Paris, A. Colin, 1969, 399 p.

6. Cités par MERLE (Marcel). — *L'anticolonialisme européen de Las Cases à Karl Marx, op. cit.*

7. Le rôle des négociants marseillais peut être évoqué à travers une étude plus spécialement consacrée à l'histoire de la maison Régis : « La Factorerie Régis à Wydah ». — *Marseille*, Revue municipale, troisième série, n° 76, 1er trimestre 1969, pp. 52 et ss.

8. Les traditions coloniales de la marine ont été évoquées par BRUNSCHWIG (Henri). — *L'avènement de l'Afrique noire du XIXe siècle à nos jours*. Paris, A. Colin, 1963, 248 p.
Sur l'armée d'Afrique et son état d'esprit voir GIRARDET (Raoul). — *La société militaire dans la France contemporaine, 1815-1939*. Paris, Plon, 1953, 333 p.

9. La place du légendaire militaire dans la vision de l'Algérie fournie par l'imagerie et la gravure populaire est particulièrement mise en valeur dans la très originale étude de BERNASCONI (Dominique). — *L'image de l'Algérie dans l'iconographie française, 1830-1870*. Paris, 1970, 166 p. multigr. Mémoire de l'Institut d'Etudes Politiques de Paris, sous la direction de Raoul GIRARDET, 1970.

10. Sur l'histoire des missions catholiques françaises au XIXe siècle se référer essentiellement à l'*Histoire universelle des missions catholiques*, publiée sous la direction de Mgr S. DELACROIX, Paris, Gründ, Monaco, Editions de l'Acanthe, 1956-1959, 4 vol., t. III. *Les missions contemporaines, 1800-1957*. D'utiles indications peuvent encore être fournies par LOUVET (Louis). — *Les missions catholiques au XIXe siècle*. Lyon, Œuvre de la propagation de la foi, 1896, 543 p. Un bon résumé est donné dans le petit livre de SEDES (J.-M.). — *Histoire des missions françaises*. Paris, P.U.F., 1950, 128 p.

11. Voir sur ce sujet l'ouvrage de MALO (Henri). — *A l'enseigne de la petite vache. Souvenirs, gestes et figures d'explora-*

teurs. Paris, les Editions de la Nouvelle France, 1956, 254 p. qui dresse un tableau pittoresque des dîners du vendredi. L'auteur insiste tout particulièrement sur « le rôle insoupçonné du public » de Charles Maunoir qui fut, affirme-t-il « un véritable guide pour les grands explorateurs de l'époque héroïque ».

12. Voir sur ce sujet la brève, mais très claire mise au point de EMERIT (Marcel). — « L'idée de colonisation dans les socialismes français ». *L'âge nouveau*, n° 24, 1967, pp. 103 et ss.

13. BLOCK (Maurice). — *Dictionnaire général de la politique*. Paris, C. Lorenz, 1863-1864, 2 vol. L'article « Colonisation » a été rédigé par Jules Duval et il faut insister sur le fait que le terme est fondamentalement utilisé dans le sens général d'une œuvre de peuplement et de mise en valeur du globe.

14. De Jules DUVAL lire surtout : *Les colonies et la politique coloniale de la France*. Paris, A. Bertrand, 1864, 526 p., et *L'Algérie et les colonies françaises*. Paris, Guillaumin, 1877, 354 p. Ce dernier ouvrage est précédé d'une intéressante notice biographique rédigée par l'économiste Levasseur.

15. DUVAL (Jules). — *Les colonies et la politique coloniale de la France. Op. cit.*, p. VI.

16. Sur Prévost-Paradol et sa pensée politique, voir essentiellement GUIRAL (Pierre). — *Prévost-Paradol. Pensée et action d'un libéral sous le Second Empire*. Paris, Presses universitaires, 1955, 844 p.

17. PRÉVOST-PARADOL (Lucien-Anatole). — *La France nouvelle*. Paris, Michel Lévy frères, 1869, 423 p., pp. 418-419.

18. GARNIER (Francis). — *La Cochinchine française en 1864*. Paris, E. Dentu, 1864, 48 p., pp. 44-45. Voir également : *De la colonisation de la Cochinchine*. Paris, Challamel aîné, 1865, 39 p.

CHAPITRE II

1. Sur l'élaboration d'une doctrine française de l'impérialisme colonial consulter, outre BRUNSCHWIG, la thèse toujours essentielle de MURPHY (Agnès). — *The ideology of French Imperialism, 1871-1881*. Washington, Catholic University of American Press, 1948, 241 p.

2. Sur Paul Leroy-Beaulieu voir l'abondante notice nécrologique de STOURM (René). — « Paul Leroy-Beaulieu ». *Rev. des Deux Mondes*, 1er avril 1917, p. 532 et ss.

3. LEROY-BEAULIEU (Paul). — *De la colonisation chez les peuples modernes*. Paris, Guillaumin, 1874, 616 p., pp. 605-606.

4. Cf. les formules de Renan dans *La Réforme intellectuelle et morale*. « La conquête d'un pays de race inférieure par une race supérieure qui s'y établit pour le gouverner n'a rien de choquant (...) Autant les conquêtes entre races égales doivent être blâmées, autant la régénération des races inférieures ou abâtardies par les races supérieures est dans l'ordre providentiel de l'humanité ». Cf. RENAN (Ernest). — *Œuvres complètes*. Paris, Calmann-Lévy, 1947, t. I, 1025 p.

5. CHARMES (Gabriel). — « La politique coloniale ». *Revue des Deux Mondes*. LIIIe année, 1er novembre 1883, pp. 49 et ss.

6. GAFFAREL (Paul). — *Les colonies françaises*. Paris, G. Baillière, 1880, 423 p., pp. 35-36.

7. L'abbé Pierre Raboisson était en fait un historien, auteur de diverses études sur l'Orient ancien. Il collaborait, d'autre part, au journal *Le Monde*, catholique et conservateur, où il s'était fait le défenseur des thèses « colonistes ».

8. RABOISSON. — *Etude sur les colonies et la colonisation au regard de la France*. Paris, Challamel aîné, 1877, 127 p., pp. 65-67.

9. Sur le développement des sociétés de géographie, se référer essentiellement à l'analyse très détaillée de MURPHY (Agnès). — *The ideology of French Imperialism, op. cit.*

10. Il convient de souligner le fait que les prises de position du *Journal des Débats* et de *La Revue des Deux Mondes* en faveur de l'expansion coloniale sont très antérieures à l'avènement de la Troisième République. Elles s'affirment déjà avec force dans les dernières années du Second Empire.

11. RONDAIRE (E.). — « Une mer intérieure en Algérie. » *Revue des Deux Mondes*. XLIVe année, 15 mai 1874, pp. 323 et ss.

12. Cf. *Histoire universelle des missions catholiques*. — T. III, *op. cit.*

13. Cité par VALETTE (Jacques). — « L'expédition de Francis Garnier au Tonkin à travers quelques journaux contempo-

rains ». *Revue d'Histoire moderne et contemporaine.* Avril-juin 1969, pp. 190 et ss.

14. Sur la personnalité de Lavigerie voir, parmi les nombreux ouvrages qui lui ont été consacrés : GOYAU (Georges). — *Un grand missionnaire, le Cardinal Lavigerie.* Paris, Plon Nourrit et Cie, 1925, 278 p. LESOURD (Paul). — *Les Pères Blancs du Cardinal Lavigerie.* Paris, Bernard Grasset, 1935, 335 p. PERRAUDIN (Le P. Jean). — *Les principes missionnaires du Cardinal Lavigerie.* Thèse soutenue devant la Faculté de Théologie de Fribourg. Rapperswil, H. Bertin, 1941, 120 p.

Les principaux textes du prélat ont été rassemblés *in* LAVIGERIE (Cardinal Charles). — *Œuvres choisies.* Paris, Poussielgue frères, 1884, 2 vol.

15. LAVIGERIE (Cardinal Charles). — L'archevêque d'Alger, ancien évêque de Nancy (Mgr Lavigerie). *Aux Alsaciens et aux Lorrains exilés.* (S.l.) Imprimerie de Delaroy, 1871, 4 p., pp. 1-3.

16. VALETTE (Jacques). — « L'expédition de Francis Garnier au Tonkin à travers quelques journaux contemporains », *art. cit.*

17. D'après VALETTE (Jacques), *art. cit.*

CHAPITRE III

1. Sur l'attitude des milieux républicains à l'égard de la cause coloniale voir les articles précédemment cités de MASSON (André) et VALETTE (Jacques). Voir également GANIAGE (Jean). — *Les origines du protectorat français en Tunisie (1861-1881).* Paris, P.U.F., 1959, 776 p.

2. D'après VALETTE (Jacques). — « L'expédition de Francis Garnier au Tonkin à travers quelques journaux contemporains », *art. cit.*

3. Sur Jules Ferry voir principalement : RAMBAUD (Alfred). — *Jules Ferry.* Paris, Plon Nourrit, 1903, 556 p. RECLUS (Maurice). — *Jules Ferry,* Flammarion, 1947, 437 p. DELAVIGNETTE (Robert) et JULIEN (Ch. André). — *Les constructeurs de la France d'outre-mer.* Paris, Correa, 1946, 525 p.

Les principaux textes de Ferry se rapportant à la politique coloniale ont été rassemblés dans les t. IV et V de FERRY (Jules). — *Discours et opinions de Jules Ferry,* publiés avec commentaires et notes par Paul Robiquet. Paris, A. Colin, 1893-1898, 7 vol.

4. FERRY (Jules). — *Le Tonkin et la mère patrie.* Témoignage et documents. Paris, V. Howard, 1890, 406 p., pp. 40-41.

5. *Chambre des députés. Séance du 28 juillet 1885.*

6. *Chambre des députés. Séance du 28 juillet 1885.*

7. Ces formules sont d'Henri Brunschwig lui-même qui, avant de la répudier et de la combattre, avait été l'un des plus fermes interprètes de la thèse du « néomercantilisme colonial ». Cf. BRUNSCHWIG (Henri). — *La colonisation française du pacte colonial à l'Union française.* Paris, Calmann-Lévy, 1949, 302 p., pp. 52-53.

8. SEELEY (John Robert). — *L'expansion de l'Angleterre.* Traduit par J.-B. BAILLI et A. RAMBAUD. Préface d'Alfred RAMBAUD. Paris, A. Colin, 1885, 368 p., p. XXXVI.

9. *Chambre des députés. Séance du 31 juillet 1885.*

10. *Chambre des députés. Séance du 31 juillet 1885.* La même argumentation se trouve développée à de nombreuses reprises au cours du débat de juillet 1885, notamment par Edouard Lockray le 7 juillet et par Camille Pelletan le 12 juillet. Celui-ci évoque l'exemple de la Cochinchine : « Quels produits y placez-vous ? Vous avez voulu ouvrir un débouché à vos cotonnades. Les Anglais apportent dix millions de cotonnades à la Cochinchine et vous rien ou presque rien ». Et l'orateur commente en ces termes : « Quand vous ouvrirez des marchés nouveaux, ces marchés seront ouverts aux autres comme à vous, et ils appartiendront à celui dont les produits seront à meilleur prix et dans les meilleures conditions. Et en même temps vous surchargez vos frais de production de tout le prix de la conquête que vous faites ». Ces citations, que l'on pourrait multiplier montrent assez combien restent encore profondément ancrés dans les esprits les postulats libre-échangistes.

11. *Chambre des députés. Séance du 12 juillet 1885.* L'argument démographique, utilisé ici par le député Raoul Duval contre la politique d'expansion coloniale, peut cependant se retrouver évoqué en un sens inverse dans l'argumentation favorable à cette politique. Dans la préface à l'ouvrage de Seeley, Alfred Rambaud développe notamment le point de vue selon lequel l'essor démographique de la France, actuellement arrêté, reprendra dès que de nouveaux débouchés seront

offerts à l'activité nationale : « Plus un pays envoie d'immigrants aux terres nouvelles, écrit-il en s'appuyant sur les exemples de la Grande-Bretagne et de l'Allemagne, plus il lui naît d'habitants ». Une même position est exprimée en 1877 par l'économiste Laboulaye, éditeur des textes de Jules Duval rassemblés sous le titre *L'Algérie et les colonies françaises*. « Ce qu'on ne voit pas, écrit Laboulaye dans la préface de cet ouvrage, c'est que la multiplication des hommes est soumise aux mêmes lois que celle des plantes, qui couvrent la terre. Pour qu'un grain germe et se multiplie, il lui faut de la place et du soleil ; pour que les hommes se multiplient, pour qu'ils ne s'étouffent pas les uns les autres, il faut qu'ils trouvent un lieu où se développer, un certain bien-être qui leur permette de grandir (...). Si vous aviez demain cinq cent mille colons en Algérie, vous auriez en France une émigration considérable, et la place de ceux qui partiraient serait prise et au-delà par les générations nouvelles » (*op. cit.*, pp. XXIII et ss.).

12. *Chambre des députés. Séance du 30 juillet 1885.*

13. Vingt ans plus tard, dans un article rédigé en 1905 et publié dans la *National Review* britannique, Paul Déroulède expliquera en ces termes les motifs de son opposition à la politique d'expansion coloniale : « Ces succès qui créaient une diversion étaient aussi une dispersion. Ils réjouissaient trop les Allemands pour ne pas inquiéter les Français. Tout en s'honorant de l'honneur du drapeau, les patriotes ne pouvaient s'empêcher de penser et de dire bien haut que toutes ces petites victoires partielles, toutes ces petites guerres successives épuisaient autant la France qu'auraient pu le faire la guerre sainte et la victoire libératrice. Ils pensaient aussi que déposer des comptoirs n'est rien pour qui ne peut y imposer ses marchandises ; qu'il est cruel de prodiguer l'or et le sang de la nation française au seul profit des nations prépondérantes ». Et il ajoutait : « Cette prépondérance essentielle à la liberté commerciale et à la sécurité nationale du pays français ce n'est pas sur les mers et contre l'Angleterre qu'il faut essayer de la rétablir, mais sur les bords du Rhin et contre l'Allemagne ». *In* DÉROULÈDE (Paul). — *Qui vive ? France ! Quand même. Notes et discours, 1883-1910.* Paris, Blond et Cie, 1910, 310 p., p. 97.

14. *Chambre des députés. Séance du 31 juillet 1885.*

15. Sur les discussions et les polémiques qui entourèrent l'expédition de Tunisie, se reporter à GANIAGE (Jean). — *Les origines du protectorat français en Tunisie, op. cit.*

16. DRUMONT (Edouard). — *La France juive, essai d'histoire*

contemporaine. Paris, C. Marpon et E. Flammarion, 1886, t. I, pp. 477-478.

17. *Le Temps*, 6 octobre 1885.

18. Même note chez Déroulède, qui s'exprime ainsi au sujet des « coloniaux » : « Habitués à s'entendre facilement avec l'Allemagne qui, naturellement, nous poussait aux colonies, et à ne pas s'entendre avec l'Angleterre, qui, naturellement aussi, nous en repoussait, les coloniaux en arrivèrent à oublier Metz et Strasbourg, la défaite et la conquête, et à concevoir comme possible une entente formelle avec l'Allemagne. Ils faisaient valoir l'isolement de la France, l'inutilité de rester hypnotisé par la trouée des Vosges et la pesée formidable qu'exerceraient sur l'Europe les deux plus fortes armées du monde. L'Allemagne aussi était de cet avis ». DÉROULÈDE (Paul). — *Qui vive ? France ! Quand même. Op. cit.*, p. 97.

19. BRUNO (G.). [Pseudonyme de Mme Fouillée.] — *Les enfants de Marcel, instruction et morale en action.* Livre de lecture courante, cours moyen. Paris, Vve E. Belin et Fils, 1887, 284 p.

CHAPITRE IV

1. Sur le « parti colonial » voir essentiellement BRUNSCHWIG (Henri). — *Mythes et réalités de l'impérialisme colonial français, op. cit.*, dont nous avons suivi de très près l'analyse. Le terme même de « parti colonial » passe pour avoir été utilisé pour la première fois au banquet de l'*Union coloniale* du 6 juin 1894 : « Avec ces appuis, le parti colonial est puissant, il doit être productif, à l'œuvre donc... »

2. Sur Etienne une seule, mais utile, biographie : celle de SIEBERG (Herward). — *Eugène Etienne und die französische Kolonialpolitik, 1887-1904*. Köln, Westdeutscher Verlag, 1968, 210 p.

3. Le gouverneur général Roume écrira d'Etienne, après sa mort survenue le 21 mai 1921 : « Il était le conseiller de nos desseins, le confident de nos difficultés, et bien souvent l'arbitre des malentendus qui pouvaient nous diviser (...). Avec lui s'éteint le souffle qui a animé la période coloniale héroïque, cette période de luttes ardentes, de sacrifices généreux et enthousiastes, au prix desquels s'est édifié cet empire colonial qui fait la force et l'orgueil de la France. » (Cf. SIEBERG, *op. cit.*)

4. Cf. Fagot (Hélène). — *L'idée coloniale dans la littérature enfantine pendant la période 1870-1914.* Paris, 1967, 119 p. multigr. Mémoire de l'Institut d'Etudes politiques de Paris, sous la direction de R. Girardet, 1967.

5. L'histoire de la création de l'école coloniale a été retracée par Rigollot (Daniel). — *L'Ecole coloniale (1885-1939).* Paris, 1970, 135 p. dactyl. Mémoire de l'Institut d'Études politiques de Paris, sous la direction de R. Girardet, 1970.

6. Il faut notamment retenir le véhément réquisitoire dressé par Emile Boutmy contre la nouvelle institution. Boutmy voit dans la création de l'Ecole coloniale un nouvel et déplorable exemple de la tradition « centraliste » et « bureaucratique » qui domine, selon lui, l'enseignement français. Lui opposant les exemples britanniques et hollandais, il préconise un enseignement colonial diversifié débouchant vers des voies multiples de recrutement administratif. Cf. Boutmy (Emile). — *Le recrutement des administrateurs coloniaux.* Paris, A. Colin, 1895, 127 p. Une même opposition s'exprime de la part des Chambres de Commerce dont quelques-unes avaient pris l'initiative d'organiser leur propre enseignement colonial. (Une « section coloniale », qui fonctionna de 1886 à 1892, avait par ailleurs été créée à l'Ecole libre des sciences politiques dont Boutmy était précisément le directeur.)
Sur le problème du recrutement de l'administration coloniale, voir également Chailley-Bert (Joseph). — *Le recrutement des fonctionnaires coloniaux. La Hollande et les fonctionnaires des Indes néerlandaises.* Paris, A. Colin, 1893, 87 p.

7. Particulièrement caractéristique à cet égard le pamphlet de Canu (A.H.). — *La pétaudière coloniale.* Paris, Chamuel, 1894, VIII-316 p. « Tous les vices, tous les abus de pouvoir, toutes les imbécillités, écrit l'auteur, trouvent place dans ces petits palais où nous logeons nos administrateurs des affaires indigènes (...). Ainsi nos gouvernements coloniaux, nos directions de l'Intérieur sont devenus le *refugium peccatorum* de tous nos ratés, l'*excreta* de notre organisme politique et social. » L'auteur se défend cependant de mettre en cause le principe même de la politique d'expansion. « Nous sommes de ceux, précise-t-il, qui estiment que l'expansion coloniale est, à la fois, un devoir et une nécessité pour la France. »
Le même thème se trouvera développé dans Tisseyre (Paul) [Pseud. Ananke]. — *L'assiette au beurre coloniale.* Paris, A. Messein, 1911, 407 p. La critique de l'administration coloniale sera, d'autre part, portée au théâtre avec la pièce de Fabre (Emile). — *Les sauterelles.* Paris, P. V. Stock, 1912, 231 p.

8. Sur l'officier colonial sous la Troisième République se

reporter à Girardet (Raoul). — *La société militaire dans la France contemporaine, op. cit.*

9. Gallieni (Général Joseph Simon). — *Rapports d'ensemble sur la pacification, l'organisation et la colonisation de Madagascar*. Paris, Charles-Lavauzelle, (s.d.), 628 p. Voir également : *Neuf ans à Madagascar*. Paris, Hachette, 1908, 372 p. et *Lettres de Madagascar*. Paris, Société d'Editions géographiques, maritimes et coloniales, 1928, 195 p.

10. Lyautey (Maréchal Hubert). — *Lettres du Tonkin et de Madagascar (1894-1899)*. Paris, Colin, 1920, 667 p. Lettre du 27 mars 1898. Les vertus d'initiative, de responsabilité et de volonté créatrice exaltées par Lyautey dans le personnage de l'officier colonial, se retrouvent, d'autre part, dans le portrait que trace à la même époque de l'administrateur civil servant outre-mer le grand africaniste Maurice Delafosse. « Il sent qu'il fait quelque chose, écrit Maurice Delafosse, qu'il fait dans un rayon restreint œuvre de créateur. Malgré les paperasses, malgré les règlements, il y a place chaque jour pour son initiative ». Et Maurice Delafosse dresse ainsi le bilan de la vie du « colonial » : « Il a construit des routes, des ponts, des marchés, mais combien aussi a-t-il construit de tombes ? Combien a-t-il planté de croix de bois grossières au-dessus des restes de ceux qui avaient espéré, en allant là-bas, gagner une autre croix. » Cf. Delafosse (Maurice). — *Les états d'âme d'un colonial*. — Paris, Publ. du Comité de l'Afrique française, 1909, 84 p.

On comprend en lisant ces textes que, pour toute une génération, Robert Delavignette ait pu parler d'une « éthique brûlante de la colonisation ».

11. Ces articles ont été rassemblés *in* Etienne (Eugène). — *Les Compagnies de colonisation*. Paris, A. Challamel, 1897, 78 p.

12. En 1900, la répartition géographique des placements financiers français à l'étranger s'établit ainsi : Russie, 25 p. 100 ; Espagne et Portugal, 16 p. 100 ; Egypte et Afrique non française, 10,7 p. 100 ; Turquie, 7,1 p. 100 ; Amérique du Sud, 7,1 p. 100 ; Colonies françaises, 5,3 p. 100, etc. En 1914, la répartition est la suivante : Russie, 25,1 p. 100 ; Amérique du Sud, 13,3 p. 100 ; Colonies françaises, 8,8 p. 100 ; Espagne et Portugal, 8,8 p. 100 ; Turquie, 7,5 p. 100 ; Egypte et Afrique non française, 7,3 p. 100, etc. La part des colonies françaises a donc sensiblement augmenté, passant de 1 milliard et demi à 4 milliards. Elle reste pourtant sensiblement inférieure au portefeuille des placements russes (11,3 milliards) et latino-américains (6 milliards). Cf.

Michalet (Charles-Albert). — *Les placements des épargnants français de 1815 à nos jours.* Paris, P.U.F., 1968, 375 p.

13. Harmand (Jules). — *Colonisation et domination, op. cit.*

14. Les points de vue développés par Harmand se situent surtout sur le plan politique. Mais le principe de l'assimilation se trouve, d'autre part et de façon non moins véhémente, condamné par d'autres auteurs qui eux situent davantage le problème sur le plan culturel. Ces thèses sont notamment développées par Saussure (Léopold de). — *Psychologie de la colonisation française dans ses rapports avec les sociétés indigènes.* Paris, Félix Alcan, 1899, 312 p., et par Le Bon (Docteur Gustave). — *La psychologie politique et la défense sociale.* Paris, Ernest Flammarion, 1910, 379 p. (Le docteur Le Bon reprend dans cet ouvrage les idées développées dans une communication présentée au Congrès colonial de 1889 et consacrée à « l'influence de l'éducation européenne sur les sociétés indigènes ».) Ces deux auteurs voient dans l'extension de l'assimilation un facteur de dégénérescence pour les sociétés européennes. « Le seul résultat définitif de l'instruction européenne, écrit par exemple le Docteur Gustave Le Bon, aussi bien pour le Nègre que pour l'Arabe et pour l'Hindou, est d'altérer en lui les qualités héréditaires de sa race sans lui donner celles des Européens. » « Ils flottent entre des idées contraires, des principes moraux contraires. Ballottés par tous les hasards de la vie et incapables d'en dominer aucun, ils n'ont plus pour guide que l'impulsion du moment. »

15. Voir notamment l'ouvrage particulièrement caractéristique de Lanessan (J. L. de). — *Principes de colonisation.* Paris, Félix Alcan, 1897, 283 p. L'auteur, ancien médecin de marine, professeur à la Faculté de Médecine et gouverneur général de l'Indochine de 1891 à 1895, n'hésite pas à souligner les erreurs et les crimes de la conquête coloniale (« Tous ceux qui connaissent l'histoire de la colonisation moderne savent avec quelle férocité les armées de l'Europe opèrent dans les entreprises coloniales. ») Lui aussi critique le centralisme unificateur de la politique française et préconise des formules plus souples, davantage respectueuses des institutions et des mœurs indigènes.

16. *Congrès colonial français de 1906.* Bibliothèque des Congrès coloniaux français, 1907. Discours de Georges Leygues. Banquet du 6 juillet 1906.

17. Ivoi (Paul d'), [Pseud. de Deleutre (Charles)]. — *Le sergent Simplet à travers les colonies françaises.* Paris, Jouvet, 1895, 492 p. Egalement caractéristique un autre ouvrage du

même auteur : *Le capitaine Nilia.* Paris, Société d'Edition et de librairie, 1900, 436 p., qui évoque le soulèvement imaginaire de l'Egypte contre les Anglais sous la conduite de Français.

18. *Congrès colonial Français de 1906.* — Discours de Léopold Mabilleau, Directeur du Musée Social. Banquet du 6 juillet 1906.

19. Etienne (Eugène). — *La France dans l'Afrique occidentale.* — Conférence faite à Bordeaux le 26 janvier 1901.

20. Cité par Fagot (Hélène). — *L'idée coloniale dans la littérature enfantine, op. cit.*

21. Tylor (Sir Edward Burnett). — *La civilisation primitive* (Primitive culture). Paris, C. Reinwald, 2 vol., T. I, 1876 ; T. II, 1878. Deux ans plus tard est traduit en français l'ouvrage de Maine (Sir Henry Summer). — *Etudes sur l'histoire des institutions primitives* (Lectures on the early history of institutions). Paris, E. Thorin, 1880, XLIV-495 p.

22. La vision du « sauvage » telle qu'elle se trouve présentée à l'opinion à la fin du XIXe siècle, a été analysée sur un point particulier mais avec beaucoup de finesse dans la thèse de Campion-Vincent (Véronique). — *Images du Dahomey. Un royaume africain vu par la presse française.* Paris, 1965, 409 p. multigr. (Thèse de troisième cycle. Ecole pratique des Hautes Etudes, VIe section. 1965.)

23. Dubarry (Armand). — *Voyage au Dahomey.* Paris, M. Dreyfus, 1879, 282 p. On peut rapprocher ce texte de celui où Jules Lemaitre décrit un spectable de danse africaine donné en 1887 au jardin d'Acclimatation : « Allez voir, écrit-il, ces fils monstrueux de l'Afrique équatoriale, vous aurez sûrement cette impression que l'abîme est moindre entre les bons chiens qui jappent près de là qu'entre un Achanti et M. Taine ou M. Herbert Spencer. » Et il conclut en posant la question : « Qu'est-ce que ces gens-là sont venus faire au monde ? » « Eh bien ! disons donc que les Achantis et les autres sauvages existent pour nous servir un jour. Quand la terre commencera à se refroidir, les races supérieures obligées de redescendre vers l'Afrique centrale seront bien aises que ce pays leur ait été préparé et rendu habitable par ces pauvres nègres. Mais, au reste, avant cela, tel d'entre eux pourra conduire et sauver de la mort quelque voyageur européen, et contribuer ainsi, indirectement, à l'accroissement de la science, de la puissance et de la dignité humaine. Et puis, dès maintenant, il doit bien se produire parfois, chez ces êtres affreux, quelque acte de bonté et de désintéressement. A cause de cela, ils méritent de vivre. »

Cf. LEMAITRE (Jules). — *Impressions de théâtre.* Première série. Paris, Boivin et Cie, 1888, 354 p. pp. 340 et ss.

24. DELAFOSSE (Maurice). — *Haut Sénégal-Niger (Soudan français).* Première série. *Le pays, les peuples, les langues, l'histoire, les civilisations.* Paris, E. Larose, 1912, 3 vol.

CHAPITRE V

1. RAMBAUD (Alfred). — *La France coloniale.* Paris, A. Colin, 1893, VI-791 p., p. V.

2. Cf. CAMPION-VINCENT (Véronique). — *Images du Dahomey. Un royaume africain vu par la presse française, op. cit.*

3. *La Marche au soleil. Epopée de la mission Marchand.* — Poème de Léon Durocher, musique de Georges Fragerolle. Paris, Flammarion, 1900, 46 p.

4. PAVIE (Auguste). — *A la conquête des cœurs. Le pays des millions d'éléphants et du parasol blanc.* Paris, Bossard, 1921, 359 p.

5. *L'Action Française,* 23 juin 1920.

6. BARRÈS (Maurice). — *Mes cahiers.* Paris, Plon, 1929-1957, 14 vol., T. VIII, novembre 1909 - février 1911, T. IX, février 1911 - décembre 1912.

7. MANGIN (Lieutenant-Colonel). — *La force noire.* Paris, Hachette, 1910, 355 p. En dehors de l'ouvrage du Colonel Mangin, la constitution d'une armée africaine fait l'objet, au cours de ces années, de nombreux articles et de plusieurs ouvrages. Parmi ces derniers, l'on peut citer : OBISSIER (Capitaine). — *Notice sur les tirailleurs sénégalais.* Paris, H. Charles Lavauzelle, 1905, 25 p., et MARCEAU (Capitaine). — *Le tirailleur soudanais.* Paris, Berger-Levrault, 1911, 83 p.

8. VOGÜÉ (E. Melchior de). — *Les morts qui parlent.* Paris, Plon Nourrit et Cie, 1899, 382 p., pp. 225-226. De Melchior de VOGÜÉ voir également autour du même thème : *Le maître de la mer.* Paris, Plon Nourrit et Cie, 1903, 446 p.

9. VIGNÉ d'OCTON (Paul). — *La gloire du sabre,* E. Flammarion, 253 p. Vigné mènera dix ans plus tard, dans *La guerre sociale,*

une campagne sur le même thème. Ses articles seront édités en librairie sous le titre : *Les crimes coloniaux de la Troisième République. La sueur des Burnous.* Paris, La guerre sociale, 1911, 391 p.

10. Bloy (Léon). — *Le sang du pauvre.* Paris, F. Juven, 1909, 268 p. Voir plus précisément le chapitre XII intitulé « Jésus-Christ aux colonies », pp. 127 et ss. C'est au nom de la tradition apostolique chrétienne que Bloy condamne globalement l'œuvre colonisatrice des nations européennes. « Tout chrétien, écrit-il, partant pour les colonies emporte nécessairement avec lui l'empreinte chrétienne. Qu'il le veuille ou non, qu'il le sache ou qu'il l'ignore, il a sur lui le Christ Rédempteur, le Christ qui saigne pour les misérables, le Christ Jésus qui meurt, qui descend aux enfers, qui ressuscite et qui juge vivants et morts. Il est chrétien, lui aussi et quoi qu'il fasse, un christophore comme Colomb, mais un christophore à tête de Méduse, un christophore d'horreurs, de hurlements, de bras tordus et dont Christ a été, à moitié chemin, annexé par les démons. » Il convient toutefois de souligner que la position de Bloy reste, à l'époque, tout à fait marginale.

11. Challaye (Félicien). — *Le Congo français.* Paris, Cahiers de la quinzaine, 1906, Douzième cahier de la septième série, pp. 21-112.

12. Voir sur ce point la thèse de Willard (Claude). — *Les guesdistes.* Paris, Éditions sociales, 1965, 771 p.

13. Louis (Paul). — *Le colonialisme.* Paris, G. Bellais, 1905, 110 p. Les premiers articles de Paul Louis dans *La Revue socialiste* consacrés à « La colonisation sous la Troisième République » datent de janvier et février 1897. D'autres suivront, au cours des années 1898 et 1900, consacrés à l'affaire de Cuba et au partage de la Chine.

14. Sur l'ensemble du problème voir *Le mouvement social,* n° 45, octobre-décembre 1963 « Le socialisme et la question nationale ». Numéro spécial sous la direction de Madeleine Rébérioux et avec la collaboration de Georges Haupt (notamment « L'attitude de l'Internationale » par Madeleine Rébérioux et Georges Haupt, pp. 7 et ss.). Les débats des Congrès d'Amsterdam et de Stuttgart sont, d'autre part, largement évoqués dans l'ouvrage essentiel de Schram (Stuart) et Carrère d'Encausse (Hélène). — *Le Marxisme et l'Asie, 1853-1964.* Paris. A. Colin, 1965, 494 p.

15. Cf. Rébérioux (Madeleine). — « La Guerre sociale et le mouvement socialiste face au problème colonial. » *Le mouve-*

ment social, n° 46, janvier-mars 1964, pp. 92 et ss. L'auteur cite notamment ce passage de Gustave Hervé, daté du 7 août 1907 et écrit à propos de l'intervention française au Maroc : « Il ne nous reste qu'à vous souhaiter d'être reçus là-bas comme vos congénères italiens furent reçus il y a deux ans dans les montagnes d'Abyssinie par les troupes du Négus, ou de crever par milliers sur les routes du Maroc comme crevèrent naguère vos aînés sur les routes de Madagascar. »

16. Telle est notamment la conclusion qui se dégage de la substantielle étude d'OLIVERSI (A.). — « Les socialistes marseillais et le problème colonial. » *Le Mouvement social,* n° 46, janvier-mars 1964, pp. 27 et ss. Procédant à une analyse de la presse socialiste marseillaise entre 1890 et 1914, l'auteur souligne les innombrables variations que celle-ci révèle dans son approche du problème colonial. On ne peut cependant manquer d'être frappé par la persistante présence, tout au long du débat, du thème du coût de l'entreprise coloniale et du gaspillage qu'elle représente. Particulièrement caractéristique à cet égard paraît être la série d'articles de Pierre Roux publiés dans *Le Petit Provençal* entre novembre 1894 et janvier 1896. On y relève en grand nombre des formules de ce genre : « Notre argent s'éparpille sur toute la surface du globe à la poursuite de fantasmagories et de chimères. Il faut coloniser la France, la Crau plutôt que le Dahomey. » « Les Français de France et des Bouches-du-Rhône doivent passer avant les Malgaches, les Dahoméens et les Tonkinois », etc.

17. Sur l'attitude de Jaurès à l'égard du problème colonial voir essentiellement JAURÈS (Jean). — *Textes choisis.* Introduction et notes par Madeleine Rébérioux. Paris, Editions sociales, 1959, T. I, *Contre la guerre et la politique coloniale,* 239 p. Voir également BRUHAT (Jean). — « Jaurès devant le problème colonial. » *Bulletin de la Société d'Histoire moderne.* Supplément à la *Revue d'Histoire moderne et contemporaine.* Onzième série n° 20, novembre-décembre 1936, pp. 14 et ss. et AGERON (Robert). — « Jaurès et la question algérienne de 1895 à 1914. » *Le Mouvement social,* n° 43, janvier-mars 1963, pp. 1 et ss.

18. Telle est notamment la thèse soutenue par Rouanet au Congrès de Stuttgart de 1907 (où, au sein de la délégation française, les partisans de la colonisation représentent la majorité) : « Les peuples des pays civilisés européens et américains se trouvent devant des espaces énormes. Doivent-ils ou non se servir de ces espaces pour améliorer l'existence économique de leur pays ? Je réponds affirmativement. Alors il faut examiner la question de la colonisation même bourgeoise... »

19. AGATHON [Pseudonyme collectif d'Alfred TARDE et Henri

MASSIS]. — *Les jeunes gens d'aujourd'hui.* Paris, Plon Nourrit et Cie, 1913, 291 p.

20. PÉGUY (Charles). — *Œuvres en prose 1909-1914.* Paris, Bibliothèque de la Pléiade, 1957, 1598 p., pp. 827-828.

21. REY (Etienne). — *La Renaissance de l'orgueil français.* Paris, Grasset, 1912, 215 p. L'auteur voit dans l'expansion française au Maroc l'un des signes les plus évidents du mouvement de « renaissance » patriotique dont il entend saluer l'avènement.

CHAPITRE VI

1. Exposition coloniale internationale de Paris. 1931. Rapport général présenté par le gouverneur général Olivier, rapporteur général, délégué général à l'exposition. Paris, Imprimerie nationale, 1932, 396 p. Voir également *Le Livre d'or de l'Exposition coloniale internationale de Paris.* Publié sous le patronage officiel du Commissariat général de l'Exposition par la Fédération française des anciens coloniaux, Paris, 1931.

2. « Quand dans une lutte qui ne fut pas seulement la rencontre de deux armées adverses, mais le choc de deux coalitions de pays, s'affrontant avec toutes leurs ressources, nos colonies nous ont donné sans compter le sang de leurs tirailleurs, le travail de milliers d'ouvriers employés dans nos usines de guerre et les produits les plus variés de leurs sols et de leurs climats, elles ont attesté une telle solidarité avec la mère-patrie qu'elles sont vraiment apparues comme la chair de sa chair. » HOMBERG (Octave). — *La France des cinq parties du monde.* Paris, Plon, 1927, 317 p., p. 3.

3. MAUROIS (André). — *Lyautey.* Paris, Plon, 1934, 280 p.

4. Cf. SEMIDEI (Manuela). — « De l'Empire à la décolonisation à travers les manuels scolaires. » *Revue française de science politique.* Vol. XVI, n° 1, février 1966, pp. 56-86.

5. Sur la « littérature coloniale » et ses ambiguïtés, voir une analyse plus détaillée au chapitre VIII.

6. On trouvera sur ce sujet diverses indications dans l'étude de BOURNAZEL (Alain). — *L'Officier colonial, 1919-1939.* Paris, 1967, 211 p. dactyl. (Mémoire de l'Institut d'Etudes Politiques de Paris, sous la direction de R. Girardet, 1967.)

7. Parmi les romans les plus caractéristiques de cet auteur : PEYRÉ (Joseph). — *Le chef à l'étoile d'argent*. Paris, J. Ferenczi, 1937, 159 p., et *L'Escadron blanc*. Paris, les Editions de la Nouvelle France, 1943, 279 p. Sur le Maroc de Lyautey particulièrement révélateurs sont les livres des frères THARAUD, à la fois récits de voyage et exaltation de la conquête. Cf. THARAUD (Jérôme et Jean). — *Rabat ou les heures marocaines*. Paris, Emile Paul, 1918, 271 p. *Marrakech ou les seigneurs de l'Atlas*. Paris, Plon, 1936, 287 p. et *Fez ou les Bourgeois de l'Islam*. Paris, Plon, 295 p.

8. A la place privilégiée faite par toute une littérature au personnage du soldat colonial, il convient d'ajouter celle que lui réserve alors le cinéma. *Le sergent X* d'Ivan Mosjoukine, réalisé en 1932, marque le début de toute une série de films consacrés à la Légion étrangère dont *Le grand jeu* de Jacques Feyder, réalisé en 1934, et *La Bandera* de Julien Duvivier, réalisé l'année suivante, constituent les exemples les plus représentatifs. L'épopée militaire coloniale se trouve, d'autre part, évoquée dans d'autres réalisations à grand succès comme *Légions d'honneur* de Maurice Gleize, projetée en 1938, et *Trois de Saint-Cyr*, projetée en 1939. Cf. sur ce point : DANIEL (Joseph). — *Le thème de la guerre dans le cinéma français (1895-1968)*. Paris, 1969, XVI-600 p. multigr. (Thèse. Doctorat de recherche, mention « Etudes politiques », sous la direction de J. Touchard, 1969.)

9. En dehors des films consacrés à l'exaltation romanesque du soldat ou de l'officier colonial, il conviendrait à cet égard de tenir compte d'autres œuvres cinématographiques, qu'il s'agisse de documentaires ou d'œuvres de fiction, dont l'influence sur le grand public ne saurait être tenue pour négligeable. Parmi les plus importantes, il faut notamment citer *Les hommes nouveaux* de Marcel L'Herbier (1936), consacré à la conquête du Maroc, et les diverses réalisations de Léon Poirier, *La croisière noire, La croisière jaune,* ou *L'appel du silence* qui évoque la vie du Père de Foucauld. De façon générale on notera, sur ce plan encore, la prédominance du thème marocain et du thème saharien.

10. REYNAUD (Paul). — *L'Empire français. Discours prononcé à l'inauguration de l'Exposition coloniale, 1931*. Paris, Imp. de Guillemat et Lamathe (s.d.), 31 p.

11. RECLUS (Maurice). — *Le Temps colonial*. 31 mai 1931. L'idée se trouve largement développée par HOMBERG (Octave) *in La France des cinq parties du monde, op. cit.* : « C'est grâce à ses colonies que la France, malgré ses blessures mal fermées est encore une nation mondiale, et non pas une petite nation

européenne, une sorte de réserve touristique pour tous ceux qui sont en mesure de profiter de sa détresse financière après l'avoir en partie déterminée. »

12. La thèse de l' « indépendance économique » de la France assurée par son empire d'outre-mer se trouve souvent exprimée dans les années qui suivent immédiatement la première guerre mondiale. Cf. Sarraut (Albert). — *La mise en valeur des colonies françaises.* Paris, Payot, 656 p. « Pour réparer, écrit Sarraut, les ruines et les ravages (de la guerre), la mère-patrie peut puiser dans ses colonies des moyens en quelque sorte illimités de forces matérielles et commerciales (...) ; il faut mettre les colonies à même de fournir au redressement de la patrie les ressources considérables de tous ordres dont elles peuvent disposer. » Plus péremptoires ces formules extraites du texte-manifeste publié dans le premier numéro, daté de mars 1921, du magazine *Mer et colonies,* organe de la Ligue maritime et coloniale : « La France d'outre-mer nous libérera du tribut écrasant que nous payons à l'étranger. (...) Nos matières coloniales : minerais, denrées de consommation, matières végétales et animales de toutes sortes sont appelées à pleinement alimenter notre industrie qui, ainsi favorisée, pourrait enfin reconquérir sur les grandes places mondiales le rang qui lui revient. »

Le coût des charges coloniales pour le budget — et le contribuable — métropolitain continue cependant à être dénoncé par certains, notamment dans les rangs socialistes. Particulièrement significatif de cette attitude est le discours prononcé à la Chambre des députés, le 28 janvier 1930, par le député socialiste Sixte-Quenin lors de la discussion du budget des Colonies. « Je crois bien, déclare ce parlementaire, que si l'on examine le problème dans son ensemble, on est obligé de dire que, pour la plus grande partie de notre Empire colonial, la thèse qui prétend justifier le colonialisme en disant que les colonies sont d'abord pour la métropole des réservoirs de matières premières, et ensuite des débouchés pour la surproduction industrielle n'est pas exacte (...). Le pétrole, le caoutchouc, le coton nous arrivent et continuent de nous arriver de pays qui ne sont pas sous notre domination... D'autre part, si nos industriels ne comptaient que sur nos colonies pour écouler leurs produits, leurs usines pourraient fermer leurs portes. » S'opposant aux thèses communistes l'orateur souligne, par ailleurs, le fait que certains pays qui n'ont pas de colonies n'en donnent pas moins le « spectacle de l'essor économique le plus merveilleux ». Constatant enfin le fait que la France avait, depuis une cinquantaine d'années « semé des milliards » dans toutes les parties du monde, il pose la question : « Les citoyens qui s'enthousiasment pour ces milliards (...) rapportant çà et là quelques profits, pourraient-ils soutenir que la France serait diminuée si ces sommes énormes avaient été dépensées en France, par exemple, à construire une voie navigable de Marseille au Havre, à endiguer nos rivières torrentueuses, à lutter sainement contre la tuberculose, à irriguer des terres brûlées par le soleil et qui n'attendent que de l'eau pour nous donner des récoltes. »

13. A titre d'exemple cet extrait d'un article du *Temps* consacré au centenaire de la conquête de l'Algérie. Le débarquement de Sidi Ferruch, écrit le rédacteur, a « ouvert pour l'Algérie un avenir de libération, non un avenir d'oppression ». « Les indigènes, poursuit-il, ont compris que l'hégémonie française c'était la paix française, l'ordre, la prospérité, qu'à l'anarchie se substituaient la civilisation et le progrès... Le pacte d'union est désormais indissoluble » (« L'Algérie française ». *Le Temps*, 4 mai 1930). Toujours à propos de l'Algérie, la même satisfaction à l'égard de l'œuvre accomplie et la même foi dans l'avenir se retrouvent dans la conclusion d'un ouvrage du géographe Auguste Bernard publié en 1930 : « Les indigènes, lit-on en conclusion, pourraient s'associer sans arrière-pensée à la commémoration d'une conquête qui leur a été bienfaisante. Loin d'avoir détruit en Algérie une nation qui n'y a jamais existé, nous l'avons fait naître ; nous avons délivré les Algériens du joug brutal des Turcs et de leur propre anarchie ; nous avons mis fin aux guerres entre tribus, aux épidémies, aux famines qui les décimaient. Nous nous sommes efforcés d'améliorer leur condition physique, intellectuelle, économique (...). Si nulle propagande ne vient entraver notre œuvre séculaire et nous en retirer le bénéfice, les indigènes, on peut en être assuré, se rapprocheront de nous graduellement. » Cf. BERNARD (Auguste). — *L'Algérie*. Paris, Plon, 1930, 548 p. (Histoire des colonies françaises sous la direction de G. Hanotaux et A. Martineau. Tome 2.)

14. SARRAUT (Albert). — *Grandeur et servitude coloniales*. Paris, Editions du Sagittaire, 1931, 288 p., p. 106.

15. *Le Temps* reprend le thème en saluant « la sainte alliance des colonisateurs » : « A Vincennes est apparu cohérent et solidaire le bloc des peuples qui ont en main la charge des destinées d'autres peuples moins évolués. » *Le Temps colonial*, 17 novembre 1931.

16. Le maréchal poursuit en ces termes : « Il reste encore sur la terre de vastes champs à défricher, de pacifiques batailles à livrer à la misère, à l'ignorance, à toutes les forces mauvaises de la nature. En montrant l'immense labeur accompli par les nations colonisatrices, l'Exposition montrera par surcroît qu'il

reste encore beaucoup à faire. » LYAUTEY (Maréchal Hubert). — « Le sens d'un grand effort. » *L'illustration*, 23 mai 1931.

17. Voir par exemple MARTIN DU GARD (Maurice). — *Pour l'Empire*. Paris, Flammarion, 1938, 216 p., où ne cesse de se trouver dénoncée la permanence dans l'opinion des « poncifs anticoloniaux ». « Interrogez un paysan, écrit Maurice Martin du Gard, fût-ce le plus fin ? Que vous répondra-t-il ? Que les colonies sont un luxe et beaucoup trop lointain, et pour sûr un concurrent. Montrez-lui ce qu'elles nous achètent, il ne vous croira qu'à moitié. »

18. Cf. HENRY (Pierre). — « L'opinion publique française et le problème colonial. » *Sondages* n° 3, août 1939, pp. 11-12.

CHAPITRE VII

1. HANOTAUX (Gabriel), MARTINEAU (Alfred). — *Histoire des Colonies françaises et de l'expansion de la France dans le monde*. Paris, Plon, 1929-1934, 6 vol. Voir tome I, Introduction générale.

2. HARDY (Georges). — *Nos grands problèmes coloniaux*. Paris, A. Colin, 1929, 216 p.

3. Les problèmes asiatiques suscitent notamment une abondante littérature dont l'un des meilleurs exemples est représenté par l'ouvrage de GROUSSET (René). — *Le réveil de l'Asie. L'impérialisme britannique et la révolte des peuples*. Paris, Plon Nourrit et Cie, 1924, 240 p. Voir également sur le même thème, MURET (Maurice). — Le crépuscule des nations blanches. Paris, Payot, 1925, 235 p.

4. Sur l'attitude de l'Internationale communiste à l'égard de la question coloniale voir essentiellement SCHRAM (Stuart) et CARRÈRE D'ENCAUSSE (Hélène). — *Le marxisme et l'Asie, 1853-1864. Op. cit.*

5. Les campagnes anticoloniales du parti communiste français sont résumées dans l'étude d'AUZEPY (Véronique). — *Le problème colonial à travers « L'Humanité », 1928-1935*. Paris, 1967, 147 p. dactyl. (Mémoire de l'Institut d'Études Politiques de Paris, sous la direction de R. Girardet, 1967.) Plus généralement, sur la politique du P.C.F. à l'égard du problème colonial et sur son évolution, voir le livre polémique mais très riche

de MONETA (Jacob). — *Le P.C.F. et la question coloniale, 1920-1965.* Paris, François Maspéro, 1971, 307 p.

6. *Chambre des Députés. Séance du 4 février 1925.* Voir également DORIOT (Jacques). — *Les Colonies et le communisme.* Paris, Editions Montaigne, Fernand Aubier, 1929, 159 p. et SEMARD (Jacques). — *La guerre du Rif.* Paris, Librairie de l'Humanité, 1926, 160 p.

7. Cf. *Un an de terreur et de lutte révolutionnaire en Indochine.* Les discours de Jacques Doriot et d'André Marty dans la discussion du budget des colonies. Les interventions des socialistes Frossard et Blum. Paris, Libr. du Parti, 1931, 48 p. Au cours des années précédentes la presse communiste avait, d'autre part, accordé une large place aux textes de Nguyen-Ai-Quoc (le futur Ho-Chi-Minh), dénonçant avec une particulière violence les exactions de l'administration coloniale en Indochine (voir NGUYEN-AI-QUOC. — *Le procès de la colonisation française. Mœurs coloniales.* Paris, Impr. et Libr. du Travail, 1926, 128 p.).

8. Le discours de Maurice Thorez est cité et commenté dans l'ouvrage de SCHRAM (Stuart) et CARRÈRE D'ENCAUSSE (Hélène), *op. cit.* et MONETA (Jacob), *op. cit.*

9. Cf. CHALLAYE (Félicien). — *Souvenirs sur la colonisation.* Paris, Picart, 1935, 210 p. Pour Challaye « la colonisation n'est pas une entreprise humanitaire ; elle est un régime d'oppression politique ayant pour but l'exploitation économique des peuples soumis ». « Les avantages de la colonisation, précise-t-il, ne suffisent pas à compenser les injustices, les violences, les crimes de toute sorte qu'elle entraîne. Le passif l'emporte largement sur l'actif ». L'auteur souhaite en conclusion une « évolution révolutionnaire » qui, par étapes rapides, amènera les pays colonisés à l'indépendance. Sur l'action anticolonialiste menée, entre les deux guerres, par certains groupes d'extrême-gauche non communistes voir d'autre part, GUÉRIN (Daniel). — *Au service des colonisés. 1930-1953.* Paris, Les Editions de Minuit, 1954, 320 p.

10. *Bulletin de la Ligue contre l'oppression coloniale et l'impérialisme.* N° 1, 1927. Parmi les messages d'adhésion, il faut notamment relever celui de Romain Rolland : « Je suis d'accord avec vous, écrit Romain Rolland, dans la lutte pour les réclamations des peuples opprimés par l'impérialisme et le capital. Je serai toujours prêt à appuyer de mon nom les actions de protestation et les exigences des opprimés contre les oppresseurs et à élever ma voix contre les honteuses actions de l'impérialisme ». Après le premier congrès de Bruxelles de

1927, la Ligue tint une conférence à Berlin en 1928 et un second Congrès à Francfort en 1929.

11. Sur l'attitude de la S.F.I.O. à l'égard des problèmes coloniaux voir l'article de SEMIDEI (Manuela). — « Les socialistes français et le problème colonial entre les deux guerres (1919-1929) ». *Revue française de science politique.* Vol. XVIII, n° 6, décembre 1968, pp. 1115-1154.

12. RENAUDEL (Pierre). — « Les socialistes et le Maroc ». *Le Populaire,* 3 juin 1925.

13. *Chambre des Députés. Séance du 4 février 1925.* Les mêmes thèmes seront repris par Pierre Renaudel dans la séance du 27 mai 1925.

14. GIDE (André). — *Voyage au Congo. Carnets de route.* Paris, Editions de la « Nouvelle Revue Française », 1928, 253 p. et *Le Retour du Tchad, Suite du voyage au Congo.* Paris, Editions de la « Nouvelle Revue Française », 1929, 253 p.

15. ROUBAUD (Louis). — *Vietnam. La Tragédie indochinoise.* Paris, Libr. Valois, 1931, 288 p. Six ans auparavant dans un récit de voyage en Indochine, l'écrivain Roland Dorgelès avait déjà dénoncé les abus des grandes sociétés capitalistes et notamment des charbonnages du Tonkin (« le seul maître ici, c'est la mine »). Cf. DORGELÈS (Roland). — *Sur la route mandarine.* Paris, Albin Michel, 1925, 317 p.

16. VIOLLIS (Andrée). — *Indochine SOS.* Préface d'André Malraux. Paris, Gallimard, 1935, 255 p.

17. Il en est encore pratiquement de même avec la brochure collective publiée en 1936 par le « Comité de vigilance des intellectuels antifascites » et intitulée *La France en face du problème colonial.* Sans doute les quatre auteurs, Paul Rivet, Paul Langevin, Alain et Marc Casati portent-ils une condamnation initiale de l'entreprise coloniale définie comme « fille de l'intérêt et de la violence ». C'est avec force qu'ils soulignent, d'autre part, les tares et les abus du système colonial français. Ils se refusent cependant à envisager une libération immédiate des territoires coloniaux qui ne pourrait, selon eux, que livrer ceux-ci à l'anarchie et à de nouvelles convoitises étrangères. La politique qu'ils préconisent est celle d'une émancipation progressive que doit, dès maintenant, préparer une série de réformes « générales, profondes et hardies » : protection du travail, mise sur pied d'organismes représentatifs, accès plus grand des indigènes à la fonction publique, établissement des libertés fondamentales, etc. Le but visé qui est de

« donner aux colonies une charte démocratique », rejoint finalement, quel que soit le radicalisme de certains postulats initiaux, l'attitude générale du socialisme français. Cf. RIVET (Paul), LANGEVIN (Paul), ALAIN, CASATI (Marc). — *La France en face du problème colonial.* Paris, Comité de Vigilance des intellectuels antifascistes, 1936, 61 p.

Il est d'ailleurs à signaler que l'un des signataires de cette brochure, et non des moindres puisqu'il s'agit d'Alain, avait précédemment pris sans ambiguïté position contre tout anticolonialisme de système et de principe. Répondant en 1925 à un manifeste de Barbusse, il écrivait notamment dans l'un de ses *Propos* : « Je crois que le droit d'un peuple à disposer de lui-même est aussi chimérique et redoutable que le droit abstrait et informe invoqué par l'anarchiste conquérant. Mais j'y vois quelque chose de pire, c'est qu'en un peuple inorganisé, qui n'a pas encore en lui-même le droit réel, l'affirmation est laissée à quelques individus entreprenants devant une masse qui voit ses travaux interrompus, ses moissons brûlées et en un mot qui perd aussitôt les droits dont elle jouissait, d'où elle est rejetée à ses passions, cherchant le maître le plus fort, flattant et hésitant selon le sort des combats, et perdant enfin l'indépendance individuelle par la revendication de l'indépendance collective » (5 juillet 1925). Une même note se retrouve dans un *Propos* daté de mai 1931. *In* ALAIN. — *Propos.* Paris, Gallimard, 1956, pp. 655 et 1015-1016. (Bibliothèque de la Pléiade.)

18. Il faut citer comme particulièrement caractéristique de cet état d'esprit l'ouvrage de COTY (François). — *Contre le communisme. Sauvons nos colonies. Le péril rouge en pays noir.* Paris, Editions B. Grasset, 1931, 269 p. Le livre de François Coty marque l'aboutissement de toute une campagne menée autour du même thème dans *Le Figaro* au cours de l'année 1931.

CHAPITRE VIII

1. ROMIER (Lucien). — *Explication de notre temps.* Paris, B. Grasset, 1925, 291 p., pp. 155-156.

2. MASSIS (Henri). — *Défense de l'Occident.* Paris, Plon, 1927, 283 p. Sur le débat autour de la notion de civilisation, voir encore : *Civilisations. Orient, Occident, génie du Nord, latinité.* Lettres de Henri Focillon, Gilbert Murray, Joseph Strzygowski, Rabindranath Tagore. Paris, I.I.C.I., 1935, 169 p.

3. SAUSSURE (Léopold de). — *Psychologie de la colonisation française, op. cit.*

4. « L'effort colonial ». *La Revue de Paris.* 15 septembre 1902, pp. 422-448. Cet article, en fait anonyme, est attribué à Durkheim dans la thèse, par ailleurs riche d'aperçus originaux, de LECLERC (Gérard). — *Anthropologie et colonisation.* Paris, 1969. (Thèse sous la direction de Georges Balandier. Ecole pratique des Hautes Etudes, VIe section, 1969.)

5. JULIEN (Charles-André). — *Histoire de l'Afrique du Nord. Tunisie, Algérie, Maroc.* Paris, Payot, 1931, 886 p. Le rôle de Charles-André Julien, qui fut au lendemain de la première guerre mondiale l'un des premiers militants d'une certaine forme d'anticolonialisme et qui occupera plus tard la chaire d'Histoire coloniale à la Sorbonne, mériterait à lui seul une étude particulière.

6. DELAFOSSE (Maurice). — *Les Noirs de l'Afrique.* Paris, Payot, 1922, 160 p., *L'âme nègre.* Paris, Payot, 1923, 181 p., *Les civilisations négro-africaines.* Paris, Libr. Stock-Delamain, 1925, 143 p.

7. FROBENIUS (Léo). — *Histoire de la civilisation africaine.* Traduit de l'allemand. Paris, Gallimard, 1936, 373 p.

8. DELAVIGNETTE (Robert). — *Les paysans noirs. Récit soudanais en douze mois.* Paris, Libr. Stock, 1931, 223 p.

9. CENDRARS (Blaise). — *Anthologie nègre.* Paris, La Sirène (Crès), 1921, 321 p. C'est au cours des années qui suivent immédiatement la guerre que se multiplient, d'autre part, les ouvrages consacrés à l'art africain. Parmi les premiers et les plus significatifs de ceux-ci, on peut notamment citer : CLOUZOT (Henri), LEVEL (André). — *L'art nègre et l'art océanien.* Paris, Devambez, 1919, 77 p. ; CHAUVET (Stephen). — *Arts indigènes des colonies françaises.* Paris, Maloine, 1924, 52 p. ; HARDY (Georges). — *L'art nègre.* Paris, H. Laurens, 1927, 168 p.

10. AUPIAIS (F.). — « Le travail forcé ». *Revue apologétique.* Tome 49, août 1929, pp. 188-208.

11. SEGALEN (Victor). — *Les Immémoriaux.* Paris, Société du Mercure de France, 1907, 153 p.

12. THARAUD (Jérôme et Jean). — *La fête arabe.* Paris, Emile-Paul, 1912, 300 p.

13. Sur la littérature coloniale voir l'essai particulièrement suggestif de PUJARNISCLE (Eugène). — *Philoxène ou de la litté-*

rature coloniale. Préface de Pierre Mille. Paris, Firmin-Didot, 1931, 203 p. Dans un esprit très différent, il convient de ne pas oublier l'ouvrage, très antérieur, de LEBLOND (Marius-Ary). — *Anthologie coloniale. Morceaux choisis des écrivains français.* Paris, Larousse, 1906, 327 p. D'utiles indications peuvent être trouvées dans le livre de LEBEL (A. Roland). — *L'Afrique occidentale dans la littérature française depuis 1870.* Paris, E. Larose, 1925, 281 p.

14. CÉLINE (Louis-Ferdinand). — *Voyage au bout de la nuit.* Paris, Editions Denoël et Steele, 1932, 624 p.

15. Voir surtout de MILLE (Pierre). — *Barnavaux et quelques femmes.* Paris, C. Lévy, 1908, 313 p. ; *Louise et Barnavaux.* Paris, C. Lévy, 1911, 318 p. ; *Barnavaux.* Paris, G. Crès, 1921, 283 p. ; *Barnavaux, soldat de France.* Paris, Les arts et le livre, 1927, 139 p.

16. AJALBERT (Jean). — *Raffin-Su-Su.* Paris, Gallimard, 1930, 136 p.

17. Français d'Algérie, fonctionnaire colonial, Robert Randau a laissé une œuvre abondante, consacrée soit à sa province natale (dont il a peint avec émotion les paysages et les mœurs), soit à la description, dépourvue de toute tendresse, des scènes de la vie coloniale en Afrique centrale. Relevant de ce dernier thème voir surtout : *Le chef des porte-plume.* Paris, Editions du Monde nouveau, 1922, 246 p. et *Des Blancs dans la cité des Noirs.* Paris, Albin Michel, 1935, 253 p.

18. MÉGRET (Christian). — *Les Anthropophages.* Paris, A. Fayard, 1937, 319 p.

19. DEMAISON (André). — *Diato, roman de l'homme noir qui eut trois femmes et en mourut.* Paris, A. Michel, 1923, 250 p. Parmi les œuvres du même auteur, voir également : *Diacli, le livre de la sagesse noire.* Paris, L'édition d'art Piazza, 1931, 173 p. et *Tropique.* Paris, B. Grasset, 1933, 295 p.

Parmi les nombreux ouvrages consacrés au personnage du tirailleur sénégalais et à son épopée durant la première guerre mondiale, voir surtout : GAILLET (Léon). — *Coulibaly. Les Sénégalais au service de la France.* Paris, Jouve, 1917, 153 p. ; THARAUD (Jérôme et Jean). — *La randonnée de Samba-Diouf.* Paris, A. Fayard, 1926, 127 p. ; ESCHOLIER (Raymond). — *Mahmadou Fofana.* Paris, G. Crès et Cie, 1928, 149 p.

20. MARAN (René). — *Batouala, véritable roman nègre.* Paris, A. Michel, 1921, 189 p. ; pp. 76-77.

21. JOSEPH (Gaston). — *Koffi, roman d'un Noir.* Paris, Editions du Monde nouveau, 1922, 240 p.

22. En ce qui concerne la seule Indochine, trois romans au moins consacrés au thème de l'union mixte peuvent être considérés comme particulièrement représentatifs. Ce sont ceux de : D'ESME (Jean). — *Thi-Ba, Fille d'Annam.* Paris, La renaissance du livre, 1920, 246 p. ; CASSEVILLE (Jean). — *Sao, L'amoureuse tranquille.* Paris, Libr. Delamain, 1932, 213 p. ; MARQUET (Jean). — *Le jaune et le blanc.* Paris, Libr. Delamain, 1932, 203 p. Les deux premiers ouvrages tracent un portrait particulièrement touchant de l'héroïne « indigène ». Le troisième au contraire est le récit d'une déchéance, illustrant l'idée d'une impossible interpénétration des deux civilisations.

On rapprochera de toutes ces œuvres, celle de MONTHERLANT (Henry de). — *La rose de sable.* Edition définitive. Paris, Gallimard, 1968, XIV-581 p. Rédigé pour l'essentiel entre les deux guerres, le roman s'inscrit dans un genre alors très répandu et ses « audaces » n'ont en fait rien d'exceptionnel.

23. De Louis BERTRAND, lire surtout à cet égard : *Le jardin de la mort.* — Paris, P. Ollendorf, 1905, XIV-308 p. et *Le sang des races.* Paris, P. Ollendorf, 1921, 363 p.

24. CÉSAIRE (Aimé). — *Cahier d'un retour au pays natal.* Paris, Bordas, 1947, 99 p. Sur Césaire, voir *Aimé Césaire.* Présentation par Lylian Kesteloot. Choix de textes. Paris, Seghers, 1962, 208 p. Sur les sources du mouvement de la négritude, d'utiles indications sont fournies dans la thèse de SAVONNET (Claudette). — *Le nationalisme africain.* Mythes et idéologies. Aix-en-Provence, Faculté de Droit et des Sciences économiques, 1963, 259 p. multigr.

25. Consulter essentiellement SENGHOR (Léopold Sedar). — *Anthologie de la nouvelle poésie nègre et malgache de langue française.* Précédée de « Orphée noir » de Jean-Paul Sartre. Paris, P.U.F., 1948, 228 p.

CHAPITRE IX

1. Outre les histoires générales des missions catholiques, voir sur ce sujet l'ouvrage publié sous la direction de MERLE (Marcel). — *Les Eglises chrétiennes et la décolonisation.* Paris, A. Colin, 1967, 520 p.

2. « L'heure des missions ». *Les Missions catholiques,* 16 juin 1930, p. 289.

3. « Colonisation et missions, affirme par ailleurs un article des *Missions catholiques* du 1er septembre 1930 (pp. 389 et ss.), tendent au même résultat et doivent donc se prêter un mutuel appui. » Sans doute l'auteur de cet article reconnaît-il que faire rayonner la culture de son pays n'est, pour l'action missionnaire, qu'un « résultat de surérogation ». « Néanmoins, poursuit-il, ce devrait être chez nous aux yeux des gouvernements et des parlementaires que n'aveugle pas le sectarisme, une raison amplement suffisante pour donner aux missionnaires français toutes les facilités légales dont ils peuvent avoir besoin. » L'opinion catholique française n'a pu manquer, d'autre part, d'être frappée par la coïncidence chronologique existant entre la célébration des grandes cérémonies impériales des années 1930 et 1931 et celle du Congrès eucharistique de Carthage de juillet 1930, qui est saluée par la presse comme une sorte d'apothéose de l'œuvre missionnaire.
Il est permis toutefois de faire état des réserves témoignées à l'égard de l'œuvre coloniale par certains groupes catholiques situés politiquement à la gauche de la démocratie chrétienne. Un article de *La nouvelle République,* journal que dirige Marc Sangnier, dénonce, par exemple, dans l'exposition coloniale de Vincennes, le « décor factice d'un pays truqué ». Au-delà du spectacle donné par des « troupes de figurants », on ne saurait oublier, poursuit cet article, « le sort réel des populations autochtones et les graves problèmes qui se posent à elles ». (Cf. « Dans l'ombre de l'exposition coloniale ». *La nouvelle République,* 2 juin 1931.) Note discordante dans un climat général d'adhésion et de satisfaction dont on ne saurait exagérer l'importance.

4. *Le Problème social aux colonies.* Semaines sociales de France. Marseille. XXIIe session, 1930, 640 p.

5. FOLLIET (Joseph). — *Le droit de décolonisation.* Paris, Bloud et Gay, 1933, 350 p.

6. FOLLIET (Joseph). — *Le droit de décolonisation. Op. cit.,* pp. 240-241.

7. *Ligue des droits de l'homme. Le Congrès national de 1931.* Paris, Ligue des droits de l'homme, 1931, 464 p., pp. 324 et ss. S'opposant à l'argumentation d'Albert Bayet et de Maurice Viollette, Félicien Challaye condamne d'abord dans la colonisation un « fait d'ordre économique » : le « déplacement » des richesses mondiales au profit des capitalistes européens. Il s'élève d'autre part contre une politique d'assimilation qui

n'est qu'une des formes de l' « orgueil de race » et qui aurait pour conséquence d'uniformiser l'univers : « En vérité la race blanche est-elle tellement certaine de sa supériorité pour imposer sa civilisation à tous les autres peuples et vouloir les assimiler ? » (*Op. cit.*, pp. 288 et ss.)

8. DELAVIGNETTE (Robert). — *Soudan, Paris, Bourgogne.* Paris, Edition Bernard Grasset, 1935, 253 p. ; *Les vrais chefs de l'Empire.* Paris, Gallimard, 1938, 263 p.

9. « Du fond de ma brousse soudanaise, écrit encore R. Delavignette, j'ai conscience de marcher à un Nouvel Occident. »

10. Cf. HARDY (Georges). — *Nos grands problèmes coloniaux. Op. cit.* Voir également un petit livre du même auteur *Ergaste ou la vocation coloniale.* Paris, Edition Larose, 1929, 148 p., qui constitue, sous forme de dialogue, une invitation au service colonial. « La colonisation d'aujourd'hui, explique Georges Hardy, n'a plus rien de commun avec celle des premiers temps. Exploitation, domination pure et simple, règne facile et fructueux, ces formules sont d'un autre âge (...). Il n'était question jadis que de droits, c'est surtout de devoirs qu'il s'agit aujourd'hui. » Et l'auteur définit ainsi la mission du « colonial » : « s'imposer par sa seule valeur morale, pénétrer au fond les différences d'âmes et d'institutions, les admettre sans révolte et s'efforcer de les réduire sans fébrilité, rapprocher et finalement apparenter par les liens solides de la confiance et de l'estime ».

11. SENGHOR (Léopold Sédar), LEMAIGNEN (Robert), Prince SISOWATH YOUTÉVONG. — *La Communauté impériale française.* Paris, Editions Alsatia, 1945, 136 p.

12. *La Communauté impériale française, op. cit.*, p. 19.

CHAPITRE X

1. Etant donné l'immensité de la bibliographie consacrée à la décolonisation française, on ne peut, dans le cadre de cette étude, que se borner à quelques indications sommaires. Sur l'histoire générale de la décolonisation consulter GRIMAL (Henri). — *La décolonisation.* Paris, A. Colin, 1965, 408 p. et DESCHAMPS (Hubert). — *La fin des Empires coloniaux.* Paris, P.U.F., 1969, 126 p. Sur les aspects politiques de la décolonisa-

tion française on dispose de deux excellents ouvrages : GROSSER (Alfred). — *La IVe République et sa politique extérieure.* Paris, A. Colin, 1961, 438 p. et CARMOY (Guy de). — *Les politiques étrangères de la France, 1944-1966.* Paris, La Table ronde, 1967, 520 p. Pour l'étude des institutions de l'Union française et de leur évolution, voir enfin : BORELLA (François). — *L'évolution juridique et politique de l'Union française depuis 1946.* Paris, Libr. générale de Droit et de jurisprudence, 1958, 500 p. et GONIDEC (Pierre-François). — *Droit d'Outre-Mer.* T. I. *De l'Empire colonial de la France à la Communauté.* Paris, Montchrestien, 1959, 495 p.

2. Il va de soi, que très généralement répandu, l'optimisme impérial ne fut cependant pas partagé par tous. Contrastant avec cet optimisme, il convient notamment de mentionner les divers cris d'alarme qu'exprime la revue *Esprit* dès l'année 1947. Le numéro d'avril 1947 s'ouvre sur un éditorial intitulé : « Prévenons la guerre d'Afrique du Nord ». On peut y lire les phrases suivantes : « Tous les yeux sont actuellement tournés vers l'Indochine. Or à notre porte, en un point bien plus immédiatement vital pour la France, une seconde question d'Indochine se prépare ». En juillet 1948, un article d'André Mandouze, particulièrement sévère à l'égard de la politique française en Algérie est précédé d'une note émanant de la rédaction de la revue : « Ce n'est pas par goût du malheur, dit cette note, que nous ajoutons (ce cri d'alarme) à tant d'autres. En Algérie, et ailleurs, il y a des Français d'honneur et justes. Nous ne voulons pas le faire oublier. Mais pour eux et pour le véritable honneur de notre pays, comme pour la justice due aux indigènes, il faut détruire le mensonge par lequel ceux qui prétendent nous « conserver » les territoires d'Outre-Mer les perdent, et nous qui voulons y grandir la France, sous des formes nouvelles, inéluctables, passons pour vouloir les abandonner ». Ces formules sont, à l'époque, suffisamment neuves pour mériter d'être retenues.

3. Outre les graves événements de Syrie et du Liban, il convient cependant de ne pas oublier que c'est au cours des années 1943 et 1944 que se développent, en Afrique du Nord, certaines manifestations importantes du mouvement nationaliste : « Manifeste du peuple algérien » (10 février 1943), naissance de l'Istiklal marocain (janvier 1944), renaissance du Néo-Destour tunisien. Au regard de l'opinion métropolitaine et du fait même de la guerre ces manifestations demeurèrent toutefois mal connues et mal comprises.

4. PÉTAIN (Maréchal Philippe). — *La France nouvelle. Appels et messages.* T. I, *17 juin 1940-17 juin 1941.* T. II, *8 Juillet 1941-17 juin 1943.* Paris, Fasquelle, s.d., 173 et 192 p. Voir également :

La doctrine du Maréchal Pétain classée par thèmes. Vichy, Information de l'Etat français, 1942, 116 p.

5. Sur l'idéologie impériale de la France libre voir le chapitre qui lui est consacré dans la thèse de MICHEL (Henri). — *Les courants de pensée de la Résistance.* Paris, P.U.F., 1962, 835 p., pp. 75 et ss. La plupart de nos citations lui sont empruntées.

6. GAULLE (Charles de). — *Discours et messages, 1940-1946.* Paris, Edit. Berger-Levrault, 1946, 756 p.

7. Sur l'élaboration du statut de l'Union française et les débats coloniaux dans les deux premières années de la Quatrième République, se reporter à DEVÈZE (Michel). — *La France d'Outre-Mer. De l'Empire colonial à l'Union française.* Paris, Librairie Hachette, 1948, 321 p. Voir également : DESCHAMPS (Hubert). — *L'Union française. Evolution juridique et politique.* Paris, Les cours de Droit, 1949, 402 p.

8. Sur l'attachante et importante figure du gouverneur général Eboué, voir : SOPHIE (Ulrich). — *Le gouverneur général Félix Eboué.* Paris, Larose, 1949, 94 p. et LAROCHE (Jean de). — *Le gouverneur général Félix Eboué.* Paris, Hachette, 1957, 191 p.
Premier gouverneur des colonies à avoir rallié la cause gaulliste, Eboué se situe dans la droite ligne de la pensée coloniale de Lyautey, de Georges Hardy et de Robert Delavignette. Ce sont les thèmes habituels de l'école de l'humanisme colonial dont il s'est fait l'interprète auprès du Comité de Londres et du général de Gaulle : refus de l'administration directe, respect de la personnalité africaine, de ses traditions et de ses coutumes, association à l'administration des notables locaux, etc. « Le grand principe sur lequel tout le monde est d'accord, affirmait-il le 10 novembre 1941, est que tous nos efforts doivent être dirigés vers l'élévation matérielle et morale des populations autochtones. N'oublions pas que tous autant que nous sommes, missionnaires, colons, commerçants, industriels et fonctionnaires, nous devons toujours avoir à l'esprit que nous sommes ici pour l'indigène. C'est dire qu'en réalité nous constituons une grande association dont le but est l'amélioration du sort de ces populations et que notre devoir le plus élémentaire est de collaborer à la recherche et à l'application de toutes mesures qui tendent à ce but idéal. » Ces préoccupations sont caractéristiques d'un état d'esprit assez généralement répandu, depuis la période de l'entre-deux-guerres, dans l'administration coloniale française. Il est probable qu'une même conception de la « politique indigène » se retrouve chez la plupart des administrateurs coloniaux restés fidèles à Vichy.

9. Etant donné la diversité des interprétations dont a pu

faire l'objet le discours du général de Gaulle à l'ouverture de la conférence de Brazzaville, il convient d'en citer l'un des passages essentiels : « S'il est, déclare le général, une puissance impériale que les événements conduisent à s'inspirer de leurs leçons et à choisir noblement, libéralement la route des temps nouveaux où elle entend diriger les soixante millions d'hommes qui se trouvent associés au sort de ses quarante-deux millions d'enfants, cette puissance c'est la France. En premier lieu et tout simplement parce qu'elle est la France, c'est-à-dire la nation dont l'immortel génie est désigné pour les initiatives qui, par degrés, élèvent les hommes vers les sommets de dignité et de fraternité où, quelque jour, tous pourront s'unir. Ensuite, parce que dans l'extrémité où une défaite provisoire l'avait refoulée, c'est dans ses terres d'Outre-Mer, dont toutes les populations, dans toutes les parties du monde n'ont pas, une seule minute, altéré leur fidélité, qu'elle a trouvé son secours et la base de départ pour sa libération et qu'il y a désormais, de ce fait, entre la métropole et l'Empire, un lien définitif. Enfin pour cette raison que, tirant à mesure du drame, les conclusions qu'il comporte, la France est aujourd'hui animée, pour ce qui la concerne elle-même et pour ce qui concerne tous ceux qui dépendent d'elle, d'une volonté ardente et pratique de renouveau ».

10. Sur le thème de l'Union française dans les manuels scolaires de la Quatrième République voir le très suggestif article de : SEMIDEI (Manuela). — « De l'Empire à la décolonisation à travers les manuels scolaires français », *art. cit*.

11. Sur ces débats voir diverses indications bibliographiques aux chapitres XI et XIII.

12. Ainsi le maréchal Juin, évidemment peu suspect d'hostilité à l'égard du maintien de la présence française au Maghreb, écrit-il à propos du traité marocain de protectorat : « Il n'y avait donc pas à se méprendre sur le sens de ce traité, du reste complété depuis par l'engagement solennel consigné dans la Charte des Nations Unies et dans sa propre constitution de conduire les peuples confiés à sa tutelle à la capacité de gérer eux-mêmes leurs propres affaires. C'était donc bien un pacte temporaire, appelé à devenir caduc après avoir rempli son objet et préparé les nations protégées à remplir leurs devoirs d'État. » Mais le maréchal ajoute aussitôt : « Quant à fixer, dès le départ, le délai dans lequel cette préparation devait s'accomplir, il n'y fallait pas songer. » Cf. JUIN (Maréchal Alphonse). — *Le Maghreb en feu.* Paris, Plon, 1957, 192 p., pp. 28-29.

13. La formule est d'Alfred Grosser dont l'analyse éclaire de

façon particulièrement pertinente les contradictions fondamentales du statut de l'Union française. *In* GROSSER (Alfred). — *La IVe République et sa politique extérieure, op. cit.*, pp. 247 et ss.

CHAPITRE XI

1. CHALLAYE (Félicien). — *Souvenirs sur la colonisation. Op. cit.*

2. Parmi les ouvrages, comportant une remise en cause des schémas traditionnels et dont l'influence semble avoir été sensible sur le public cultivé, on peut notamment citer celui de PANIKKAR (Kavelam Madheva). — *L'Asie et la domination occidentale du XVe siècle à nos jours.* Trad. de l'anglais. Paris, Editions du Seuil, 1956, 448 p. Dans son aspect le plus général, le mouvement de décolonisation se trouve, d'autre part, présenté dans le livre de l'écrivain noir américain WRIGHT (Richard). — *Bandoeng, 1 500 000 000 hommes.* Trad. de l'américain. Paris, Calmann-Lévy, 1959, 229 p. Il faut enfin tenir compte de l'intérêt suscité par le mouvement africain de revendication culturelle qui trouve, à partir de novembre 1947, son expression périodique dans la revue *Présence africaine ;* les deux « Congrès des écrivains et artistes noirs », tenus à Paris en 1956 et à Rome en 1959, ont notamment beaucoup contribué à familiariser l'opinion avec les thèmes essentiels contenus dans la notion de « négritude », c'est-à-dire, les aspirations d' « un monde longtemps ignoré, méconnu, humilié », et qui affirme avoir « pris conscience de sa force, de ses potentialités, de son originalité ».

3. CÉSAIRE (Aimé). — *Discours sur le colonialisme.* Paris, Réclame, 1950, 63 p. (Une seconde édition, apparemment appelée à une diffusion beaucoup plus large, date de 1955.) On ne saurait cependant enfermer la pensée de Césaire dans ce pamphlet, les œuvres postérieures témoignant d'attitudes considérablement plus diverses et plus complexes. Voir notamment : *Lettres à Maurice Thorez.* Paris, Présence africaine, 1956, 16 p. *La tragédie du Roi Christophe.* Paris, Présence africaine, 1963, 162 p., et *Une saison au Congo.* Paris, Editions du Seuil, 1966, 128 p.

4. Cf. FANON (Frantz). — *Les damnés de la terre.* Préface de J.-P. Sartre. Paris, Maspéro, 1961, 244 p.

De Fanon, lire également : *Peau noire et masques blancs.* Préface (1952) et postface de Francis Jeanson. Paris, Editions du Seuil, s.d., 239 p. ; *L'an V de la révolution algérienne*. Paris, Maspéro, 1959, XV-184 p. ; *Pour la révolution africaine, Ecrits politiques*. Paris, Maspéro, 1964, 231 p.

La pensée de Fanon est étudiée dans la thèse de : SAVONNET (Claudette). — *Le nationalisme africain. Mythes et idéologies. Op. cit.* Voir également : ZAHAR (Renate). — *L'œuvre de Frantz Fanon. Colonialisme et aliénation dans l'œuvre de Frantz Fanon*. Trad. de l'allemand. Paris, Maspéro, 1970, 127 p.

5. FANON (Frantz). — *Les damnés de la terre. Op. cit.*, pp. 75-76.

6. Les principaux textes de Sartre concernant le problème colonial sont réunis *in :* SARTRE (Jean-Paul). — *Situations V. Colonialisme, anticolonialisme*. Paris, Gallimard, 1964, 256 p.

7. Parmi les principales « affaires » évoquées devant l'opinion, il convient au moins de citer l'affaire Alleg (militant pro-F.L.N. torturé) et l'affaire Maurice Audin (professeur à Alger disparu après son arrestation). Voir à ce sujet : ALLEG (Henri). — *La question*. Paris, Editions de Minuit, 1958, 112 p. et VIDAL-NAQUET (Pierre). — *L'affaire Audin*. Paris, Editions de Minuit, 1958, 103 p. Voir également, à propos d'une autre affaire de sévices : ARNAUD (Georges), VERGÈS (Jacques). — *Pour Djemila Bouhired*. Paris, Editions de Minuit, 1957, 112 p.

La chronique de ces diverses affaires se trouve retracée dans la thèse, très riche, de MEYER-SPIEGLER (Madeleine). — *Antimilitarisme et refus du service militaire dans la France contemporaine*. Paris, 1969, 2 vol., XII-864 p. multigr. (Doctorat de recherches « Etudes politiques ». Fondation nationale des sciences politiques. 1968. Sous la direction de René Rémond.)

8. SIMON (Pierre-Henri). — *Contre la torture*. Paris, Editions du Seuil, 1957, 125 p.; ROY (Jules). — *La guerre d'Algérie*. Paris, R. Julliard, 1960, 216 p. ; MARTIN-CHAUFFIER. — *L'examen de conscience. Algérie an VII*. Paris, R. Julliard, 1961, 125 p.

A la campagne contre la torture, divers arguments ont été opposés, nourrissant une longue polémique dont le point culminant se situe entre les années 1956 et 1958. Les sévices, affirme-t-on, ont un caractère plus exceptionnel que celui qui leur est attribué. La nécessité de lutter contre l'emploi systématique du terrorisme F.L.N. rend inéluctable l'utilisation de certaines méthodes inhabituelles d'investigation et de répression. Surtout l'appel aux principes moraux n'est pas pur de toute arrière-pensée politique : en dénonçant certains excès et en faisant le silence sur d'autres, c'est en fait la cause de la « rébellion » que l'on entend servir (ce dernier argument devant trouver plus tard une certaine justification dans le silence qui sera le plus souvent observé, à l'intérieur des mêmes milieux, lorsque de semblables méthodes de répression seront utilisées contre l'O.A.S. en Algérie). Voir pour illustrer ces principaux arguments le livre de MASSENET (Michel). — *Contre-poison ou la morale en Algérie.* Paris, B. Grasset, 1957, 134 p.

9. Caractérisques de cette attitude, les livres de SERVAN-SCHREIBER (Jean-Jacques). — *Lieutenant en Algérie.* Paris, R. Julliard, 1957, 279 p. et de BARBEROT (Roger). — *Malaventure en Algérie avec le Général Paris de Bollardière.* Paris, Plon, 1957, 243 p.

10. « Arrêtons la guerre d'Algérie. » *Esprit,* novembre 1955. Cf. notamment la présentation de ce numéro spécial, « Une affaire intérieure », pp. 1641 et ss.

11. MEMMI (Albert). — *Portrait du colonisé. Précédé du portrait du colonisateur.* Paris, Buchet-Chastel, 1957, 193 p. Si l'ouvrage d'Albert Memmi a surtout une valeur de témoignage, c'est sur le plan de l'étude objective que veut se situer le livre, riche et original de MANNONI (O.). — *Psychologie de la colonisation.* Paris, Editions du Seuil, 1950, 228 p. L'auteur y analyse les conséquences psychologiques de la juxtaposition, à l'intérieur des sociétés coloniales, de deux types de civilisation, d'organisation sociale et de structure mentale, « les réactions réciproques qui finissent par faire de l'indigène un colonisé et de l'Européen un colonisateur ». L'une des premières études consacrées à la « situation coloniale », l'ouvrage ne semble pas cependant avoir trouvé, au moment de sa publication, beaucoup de résonances. Le caractère nuancé de ses observations et de ses conclusions le fera, d'autre part, laisser à l'écart des références habituelles de la littérature anticolonialiste.

12. BERQUE (Jacques). — *Dépossession du monde.* Paris, Editions du Seuil, 1964, 221 p. et BERQUE (Jacques), CHARNAY (Jean-Paul) et al. — *De l'impérialisme à la décolonisation.* Paris, Editions de Minuit, 1965, 505 p.

13. Sur la personnalité de Louis Massignon, consulter l'important cahier que lui a consacré la revue *L'Herne,* Paris, 1970, 520 p. Voir notamment l'étude de PORTIER (Lucienne). — « Conditionnement et liberté dans la pensée de Louis Massignon concernant l'Algérie », pp. 288 et ss.

14. MITTERRAND (François). — *Présence française et abandon.* Paris, Plon, 1957, 243 p. Une comparaison utile peut être faite avec un ouvrage précédent du même auteur : *Aux frontières de l'Union française. Indochine. Tunisie.* Lettre préface de Pierre Mendès France. Paris, R. Julliard, 1953, 223 p.

Dans le même sens voir également le livre de GROS (Simone). — *La politique de Carthage. Abandon ou sauvegarde de l'Union franco-tunisienne.* Lettre préface de Pierre Mendès France. Paris, Plon, 1958, 111 p.

15. SAVARY (Alain). — *Nationalisme algérien et grandeur française.* Paris, Plon, 1960, 224 p.

16. « Puisque l'Algérie française, lit-on notamment dans la revue *Esprit* en 1955, est devenue le masque sous lequel se perpétue l'injustice et s'ébauche la guerre, il reste à sauver l'Algérie avec la France... Or l'Algérie ne restera avec nous que si elle n'est plus à nous. » (Cf. *Esprit,* « Arrêtons la guerre d'Algérie », *op. cit.,* p. 1647.

17. Sur le « cartiérisme », voir l'étude de CASTAGNÈDE (Bernard). — *Raymond Cartier et la question coloniale.* Bordeaux, 1967, 146 p. multigr. (Mémoire de D.E.S. Science politique. Université de Bordeaux. Faculté de Droit et de Sciences économiques. 1967.)
Il convient de signaler que les mêmes thèses se trouvent à peu près simultanément développées dans une série d'articles publiés dans *Le Monde* (cf. LEGATTE (P.). — « L'Empire source de prospérité ? » *Le Monde,* 26, 27, 28 juillet 1956. Le coût pour la métropole du développement économique des territoires coloniaux est, d'autre part, souligné dans l'ouvrage d'EHRARD (Jean). — *Le destin du colonialisme.* Paris, Editions Eyrolles, 1957, 236 p. « Un souci égoïste des seuls intérêts métropolitains, écrit l'auteur, inspirerait un repliement. » L'avenir économique de la communauté franco-africaine est, en revanche, évoqué avec optimisme dans le livre de MOUSSA (Pierre). — *Les chances économiques de la Communauté franco-africaine.* Paris, A. Colin, 1957, 275 p.

18. *Paris-Match,* n° 384 et 386, 18 août, 1er septembre 1956.

19. ARON (Raymond). — *La tragédie algérienne.* Paris, Plon, 1957, 77 p. et *L'Algérie et la République.* Paris, Plon, 1958, 147 p.

CHAPITRE XII

1. Pour tout ce qui concerne l'attitude de l'armée face aux problèmes de la décolonisation, se référer à l'ouvrage collectif publié sous la direction de GIRARDET (Raoul). — *La crise militaire française, 1945-1962. Aspects sociologiques et idéologiques.* Paris, A. Colin, 1964, 236 p. (Cahiers de la Fondation nationale des Sciences politiques. 123.) Voir également la remarquable

étude d'AMBLER (John Steward). — *The french army in politics, 1945-1962.* — Columbus, Ohio State University Press, 1965, XII-427 p.

2. Cité par GIRARDET (Raoul), *op. cit.*, p. 177.

3. MILITES. — « L'Algérie, l'armée et la révolution. » *Message des Forces armées*, mars 1957, pp. 1-4.

4. SOUSTELLE (Jacques). — *Aimée et souffrante Algérie.* Paris, Plon, 1956, 309 p. et *Le drame algérien et la décadence française. Réponse à Raymond Aron.* Paris, Plon, 1957, 71 p.

5. SOUSTELLE (Jacques). — *Le drame algérien et la décadence française, op. cit.*, pp. 61-62.

6. Les principaux articles écrits par Georges Bidault au cours de cette période ont été rassemblés dans BIDAULT (Georges). — *Algérie, l'oiseau aux ailes coupées.* Paris, La Table ronde, 1958, 230 p. De Georges Bidault, lire également le recueil de souvenirs *D'une résistance à l'autre.* Paris, Les Presses du siècle, 1965, 383 p.

7. DUTOURD (Jean). — *Les taxis de la Marne.* Paris, Gallimard, 1956, 277 p.

8. MÉRY (Philippe). — « Enfants humiliés, enfants enragés. » *La Nation française*, 14 avril 1957.

9. En dehors des ouvrages de Jacques Soustelle précédemment cités, les thèses de la défense de l'Algérie française se trouvent développées dans l'essai de GIRARDET (Raoul). — *Pour le tombeau d'un capitaine.* Paris, Editions de l'Esprit nouveau, 1962, 54 p. Il conviendrait par ailleurs de consulter la collection de l'hebdomadaire *L'Esprit public*, essentiellement axé autour du thème de l'Algérie française et fondé en décembre 1960 par un groupe d'intellectuels parmi lesquels Jean Brune, Jacques Laurent, Roland Laudenbach, Philippe Marçais, Jules Monnerot, etc. Jacques Soustelle y a collaboré ainsi que les principaux représentants de l' « activisme » militaire.

10. Au début de l'année 1962 l'armée française comptera en Algérie environ 140 000 autochtones musulmans servant dans ses rangs : soit 60 000 conscrits incorporés dans les unités régulières et 80 000 supplétifs. Il faut ajouter à ces chiffres les 60 000 hommes des « groupes d'autodéfense », c'est-à-dire de villageois armés et contrôlés par l'armée.

11. « Ce qu'est l'intégration. » *Contacts*, juillet 1958, pp. 73-84.

12. GIRARDET (Raoul). — *Pour le tombeau d'un capitaine, op. cit.*, p. 21.

13. ALQUIER (Jean-Yves). — *Nous avons pacifié Tazalt. Journal de marche d'un officier parachutiste.* Paris, Robert Laffont, 1957, 279 p. ; HÉDUY (Philippe). — *Au lieutenant des Taglaïts.* Paris, La Table ronde, 1960, 353 p. Il convient d'ajouter à ces témoignages le roman de l'écrivain algérois BRUNE (Jean). — *Cette haine qui ressemble à l'amour.* Paris, La Table ronde, 1961, 707 p. Vaste fresque de la guerre d'Algérie, les accents d'un certain romantisme tragique y sont particulièrement sensibles.

14. « Notre amour pour cette humble population musulmane, écrit encore Philippe Héduy, n'aurait jamais d'égal que le mépris que nous devions avoir pour la triste population française qui menait l'Algérie à sa perte. » Le thème se trouve souvent repris dans le journal *L'Esprit public* dont Philippe Héduy fut précisément l'un des collaborateurs. Il aboutit très explicitement à la condamnation des aspects essentiels de « la société de consommation », condamnation dont l'expression se retrouvera, sous une autre forme, quelques années plus tard dans la littérature du « gauchisme » révolutionnaire.

15. *In Colonisation et conscience chrétienne.* Par Mgr Chappoulie, Marcel Brion, Joseph Folliet, R. P. Yves Congar, Robert Delavignette et al. Recherches et débats du Centre catholique des Intellectuels français. Paris, A. Fayard, 1953, 218 p. La même distinction se retrouve dans l'ouvrage de LABOURET (Henri). — *Colonisation, colonialisme et décolonisation.* Paris, Larose, 1952, 203 p., et dans celui de LEBRUN-KÉRIS. — *Mort des colonies ? Colonialisme et colonisation.* Paris, Editions du Centurion, 1953, 159 p.

CHAPITRE XIII

1. Outre les ouvrages précédemment cités de Raoul Girardet et de John Steward Ambler, voir sur l'attitude de l'armée devant le problème algérien : PLANCHAIS (Jean). — *Le malaise de l'armée.* Paris, Plon, 1958, 115 p. ; DÉON (Michel). — *L'armée d'Algérie et la pacification.* Paris, Plon, 1959, 257 p. ; NOBECOURT (Jacques), PLANCHAIS (Jean). — *Une histoire politique de l'armée.* T. II. *De de Gaulle à de Gaulle.* Paris, Editions du Seuil, 1967, 383 p. Un bon tableau de la situation algérienne en 1958

est dressé par Duquesne (Jacques). — *L'Algérie ou la guerre des mythes.* Bruges, Desclée de Brouwer, 1958, 203 p. Sur l'O.A.S. se référer au recueil de témoignages présenté dans *O.A.S. parle.* Paris, R. Julliard, 1964, 356 p. (Collection Archives.) L'hétérogénéité idéologique de la défense de « l'Algérie française » est bien montrée dans l'étude de Buisson (Patrick). — *Les courants idéologiques dans le mouvement de défense de l'Algérie française.* Diplôme de maîtrise sous la direction de René Rémond. Université de Parix-X, 213 p., multigr.

2. Rivet (Paul). — « Indépendance et liberté ». *Le Monde,* 1ᵉʳ février 1957.

3. La distinction entre attitude nationaliste « de droite » et attitude nationaliste « de gauche » est soulignée avec force dans la très suggestive étude de Michelat (Guy), Thomas (Jean-Pierre). — *Dimensions du nationalisme. Enquête par questionnaire.* Préface de Raoul Girardet. Paris, A. Colin, 1966, XIV-185 p. (Cahiers de la Fondation Nationale des Sciences politiques. 143.)

4. Voir à ce sujet l'ouvrage fondamental publié sous la direction de Merle (Marcel). — *Les Eglises chrétiennes et la décolonisation.* Paris, A. Colin, 1967, 519 p. (Cahiers de la Fondation Nationale des Sciences politiques. 151.), et plus particulièrement la substantielle contribution, suivie de nombreux documents, de Kempf (Françoise). — « Les catholiques français », pp. 147 et ss. Voir également l'article de Merle (Marcel). — « Les facteurs religieux de la politique extérieure française », pp. 312 et ss., *in Forces religieuses et attitudes politiques dans la France contemporaine.* Sous la direction de René Rémond. Paris, A. Colin, 1965, 408 p. (Cahiers de la Fondation Nationale des Sciences politiques. 130.)

On consultera également avec profit l'ouvrage de Méjan (François). — *Le Vatican contre la France d'Outre-Mer ?* Paris, Librairie Fishbacher, 1958, 248 p. L'œuvre est à la fois celle d'un défenseur convaincu de la souveraineté française d'Outre-Mer et d'un « laïc » soucieux d'assurer l'indépendance du pouvoir politique à l'égard de toutes les pressions exercées par les forces religieuses. Très hostile à l'attitude vaticane, elle demeure très riche de faits, de citations et de références.

Sur l'attitude des communautés protestantes, qui n'est pas évoquée dans le présent ouvrage, lire l'article de Roux (André). — « Les protestants français », pp. 217 et ss, *in Les Eglises chrétiennes et la décolonisation, op. cit.* Bien que l'analyse demeure dominée et déformée par de très évidents présupposés idéologiques, d'utiles indications peuvent cependant y être recueillies.

5. Cf. l'étude de ALIX (Christine). — « Le Vatican et la décolonisation », *in Les Eglises chrétiennes et la décolonisation, op. cit.*, pp. 17 et ss.

6. *In Les Eglises chrétiennes et la décolonisation, op. cit.*, pp. 508 et ss.

7. Notamment dans le radio-message pontifical du 18 octobre 1953 et dans la déclaration de Mgr Bernadini, Secrétaire de la Propagande, du 26 mai 1954. Textes cités par ALIX (Christine), *art. cit.*, pp. 86-87.

8. Cf. l'introduction à l'ouvrage collectif *Colonisation et conscience chrétienne, op. cit.*

9. L'expression est de Georges Hourdin dans sa contribution au numéro spécial de *La Nef*, « Ce que fut l'attitude des chrétiens français », pp. 66 et ss. *in* « Histoire de la guerre d'Algérie, suivie d'une histoire de l'O.A.S. ». *La Nef*, n°s 12-13, octobre 1962-janvier 1963.
L'étude est intéressante dans la mesure où elle fournit d'utiles indications sur l'action militante de certains milieux catholiques en faveur de la cause du nationalisme algérien. Elle constitue surtout un très suggestif document idéologique dans la mesure où elle illustre une ignorance ou une incompréhension qu'il faut bien considérer comme à peu près totales de ceux qui se sont trouvés dans le camp opposé de celui où s'est situé l'auteur. « L'Eglise, écrit notamment Georges Hourdin, pense que chaque musulman a droit aussi bien que les Européens à la liberté politique, à la propriété des terres, à l'instruction, au travail, à l'évangélisation... » La conclusion est que par la seule affirmation de ces principes, l'Eglise de France n'a pu manquer d'exercer son influence en faveur de la cause de l'indépendance algérienne. L'auteur semble ignorer que la doctrine de l' « intégration » n'a cessé de se réclamer des mêmes postulats et d'une même justification morale. Que les adversaires en présence se soient, la plupart du temps, référés à un même système général des valeurs, le fait constitue pour l'historien des idées l'un des traits caractéristiques du débat algérien. L'étude de Georges Hourdin montre qu'écrivant après la conclusion de ce débat, un journaliste a pu n'en avoir aucunement conscience. L'exemple témoigne assez bien de la violence de la confrontation et de l'obscurcissement passionnel qui en est résulté chez beaucoup de ses protagonistes.

10. Parmi les intellectuels catholiques, deux noms doivent être principalement mentionnés pour le caractère particulièrement militant de leur engagement en faveur de la cause des nationalismes maghrébins : ceux de Robert Barrat ou d'André

Mandouze. Voir notamment, outre leurs nombreux articles, BARRAT (Robert). — *Justice pour le Maroc*. Préface de François Mauriac. Paris, Editions du Seuil, 1953, 286 p., et MANDOUZE (André). — *La révolution algérienne par les textes*. Paris, F. Maspero, 1961, 179 p.

11. *Colonisation et conscience chrétienne. Op. cit.* Dans son intervention, Joseph Folliet se déclare notamment « exaspéré par la légèreté avec laquelle certains catholiques « de gauche » résolvent en trois phrases et deux slogans les quasi insolubles difficultés que suscitent de nos jours les relations entre métropole et territoires coloniaux ». S'affirmant fidèle à l' « esprit de la tradition française de colonisation », celle de « tous ceux qui crurent que le drapeau de la France portait, dans ses plis, la liberté des personnes et des peuples », la solution qu'il préconise est celle d'une évolution progressive tendant à l'établissement de nouveaux liens, de type communautaire, entre la métropole et l'Outre-Mer. Cette attitude, très éloignée de tout anticolonialisme de principe et visiblement inspirée par l'esprit de l' « humanisme colonial » de la période de l'entre-deux-guerres, se retrouve dans les ouvrages de LABOURET (Henri). — *Colonisation, colonialisme et décolonisation, op. cit.*, LEBRUN-KERIS. — *Mort des colonies ? Colonialisme et colonisation, op. cit.*, et DELAVIGNETTE (Robert). — *Christianisme et colonialisme.* Paris, A. Fayard, 1960, 128 p.

12. MICHEL (R. P. Joseph). — « Le devoir chrétien de décolonisation. » *Actualité religieuse dans le monde* 41, 1er décembre 1954, pp. 3 et ss. Il s'agit en fait d'une conférence prononcée, le 23 février 1954, devant les équipes de jeunes du mouvement *Pax Christi.* Le texte mérite particulièrement d'être retenu dans la mesure où, du fait des responsabilités de son auteur, il fut repris et diffusé dans les divers bulletins des étudiants catholiques d'Outre-Mer. (Cf. supplément au journal *Tam-Tam,* mars-avril 1954, 21 p. dactyl.)

13. DUCATILLON (J.V.-O.P.). — *Patriotisme et colonisation.* Tournai, Desclée et Cie, 1957, 112 p.

14. C'est au nom du bien commun de l'humanité que le P. Ducatillon légitime la présence française et son maintien. La France, affime-t-il, a été « un agent bienfaisant de la civilisation. » « En exerçant ce rôle, poursuit-il, notre patrie a pu, comme d'autres, se laisser aller à des abus. Nous devons le reconnaître, mais nous garder aussi de masquer les bienfaits qu'elle a répandus et qui seraient ruinés si elle cessait, par sa faiblesse, de défendre ses prérogatives. »

15. Telle est notamment la thèse soutenue par Marcel Merle

dans sa contribution à l'ouvrage collectif *Forces religieuses et attitudes politiques dans la France contemporaine, op. cit.* Selon Marcel Merle les prises de position de l'épiscopat français durant la guerre d'Algérie (notamment la condamnation de l'utilisation de moyens « intrinsèquement pervers » et les appels à la coexistence pacifique des deux communautés) constitueraient une condamnation « objective » du combat mené par les partisans de l'Algérie française. Une telle thèse ne saurait toutefois être admise sans discussion. Il faudrait, en effet, pour l'accepter, que la défense de la cause de l'Algérie française se soit confondue et avec une justification *morale* de la torture et avec une volonté d'hostilité à l'égard de la population musulmane : ces prises de position n'ont aucun rapport avec celles présentées par la quasi-totalité des porte-parole de la défense de la souveraineté française. On ne peut, d'autre part, oublier que la condamnation de certaines formes de violence était susceptible de s'appliquer non seulement aux méthodes les plus répréhensibles de la répression, mais aussi au terrorisme du F.L.N. et à l'appui qui lui était fourni par certains éléments métropolitains (appui matériel pour quelques-uns, mais aussi appui moral dans la mesure où les textes ne manquent pas, dans toute une presse d'inspiration catholique, qui s'efforcent de légitimer les formes de lutte utilisées par les « rebelles » algériens, celles-ci étant présentées « comme une réponse des Algériens, par l'action directe à la violence que nous leur faisons depuis 1830 ». *Esprit*, juillet 1955, p. 1251).

16. Les déclarations publiques de l'épiscopat français concernant la crise algérienne sont datées du 14 octobre 1955, du 13 mars 1957, du 7 mars 1958 et du 11 octobre 1961. La déclaration du 13 mars 1957 proclame notamment : « La haine ne doit pas trouver place dans le cœur d'un croyant, à plus forte raison ne pourrait-elle servir d'excuse pas plus à un terrorisme aveugle dont sont victimes des innocents qu'à des manifestations sanglantes de contre-terrorisme. [...] Tous ceux dont la mission est de protéger les biens et les personnes ont l'obligation de respecter et de faire respecter la dignité humaine et d'éviter rigoureusement tous les excès contraires au droit naturel et à la loi de Dieu [...]. Il n'est jamais permis de mettre au service d'une cause, même bonne, des moyens intrinsèquement mauvais. »

17. On peut noter à ce propos que l'ouvrage de François Méjan *Le Vatican contre la France d'Outre-Mer, op. cit.*, publié en 1958 et par définition soupçonneux à l'égard de l'attitude « nationale » de l'épiscopat français, remarque avec satisfaction que les déclarations des évêques français évitent de prendre parti sur le principe de l'indépendance algérienne. (« Il semble donc, écrit l'auteur, que l'Église catholique ne

pousse pas maintenant l'Algérie à la sécession totale d'avec la métropole »). On notera que le livre du P. Ducatillon a été publié avec les sanctions du *Nihil obstat* et de l'*Imprimatur*. Il en avait été de même du livre de Lebrun-Kéris, *Mort des colonies, op. cit.*, publié quatre ans auparavant, réformiste et nuancé, mais que l'on ne saurait en aucun cas considérer comme hostile au principe colonial. Toutes ces remarques permettent de prendre la mesure de certaines affirmations, telles que celle de Georges Hourdin : « La hiérarchie prit dès le début nettement position en faveur des insurgés. » (*In La Nef, art. cit.*)

18. La très grande difficulté à délimiter le milieu catholique et à cerner la notion même d'opinion catholique a toujours rendu particulièrement malaisée l'utilisation à leur propos des méthodes de sondage d'opinion. Si l'on se situe dans le cadre général de l'opinion française, une enquête réalisée en mars 1961 révèle que 39 p. 100 des personnes interrogées estiment que l'Eglise a favorisé la libération des peuples colonisés, 13 p. 100 pensent que l'Eglise a gêné la décolonisation, 22 p. 100 qu'elle est restée neutre, 26 p. 100 ne se prononcent pas (cf. *Sondages* 1, 1962, p. 50). Il ne s'agit là, bien entendu, que d'une image extérieure (et concernant l'attitude générale de l'Eglise) mais dont la valeur indicative n'est pas dépourvue d'intérêt.

19. Il serait de toute évidence contraire à l'objectivité de négliger le fait que, pour bon nombre de catholiques militant en faveur de la cause anticoloniale, leurs prises de position n'ont en aucune façon signifié une quelconque répudiation de la fidélité patriotique. C'est même au nom d'une certaine conception de la France et des exigences morales liées à cette conception que quelques-uns ont entendu légitimer leur engagement (cf. par exemple l'article de MARROU (Henri). — « France, ma patrie ». *Le Monde*, 5 avril 1956). Il ne reste pas moins vrai que le débat a été le plus souvent compris et senti comme un conflit de devoirs mettant en cause la synthèse traditionnellement établie entre la fidélité à l'Eglise et la fidélité à la France. Mgr Chappoulie lui-même parle d'un « douloureux conflit où s'affrontent, qu'on le veuille ou non, notre double fidélité à l'Eglise et à la patrie, le respect dû aux acquisitions du passé payées de tant de dévouement et de sang, et les exigences incoercibles et entraînantes de l'avenir ». Joseph Hours, vieil universitaire catholique, ancien militant du Sillon, mais dont les positions finissent par rejoindre par d'autres itinéraires celles du « laïque » François Méjan, n'hésite pas, de son côté, à écrire : « Qu'arriverait-il si des Français non croyants soupçonnaient leurs concitoyens catholiques... d'employer, par dévouement au Saint-Siège, à la destruction de leur propre patrie les moyens qu'on leur aurait remis dans son intérêt et pour la conserver ». « N'est-il pas inquiétant,

poursuit Joseph Hours, qu'un catholique français mis en garde contre les excès nationalistes et largement informé sur ses devoirs envers l'humanité (et ce sont là sans doute choses excellentes) n'ait plus guère l'occasion d'entendre parler de ses devoirs envers la France ?... Quel orateur sacré oserait aujourd'hui parler tout uniment en chaire de l'amour de la Patrie et ne sentirait-il pas, à d'impondérables réticences, que ses propos ont été en haut lieu trouvés inopportuns... » Cf. HOURS (Joseph). — « Les catholiques français et la patrie ». *Année politique et économique*, n°s 123-124, mars 1955.

20. Sur l'attitude du parti communiste français voir l'ouvrage de MONETA (Jacob). — *Le P.C.F. et la question coloniale, op. cit.* dont la chronologie, très précise, permet de suivre chacun des détours de la « ligne générale » adoptée par le parti. L'ouvrage a été sévèrement critiqué, du point de vue communiste orthodoxe, dans un article de SURET-CANALE (Jean). — « Le parti communiste français et la lutte anticoloniale ». *Cahiers de l'Institut Maurice Thorez*, n° 18, 2e trimestre 1970, pp. 30-42. La version des faits, donnée par le parti communiste, se trouve d'autre part exprimée dans la très officielle *Histoire du parti communiste français*. — Paris, Editions sociales, 1964, 775 p.

21. Cf. notamment l'article de LOZERAY (Henri). — « La question coloniale ». *Cahiers du communisme*, n° 6, avril 1945, pp. 71-76. « Nous le disons avec netteté et sans équivoque, écrit notamment l'auteur, si les populations de la France d'Outre-Mer ont le droit de se séparer de la métropole, cette séparation, à l'heure présente, irait à l'encontre des intérêts de ces populations et ceci pour deux raisons :

1) Parce que la nation française en lutte contre les trusts qui la trahissent en même temps qu'ils pillent les colonies, veut instaurer une démocratie véritable, qui ne pourra qu'apporter la démocratie à ces populations coloniales.

2) Parce que les terres habitées par ces populations sont l'objet de convoitises redoutables pour elles alors qu'elles ne sont pas en état de garantir une existence vraiment indépendante... ».

22. Cf. FEIX (Léon). — « Le mouvement de libération nationale des peuples d'Afrique du Nord ». *Cahiers du communisme*, 11-12, décembre 1953, pp. 1169 et ss.

32. La politique du parti communiste français retrouve notamment une entière cohérence si l'on admet que les problèmes coloniaux n'ont cessé d'être abordés par elle dans les très larges perspectives d'une stratégie mondiale dominée par les impératifs de la lutte « anti-impérialiste ». (La formule

visant essentiellement les Etats-Unis d'Amérique). En d'autres termes, les révolutions coloniales auraient toujours été subordonnées aux intérêts du « camp socialiste », c'est-à-dire interprétées et jugées en fonction des seuls critères d'une analyse globale de la situation internationale.

24. La thèse de MEYER-SPIELER (Madeleine). — *Antimilitarisme et refus du service militaire dans la France contemporaine, op. cit.*, constitue une véritable histoire du mouvement de lutte contre la guerre d'Algérie. Tous les textes essentiels s'y trouvent cités et de nombreux témoignages ont été recueillis. Voir également le très remarquable article de CROUZET (Michel). — « La bataille des intellectuels français ». *La Nef*, n° spécial, octobre 1962-janvier 1963, pp. 47 et ss. Il ne s'agit pas seulement ici d'un témoignage ; l'auteur prend du recul à l'égard de son propre engagement et s'efforce d'en dégager lucidement la signification et la portée.

25. Voir par exemple la brochure éditée par le Comité de résistance spirituelle, *Des rappelés témoignent*. Paris, 1957, 93 p. Voir également JEANSON (Francis et Colette). — *Notre guerre*. Paris, Editions de Minuit, 1960, 120 p.

26. CROUZET (Michel). — « La bataille des intellectuels français », *art. cit.*

Complément bibliographique (1979)

Dans la très parcimonieuse littérature consacrée au sujet depuis 1972 on citera avant tout la remarquable thèse de VALETTE (Jacques) : *Socialisme utopique et idée coloniale. Jules Duval (1813-1870)*. Dactyl. 1512 p., qui constitue, pour la période de la monarchie de Juillet et du Second Empire, un indispensable instrument de travail. On trouvera d'utiles précisions dans l'article d'AGERON (Charles) : « Les colonies devant l'opinion publique » *in Cahiers de l'Institut français d'Opinion et de Presse*, Tours, 1973 et d'intéressants sujets de réflexion dans le recueil d'articles publié sous la direction de GUIRAL (Pierre) et TERMIME (Emile) : *L'idée de race dans la pensée politique française contemporaine*, Paris, Editions du C.N.R.S., 1977, 281 p. Rien de neuf en revanche dans l'ouvrage honnête, mais très partiel de SORUM (Paul Clay) : *Intellectuals and Decolonization in France*, The University of North Carolina Press, Chapel Hill, 1977, 305 p. Parmi les témoignages on retiendra surtout, dans des perspectives différentes, celui de WINOCK (Michel) : *La République se meurt*, Paris, Editions du Seuil, 1978, 252 p. et de SOUSTELLE (Jacques) : *Lettre ouverte aux victimes de la décolonisation*, Paris, A. Michel, 1973, 192 p.

Critiques et commentaires *

* Cette revue de presse a été établie pour la présente édition ; les intertitres sont, pour la plupart, de l'éditeur.

Le roman d'une idée

Le genre « dictionnaire des girouettes » est mort. Le gaullisme l'a tué tant on a vu sa crête et son croupion grincer à tous les vents. Comment s'intéresser au spectacle d'un Debré enfourchant derechef la comète européenne ? Les variations des comitards qui nous gouvernent ne sont plus que la délicieuse litière des palefreniers de la morale, cette ânesse. L'Histoire est ailleurs qui nous montre les hésitations et les contradictions d'une nation tout entière, ses enthousiasmes et ses dégoûts, face à un « grand dessein ». Ainsi la France, construisant un Empire sans le savoir ou presque, puis s'enthousiasmant à cette promesse de revanche et de nouvelle grandeur, avant de lui préférer, quelques décennies plus tard à peine, sa quiétude hexagonale, villageoise, pompidulcienne. On a beaucoup publié sur les aspects diplomatiques, militaires et exotiques de cette aventure. Mais personne n'avait entrepris d'écrire une histoire des réactions de l'opinion française face à l'idée coloniale elle-même. Voilà l'oubli réparé par un livre qui devrait en susciter beaucoup d'autres : l'histoire de l'idée de progrès, par exemple...

Le pot-au-feu

Une chose frappe d'abord : si les arguments avancés pour ou contre l'Empire restent à peu près les mêmes de 1830 à 1962, tous les partis, sans exceptions, les brandissent tour à tour. Une seule école, celle du capitalisme libéral, restera fidèle à son horreur de la « Chimère coloniale ». Dès 1826 Jean-Baptiste Say fulmine contre les charges budgétaires qu'entraînent les possessions d'Outre-Mer et énonce la règle d'or du néo-colonialisme futur : « *Les vraies colonies d'un peuple commerçant, ce sont les peuples indépendants de toutes les parties du monde* ». La grosse bourgeoisie opine. Elle est « cartiériste » avant la lettre. Flaubert donne le ton des salons dans son « Dictionnaire des idées reçues » : « *Colonies (nos) : s'affliger quand on en parle.* » Contre Jules Ferry, Georges Clemenceau, en 1885, brandit à son tour le bon sens libéral : la conquête et l'administration des colonies coûtent cher ; les produits manufacturés français, grevés de charges de plus en plus lourdes, seront de moins en moins compétitifs sur le marché international ; les colonies françaises elles-mêmes seront commercialement conquises par d'autres nations : « *Nous faisons la police pour elles et nous montons la garde pour qu'elles puissent commercer en toute sécurité et gagner de l'argent à nos dépens.* » Et « le Tigre » de proclamer, bien avant Tixier [1] « la Corrèze avant le Zambèze » : « *Avant de s'abandonner au luxe* (les expéditions coloniales) *faites donc, pour une heure, la politique du pot-au-feu, les écoles, les travaux d'outillage* »...

Soixante-quinze ans plus tard, Raymond Cartier écrit : « *N'eût-il pas mieux valu construire à Nevers l'hôpital de Lomé et à Tarbes le lycée de Bobo-Dioulasso ?* » Et Raymond Aron : « *De l'Afrique ne dépendent ni la richesse, ni la grandeur, ni l'avenir de la France : refaire la force de la France, c'est construire des logements, des laboratoires, des usines, subsidiairement, si l'on veut, une bombe atomique.* »

Première découverte du colonisé

Il est permis de penser que cette école néo-libérale-cartiériste, apporta à de Gaulle le gros des bataillons des

1. L'avocat Tixier-Vignancourt, défenseur de « l'Algérie française » et candidat aux élections présidentielles de 1965. *(Note de l'éditeur, 1979.)*

« oui » lors du référendum qui précéda la sécession des départements algériens. Certes, cette école s'exprime peu entre 1900 et 1940 au temps du triomphe de « *la plus grande France* ». Mais ce n'est que rarement que la grosse bourgeoisie d'affaires et les « cent familles » du « grand capital » français se départiront de leur réserve à l'égard des « chimères coloniales ». La tache violette qui marquait, sur nos atlas d'écoliers, l'immensité des possessions françaises, ne dissimula jamais de vastes complexes miniers, comme au Congo Belge, au Kenya ou en Union sud-africaine. Le pétrole algérien, le fer mauritanien, la bauxite de Guinée, le manganèse du Gabon, toutes ces richesses n'apparaîtront qu'à la veille ou au lendemain de l'indépendance. Le colonialisme français restera une affaire de « petits blancs », de gens douteux ou de « dangereux révolutionnaires » comme ces 20 000 ouvriers parisiens déportés qui après 1848, seront le premier noyau du peuple « pied-noir ».

L'objectif économique, dans le sens le plus large, fixé à l'expansion coloniale par ses premiers théoriciens — Prévost-Paradol, Leroy-Beaulieu, Ferry lui-même, etc. — ne sera pas atteint. Mais leur vision impériale s'organisait autour d'un autre thème fondamental, celui de la France « *porteuse de lumières* », de civilisation, de morale laïque et de droits de l'homme pour les uns, d'évangiles pour les autres. Raoul Girardet montre très bien comment cette idée sera très vite remise en cause par ses propres serviteurs. Il se forme une race d'officiers, d'administrateurs, qui non seulement répugneront à l'impérialisme mercantile, mais encore contesteront en profondeur la supériorité de la civilisation qu'ils représentent. Dès 1912, Maurice Delafosse, alors chef des affaires civiles du gouvernement général de l'A.O.F. publie le premier d'une longue série d'ouvrages qui ébranlera la vision traditionnelle du « sauvage ». Entre les deux grandes guerres, les travaux de Robert Delavignette, de Georges Hardy, de Théodore Monod, viennent montrer la richesse du patrimoine culturel de certaines populations colonisées, le risque fatal de déculturation, de déracinement, de prolétarisation. Beaucoup de ceux qui ont choisi de servir aux colonies méprisent, à l'instar de Lyautey, l'idéologie radicale dominante dans la métropole et découvrent les traditions spiritualistes et communautaires dont ils ont la nostalgie. Ils ne rejettent pas la colonisation elle-même, mais annoncent qu'elle deviendra stérile, nocive, si elle ne s'accompagne pas d'un immense effort d'imagination de la puissance coloniale. « *L'heure des dominations paresseuses et stériles est passée* » écrit en 1931, Albert Sarrault, disciple de Clemenceau et passé, comme son maître, de la critique à l'apologie de l'Empire.

Passéisme des partis

Pourtant la classe politique reste sans projets face à cet énorme patrimoine. Aux heures de l'apogée, entre 18 et 39 on voit poindre les angoisses des coloniaux eux-mêmes, la quête de justice et d'accomplissement des « élites indigènes » qui accèdent parfois jusqu'au saint des saints, la rue d'Ulm, mais le pouvoir, ou ce qui en tient lieu, se contente d'administrer vaguement des territoires que pas un député sur 100 n'est capable d'énumérer et de situer sauf peut-être Yanaon, Chandernagor et Pondichéry, à cause de leur singularité mystérieuse. Seul le jeune parti communiste français adopte une attitude tranchée face à l'idée coloniale et son spécialiste des problèmes d'Outre-Mer, Jacques Doriot, lance des philippiques passionnées, au moment de la guerre du Rif, contre la « *guerre des banquiers et des capitalistes* » et « *pour l'évacuation du Maroc et de toutes les colonies* ». « *Cette apothéose est celle du crime* », lit-on dans *L'Humanité* au lendemain du centenaire de la conquête de l'Algérie. Il est vrai que le P.C.F. changera plus tard de cap devant la montée du fascisme et qu'en 1937, Maurice Thorez proclamait : « *L'intérêt des peuples coloniaux est dans l'union avec le peuple de France et non dans l'attitude qui pourrait favoriser les entreprises du fascisme et placer par exemple l'Algérie, la Tunisie et le Maroc sous le joug de Mussolini ou d'Hitler, ou faire de l'Indochine une base d'opérations pour le Japon militariste.* » Le Parti ne reviendra à son attitude première qu'en 1947, après le départ de ses ministres du gouvernement Ramadier. Entre-temps, il y avait eu Sétif...

Dans les rangs du parti socialiste et de la gauche libérale, on se garde d'aborder de front le problème colonial. Les abus de l'administration ou des sociétés de traite sont dénoncés, mais parallèlement les menées communistes. Dès le congrès de Tours en 1920 la minorité Blum-Dracke se refuse à « *confondre le mouvement de révolte des peuples opprimés avec le travail de libération prolétarienne* », cette confusion « *tendant à fausser la lutte des classes et à déclencher la guerre des races contraire à ses principes de fraternité et à sa volonté de paix* ». En 1931 le Congrès de la « *Ligue des Droits de l'Homme* » se prononce à une très forte majorité contre une condamnation globale du fait colonial et pour les thèses évolutives de Maurice Violette et d'Albert Bayet, qui s'écrie : « *De ce que l'action colonisatrice s'accompagne trop souvent d'abus, avons-nous le droit de conclure qu'elle en est inséparable ?* » Du parti socialiste à la droite en passant par les radicaux, on évoque vaguement la nécessité d'une évolution du statut des peuples colonisés, appelés à devenir des « *associés et non plus des sujets* » mais personne ne se préoccupe sérieusement d'engager un processus de réforme. Significativement, c'est des colonisés eux-mêmes que viendront les propositions les plus enthousiasmantes et en même temps les plus sages. Le mot de « Communauté » apparaît pour la première fois dans un petit livre rédigé pendant la seconde guerre mondiale par un métropolitain Robert Lemaignen, un Cambodgien le prince Sisowath Youtévong et un Africain, Léopold Senghor. C'est le temps où Ferhat Abbas prêche encore l'intégration.

Le vieux messianisme

Puis ce sont « *les tempêtes du Reflux* ». En historien, Raoul Girardet trace, pour la première fois, une fresque d'ensemble des différents courants de l'opinion française dans la bataille de la décolonisation, distinguant quatre types d'anticolonialisme, le révolutionnaire messianique, le contestataire humaniste, le cartiériste soucieux de protéger la cagnote française et le patriote « de progrès » qui pense à garantir pour l'avenir les relations de la

France avec ses anciens vassaux. Le camp de ceux qui défendent la pérennité de la souveraineté française outre-mer, est analysé, avec autant de soins.

Dix ans après les accords d'Evian qui consacraient la fin de l'Empire, il est certainement impossible d'avoir une intelligence claire de l'âpreté des polémiques, des ressorts de la violence et de l'ampleur des déchirements, en ignorant la fresque que brosse cet ouvrage. Dérisoires sont les tentatives de décrire le drame en partant du 1er novembre 1954 ou même du bombardement d'Hanoï, vingt ans plus tôt. « Libéraux » et « Ultras » d'hier, ceux du moins qui étaient passionnément attachés aux terres et aux hommes qui étaient l'enjeu de la lutte, se retrouvent aujourd'hui plongés dans la même tristesse, dans la même méditation. L'étudiant de 20 ans qui part Outre-Mer « au titre de la coopération », sera surpris, choqué, s'il n'a pas lu *L'Idée coloniale*, en retrouvant « là-bas » la persistance d'un passé, de modes de pensée et de nostalgies sourdes. L'ex-métropole a tourné la page, mais le débat continue dans ses ex-colonies. « *Il est remarquable,* conclut Raoul Girardet, *que l'idéal officiellement présenté par l'actuelle politique d'* « *aide* » *et de* « *coopération* » *ne se montre pas, à tout prendre, très sensiblement différent de celui qu'exprimaient en leur temps les grands doctrinaires de l'action coloniale, essentiellement définie comme une* « *mission de solidarité* » *ou une* « *œuvre collective de charité* ». *Sa formulation recouvre les mêmes élans désintéressés et la même sincérité dans la générosité : elle recouvre également, maintenus dans un semblable et très discret arrière-plan, les mêmes calculs, les mêmes arrière-pensées, les mêmes présomptions et les mêmes vanités... Témoignage de l'inextinguible volonté de messianisme du vieil Occident, de son inaltérable puissance de survie, les forces qu'elle tend à mobiliser ne semblent guère, en tout cas, prêtes à s'éteindre.* »

JEAN-MARC KALFLÈCHE, *Combat*, 17 avril 1972

Histoire de trois générations

L'auteur étudie l'évolution de l'idée coloniale dans la doctrine et sa pénétration dans l'opinion publique au cours des trois générations qu'il paraît distinguer sans trop préciser les dates de leur avènement. Son propos est ambitieux, car les monographies de détail manquent encore, surtout pour la période récente, et parce que, si consciencieuse et étendue que soit la documentation d'un tel travail, on risque toujours de négliger des témoignages importants. L'ouvrage fondamental de M. von Albertini, *Dekolonisation,* aurait rendu de grands services à l'auteur, les deux historiens s'accordant souvent, se complétant parfois.

La première génération considérée par l'auteur est celle de 1871. Humiliée par la défaite, mais habituée aux critiques contre les malheureuses expéditions lointaines de Napoléon III, et inquiétée par les menaces allemandes, elle a été profondément divisée. Le mérite de l'auteur est de bien faire comprendre que le grand débat des années 1880-1890, le duel oratoire entre Clemenceau et Jules Ferry opposaient deux patriotismes également sincères, deux nationalismes également exigeants. Dans le détail, on peut noter que M. Girardet, dont le jugement est correct sur l'influence d'un Vigné d'Octon, n'a pas eu la curiosité de lire les romans de l'auteur de *La gloire du sabre.* Il aurait relevé dans *Chair noire* (1889), dans *Au pays des fétiches,* dans *Fauves amours* d'abondantes professions de foi racistes. De même il passe un peu vite sur Lavigerie, sans signaler les thèses de MM. de Montclos et François Renault, et néglige trop la littérature du transsaharien, en particulier les exhortations à la jeunesse du commandant Roumens. Ce sont là des vétilles, compensées par la découverte de Jules Duval auteur d'un livre, *Les colonies et la politique coloniale de la France,* publié en 1864, et dont l'influence sur Emile Levasseur ou Paul Leroy-Beaulieu a dû être importante.

Cette première génération fut, selon l'auteur, progressivement gagnée à la colonisation. L'évolution paraît achevée vers 1900. Nous irions même jusqu'à la coupure de 1914, mais serions plutôt tentés de caractériser cette génération par le propos de Gaston Doumergue affirmant à la Chambre, à propos des crédits pour l'expédition de Madagascar le 22 novembre 1894 : « Tout le monde sait que la politique coloniale proprement dite, pendant de longues années, a été impopulaire en France, mais on prétend qu'il s'est opéré dans l'opinion publique un revirement favorable à cette politique. Je crois, Messieurs, qu'il ne faut pas exagérer cet argument et surtout ne pas prendre pour une sympathie fortement prononcée ce qui n'est au fond qu'une bienveillante indifférence. » Une analyse des grandes interpellations à la Chambre sur les affaires coloniales aurait permis de mieux cerner les tendances de l'opinion publique.

La deuxième partie du livre, *Les heures de l'apogée*, traite de la génération suivante. Celle de 1914 qui a pu apprécier l'apport des colonies à la métropole au cours de la première guerre mondiale, qui a vu ensuite 34 millions de visiteurs affluer à l'Exposition coloniale de Vincennes, celle des livres d'Albert Sarraut, de Georges Hardy, et des grands slogans de « la France des cent millions d'habitants », « la France d'outre-mer », « l'Eurafrique ». Cette génération dont les élites se posent le problème de l'organisation et de la mise en valeur de l'Empire, hésitent entre l'assimilation et l'association, élaborent un « nouvel humanisme colonial », est-elle convaincue ? L'auteur n'en doute pas. M. von Albertini rapportait, lui, un mot du président André Tardieu qui, en 1931, dans *L'épreuve du pouvoir* faisait curieusement écho au jugement de Gaston Doumergue en 1894 : « Nous avons l'Empire, mais où en est la conscience ?... Nous pourrions nous épanouir, nous concevoir 100 millions, que nous sommes. Nous préférons rester 40 millions à nous entre-dévorer... » Que l'heure avait sonné d'acquérir cette conscience et que les Français l'avaient laissé passer, sur ce point les deux auteurs sont d'accord.

La troisième génération, celle qui, une fois encore, vit l'Empire au secours de la métropole pendant la deuxième guerre mondiale, a été le moins étudiée jusqu'à présent. M. Girardet, dont le souci d'objectivité apparaît en filigrane dans chacune de ces pages où il cherche à s'expliquer et à nous expliquer la conversion des Français à la décolonisation, y propose des idées toujours intelligentes, sinon toujours pleinement convaincantes. Il constate d'abord la persistance de l'idéologie impériale devant les décolonisations auxquelles les Anglais procédaient aux Indes dès 1947 et les Hollandais en Indonésie en 1949. Mais ne conviendrait-il pas de rechercher si, tout de même, ces événements n'ont pas influencé l'opinion française et si la Conférence de Bandoeng de 1955 n'a pas renforcé l'anticolonialisme ? M. Girardet distingue quatre type d'anticolonialisme : le messianisme révolutionnaire des colonisés (Fanon, Césaire), l'humanisme occidental en réaction contre l'aliénation imposée au colonisé et contre la torture en Algérie (Memmi, Berque, P.H. Simon), le repli sur l'hexagone pour raisons économiques (Cartier), le patriotisme éclairé, conscient des limites des possibilités, très proche donc des analyses qui conduisirent le gouvernement britannique à évacuer l'Inde (R. Aron). Les deux derniers points de vue nous paraissent voisins, et, si l'on considère aussi l'ancienneté de ces idéologies, on pourrait réduire le chœur à trois voix : révolte des colonisés, humanisme et droits de l'homme, pragmatisme des milieux d'affaires ou des opportunistes politiques, mais trois voix dont le chant se fit entendre dès 1871.

Les deux derniers chapitres, « *Défense de la souveraineté française* » et « *Familles de pensée et débat colonial* », sont dominés par la question d'Algérie. On est sensible à la volonté de l'auteur de dégager les motivations également « patriotiques » des partis qui s'opposent. Il met bien en lumière le prodigieux revirement qui s'est accompli entre 1954 et 1958, les partis politiques passant tous de la défense de l'Empire à son abandon, les leaders soutenant des points de vue contradictoires et l'opinion publique suivant massivement le général de Gaulle bradant l'Empire. Contrairement à ce qu'on avait toujours pensé, de Gaulle prouva que la France pouvait gagner du prestige en abandonnant l'Empire, comme elle avait fait en l'acquérant. Les méthodes terroristes de l'O.A.S. en métropole n'expliquent-elles pas en partie ce revirement de l'opinion publique, dont l'indifférence foncière nous paraît, à nous, une des constantes de cette histoire ?

L'épilogue, nostalgique, termine heureusement cette synthèse utile, souvent originale, parfois un peu rapide et dont l'inexplicable absence d'index limitera l'utilisation * (...)

Henri Brunschwig, directeur d'Etudes à l'Ecole pratique des Hautes Etudes, *Revue historique,* mars 1973.

Une histoire faite de paradoxes

Avec *L'Idée coloniale,* R. Girardet nous donne un livre d'une importance et d'une nouveauté exceptionnelles. Importance, en raison du sujet : depuis que le souffle de la décolonisation est passé sur l'Europe, l'étude des impérialismes coloniaux est étrangement peu dans le vent. En ce qui concerne la France, seule la brillante étude de M. H. Brunschwig, *Mythes et réalités de l'impérialisme colonial français* avait posé, il y a plus de dix ans, les premiers jalons. Encore l'auteur abordait-il son sujet dans une perspective purement économique : or le phénomène de la colonisation a touché de trop près l'opinion publique et la conscience collective pour que l'historien puisse se passer de ces indicateurs sensibles.

Tout le problème est évidemment de savoir comment cerner ces indicateurs : la masse de l'information nécessaire (des écrits doctrinaux aux traits de mœurs) est telle, que l'ambition de retracer leur histoire sur une longue période peut sembler une gageure. R. Girardet a pourtant tenu le pari, et c'est en quoi son livre est neuf : il défriche d'une manière exemplaire la *terra ignota* de l'histoire de la sensibilité.

Sa démarche apporte certes bien des précisions capitales à notre connaissance de l'histoire coloniale ; nous apprenons par exemple que la question fondamentale soulevée par M. H. Brunschwig, de savoir si les considérations de prestige ne l'ont pas emporté sur les motivations économiques à l'origine de l'impérialisme français, était mal posée : considérations de prestige national et néo-mercantilisme furent les deux faces indissociables

* Lacune réparée dans la présente édition. *(Note de l'éditeur, 1979.)*

d'une même ambition. Ainsi se trouve clos un débat dont le classicisme avait fini par dissimuler la gratuité.

Mais, surtout, la recherche de R. Girardet nous intéresse parce qu'elle saisit, à travers son objet immédiat, quelques constantes des réactions collectives qui sous-tendent la vie politique française. Au risque de faire preuve d'un esprit de système heureusement étranger à l'auteur, il me paraît possible de ramener ses conclusions à deux propositions :

— en matière idéologique, la continuité des thèmes est la règle quasi générale ; derrière les formulations nouvelles qui répondent à la spécificité des événements, il n'est guère difficile de dégager des constantes et des filiations ;

— ces thèmes, quelque persistants qu'ils soient, ne sont pas nécessairement défendus toujours dans le même camp. Ils passent de l'un à l'autre en fonction des événements, qui apparaissent déterminants.

Attentif à retracer les mouvements de la sensibilité, l'auteur, en intégrant sans défaillance l'événement à son analyse, montre de façon décisive que l'histoire des idées ne saurait se passer de l'histoire tout court. Il est vrai que son sujet lui offrait un terrain particulièrement favorable à cette démonstration.

L'histoire de l'idée coloniale, en effet, s'est édifiée dans le paradoxe. C'est au cours des années 1871-1880, qui ont constitué une parenthèse dans l'expansion impériale, qu'ont été posées cependant ses assises doctrinales : avec l'optimisme conquérant de Paul Leroy-Beaulieu et l'humanisme civilisateur des Sociétés de géographie. Ces thèmes, dont Jules Duval et Prévost-Paradol, dans la décennie précédente, avaient été les précurseurs, constitueront désormais la base du « credo colonial ». Peut-être la période d'atonie dans laquelle ils sont nés explique-t-elle les incertitudes pratiques dont ce credo sera jusqu'à nos jours la victime : incertitude quant au destin des peuples soumis, quant à la durée de la mission civilisatrice du colonisateur. Autre paradoxe, la coïncidence de l'apogée de l'idée impériale, autour de la gloire de Lyautey, avec l'exposition coloniale de 1931 et l'entrée du pouf, de la rose de sable ou du poignard marocain dans le salon du petit bourgeois, précisément à l'heure où l'Empire fait entendre ses premiers craquements. N'est-ce pas le signe, en partie confirmé par une enquête publiée dans *Sondages* en août 1939, que cette idée demeure superficielle, que la « plus grande France de cent millions d'habitants » de Paul Reynaud, héritière de la « France nouvelle » du cardinal Lavigerie, ne dépasse pas le niveau du mythe ? On peut concevoir que, s'il en avait été autrement, une politique d'intégration aurait pu être pratiquée ; mais là encore trop d'ambiguïtés subsistaient, entre l'assimilation préconisée par les épigones de Jules Ferry avant 1914, et le respect des civilisations conquises réclamé après 1914 par de grands coloniaux tels Maurice Delafosse, Georges Hardy, Robert Delavignette, et des écrivains comme Segalen, Tharaud, René Maran ou Montherlant, pour que le débat débouchât sur une politique cohérente.

Ce qui frappe en effet l'historien de l'idée coloniale, c'est la subordination constante de celle-ci à d'autres préoccupations politiques que celles qui concernent précisément les colonies ; c'est ainsi que l'anticolonialisme a été ressenti entre les deux guerres comme un phénomène purement métropolitain, qui a rendu l'opinion et les politiciens étrangement sourds à l'anticolonialisme des colonisés eux-mêmes : aucun parti, l'auteur a raison d'y insister, n'a eu l'apanage de la défense du colonisé. Son livre fait à cet égard justice de l'assimilation abusive de la droite avec le colonialisme, et de la gauche avec son contraire. Il montre comment, en fait, les cartes du débat colonial ont changé de mains au gré des circonstances, l'hypothèse revancharde dominant la première période, et l'hypothèque communiste les lendemains de la première guerre mondiale. Pour prendre un exemple caractéristique, la crise marocaine, après Tanger puis Agadir, en identifiant pour la première fois le thème de l'expansion impériale et le thème de la revanche sur l'Allemagne, a réconcilié dans le soutien à la politique coloniale de la Troisième la droite germanophobe, jusqu'alors réservée à l'égard de l'Empire, et la droite impérialiste, devenue anglophone après Fachoda. A gauche, si Jaurès a condamné la politique d'expansion, c'est précisément après 1905, quand il a pu craindre que celle-ci rallumât la guerre européenne ; en désaccord sur les modalités pratiques, à aucun moment il n'a remis fondamentalement en cause le fait colonial accompli. Imposé par un « tout puissant processus d'escalade » où seule avait sa part la volonté des gouvernements, l'Empire n'a pas été plus contesté au début du siècle qu'en son point de départ il n'a été voulu par l'opinion.

Après le traité de Versailles, si la fin des rivalités européennes a permis à l'idéologie impériale de développer toute une philosophie de la modernité, du progrès et de la solidarité, la naissance du Parti communiste a introduit un nouveau et durable facteur de confusion, qui culminera après 1945 au moment de la guerre froide. Il n'est pas indiffférent qu'Albert Sarraut ait choisi Constantine, en 1927, pour dénoncer dans le communisme, « l'ennemi ». Derrière toute remise en cause de la politique coloniale de la France, on devait voir désormais l'œil de Moscou. Progressivement et systématiquement, les impératifs de la défense coloniale se sont confondus avec ceux de la lutte antibolchevique.

Le fait devait être lourd de conséquences pour l'avenir. Car une fois levées les « tempêtes du reflux », et singulièrement durant la guerre d'Algérie, le débat colonial s'est défini plus que jamais en fonction des problèmes politiques intérieurs. Pour les anticolonialistes d'aspiration révolutionnaire, « le thème de l'aliénation coloniale a pris le relais du thème de l'aliénation ouvrière » dans le cadre de ce que l'auteur appelle « une nouvelle forme de romantisme politique » : une « nouvelle gauche », messianique, marginale et bientôt déçue dans ses espoirs, est née de la guerre d'Algérie. Chez d'autres anticolonialistes d'inspiration humaniste, on retrouve les thèmes chers à l'humanisme colonial de l'entre-deux-guerres : comme si certaines idéologies n'avaient en l'occurrence de valeur qu'instrumentale et pouvaient, par leur ambiguïté même, se mettre au service de passions contraires, donnant le dernier mot tantôt au calcul politique, tantôt, comme ce fut le cas chez Louis Massignon ou chez Camus, aux entraînements généreux du cœur. Les catholiques français, coloniaux de la première heure, n'ont pas trouvé davantage dans leur foi ni dans le silence de leur hiérarchie de raisons d'opter pour un camp ou pour un autre. Il n'est pas jusqu'au nationalisme de l'expansion et de la grandeur qui n'ait conduit aussi bien vers l'Algérie française que vers l'abandon. Les clivages se sont opérés selon d'autres plans. Quant aux partisans de l'intégration, qui seuls avec les colonisés eux-mêmes tels Césaire, Senghor ou Fanon, peuvent prétendre avoir posé le problème en fonction d'une idéologie purement coloniale, peut-on affirmer que leur mystique ait toujours été vierge d'arrière-pensées politiques ?

Il est évident que ce climat extrême d'incertitude ne pouvait être dissipé que par la volonté d'un homme. Il a appartenu à Charles de Gaulle de faire basculer le pays en faveur de l'indépendance de l'Empire de même que, soixante-dix ans plus tôt, dans un climat comparable d'incertitude, l'Etat républicain avait gagné les Français à son extension.

Il n'est peut-être pas inutile de rappeler, pour finir, que l'auteur de cette étude s'est trouvé mêlé de près aux épisodes les plus douloureux de la guerre d'Algérie. Son effort impartial, non seulement pour comprendre le passé à la lumière du présent, mais pour expliquer le présent à la lumière du passé, constituait sans doute la gageure la plus difficile qu'il eût à tenir : se faire l'historien de sa propre passion. Là encore, il a pleinement réussi. Ce n'est pas son moindre mérite. Et c'est aussi l'intérêt de l'histoire des idées, de rendre possible, par la profondeur des perspectives qu'elle embrasse, une telle hauteur de vue.

ALAIN-GÉRARD SLAMA, *Revue française de Science politique,* juin 1972.

Ni droite, ni gauche

« En prenant la décision de s'emparer d'Alger, le gouvernement de Charles X n'avait en aucune façon l'intention de s'engager dans la conquête d'un vaste empire nord-africain : il n'était question que d'une opération limitée, fondamentalement destinée à rehausser le prestige de la monarchie. »

Paradoxalement, explique M. Girardet, les premiers adversaires du « colonisme » furent les maîtres de la pensée libérale : Adam Smith aux Etats-Unis, Cobden en Angleterre, Jean-Baptiste Say en France.

« L'argumentation était simple : la possession de colonies ne profite qu'à une petite minorité d'individus : soldats, fonctionnaires, quelques négociants. Elle impose en revanche de lourdes charges militaires et administratives au budget de la métropole ; augmentant ainsi le poids de la fiscalité, elle constitue une entrave au développement général de l'activité industrielle et commerciale. »

Professeur d'histoire contemporaine à l'Institut des sciences politiques de Paris, M. Raoul Girardet a déjà publié des ouvrages sur la droite française et sur l'armée. Son « Idée coloniale » est une nouvelle contribution à l'histoire du sentiment national. C'est le tableau d'une mentalité, et le roman d'une idée. L'auteur y montre que l'expansion coloniale n'a pas été le fait d'un parti, ni d'une tendance, mais bien plutôt d'une époque. Ce récit, écrit-il, conduit à « relativiser, il faudrait presque dire à désacraliser, l'obsédante opposition « droite-gauche » dans laquelle toute une école a eu de plus en plus tendance à enfermer l'histoire morale de la France contemporaine ».

(...) Pendant la Seconde Guerre mondiale, l' « étroite union de la métropole et de la France d'outre-mer » est exaltée simultanément à Londres et à Vichy.

Le 25 mai 1945, M. Gaston Monnerville, originaire de la Guyane, déclare devant l'Assemblée consultative : « Sans l'Empire, la France ne serait aujourd'hui qu'un pays libéré. Grâce à son Empire, la France est un pays vainqueur. »

En mai également, le P.C. dénonce l'insurrection nationaliste de Constantine comme une « provocation d'agents hitlériens », et le secrétaire du Parti algérien écrit : « Ceux qui veulent se séparer de la France sont des agents conscients ou inconscients d'un autre impérialiste. »

Deux ans plus tard, au XIe congrès du P.C.F., Maurice Thorez indique : « Notre parti n'a pas approuvé la politique de désagrégation de l'Union française en Indochine. »

« Au contraire, ajoute le trotskyste Jacob Meneta (« Le P.C.F. et la question coloniale, 1920-1965, Maspéro, 1971), le comité central du P.C., le 19 mars 1947, avait trouvé bon que les ministres communistes, et parmi eux le ministre de la Défense, M. François Billoux, votent les crédits qui devaient financer la guerre au Vietnam. »

Curieusement, la décolonisation s'opère au nom d'une sorte de conception du « sol et du sang ». Les « indigènes » veulent disposer de leur destin, mais aussi de leur terre. Parce qu'elle leur appartient, qu' « ils étaient là avant », et qu'ils y sont « chez eux ». On voit donc, jusqu'en 1962, des universalistes, partisans de la civilisation mondiale, s'enflammer pour le « droit à la différence » des peuples colonisés. Et des internationalistes soutenir que les « colons » doivent abandonner les terres qui ne « leur appartiennent pas ».

Le colonialisme a été la réponse spécifique d'une époque donnée, à deux constantes : l'une biologique : la « volonté » d'expansion est une des caractéristiques de la vie. Et une constante « culturelle » : l'esprit de conquête de l'Occident prométhéen.

Cette époque est révolue. Mais il existe des formes subtiles de néo-colonialisme. Un « néo-impérialisme » insidieux, accepté et parfois voulu par les « néo-colonisés ». (...)

ALAIN DE BENOIST, *Valeurs actuelles*, 3 avril 1972.

Maintenant que la décolonisation est achevée et que les plaies qu'elle a ouvertes dans la société française sont presque cicatrisées, M. Raoul Girardet, professeur à l'Institut d'Etudes politiques de Paris, nous invite à faire un retour en arrière avec son nouvel ouvrage : *L'Idée coloniale en France.* Le titre indique qu'il ne s'agit nullement d'une histoire de la conquête de l'empire français, et des faits d'ordre politique, institutionnel ou économique, qui sont liés à cette conquête, mais d'une recherche sur la volonté « relativement cohérente » d'expansion coloniale qui s'est manifestée après la défaite de 1870, sur la vision impériale qui l'a guidée, sur les résistances qu'elle a rencontrées, sur la place qu'a tenue dans la conscience française le fait colonial.

M. Girardet a voulu procéder à une analyse en profondeur des mythes, des stéréotypes, des mentalités collectives qu'a engendrés pendant près d'un siècle (1871-1962) notre histoire coloniale dans le vécu quotidien du peuple français. Nous avons ainsi pour une fois une étude sociologique bien vivante autour de l'histoire d'une idée.

Ce qui frappe d'abord, c'est que le débat colonial a échappé entièrement, et de tout temps à l'opposition droite-gauche. On vient de le voir à propos de l'Afrique. Il y a eu d'ailleurs un colonialisme humanitaire, qui est allé quelquefois non sans naïveté, jusqu'à concevoir son terme dans l'union économique du monde. La compétition à laquelle se sont livrées les grandes puissances lui a donné un autre caractère, mais la ligne de partage entre les colonialistes et les anticolonialistes ne s'est jamais établie sur les critères qui séparent habituellement les partis de l'ordre et ceux du mouvement.

(...) L'auteur s'étend naturellement sur la querelle algérienne. Il rappelle que seul de Gaulle pouvait lever « l'interdit d'ordre patriotique » auquel se heurtait la poursuite, jusque dans ses dernières conséquences, de la politique de décolonisation. Il était seul capable d'écarter la hantise de la déchéance et de l'humiliation parce qu'il avait été le champion de l'intransigeance. On sait comment les choses se sont terminées. Aujourd'hui le débat colonial est clos.

Où va se porter le besoin de rêve et d'évasion qu'éprouve normalement une vieille nation qui a été à tous les rendez-vous de l'histoire ? Vers l'expansion économique, la construction européenne, ou vers une nouvelle formulation, sous couleur d'aide et de coopération, d'un dynamisme toujours conquérant ? Le messianisme du vieil Occident est vivace.

Livre de réflexion où perce une amertume discrète, sans que l'auteur renonce jamais à respecter la conviction d'autrui et à la faire comprendre du lecteur.

J. B., *Le Bulletin de Paris*, 17 mars 1972.

Du rêve impérial au repli sur l'Hexagone

Les adversaires comme les défenseurs de l'essor colonial européen en Asie puis en Afrique, aux dix-neuvième et vingtième siècles, distinguent ordinairement fort mal entre l'expansion militaire et les peuples conquérants. En beaucoup d'esprits, un préjugé vague mais tenace intègre d'habitude l'orgueil de cette domination à ses progrès eux-mêmes. Pour la période suivante, il associe selon un mécanisme identique l'émancipation des territoires d'outre-mer aux succès de l'anticolonialisme dans les vieilles métropoles sans mesurer les distances convenables entre de vastes phénomènes historiques et les interprétations qu'ils inspirent. Cette confusion produisit des schémas simplificateurs particulièrement redoutables dans un pays comme le nôtre, où l'invasion du Tonkin sous Jules Ferry comme la perte de l'Algérie sous de Gaulle éveillèrent, tour à tour, les mêmes polémiques passionnées.

Un souci d'équité

Dans un ouvrage copieux, appuyé sur une documentation solide, Raoul Girardet s'applique, en chroniqueur d'une sensibilité collective diverse et contradictoire, à établir la place exactement tenue par le rêve impérial, ou son refus, dans la conscience de ses compatriotes, entre 1871 et 1962. Ce travail n'aborde donc qu'accidentellement les détails de la conquête ou de l'administration, de Dakar à Saigon, durant plus de quatre-vingts ans. L'auteur s'efforce en revanche de saisir avec beaucoup de précision le reflet des événements laissé « *en métropole même, dans les esprits et dans les cœurs* », par les écrits de théoriciens comme Leroy-Beaulieu, les discours des hommes politiques, de Clemenceau à Jaurès, les souvenirs des militaires, de Francis Garnier au colonel Barberot, sans négliger l'abondante littérature populaire où se détachent les noms de Jules Verne et de Paul d'Ivoi.

La seconde partie de cette impressionnante prospection n'allait pas sans risque pour l'auteur, et pouvait le conduire à mal évaluer l'ensemble du sujet. Aujourd'hui professeur à l'Institut d'études politiques de Paris, il milita, en effet, pour l'Algérie française avec une intraitable rigueur, jusqu'aux accords d'Évian. Sans qu'il le veuille, l'amer souvenir des combats perdus pouvait brouiller quelques perspectives essentielles d'un ensemble historique lié sur la fin à ses propres choix.

Non sans raison, Raoul Girardet a délibérément voulu le contraire. Son livre contribue ainsi à mettre la sérénité en lui, grâce à la justice qu'il accorde aux autres. Ses anciens adversaires chercheront en vain une trace quelconque de vindicte, un adjectif équivoque, une allusion désobligeante dans les pages qu'il consacre, par exemple, à la naissance, au développement puis au triomphe de l'idéologie anticolonialiste sous ses formes libérales, chrétiennes, puis marxistes.

Dans bien des cas, la connaissance approfondie d'un dossier tempère les plus ardentes convictions. En la circonstance, Raoul Girardet possède trop bien le sien pour mobiliser l'érudition au profit des vieilles disputes. Tel hommage implicitement rendu aux rédacteurs d'*Esprit* et à André Mandouze pour leur clairvoyance dans les affaires d'Afrique du Nord, en 1947, témoigne d'un rétrospectif mais éclatant souci d'équité.

Le prophétisme laïc de 1789

Dès l'introduction, l'auteur subordonne d'ailleurs nettement ses recherches à l'exigence qui, selon lui, « *semble avoir fait le plus dramatiquement défaut au cours des phases de l'histoire qu'il s'est efforcé de retracer : le respect de l'Autre et la volonté de comprendre* ». De son aveu même, cette ambition l'a inévitablement contraint « *à relativiser, il faudrait presque dire désacraliser l'obsédante opposition « droite-gauche » dans laquelle toute une école a eu de plus en plus tendance à enfermer, dans son ensemble et dans tous ses aspects, l'histoire morale de la France contemporaine* ».

Certes, il peut paraître relativement simple de bloquer Raoul Girardet dans une facile contradiction lorsqu'il constate ensuite combien l'optimiste du dix-huitième siècle, le prophétisme laïc de 1789, animèrent les partisans de l'expansion coloniale, désireux de répandre à travers le monde cet évangile des droits de l'homme incarné par la République française, jusqu'à la révolution russe de 1917. L'auteur note d'ailleurs judicieusement comment la lutte contre l'esclavage servit d'abord à justifier la conquête de l'Afrique noire aux yeux des démocrates.

Au plus fort des campagnes anticléricales, des idéologies opposées purent toutefois servir le même dessein. Les catholiques appuyèrent la conquête pour propager leur foi. La gauche radicale en prit la direction dans l'espoir de répandre les « lumières ». Mais simultanément, les coups les plus durs portés à l'expansionnisme de Jules Ferry lui arrivèrent non de l'extrême droite monarchiste, fort hésitante sur ces questions, mais de Clemenceau et de ses amis, animés par une autre forme du nationalisme républicain.

Le livre de Raoul Girardet ébranlera bien des idées reçues. Il montre comment l'adhésion des Français à la mystique impériale, puis le reflux vers l'Hexagone sous la Ve République, s'opérèrent moins sous l'effet de campagnes concertées qu'à travers la combinaison d'influences d'abord divergentes. Par ses structures, le « parti colonial » de 1890 préfigura bien curieusement la coalition anticolonialiste des lendemains de la seconde guerre mondiale.

GILBERT COMTE, *Le Monde,* 19 mai 1972.

La leçon d'un échec

Dans son dernier ouvrage, Raoul Girardet montre le développement et le reflux de l'idée d'une « plus grande France ». Mais faut-il aujourd'hui céder au désespoir ?

(...) Sur la « décolonisation » et ce qu'il appelle « les tempêtes du reflux », Raoul Girardet, qui fut au temps du combat pour l'Algérie française directeur de *L'Esprit public,* écrit des pages remarquables. Evoquant le drame algérien et l'abandon par notre pays de ses plus solennels engagements, il constate que ceux qui ont lutté pour l'Algérie française venaient de tous les horizons politiques et non seulement de la droite. Le « maintien de l'Algérie dans la France » regroupait des nationalistes selon Michelet et des monarchistes selon Maurras. Ce qui montre, d'ailleurs, que le compromis nationaliste est possible pour le salut national.

Etait-il trop tard ? Les forces révolutionnaires et progressistes qui luttaient contre ce maintien et qui accablent toujours notre pays étaient-elles trop puissantes ? Ce n'est pas l'avis de Raoul Girardet. Dans son dernier chapitre, intitulé « Familles de pensée et débat colonial » l'auteur, étudiant le retournement de l'opinion qui aboutit à l'abandon de 1962, constate que la responsabilité en incombe à l'Etat et à l'action du Pouvoir « plus précisément, écrit Girardet, au rôle et à l'action de Charles de Gaulle, l'homme dans la personne duquel et cet Etat et ce Pouvoir se sont trouvés incarnés à partir de 1958 ».

Certainement. Les responsabilités particulières sont en effet accablantes. Le reniement par la Ve République de la parole donnée aux « pieds-noirs » et aux musulmans fidèles constitue une grave faute morale. Mais Raoul Girardet, que semble séduire, parfois maintenant les sirènes européennes, ne tire pas des événements la leçon politique qui s'impose.

Malgré le sursaut du 13 mai 1958, le nationalisme idéologique et sentimental qui se nourrit de rêves et de chimères n'a pas su empêcher le malheur de s'accomplir. Si l'on veut que notre pays ne meure pas, il ne s'agit pas de céder au désespoir, mais, tant qu'il n'est pas trop tard, de fonder la défense de la vie nationale sur la solide doctrine que nous enseignent les penseurs contre-révolutionnaires et tout particulièrement Charles Maurras.

GEORGES DRIEU LA ROCHELLE, *Aspects de la France*, 19 mai 1972.

Une idée républicaine

(...) Un professeur de l'Enseignement supérieur qui fait des livres sérieux, cela devient un oiseau rare, *rara avis in terris*. On ne m'ôtera pas de l'idée que la vieille Université ne se serait pas effondrée aussi facilement en 1968, si elle avait été servie par moins de médiocres. A contrario, des hommes de haute valeur, comme les professeurs R. Girardet et R. Mousnier, n'ont jamais été contestés sur place, au cours des journées révolutionnaires, malgré leurs opinions bien connues (le cours du professeur Mousnier en Sorbonne, en 1961-62, portait sur le tyrannicide... au XVIe siècle, bien entendu).

Il faut avant tout savoir gré à Raoul Girardet d'en

parler, tout simplement : de faire de l'histoire coloniale l'objet d'un gros livre publié par un éditeur de littérature générale, au lieu de la laisser sous le boisseau, prétexte à travaux confidentiels. Il y a dans ce simple fait un acte de courage, une façon de remettre les choses à leur place, qui tranche absolument sur l'attitude officielle et la lâcheté officieuse. Comment, les colonies, ça a existé ? Pourtant M. Pompidou n'en parle jamais — ni lui, ni ses amis, ni son *France-Soir*, ni son Guichard, ni ses présidents d'Universités... Il existait en Sorbonne jadis — avant le passage d'Edgar Faure, nouvel Attila — un certificat d'Histoire de la Colonisation (d'ailleurs confié à un malfaisant, le mendésiste Charles-André Julien) : qu'est-il devenu ? Pfuit, envolé, avec les colonies elles-mêmes. Ce qui a occupé des millions de Français, parmi les meilleurs, pendant cent ans et jusqu'à hier, ce pour quoi des dizaines de mille de nos amis, de nos parents et des parents de nos parents ont laissé leurs os, n'est pas jugé digne de plus d'intérêt que l'assyriologie et beaucoup moins que la psychologie des idiots. Preuve, en tout cas, que les salauds qui règnent sur l'Université ont mauvaise conscience.

En treize chapitres et 330 pages, R.G. regroupe donc une masse impressionnante de dates, de faits, de textes et de références, et le tout dans une parfaite clarté. Impossible désormais de parler de l'œuvre coloniale de la IIIe République, et finalement de la IIIe République elle-même — pensez-y, candidats à l'agrégation dans peu de jours ! — sans utiliser ce livre épais mais commode, qui précise et restitue à leurs dates tous les souvenirs flottant épars dans la mémoire de quiconque a connu le temps des taches roses sur les atlas et appris par cœur la comptine de Pondichéry, Chandernagor, Yanaon, Karikal et Mahé.

R.G. établit (ou rétablit) nettement cette vérité que l'idée coloniale a longtemps été une idée républicaine (elle fut aussi une idée européenne et pacifiste, par Ferry, par Caillaux, mais le livre n'en parle guère). Le seul nom de Jules Ferry devrait suffire à le rappeler, quoique ses petits héritiers aient honte de cette part de son œuvre. Et il y a quelque chose de bien comique — encore que, là comme ailleurs, l'ironie de R.G. soit très discrète — dans la façon dont les radicaux, malgré les luttes de Clemenceau contre Ferry, se sont précipités sur les places de gouverneur des colonies : ils s'acquittèrent, d'ailleurs, fort bien de ces fonctions.

Jaurès lui-même rendait hommage aux colons d'Algérie : « Ces colons, disait-il à la Chambre en janvier 1914, dont je ne médirai pas, dont je ne pense que du bien quand je songe aux difficultés de leur existence : ils n'ont pas seulement, comme le paysan de France, à travailler dans un pays de sécurité ancienne ; un reste d'inquiétude est en eux, au milieu de populations conquises, quand ils dirigent la charrue... » Et nous avons eu notre Kipling : c'était un Kipling républicain et quarante-huitard : il s'appelait Jules Verne. Aussi bien est-il clair, par comparaison avec l'Angleterre, que le colonialisme français a toujours eu quelque chose de jacobin, d'assimilateur (au sens étymologique), qui est en France l'héritage de la Ire République et d'un certain cartésianisme appliqué à la politique, aux antipodes de l'empirisme de la droite.

La fierté de l'homme blanc

Cette présence de la République dans l'idée coloniale, le livre de R.G. s'efforce de la retrouver à l'autre extrémité, au temps de la décolonisation. Et, certes, elle y était encore. Le vieux laïcard Albert Bayet, mangeur de curés jusqu'à la caricature, était avec nous en 1960 dans la défense de l'Algérie française. Plus étonnantes encore, les dernières déclarations de Paul Rivet, le vieil antifasciste : « Je n'ai jamais pu accepter que l'on montre tant d'empressement à approuver n'importe quelle stupidité lorsque celui qui la profère porte un burnous, ou a la tête couverte d'un turban... Il faut être fier de ce que l'homme blanc — oui, l'homme blanc — a fait pour la civilisation » (*France-Observateur,* 27 mars 1958). R.G. rappelle aussi, bien entendu, le rôle joué par les « bons » socialistes Naegelen, Lacoste, Lejeune. Inversement — et là aussi je regrette qu'il n'insiste pas davantage —, comment de Gaulle a-t-il réussi à faire voter l'abandon de l'Algérie, sinon en faisant jouer des réflexes égoïstes et racistes ? Des millions d'imbéciles ont voté oui en 1962 pour ne plus voir d'Arabes dans nos rues et ne plus dépenser d'argent pour eux. Mentant à tout le monde, la décolonisation gaullienne n'a jamais été qu'une politique de l'autruche. C'était la fraternité qui passait par l'intégration, et le mépris par l'abandon.

Mais enfin, 1960 n'était pas 1910, et il me semble que le livre de Girardet, pour la dernière période, se ressent un peu, à l'insu de son auteur, de l'espoir de faire reconnaître par la gauche la légitimité du combat colonialiste des vingt-cinq dernières années. Cette dernière période, d'ailleurs, R.G. ne l'a pas traitée comme la première, et sans doute n'était-elle pas mûre pour cela. L' « histoire de l'idée coloniale » dans ces derniers temps exigerait des analyses multiples portant sur l'évolution des milieux politiques (Mendès bradant l'Indochine et la Tunisie avec les voix d'une Assemblée « de droite »...), celle des journaux — ah ! *Paris-Presse* de 1957 à 1960 : quel beau sujet d'étude, pour qui ne craindrait pas d'être asphyxié par l'odeur ! — celle du contingent, celle de Nosseigneurs les évêques, etc. Même sur le P.C., et sur l'électorat communiste, qui n'est pas le parti, il y aurait plus à dire. Le nom de l'U.N.E.F. n'est pas prononcé — ni, à l'inverse, celui de Camus. Ce sera pour plus tard, pour une autre édition peut-être, avec plus de recul et plus de documents.

Si R.G. nous donne quelque jour cette réédition d'un livre appelé à devenir classique, j'espère qu'elle fera disparaître l'impression — légère, mais c'est déjà trop — qu'il a pu avoir honte de ses amis. Il y a une page 263 [371] que je n'aime pas du tout, où l'historien paraît s'être effacé derrière le compagnon de Soustelle, en donnant à croire que (je cite) « l'extrême-droite » était pour l'Algérie française, « à l'exception d'un petit milieu survivant de la collaboration et déclarant ouvertement ses sympathies pour le panarabisme nassérien ». Phrase que je ne veux croire que maladroite, mais qui est parfaitement inexacte. Même si, par exception, tel homme politique de la France occupée de 1940 à 1944 n'a pas cru à l'Algérie française en 1958 (et cette exception est unique, on le sait bien, non moins qu'honorable : c'est celle de notre ami Benoist-Méchin), nul n'a jamais de ce côté « déclaré ouvertement » de sympathie pour Nasser. Je dirai qu'au contraire, à nos yeux, c'est l'attitude patriotique en 1958-62 de nombreux Résistants qui nous a définitivement convaincus de la pureté de leurs mobiles en 1944... Et nous en reparlerons si R.G., comme l'annonce la jaquette de son livre, donne suite à son projet, beaucoup plus vaste, d'une histoire du sentiment national au XXe siècle.

L'anticolonialisme : un renvoi de gâtisme

Est-ce parce que nous sommes des polémistes ? Son livre dont j'admire la solidité — et la langue — me laisse, une fois refermé, l'impression d'une timidité excessive. On me dira que c'est l'impassibilité de l'historien. Mais, qu'on le veuille ou non, l'histoire de la question coloniale n'est pas celle de la guerre de Cent Ans : elle est brûlante, elle est obscurcie de mensonges. L'historien qui rétablit la vérité doit frapper fort. Or, les coups de gourdin de R.G. sont feutrés.

Par exemple, il ne donne qu'un écho affaibli au petit livre classique dans lequel H. Brunschwig, avec un beau courage, brûlant ce qu'il avait adoré, a reconnu et prouvé que l'impérialisme colonial n'était pas une affaire d'argent, mais une affaire de patrie, où l'or n'était qu'un leurre mis en avant pour faire consentir les politiciens matérialistes (*Mythes et réalités de l'impérialisme colonial français*, Armand Colin, 1960). Pièce capitale au dossier de la réhabilitation de l'impérialisme de ce temps, qui était d'abord un idéalisme et beaucoup un romantisme : non pas une raison, mais une passion. Au vrai, les grandes colonies n'ont jamais été rentables au sens des financiers et des comptables ; Raymond Cartier est d'accord là-dessus avec Voltaire. *Le seul anticolonialisme sérieux, logique, fondé en chiffres, c'est celui des capitalistes.*

Celui des Massignon, des Berque, à qui R.G. se croit obligé de donner un coup de chapeau, n'a été dans la société française des années 50 qu'un vaste renvoi de gâtisme, une archéologie évoquée par de vieilles sorcières, l'anarcho-syndicalisme de 1900 venant s'asseoir à la table des hommes modernes, qui se sont poussés pour lui faire place, moitié par surprise, moitié par lâcheté. Les fruits sont là aujourd'hui : à cet anticolonialisme, nous avons perdu plus que nos colonies. L'anarchie, les manifestations « sauvages » de toute sorte sont le fruit de la décolonisation, comme la mainmise du marxisme sur l'intelligence française a été celui du gaullisme de 1944. Le livre de R.G. ne fait que poser la première pierre d'une histoire vraie de la France contemporaine, dont la jeunesse, plus que de toute autre chose, a besoin (pas nous, qui savons). Puisse-t-il persévérer, et faire des disciples.

MARCEL SIGNAC, *Rivarol*, 4 mai 1972.

Une leçon de sérénité

Raoul Girardet, (...) avec *L'Idée coloniale en France (1871-1962)*, ne cherche pas à dissimuler ses opinions. Il s'engagea aux heures douloureuses. Ses sympathies l'amenèrent à combattre avec une passion féroce la politique menée par le premier président de la Vᵉ République. Ce livre s'impose par une écriture intelligente. Raoul Girardet présente ses thèses avec séduction. Là où ses adversaires assènent « leur » vérité, il sait montrer un dossier que seuls les sectaires repousseront. Intransigeant, Raoul Girardet ne refuse pas le dialogue. Faut-il le convaincre de l'opportunité des décisions prises par la Vᵉ République ? Là n'est pas le vrai débat. Il importe de lire Raoul Girardet, de le méditer. Le nationalisme français des années 1970 trouve dans les pages de Raoul Girardet les raisons de croire et d'espérer, même si et surtout si cette croyance et cette espérance ne sont pas identiques aux objectifs fixés par Maurice Barrès ou Jacques Bainville.

PIERRE YSMAL, *Sud-Ouest*, 16 mai 1972.

Un livre d'une lecture passionnante. Dès l'avant-propos, l'auteur, qui est professeur à l'Institut d'Etudes Politiques de Paris, nous avertit qu'il ne faut pas y chercher une histoire de la colonisation ; son but est d'étudier comment, depuis la défaite de 1870, s'est développée en France « une volonté relativement cohérente d'expansion coloniale », et comment, peu à peu, l'idée coloniale, en se structurant, s'est imposée à la conscience des Français. Ecrites sobrement, avec sérénité et objectivité, les deux premières parties du volume répondent bien à ce but.

(...) Dans la troisième partie de son volume, naturellement consacrée à la décolonisation, l'auteur ne dispose plus du même recul que pour les périodes antérieures ; aussi les derniers chapitres, malgré leur intérêt, ne sont pas de même valeur que les précédents ; contentons-nous de signaler quelques pages particulièrement éclairantes sur les circonstances complexes dans lesquelles a dû se réaliser la décolonisation française (pages 201-211) [288-301].

J. VILLAIN, *Etudes*, juin 1972.

Un rêve évanoui ?

Les Colonies, la plus grande France, l'Empire... il a fallu moins de quarante ans pour que ces notions, depuis leur apogée des années 1930, s'estompent dans la conscience des Français. A cette époque encore si proche, l'action de la France Outre-Mer ne laissait aucun de nous indifférent. A preuve : les 34 millions de visiteurs de l'Exposition coloniale de Vincennes. Et, dans les vitrines des libraires, chaque semaine, un nouveau livre : roman, histoire, philosophie, politique, économie... Toutes les disciplines concouraient au foisonnement de ce qu'on appelait alors la « littérature coloniale ». Des jurys littéraires couronnaient les meilleurs ouvrages, les diverses activités coloniales avaient leurs revues spécialisées, les grands quotidiens consacraient aux problèmes coloniaux des suppléments hebdomadaires... jusqu'à ce jeune officier de la Coloniale, auteur de ces lignes, qui était chargé, au ministère de la Guerre, de rédiger un règlement (sic) intitulé : *Les Coloniaux illustres !*

Aujourd'hui, plus rien, ou presque. Le roman colonial a disparu. L'histoire coloniale trouve difficilement son public, sauf peut-être, dans les manuels scolaires. La réflexion politique n'a plus d'objet. Et c'est une surprise que de voir paraître tout récemment un livre, qui proclame ouvertement ses intentions, intitulé : *L'Idée coloniale en France 1871-1962,* dont l'auteur, Raoul Girardet, professeur d'histoire contemporaine à l'Institut des Hautes Etudes, est un écrivain fort connu, spécialisé dans ces domaines un peu particuliers que sont l'histoire sociale et l'histoire des idées.

A première vue, le titre de l'ouvrage paraît quelque peu restrictif, ne serait-ce qu'en raison des deux dates, qui en limitent apparemment la portée et qui font penser à l'inscription sur une pierre tombale de quelque cimetière des illusions perdues. S'agit-il donc d'une oraison funèbre ? ou de « regrets éternels » ? Il n'en est rien, fort heureusement.

Une première remarque permettra de mieux cerner les intentions de l'auteur. L'historien des idées, lorsque ses recherches portent sur des périodes où n'existaient pas les sondages — et il y aurait d'ailleurs beaucoup à dire sur la valeur de ceux-ci en tant que documents historiques — n'a d'autres sources pour étudier l'état de l'opinion que les témoignages écrits, et donc tout spécialement les livres. Il est amené à s'interroger sur leur diffusion et sur les échos qu'ils ont suscités, ce qui lui permet de mesurer leur impact et le degré d'acquiescement du public. Il aboutit ainsi, tout naturellement, à l'étude des prises de positions collectives, qui orientent l'action des gouvernements, et individuelles, qui donnent naissance aux vocations. L'histoire des idées descend dès lors dans l'arène à la rencontre de l'événement. C'est ce qui s'est passé pour l'ouvrage de Raoul Girardet.

Par le biais des vocations, l'auteur nous propose une meilleure connaissance globale des deux ou trois générations d'hommes qui furent les artisans de l'expansion française Outre-Mer. Il s'agit là d'une préoccupation spécifique d'historien : « histoire-science de l'homme » ne manquait pas de préciser Lucien Febvre quand on lui demandait de définir les objectifs de la recherche historique. Mais, par le biais des prises de positions collectives, Raoul Girardet — cette fois en sociologue — rejoint également l'actualité, en nous faisant découvrir les correspondances qui existent entre les motivations des générations de l'époque « coloniale » et certaines préoccupations de celles d'aujourd'hui. Il nous rappelle par exemple que, pour beaucoup de Français, l'idée coloniale s'est longtemps confondue avec la recherche de formules originales et généreuses pour établir un lien concret entre des sociétés et des civilisations à des stades inégaux de développement. Or, sous le couvert de l'aide au Tiers

Monde, cette même recherche reste, aujourd'hui encore, d'une urgente actualité. De même, il nous montre le souci des artisans de la colonisation d'assigner un objectif national aux ambitions des jeunes générations, et nous constatons que cette préoccupation reste encore vive, en particulier parmi les éducateurs et les hommes politiques, face au vide idéologique qui menace la société de consommation. Nous retrouvons ici, une nouvelle fois, les idées de Lucien Febvre, pour qui la recherche historique se justifiait et s'expliquait par un besoin du présent : « l'homme part du présent — et c'est à travers lui, toujours, qu'il connaît, qu'il interprète le passé ».

Ceci dit, le lecteur ne manquera sans doute pas de se demander pourquoi Raoul Girardet a voulu, comme peut le laisser supposer le titre de son ouvrage, assigner à l'idée coloniale en France une date de naissance : 1871 et une date de décès : 1962 ?

(...) Raoul Girardet sait évidemment fort bien, et ne manque pas de le rappeler, que les Français n'avaient pas attendu la chute du Second Empire pour s'intéresser aux colonies. Sans évoquer les premières conquêtes françaises en Amérique, ne suffit-il pas de mentionner l'occupation de l'Algérie, l'installation de la France au Sénégal, les amiraux en Cochinchine ? S'il a néanmoins commencé son récit en 1871, c'est, nous dit-il, parce qu'il estime que l'expansion de la souveraineté française avant cette date a été réalisée par les gouvernements successifs un peu « à la sauvette », sans qu'ils aient obéi à un « grand dessein » politique et sans que l'opinion, dans son ensemble, se soit sentie concernée. Cette phase de colonisation ressortirait, d'après lui, à l'histoire diplomatique et aux combinaisons de chancelleries. L'historien des idées n'y trouverait donc pas grand-chose à glaner, étant donné la précarité, sinon l'absence complète, des matériaux spécifiques qui lui sont nécessaires.

Ce raisonnement ne nous paraît pas entièrement convaincant. Ne pourrait-on pas dire plutôt que le retour aux libertés avec l'instauration de la IIIe République a permis de « porter sur le forum » un certain nombre d'idées, diffuses dans l'opinion, mais qui n'avaient précédemment aucune chance de déboucher sur un véritable débat susceptible d'influencer l'action du gouvernement ? Et que c'est à partir de ce moment que l'idée coloniale est devenue une idée politique, qu'elle a commencé à jouer un rôle dans les combinaisons parlementaires, à prendre place dans les programmes des partis et à influer sur la chute des ministères. Ce sont ces « lettes de noblesse » fraîchement acquises qui nous semblent avoir surtout attiré l'attention de Raoul Girardet. Mais cette optique limite malheureusement la portée du sujet parce qu'elle est trop exclusivement axée sur la métropole et qu'elle exclut les « échanges » idéologiques entre celle-ci et les pays colonisés. L'idée coloniale en France ne peut, croyons-nous, être appréhendée dans sa totale signification que dans la mesure où l'on examine son rôle et les réactions suscitées « sur le terrain » (c'est-à-dire dans la France d'Outre-Mer, hors de l'hexagone) et qu'on cherche à en déceler les « chocs en retour ». L'éclairage, tel qu'il a été réglé par l'auteur, laisse donc dans l'ombre une partie très importante du sujet.

Mais la date de 1871 présente encore un autre inconvénient qui est d'exclure toute la période marquée par la conquête de l'Algérie. Tout se passe comme si l'auteur assignait à celle-ci une place et un rôle à part dans notre expansion Outre-Mer. On a l'impression qu'à la date choisie, il considère l'Algérie comme étant depuis longtemps entièrement assimilée à la métropole et située de ce fait en dehors du domaine des « idées coloniales ». Nous sommes prêts à en convenir, mais n'aurait-il pas fallu, en toute logique, pour étayer cette thèse, insister sur la distinction très nette que la plupart des Français (et non seulement les militaires) surtout à l'époque de l'apogée de l'Empire entre les deux guerres, faisaient plus ou moins consciemment entre la *Colonie* et l'*Afrique du Nord*. Ils la faisaient d'autant plus naturellement qu'elle était inscrite dans la Constitution et concrétisée par l'attribution des compétences *coloniales* à un ministère (Colonies) distinct de ceux (Intérieur et Affaires étrangères) qui s'occupaient des problèmes *algériens, tunisiens* et *marocains*. En fait, cette existence de courants de pensée profondément différents, aussi différents que pouvait être l'état d'esprit de la « coloniale » de celui de « l'armée d'Afrique », ne ressort pas du livre de Raoul Girardet.

Cette lacune prend toute son importance à partir du moment où l'auteur aborde le reflux de l'idée coloniale, autrement dit la décolonisation. En effet, le terme final :

1962, qu'il lui assigne est choisi parce qu'il correspond à l'indépendance de l'Algérie (à laquelle il consacre de longs développements), bien que sa conquête et sa mise en valeur aient été volontairement exclus de son propos. Pourquoi dès lors attribuer une place aussi importante à sa perte, au point de considérer que celle-ci a marqué le crépuscule définitif de l'idée coloniale en France ? Est-il justifié de situer cet événement, ne faisant pas vraiment partie du cycle colonial, au centre même du débat sur la décolonisation ?

Ce débat particulier est à notre avis d'une autre nature, sinon entièrement indépendant de la dramatique crise de conscience nationale provoquée par l'abandon de l'Algérie en 1962. On peut même dire — et sur ce point Raoul Girardet nous paraît serrer de beaucoup plus près la réalité — qu'il n'y a pas eu en France de bien profonds désaccords, ni sur l'indépendance de l'Indochine, ni sur l'institution de la Communauté Africaine et Malgache ni, plus tard, sur sa dissolution. En réalité, la décolonisation au sens propre s'est faite au coup par coup et s'est étalée sur une période relativement longue à partir de 1945. Elle n'a pas donné lieu à des déchirements, et il n'y a pas eu de débat public (ce qui bien entendu, ne prouve pas l'indifférence de l'opinion). La perte parallèle, mais obéissant à ses lois propres, de l'Algérie en 1962 n'a pas eu, croyons-nous, pour conséquence d'effacer définitivement dans la conscience des Français l'intérêt qu'ils portaient à la présence française Outre-Mer. Elle n'a pas sonné le glas de l'idée coloniale en France.

L'auteur, bien qu'il n'en ait pas tenu compte, finit par le reconnaître.

> « Il est à cet égard assez remarquable, nous dit-il dans sa conclusion, que l'idéal officiellement présenté par l'actuelle politique d'aide et de coopération, ne se montre pas, à tout prendre, très sensiblement différent de celui qu'exprimaient en leur temps les grands doctrinaires de l'action coloniale essentiellement définie comme une mission de solidarité ou une œuvre collective de charité. Sa formulation recouvre les mêmes élans désintéressés et la même sincérité dans la générosité... Les forces qu'elle tend à mobiliser ne semblent guère en tout cas, prêtes à s'éteindre... »

L'idée coloniale, pas plus qu'elle n'était née en 1871,

n'est morte en 1962. Le chemin n'est sans doute plus aussi largement tracé. Il est devenu sentier, plus difficile à reconnaître. Mais il n'est pas définitivement effacé. Nous sommes reconnaissants à Raoul Girardet d'aider les jeunes générations à en retrouver la trace.

ANDRÉ NOLDE, *Revue de la Défense nationale*, février 1973.

Sous ce titre apparemment austère, Raoul Girardet nous donne le livre le plus passionnant qui soit. Encore ne s'est-il pas accordé la facilité de raconter l'histoire diplomatique, sociale, économique ou militaire des « événements » de la conquête coloniale, puis du repli sur l'hexagone ; mais comment s'est développée aux lendemains de la défaite de 1870 une volonté d'expansion coloniale, quels échos a-t-elle rencontrés, puis à quelles résistances elle s'est heurtée. C'est en effet toute l'histoire de la sensibilité d'une société devant le fait colonial que l'auteur a voulu évoquer. Comme il l'avait fait pour le fait militaire dans son beau livre *La société militaire dans la France contemporaine (1815-1939)*.

Et elle est en vérité aussi entraînante que bien des romans d'aventures, cette aventure-là qui fit rêver tant de générations éprises d'héroïsme et de dévouement ou seulement soucieuses d'échapper à la banalité des jours. Elle se déroule en trois actes comme les pièces les mieux construites : « D'un empire à un impéralisme », « Les heures de l'apogée » et « Les tempêtes du reflux. » Et nombreux sont les Français qui rêveront encore à la lecture de ces lignes :

« Majestueuse apparition du temple d'Angkor fidèlement reconstitué, longs miroirs d'eau du palais du Maroc, lourde masse rouge de la mosquée soudanaise, ruelle des souks tunisiens, haute tour surmontée de bucranes du pavillon malgache. Chameliers maures, brodeurs annamites, piroguiers congolais, tisserands berbères... »

C'est l'Exposition coloniale, étrange cité surgie dans l'aigre printemps de 1931 aux portes de Paris, à l'orée du bois de Vincennes. C'est, sous le patronage du maréchal

Lyautey, l'apogée de la présence coloniale dans la sensibilité française.

Bien sûr, il y a dans cette très importante étude bien des analyses plus graves que l'on ne peut évoquer ici : la preuve en tout cas que, devant l'aventure coloniale, la gauche et la droite se sont définies de façon fort variable, ont même souvent échangé leurs positions au cours des décennies de ce dernier siècle. Sur le plan de l'histoire politique générale de la France aussi, ce livre est indispensable. Et l'auteur y fait preuve, à défaut d'une indifférence de cœur, d'une liberté d'analyse et de jugement tout à fait remarquable.

Tous ceux qui, enfants, ont rêvé un jour au fil des pages du « Journal des Voyages » ou de « La Croisière noire » rêveront encore une fois, tout en s'instruisant, en lisant ce beau livre savant. Car, entre les lignes, des images de lanterne magique y racontent l'histoire toujours merveilleuse d'une plus grande France.

BERNARD GEORGE, *Jours de France*, 9 mai 1972.

....

(...) — *Pourquoi la décolonisation a-t-elle provoqué en France plus de drames intérieurs que, par exemple, en Grande-Bretagne ou aux Pays-Bas ?*

— *Raoul Girardet* — Pour plusieurs raisons. Tout d'abord à cause du rôle joué par l'Empire dans le déroulement de la seconde guerre mondiale, à la fois plateforme militaire et enjeu politique entre Vichy et Londres. Ensuite et surtout parce que l'idée coloniale s'était progressivement chargée, au cours du XXe siècle, d'un contenu affectif et moral particulièrement important. Elle se trouvait liée au vieil idéal du messianisme républicain, celui de la France « porteuse de lumière ». Elle se trouvait, d'autre part, associée à toute une vision de la grandeur mondiale de la France. Nos manuels scolaires n'ont cessé de le répéter : la France sans son Empire ne serait plus qu'une petite nation.

— *Le colonialisme était donc parfaitement justifié aux yeux des Français ?*

— Oui, tout au moins jusqu'à une certaine date, dans la mesure où il représentait aux yeux de presque tous une victoire de la civilisation. Mais cette certitude a commencé à s'effriter entre les deux guerres et elle a achevé de se dégrader après la seconde guerre mondiale.

— *Pensez-vous que l'histoire rendra un jour justice à l'œuvre coloniale de la France ?*

— Cette œuvre présente des aspects multiples et souvent contradictoires. Par certains d'entre eux, la conquête et la domination coloniale peuvent être considérées comme une atteinte au respect et à la dignité de l'Autre. Mais, inversement, cette conquête et cette domination ont revivifié les vieilles civilisations agonisantes et jeté les fondements d'une œuvre de développement technique et de promotion humaine qui ne se serait pas produite sans elles.

L'Aurore, 25 avril 1972.

Index des noms cités

Imprimé en France, par l'imprimerie Hérissey à Évreux (Eure) - N° 68091
HACHETTE/PLURIEL - 79, bd Saint-Germain - Paris
N° d'édition : 95035/347 - Dépôt légal : 6529 - Février 1995
ISBN : 2.01.012068.X/27.24.8482.04/5